教育部人文社会科学重点研究基地
兰州大学敦煌学研究所

国家社科基金冷门绝学研究专项学术团队项目
《敦煌河西碑铭与河西史研究》
（项目编号：21VJXT002）

教育部人文社会科学重点研究基地重大项目
《敦煌通史》（项目编号：16JJD770024）

《敦煌通史》学术顾问

郝春文　荣新江　张涌泉

敦煌通史

吐蕃卷

陈继宏 著

国家出版基金项目
NATIONAL PUBLICATION FOUNDATION

『十四五』国家重点图书出版规划项目

主编 郑炳林
副主编 魏迎春 李军

读者出版传媒股份有限公司
甘肃教育出版社

图书在版编目（CIP）数据

敦煌通史．吐蕃卷 / 郑炳林主编 ； 魏迎春，李军副主编 ； 陈继宏著． -- 兰州 ： 甘肃教育出版社，2023.7（2024.3 重印）
ISBN 978-7-5423-5571-3

Ⅰ．①敦… Ⅱ．①郑… ②魏… ③李… ④陈… Ⅲ．①敦煌－地方史 Ⅳ．①K294.24

中国国家版本馆CIP数据核字(2023)第020403号

敦煌通史　吐蕃卷

郑炳林　主　编

魏迎春　李　军　副主编

陈继宏　著

策　　划　薛英昭　孙宝岩

项目负责　刘正东　董宏强

责任编辑　秦才郎加　杨增贵

装帧设计　石　璞

出　版　甘肃教育出版社

社　址　兰州市读者大道 568 号　730030

电　话　0931-8436489(编辑部)　0931-8773056(发行部)

传　真　0931-8435009

发　行　甘肃教育出版社　印　刷　山东新华印务有限公司

开　本　787毫米×1092毫米　1/16　印　张　33.75　插　页　6　字　数　442千

版　次　2023 年 7 月第 1 版

印　次　2024 年 3 月第 2 次印刷

书　号　ISBN 978-7-5423-5571-3　定　价　138.00 元

总　序

《敦煌通史》这套书从酝酿到完成已经有十多个年头了。2007年我与林甘泉先生在京西宾馆参加首批国家社科基金重大招标项目评审，评审间隙林先生问我，兰州大学敦煌学研究所能不能出面组织完成一部《敦煌通史》，作为国家社科基金重大项目选题。虽然当时有关于敦煌历史的小册子，但是都不足以呈现敦煌的历史。于是，我从此就将完成《敦煌通史》作为我们的工作计划，并一直在做这方面的准备工作。李军在读博士期间，原来准备让他撰写张氏归义军的历史作为博士学位论文，尽管最后他的学位论文研究的不是这个阶段的敦煌史，但也为撰写这个阶段敦煌的历史做了准备。陈继宏、杜海、陈光文入校攻博之后，我给他们选定的博士学位论文方向分别是吐蕃时期敦煌史研究、曹氏归义军史研究、西夏元明清敦煌史研究。到兰州大学敦煌学研究所制定“十三五”规划时，又将《敦煌通史》列为基地重大规划项目。2022年12月，我主持的2021年度国家社科基金冷门绝学研究专项学术团队项目《河西碑铭与河西史研究》开题，根据专家的建议将河西史研究部分改为敦煌史研究，以避开西北师范大学简牍研究院田澍团队的研究方向错位发展。这样一来，《敦煌通史》就成为两个项目共同完成的课题研究。经过十余年持续不断的研究，在甘肃教育出版社的努力下，《敦煌通史》即将完成并得到国家出版基金的资助。

对于敦煌历史开始的时间，我们都会想到汉武帝元狩二年（前121）匈奴浑邪王杀休屠王后投降汉朝，自金城河西西至盐泽空无匈奴，西汉政府在河西敦煌驻军屯田；元鼎六年（前111）又置敦煌郡，并移民实边。实际上敦煌的历史要比这早很多，敦煌与中原王朝的交往应当始于西周穆王（穆天子）时期，根据《穆天子传》的记载，周穆王即位十五年来到今敦煌和罗布泊一带。《山海经》记载敦薨之山出敦薨之水，敦薨之水西流进入盐泽，盐泽即罗布泊。这些都是关于敦煌最早的记载，就是说敦煌在先秦已经被中原王朝所了解和认识。关于敦煌名称的来源，有多种说法，一直争论不休，莫衷一是，有认为是外来语言的音译，也有认为敦煌和武威、张掖一样，名称来自西汉政府的美好愿望。总而言之，关于敦煌的历史还有很多谜团需要我们去研究。因此我们将《敦煌通史》的上限确定在西汉，兼及先秦敦煌历史；下限以清末为界，部分内容兼及近代。民国及当代的敦煌历史，敦煌研究院的历史已经将其囊括其中，等将来有专家撰写敦煌研究院的院史时一定会做详细的论述。

敦煌的历史实际上就是中国西北史的缩影，也是中原王朝与西域的关系史。因为从西汉开始到唐代，中原王朝经营西域的基地就是敦煌，敦煌的历史与中原王朝对西域的经营关系密切。西汉敦煌郡有西域都护的军备物资存储仓库——居卢訾仓城，西域诸城邦入贡皆经由敦煌进入中原，中原派遣到西域的官吏驻军也都经由敦煌送往迎来，因此东汉敦煌有华戎所交之都会之称。曹魏时期有仓慈、皇甫隆等担任敦煌太守，发展敦煌郡并维护陆上丝绸之路的畅通。十六国时西凉建都敦煌，后北凉消灭西凉占据敦煌。北魏灭北凉后，设敦煌镇。隋代的敦煌依旧是通使西域的咽喉之地，有三条道路从敦煌出发前往鄯善、高昌和伊吾。唐代前期以敦煌作为经略西域的基地，安史之乱爆发后，河西精兵东调，吐蕃趁机进攻，河西节度使在吐蕃的打击之下，从凉州迁徙到敦煌，最后在敦煌以“勿徙他境”为条件被迫投降。大中二年（848）张议潮起兵赶走盘踞敦煌六十余年的吐蕃官吏，敦煌进入了张氏归义军时期，敦煌在脱离中原王朝管辖六十余年后再次归附唐朝，成为唐朝管辖的一部分。后梁乾化四年（914）曹议金代替西汉金山白衣帝张承奉成为归义军节度使，敦煌进入了曹氏归义军时期。敦煌文献中保存了大量归义军时期的档案资料，使这个时期敦煌的精彩历史展现在世人面前。宋景祐三年（1036）西夏占领敦煌，敦煌进入西夏统治时期，此后又经历了元明清时期，这个时期相关文献资料记载都比较少，也是敦煌历史研究的空白。敦煌从西汉到清代经历将近两千年的风风雨雨，最繁荣的时期又尤以西汉、十六国、归义军时期最为精彩。其他时段如曹魏、隋、唐前期和吐蕃时期的敦煌历史也呈现出风云变幻、波澜壮阔的画面，牵动着当时整个西北历史的发展。我们力图用自己的研究将各个时段敦煌历史的面貌重现出来，这就是撰写《敦煌通史》的目的。

根据敦煌历史发展的实际情况，我们将敦煌的历史划分为两汉、魏晋北朝、隋及唐前期、吐蕃占领时期、张氏归义军时期、曹氏归义军时期、西夏元明清等七个阶段，分七卷撰写。具体分工为：郑炳林、司豪强承担两汉卷，杜海承担魏晋北朝卷和曹氏归义军即五代宋初归义军卷两卷，吴炯炯承担隋及唐前期卷，陈继宏承担吐蕃时期敦煌史卷，李军承担张氏归义军即晚唐归义军卷，陈光文承担西夏元明清卷。《敦煌通史》没有将敦煌艺术史纳入其中。我们知道敦煌石窟艺术是敦煌史的重要组成部分，因其内容非常丰富，自成体系，用有限的文字根本无法将其论述清楚，加之我们团队的张景峰教授主持国家社科艺术基金重大项目

《丝绸之路艺术史》，故在《敦煌通史》中不再叙述。

我从事敦煌学研究已经有四十多年了，但是将敦煌的历史从先秦讲授到明清根本做不到，就是汉唐敦煌的历史也很难讲清楚，我最熟悉的部分也就归义军时期的敦煌历史而已，我多年讲授的也是敦煌归义军的历史。不仅我是这样，其实整个敦煌学界很难有人可以将两千年的敦煌历史弄清楚，将两千年的敦煌历史讲清楚。我们完成这部书就是给从事敦煌学研究的学者提供一个参考，同时也为初入敦煌学领域的研究者提供了解敦煌的路径。至于我们是否达到目的，还得由敦煌学界去评判。

《敦煌通史》各卷的完成人主要是我和我的学生，他们中除了李军任职西北大学历史学院、司豪强还在攻读博士学位之外，其他人都在兰州大学敦煌学研究所工作。兰州大学敦煌学研究起步于20世纪80年代，研究机构从1979年的敦煌学研究小组，到1982年的敦煌学研究室，又发展到1999年教育部人文社会科学重点研究基地兰州大学敦煌学研究所。2017年以敦煌学为牵头学科组建的“敦煌丝路文明与西北民族社会”学科群入选兰州大学“双一流”建设名单，2019年成立敦煌与西域文明研究院。学科建设从1983年的敦煌学硕士授权点，一路发展到1998年的敦煌学博士学位授权点，2003年的博士后科研流动站，2007年的国家重点（培育）学科，2011年的中国史一级学科博士学位授权点、敦煌学二级学科博士学位授权点。现在研究所有历史文献学、敦煌学两个专业招收攻读博士、硕士的研究生。截至2022年底，研究所毕业硕士三百余人，博士一百七十余人。毕业的博士中有六十余人晋升教授，七十余人晋升副教授，二十余人被遴选为博士生指导教师，八人获全国百篇和省级优秀博士学位论文奖。他们分布在全国各个高校和科研单位，逐渐成为敦煌学研究的中坚力量。研究所现有科研人员二十四人，其中有教授十四人，副教授五人，讲师五人；有长江学者特聘教授一人，青年长江学者一人，“国家特殊人才支持计划”青年拔尖人才一人，国务院学位委员会中国史学科评议组成员一人，甘肃省领军人才第一层次人选一人，甘肃省宣传文化系统“四个一批”人才一人，甘肃省优秀青年文化人才一人。研究所完成学术著作百余部，丛书十七种，共五百余册。获省部级优秀成果奖二十余项，国家和省级图书奖十余项。研究所创办的CSSCI来源期刊《敦煌学辑刊》是本学科研究成果的重要刊布平台。研究所承担科技部国家科技支撑计划国家文化创新项目、国家社科基金重大项目、国家社科基金冷门绝学专项学术团队项目、国家社科基金重点项目和一般项目、教育部重大攻关项目、国家文物局重大委托项目、甘肃省社科基金重点项目等省部级项目一百六十余项，获项目经费三千余万元。特别是兰州大学敦煌学研究所自1999年与敦煌研究院联合共建以来，优势互补，珠联璧合，在各方面都有很大发展。在敦煌学、胡语文献、石窟艺术等领域研究优势显著。敦煌研究院的专家参与兰州大学敦煌学人才培养和合作研究，对兰州大学敦煌学人才培养水平的提升起了很大的作用。

郑炳林

2023年3月

目　录

绪　论 …………………………………………………… 001

第一章　吐蕃统治敦煌始末 …………………………… 059

第一节　吐蕃占领敦煌的历史背景 …………………… 061

第二节　敦煌的落蕃与收复 …………………………… 075

第二章　吐蕃统治时期敦煌的行政建制 ……………… 101

第一节　敦煌落蕃前的行政建制 ……………………… 103

第二节　吐蕃统治敦煌初期的部落设置 ……………… 108

第三节　吐蕃统治敦煌中期的部落设置 ……………… 124

第四节　吐蕃统治敦煌后期的部落设置 ……………… 170

第五节　敦煌部落的内部行政设置 …………………… 205

第三章　吐蕃统治时期敦煌的职官体系与军事组织 …… 221

第一节　吐蕃统治时期敦煌的上级军政机构 ………… 223

第二节　吐蕃统治时期敦煌的职官体系 ……………… 240

第三节　吐蕃统治时期敦煌的军事组织 …………………… 272

第四章　吐蕃统治时期敦煌的经济制度 …………………… 289

第一节　吐蕃统治时期敦煌的户籍制度 …………………… 291
第二节　吐蕃统治时期敦煌的土地制度 …………………… 300
第三节　吐蕃统治时期敦煌的赋税劳役制度 ……………… 313

第五章　吐蕃统治时期敦煌的农牧业 ……………………… 331

第一节　吐蕃统治时期的敦煌水利 ………………………… 333
第二节　吐蕃统治时期敦煌农业概观 ……………………… 346
第三节　吐蕃统治时期敦煌农业人口 ……………………… 372
第四节　吐蕃统治时期敦煌的畜牧业 ……………………… 391

第六章　吐蕃统治时期敦煌的手工业 ……………………… 423

第一节　金属铸造业 ………………………………………… 426
第二节　纺织印染业 ………………………………………… 435
第三节　粮食加工业 ………………………………………… 449
第四节　其他手工业及官府对工匠的管理 ………………… 479

结　语 ………………………………………………………… 492

参考文献 ……………………………………………………… 499

绪 论

唐与吐蕃正式建立联系始于贞观八年（634）。这一年吐蕃遣使通唐，此后双方频繁往来，其间既有遣使、和亲，亦有冲突、争战，一如史书所言："西戎之地，吐蕃是强。蚕食邻国，鹰扬汉疆。乍叛乍服，或弛或张。"[①]在这种互相拉锯的不稳定形势之下，处于唐蕃交界地带的河陇地区首当其冲，成为吐蕃觊觎的对象。原本，唐朝国势强盛，又在这一地区布置了较为雄厚的防守兵力，吐蕃短期内尚无法得手。孰料天宝十四载（755）"安史之乱"爆发，唐廷于仓皇之中紧急抽调大批河陇驻军赴中原靖难，打破了这一地区对抗力量的平衡，为吐蕃乘虚而入提供了契机。

自广德元年（763）起，吐蕃陆续攻占了陇右诸州，切断了河西与唐朝中央的联系，使之成为飞地。紧接着，吐蕃依次攻陷凉、甘、肃、瓜诸州，于大历十一年（776）兵临沙州城下。虽然沙州军民在守将阎朝的带领下坚守城池长达11年，但终因物资消耗殆尽，援兵不至，于贞元二年（786）开城投降，敦煌进入吐

① ［后晋］刘昫等《旧唐书》卷一九六下，北京：中华书局，1975年，第5267页。

蕃统治时期，及至大中二年（848）张议潮举事收复，凡62年。吐蕃入主敦煌，必然产生诸多碰撞、交融，双方军政制度的不同，语言文化的迥异，使得吐蕃统治初期的敦煌社会不乏动荡。为了巩固统治，吐蕃统治者在推行其本土制度的同时，积极吸收、借鉴唐制，以保证当地民众的生产生活有序进行，从而维持了敦煌地区的安定。

由于地理位置、战争等因素，传统汉、藏史籍对这一历史的记载语焉不详，颇多缺失。值得庆幸的是，敦煌、新疆一带陆续出土了大批与之相关的文献和考古资料，使得对这一历史的深入研究成为可能。虽然这些文献资料中包含有大量古藏文书写的材料（图1），对不谙藏文的研究者而言利用起来颇为困难，但所幸

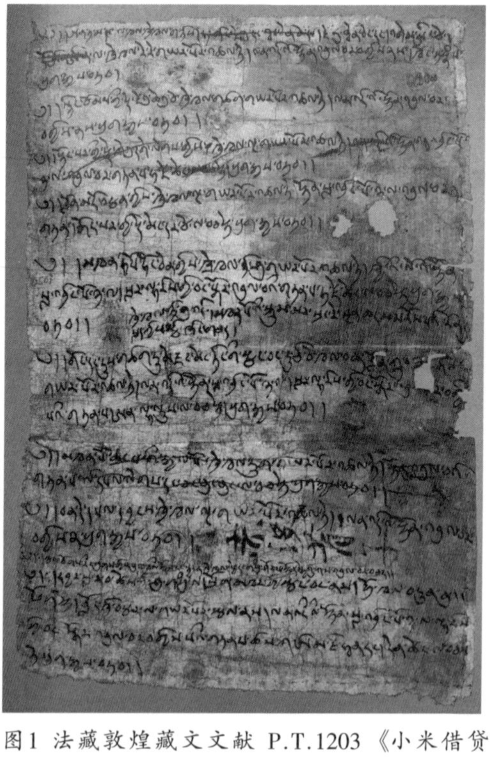

图1 法藏敦煌藏文文献 P.T.1203《小米借贷历》

国内外学界前贤筚路蓝缕，通过多年的辛勤劳动，已经完成了大量的翻译、校释工作，为后学解决了古藏文资料释读中的诸多障碍。在此基础上，越来越多的学者投身于斯，对这一历史阶段敦煌地区的政治、经济、文化等做了大量研究，取得了丰硕成果，使得撰写一部综合性的吐蕃统治敦煌史成为可能。

一、研究资料的整理与释读

目前，学界赖以开展这一历史研究的主要资料可分为出土文献、传世史籍和考古资料三大类，前贤对此已经做了大量的搜集、整理工作，尤其对古藏文文献资料进行了艰苦的释读和翻译，形成了若干案头必备的工具书。以下笔者就相关情况分门别类地做一简要介绍。

（一）出土文献

吐蕃统治时期的敦煌文书主要由汉、藏两种文字书写。其中，藏文文献的主体部分出自莫高窟藏经洞，其中的一部分由于众所周知的原因早已流散海外，主要存于英国国家图书馆所藏斯坦因（Marc Aurel Stein）收集品和法国国家图书馆所藏伯希和（Paul Pelliot）收集品中（图2）。据赵天英、杨富学统计，英国藏有1370件，法国藏有3375

图2 法藏敦煌藏文文献P.T.1217《授达日扎夏小银告身告牒》

件。国内所藏的敦煌藏文文献是另一大宗藏品，主体部分存于甘肃，据统计有6656件，其中以敦煌市博物馆所藏最多，计有6062件；其他地区收藏的敦煌藏文写本有300余件，其中以中国国家图书馆所藏为最多，计有200余件。此外，俄罗斯、日本等国家也有若干藏文写卷藏品，但数量十分有限。总体来看，目前所能统计到的敦煌藏文写卷数量有12000件左右。①这一万余件藏文写卷的内容多为佛经（图3），也有一些吐蕃的典籍（图4）、文学作品（图5）和世俗文书。需要说明的是，其中尚包含有新疆米兰、麻扎塔格等地出土的属于吐蕃占领河陇西域时期的藏文文献，虽然不是敦煌历史的直接记载，但周边地区的情况对研究敦煌也有着不小的借鉴意义。汉文文献方面，由于不

图3 法藏敦煌藏文文献 P.T.1258《藏文音译天地八阳神咒经》

① 赵天英、杨富学《敦煌文献与唐代吐蕃史的构建》，《史学史研究》2009年第1期，第98—103页。其中甘肃藏敦煌藏文文献的数量，按敦煌研究院编《甘肃藏敦煌藏文文献勘录（藏文）》（兰州：甘肃教育出版社，2022年）最新统计结果，已逾6700件。

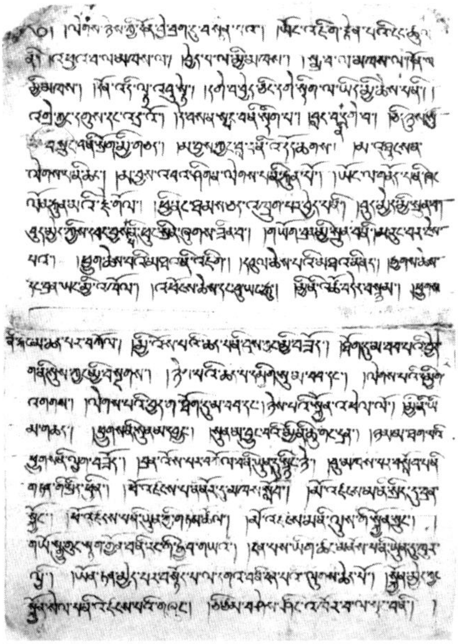

图4 法藏敦煌藏文文献P.T.992《善恶义分别论说》

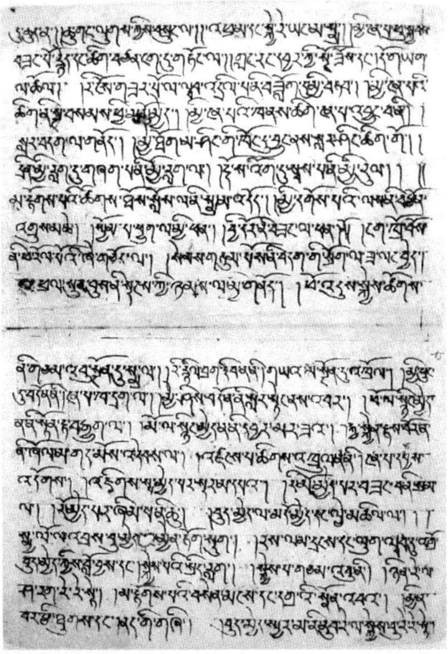

图5 法藏敦煌藏文文献 P.T.992《松巴谚语》

具备从文字上就能直接辨别的优势，吐蕃时期的文献往往混杂于其他时期的文献之中，需要费一番工夫加以甄别，因此学界还未完全摸清其准确数量，但已有一些整理、辑录的成果问世，可资参考。

1. 藏文文献

(1) 英藏文献

英藏敦煌藏文文献主要保存于英国国家图书馆，主体部分为斯坦因于1900—1916年间的三次中亚考察中从甘肃、新疆等地所获收集品（图6），内容包括佛经与非佛教文献两部分。英藏藏文文献的整理编目工作很早就随着文献的入藏和缩微胶卷的制作而展开了，迄今为止共有六种编目可供参考。

一是瓦雷·普散（Louisdela Vallée Poussin）编目。瓦雷·普散

图6 斯坦因考察照片

为比利时著名佛学家，早在1914—1918年间，他便受斯坦因之邀编目了共765号藏文佛典写卷，不过其成果《印度事务部图书馆藏敦煌藏文写本目录》①由于种种原因迟至1962年才得以出版，书后还附有日本学者榎一雄（Enoki Kazuo）所编汉语文献目录，共著录136件写在藏文或于阗文文书背面的汉文文献。②

二是托马斯（Frederick William Thomas）编目。前述瓦雷·普散编目并未录入佛教文书以外的藏文写卷，这部分世俗文书最终由1903—1927年间担任印度事务部图书馆馆长的托马斯进行了整理和释读，并在其大作《有关中国新疆的藏文文献和文书》③一书中，分阿柴、沙

① （比）Louisdela Vallée Poussin, *Catalogue of the Tibetan Manuscripts from Tun-Huang in the India Office Library, with An Appendix on the Chinese Manuscripts*, Published for the Commonwealth Relations Office by Oxford University Press, 1962.

② 荣新江《海外敦煌吐鲁番文献知见录》，南昌：江西人民出版社，1996年，第30—31页。

③ （英）Frederick William Thomas, "Tibetan Documents concerning Chinese-Turkestan", *The Journal of the Royal Asiatic Society of Great Britain and Ireland*, No. 1, Jan., 1927, pp. 51-85, Published by Cambridge University Press. *Tibetan Literary Texts and Documents Concerning Chinese Turkestan*, part Ⅰ: Literary Texts, London, 1935, part Ⅱ: Documents, London, 1951, part Ⅲ, London, 1955.

州、罗布地区、于阗地区、突厥、政府与社会情况、吐蕃军队七个专题做了刊布、拉丁文转写和英译。托马斯的整理成果受到了匈牙利藏学家乌瑞（Géza Uray）的高度评价，他称赞这部著作“不仅是一部宏伟的资料汇编，同时也可以说是古藏语语言学和吐蕃历史学研究的第一次大收获”[①]。该书第二卷已有刘忠、杨铭的中译本，[②]不仅为研究者们解决了托马斯原著不好找、不好读的困难，两位先生在翻译过程中还以脚注的方式指出了托氏释读中的一些舛误和有待商榷之处，以供学人参考。

三是东洋文库编目。日本早在20世纪60年代初便从印度事务部图书馆购买了斯坦因所获敦煌藏文文献的大部分缩微胶卷。自70年代中叶开始，日本东洋文库西藏研究委员会在山口瑞凤（Yamaguchi Zuiho）的带领下以这些胶卷为依据，参照瓦雷·普散编目进行了重新编目，出版了12册《斯坦因搜集藏语文献解题目录》[③]。这一编目在内容上更为充实全面，但并未完全释读文书内容。

四是武内绍人（Takeuchi Tsuguhito）编目。由于前述托马斯编目并未将英藏敦煌古藏文文献中的社会历史文献收录完整，日本学者武内绍人便利用东洋文库所获缩微胶卷进行了重新整理，对这批文献做了更为准确的转写和考释，其成果集中反映在《中亚发现的古藏文契约文书》[④]和《英国图书馆藏斯坦因收集品中

---

① （匈）葛萨·乌瑞著，王冀青、李超编译《有关怛逻斯战役前中亚史地的古藏文文书和文献资料》，《敦煌学辑刊》1986年第1期，第156—169页。

② （英）F.W.托马斯著，刘忠、杨铭译《敦煌西域古藏文社会历史文献》，北京：民族出版社，2003年。

③ （日）东洋文库西藏研究委员会编《スタイン蒐集チベット語文献解題》1—12册，东京：东洋文库，1977—1988年。

④ （日）Tsuguhito Takeuchi, *Old Tibetan Contracts from Central Asia*, Daizo Shuppan, Tokyo, 1995.

的新疆出土古藏文写本》[①]两部著作中。杨铭等撰有《英藏新疆麻札塔格、米兰出土藏文写本选介》五篇，[②]对托马斯《有关中国新疆的藏文文献和文书》部分、武内绍人《英国图书馆藏斯坦因收集品中的新疆出土古藏文写本》部分以要目的形式进行了介绍。2012年，武内绍人又与岩尾一史（Kazushi Iwao）、沙木（Sam van Schaik）合著了《斯坦因收集品Or. 8210古藏文文书》[③]一书，对英藏编号Or.8210序列的88件敦煌藏文文书进行了录文和说明。

五是弗兰克（A. H. Francke）编目。弗兰克为德国著名藏学家，曾对斯坦因收集品中的藏文文献做过整理，并在《皇家亚洲学会会刊》上发表过《从中国新疆所出藏文文献》[④]一文，介绍

---

① （日）Tsuguhito Takeuchi,*Old Tibetan Manuscripts from East Turkestan in the Stein Collection of the British Liberary*,Joint Publications of the Centre for East Asian Cultural Studies for Unesco,the Toyo Bunko （Tokyo） and the British library (London),1997-1998.

② 杨铭《英藏新疆麻札塔格、米兰出土藏文写本选介（一）——托马斯〈有关西域的藏文文献和文书〉部分》，《敦煌学辑刊》2002年第1期，第22—37页；《英藏新疆麻札塔格、米兰出土藏文写本选介（二）——武内绍人〈英国图书馆藏斯坦因收集品中的新疆出土古藏文写本〉部分》，《敦煌学辑刊》2003年第1期，第18—28页；《英藏新疆麻札塔格、米兰出土藏文写本选介（三）——武内绍人〈英国图书馆藏斯坦因收集品中的新疆出土古藏文写本〉部分》，《敦煌学辑刊》2005年第3期，第44—52页；胡静、杨铭《英藏新疆麻札塔格、米兰出土藏文写本选介（四）——武内绍人〈英国图书馆藏斯坦因收集品中的新疆出土古藏文写本〉部分》，《敦煌学辑刊》2008年第2期，第127—136页；《英藏新疆麻札塔格、米兰出土藏文写本选介（五）——武内绍人〈英国图书馆藏斯坦因收集品中的新疆出土古藏文写本〉部分》，《敦煌学辑刊》2009年第1期，第34—43页。

③（日）Tsuguhito T. Takeuchi, Kazushi Iwao, Sam van Schaik, *Old Tibentan Texts in the Stein Collection Or*.8210，Tokyo: The Tokyo Bunko, 2012.

④（德）A. H. Francke, “Tibetan Documents from Chinese Turkestan” ,*JRAS*, 1914 ,pp.37-59.

自己的研究成果。不过，与托马斯相比，其研究成果并未产生太大影响。

六是密教文献专题编目。2006年英国学者雅可布·代尔顿（Jacob Dalton）和沙木撰成《敦煌密教藏文文献：英国图书馆藏斯坦因收集品解题目录》[①]一书，对英藏敦煌藏文密教文献进行了编目，并探讨了其与法藏敦煌藏文密教文献之间的关系。

此外，还有一部分原收藏于伦敦大英博物馆的古藏文文献未被纳入瓦雷·普散及托马斯等人的编目内。其中一部分为书写于汉文文献背面或夹杂于汉文文献中的藏文文献，约有16件，编号分别为：Or.S0095v、Or.S0155v、Or.S0421、Or.S1000v、Or.S1145、Or.S1495v、Or.S2636v、Or.S2736、Or.S3415、Or.S3810、Or.S3842、Or.S4243、Or.S5212v、Or.S6369、Or.S6588、Or.S6878v。这些文献除Or.S0421、Or.S2636v、Or.S3810、Or.S3842等4件写卷外，其余部分已由陈庆英进行了整理研究，部分文书已被译为汉文。[②]还有40余件藏文文献被该馆工作人员混编入汉文和其他语言文献，编号在Or.8212/ 1—1946之间，由于残损严重，尚未进行全面整理，房继荣《英藏敦煌古藏文文献述要》一文对这些英藏古藏文文献的整理情况进行了详细梳理。[③]另有杨铭《英藏敦煌西域古藏文非佛教文献的刊布与研究》[④]一文，系统梳理了

---

① （英）Jacob Dalton, Sam van Schaik, *Tibetan Tantric Manuscripts from Dunhuang: A Descriptive Catalogue of the Stein Collection at the British Library*, Brill Leidon, Boston, 2006.

② 陈庆英《〈斯坦因劫经录〉、〈伯希和劫经录〉所收汉文写卷中夹存的藏文写卷情况调查》，《敦煌学辑刊》总第2期，第111—116页。

③ 房继荣《英藏敦煌古藏文文献述要》，《西北民族研究》2006年第2期，第150—157页。

④ 杨铭《英藏敦煌西域古藏文非佛教文献的刊布与研究》，《西域研究》2016年第3期，第121—131页。

英国国家图书馆斯坦因藏品中的敦煌西域古藏文非佛教文献的刊布与研究情况，讨论了这些写本的编号、数量、主要内容，以及国内外学术界的代表性成果，可资参考。值得一提的是，近年由西北民族大学、上海古籍出版社和英国国家图书馆合作出版的《英国国家图书馆藏敦煌西域藏文文献》①，囊括了全部英藏敦煌藏文文献的图版。西北民族大学海外民族文献研究所的诸位学者还对文献做了解读、藏汉文定名、叙录等工作，方便学人翻阅。

（2）法藏文献

法藏敦煌藏文文献的主体部分来自伯希和收集品（图7），现藏于法国国家图书馆，主要的编目成果有二。

图7 伯希和考察照片

一是拉露（Marcelle Lalou）编目。伯希和在1908年的敦煌之行中曾进入藏经洞翻阅了当时遗存的全部文献和绘画品，重点选取大藏经未收的佛教文献、带有年代的文书和文献、非汉文文献中的精品部分廉价购走，还从莫高窟北区181—182窟（现编号为464—465窟）的积沙中发现了许多西夏文、

① 西北民族大学、上海古籍出版社、英国国家图书馆编《英国国家图书馆藏敦煌西域藏文文献》，15册，上海：上海古籍出版社，2011—2021年。

回鹘文、藏文文献。[①]伯希和最初为敦煌写本编号时，在汉文写本前预留了2000个号码给藏文文献，并交由巴考（Jacques Bacot）负责编号和编目工作，后又移交给法国著名藏学家拉露来完成。拉露以毕生精力对伯希和运到巴黎的2000余卷敦煌古藏文文献进行了编目，其成果《法国国家图书馆所藏敦煌藏文写本注记目录》[②]分三卷于1939年、1950年、1961年陆续出版。其中，第1卷编目1—849号，第2卷编目850—1282号，第3卷编目1283—2216号。美中不足的是，2216号以外的散卷并未录入，目录对原卷的全貌也缺乏描写。

二是王尧等所编解题目录。我国于20世纪80年代初购得了法藏藏文文献的缩微胶卷，王尧、陈践、褚俊杰、王维强、熊文彬等学者遂得以参考原卷，在拉露编目的基础上，借鉴中外研究成果，编成《法藏敦煌藏文文献解题目录》[③]一书。该目录大大拓展了拉露目录的范围，共录入4450号文书，并对原卷的全貌进行了描述。此外，还录入了各卷首行和末行文字以便读者判断其内容，并在卷号之下详述了有关此卷的研究情况和论著目录，使用起来极为方便。

关于法藏文书原件的翻阅，之前我国所购胶卷有缺号，导致有些文献看不到。所幸1978—1979年，麦克唐纳（Macdonald Spanien A.）和今枝由郎（Imaeda Yoshiro）合编的《巴黎国立图书馆所藏敦煌藏文文献选》第1、2卷问世，随后第3卷也于1991

---

① 荣新江《海外敦煌吐鲁番文献知见录》，第41—42页。

② （法）Marcelle Lalou, *Inventaire des Manuscrits Tibétains de Tun-Huang conserves à la Bibiothéque Nationnale*, *Founds Pelliot Tibétain*, 3 tomes, Paris, 1939, 1950, 1961.

③王尧、陈践《法藏敦煌藏文文献解题目录》，北京：民族出版社，1999年。

年由今枝由郎与武内绍人完成付梓。[①]该书不仅填补了国内缺号的一些文献，而且图版的效果比缩微胶卷要好，方便学者翻阅。另外，2021年，由西北民族大学、上海古籍出版社、法国国家图书馆合作编纂的《法国国家图书馆藏敦煌藏文文献》[②]历时15年终于全部整理出版。全书共收录3174个文献编号、2.8万余幅高清图版，并以汉藏双语的形式重新编目，为国内学者翻检法藏藏文文献原件图版提供了极大的便利。

（3）中藏文献

中藏敦煌藏文文献按其收藏单位和地区可粗略分为国家图书馆藏、甘肃藏和其他各地散藏三大类。国家图书馆所藏敦煌藏文文献据《国家图书馆藏敦煌遗书目录》统计共291件，另有29件书写于汉文卷子背面。这291件分为两个部分：一部分是“大谷收集品”，共209件，收录在《国家图书馆藏敦煌遗书》[③]第124—126册，编号为BD14213—BD14421，均为《大乘无量寿宗要经》（图8）；另一部分为后期购得或由私人收藏者捐赠而来，共82件，其中16件为残片。

国内藏品的大宗是甘肃藏敦煌藏文文书，分藏于敦煌市档案局、甘肃省博物馆、甘肃省图书馆、张掖市博物馆、酒泉市博物馆、武威市博物馆、敦煌研究院、兰州兰山范氏、麦积山石窟艺

---

①Macdonald Spanien A， et Yoshiro Imaeda, *Choix de Documents Tibétains Conserves a la Bibliotheque Nationale Complete par queques Manuscrits de I' India Officeet du British Museum*, Tome I, Paris, 1978， Tome II, Paris, 1979, Tome III, Paris, 1991.

② 西北民族大学、上海古籍出版社、法国国家图书馆编《法国国家图书馆藏敦煌藏文文献》，35册，上海：上海古籍出版社，2006—2021年。

③中国国家图书馆编《国家图书馆藏敦煌遗书》，146册，北京：北京图书馆出版社，2005—2012年。

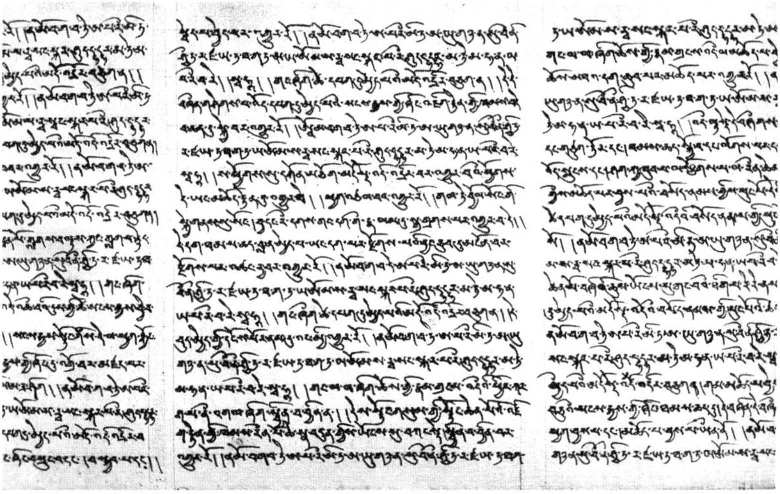

图8 国家图书馆藏敦煌藏文文书 BD14285《大乘无量寿宗要经》

术研究所、敦煌市博物馆等单位或个人处（图9）。早在1978年，黄文焕就对敦煌县文化馆、敦煌文物研究所、酒泉县文化馆、张掖县文化馆、武威县文管会、兰州图书馆等六家单位的藏品进行了调查整理，并在《河西吐蕃文书简述》①一文中对整理成果做了介绍，统计出写经夹页9946页、手书经卷317卷、木牍6枚。随后，他又发表《河西吐蕃经卷目录跋》和《河西吐蕃卷式写经目

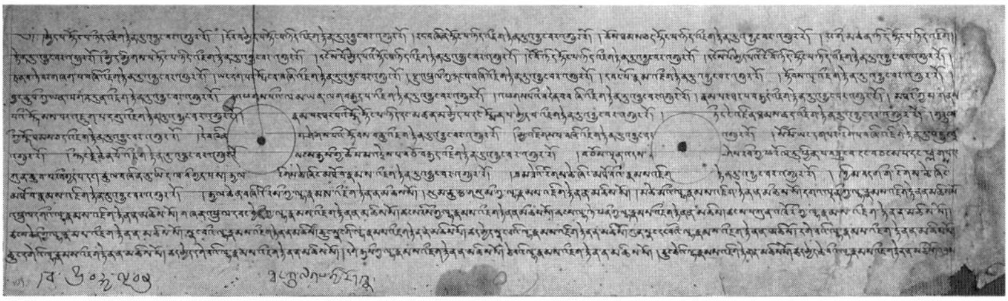

图9 敦煌市博物馆藏敦煌藏文文书《十万颂般若波罗蜜多经》

①黄文焕《河西吐蕃文书简述》，《文物》1978年第12期，第59—63页。

录并后记》[①]两文，辑录并研究了河西所藏古藏文经卷中的题记和两部佛经。2002年以来，甘肃各收藏单位也陆续公布了详细编号和解题目录。[②]马德长期致力于甘藏敦煌藏文文献的研究，曾撰《甘肃藏敦煌藏文文献概述》[③]一文，对甘肃各地收藏的藏经洞出土藏文文献做了简要介绍。2011年，他又主编出版了《甘肃藏敦煌藏文文献叙录》[④]一书，全面梳理和介绍了甘藏敦煌藏文文献的详细情况。2022年，敦煌研究院编纂的《甘肃藏敦煌藏文文献勘录（藏文）》出版，[⑤]收录敦煌研究院、甘肃省图书馆、敦煌市博物馆所藏敦煌藏文文献6700余件，首次以全文录文的方式展示了这批珍贵文献，是甘藏敦煌藏文文献的重要整理成果。

---

① 黄文焕《河西吐蕃经卷目录跋》，《世界宗教研究》1980年第2期，第56—62页；《河西吐蕃卷式写经目录并后记》，《世界宗教研究》1982年第1期，第84—102页。

② 李淑萍、黄维忠《敦煌市档案局所藏藏文写经定名》，《敦煌学辑刊》2002年第2期，第11—22页；王南南、黄维忠《甘肃省博物馆所藏敦煌藏文文献叙录（上）》，《中国藏学》2003年第4期，第68—82页；俄军《甘肃省博物馆藏敦煌藏文文献补录》，张延清、梁旭澍、勘措吉、郭俊叶《敦煌研究院藏敦煌古藏文写经叙录》，孙宏武、寇克红《张掖甘州区、高台县两博物馆藏敦煌藏文〈大乘无量寿经〉简介》，张耀中《酒泉博物馆古藏文〈大乘无量寿经〉叙录》，邰惠莉、范军澍《兰山范氏藏敦煌写经目录》，勘措吉、黎大祥《武威市博物馆藏敦煌藏文写本》，《敦煌研究》2006年第3期，第64—68、42—63、71—73、74—78、79—85、69—70页；曾雪梅、张延清《甘肃省图书馆藏敦煌梵夹装藏文写经考录（上）》，《中国藏学》2008年第3期，第194—206页；《甘肃省图书馆藏敦煌梵夹装藏文写经考录（下）》，《中国藏学》2008年第4期，第75—85页；张延清、李晓红《麦积山石窟艺术研究所藏古藏文经卷考录》，《敦煌研究》2009年第5期，第94—95页。

③ 马德《甘肃藏敦煌藏文文献概述》，《敦煌研究》2006年第3期，第37—41页。

④ 马德主编《甘肃藏敦煌藏文文献叙录》，兰州：甘肃民族出版社，2011年。

⑤ 敦煌研究院编《甘肃藏敦煌藏文文献勘录（藏文）》，兰州：甘肃民族出版社，2022年。

此外，还有一些中藏敦煌藏文文献散见于各处，如：台湾“中央”图书馆藏有5件，刊布于《“国立中央”图书馆藏敦煌卷子》，吴其昱曾发表《台北“中央”图书馆藏敦煌蕃文写本佛经四卷考》一文，较为详细地介绍了台北“中央”图书馆编号为7521、7547、7549、7550等4卷藏文写卷；上海博物馆藏有两件，刊布于《上海博物馆藏敦煌吐鲁番文献》；北京大学藏有3件，刊布于《北京大学藏敦煌文献》；天津市艺术博物馆藏有6件，刊布于《天津市艺术博物馆藏敦煌文献》；上海图书馆藏有8件，刊布于《上海图书馆藏敦煌吐鲁番文献》；浙江省藏有6件，刊布于《浙藏敦煌文献》；中国书店藏有3件，刊布于《中国书店藏敦煌文献》，等等。①

（4）日俄藏品

俄罗斯藏敦煌、新疆出土藏文文献目前收藏于俄罗斯科学院东方文献研究所，总数约393件。其中216卷来自鄂登堡考察队收集品，多为《大乘无量寿宗要经》复本；57件为学者马洛夫于1914年购得的出自罗布泊附近米兰边塞的小木简，上有藏文题字，内容是军事和行政报告；120件为科兹洛夫从黑水城购买的藏文写本和木版印本，在考据学等方面具有很高的学术价值，是

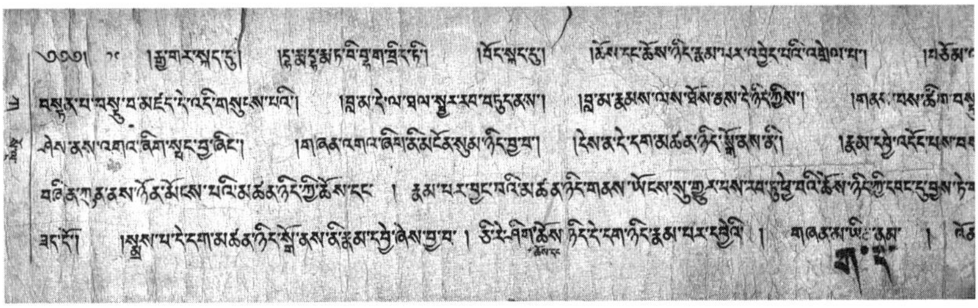

图10 俄藏黑水城出土藏文文书

① 黄维忠《国内藏敦煌藏文文献的整理与研究回顾》，《敦煌学辑刊》2010年第3期，第93—102页。

俄藏藏文文献中最重要的部分（图10）。这些藏品已由亚历山大·卓林进行了整理和刊布，整理成果集中反映在《俄罗斯科学院东方学研究所藏藏文古籍》一文中，国内有赵大莹、萨仁高娃的中译本可供参考。①

日本藏敦煌藏文文献目前收藏于龙谷大学，总数约70件，龙谷大学图书馆编号6001—6070号，内容主要是藏文文书、佛典、八思巴字文书及藏文字母拼写的梵文佛典。整理成果有武内绍人和上山大峻所著《大谷探险队搜集藏语文书之研究》报告两篇，分别转写世俗文书和佛教文献。②日本各家散藏中涉及吐蕃统治敦煌史的文书很少，日本国立国会图书馆中藏有一件《吐蕃午年（826）、未年（827）敦煌诸寺付经历》，土肥义和《莫高窟千佛洞与大寺及兰若》曾提及此卷。③荣新江赴日访书之际虽未能一睹原卷情形，但购得此馆一卷古写本缩微胶卷，其中就有此卷，写于《金录晨夜十方忏》背面。④

除上述按收藏单位形成的整理编目成果外，国内外学者还从各家收藏中挑选了一些重要的敦煌古藏文文书进行释读。巴黎大学藏文教授巴考、杜散（Charles Toussaint）与托马斯三人合著的《敦煌本吐蕃历史文书》⑤一书，对英藏I.O.750号、法藏P.T.1288、P.T.1286、P.T.1287号文书进行了译解。这是学界首次对敦

① （俄）亚历山大·卓林著，赵大莹、萨仁高娃译《俄罗斯科学院东方学研究所藏藏文古籍》，《文津流觞》2009年第2期，第36—37页。

② 荣新江《海外敦煌吐鲁番文献知见录》，第160、163页。

③ （日）土肥义和《莫高窟千佛洞と大寺と兰若と》，《講座敦煌3·敦煌の社会》，东京：大东出版社，1980年，第356页。

④ 荣新江《海外敦煌吐鲁番文献知见录》，第216页。

⑤ Jacques Bacot, F. W. Thomas, Charles Toussaint,*Documents de Touen-Houangre-latifsà l' histoire du Tibet*, Paris, Librairie Orientaliste Paul Geuthner 12, Rue Vavin, Vie.1940-1946.

煌文献中的吐蕃历史文书进行研究，打开了利用中亚出土文献研究吐蕃史、吐蕃经略河西史的新局面，将相关研究推进到一个新的境界，成为研究藏族古代历史、语言和社会的最有影响的著作之一。该著作曾有王静如译本和王尧、陈践译本，[①]后黄布凡、马德在前人译注的基础上，加强了对原写卷藏文转录的准确性，吸收利用新近研究成果，并改进排列顺序，编成了新译本。[②]2009年，英国学者杜晓峰（Brandon Dotson）重新整理编译了藏文本《吐蕃编年史》，出版了最新的英译本。[③]王尧、陈践先后出版了《敦煌吐蕃文献选》和《敦煌古藏文文献选》，译解了大量敦煌藏文文书。[④]后来，两位先生又对上述译释成果进行了增订和修正，集成《敦煌古藏文文献探索集》[⑤]和《王尧藏学文集》[⑥]等著作。郑炳林、黄维忠主编的《敦煌吐蕃文献选辑》[⑦]系列，分“文化卷”“文学卷”“社会经济卷”“占卜文书卷”4种类别，系统荟萃了一批敦煌藏文文献译解成果，“以其分类结集、突出专题、重视录译、方便利用的鲜明格调，获得敦煌学界、藏学界的一致好评”[⑧]。

---

① 王尧、陈践《敦煌本吐蕃历史文书》，北京：民族出版社，1980年。

② 黄布凡、马德《敦煌藏文吐蕃史文献译注》，兰州：甘肃教育出版社，2000年。

③（英）Brandon Dotson, *The Old Tibetan Annals: An Annotated Translation of Tibet' s First History*, Wein， 2009.

④ 王尧、陈践《敦煌吐蕃文献选》，成都：四川民族出版社，1983年；《敦煌古藏文文献选》，成都：四川民族出版社，1986年。

⑤ 王尧、陈践《敦煌古藏文文献探索集》，上海：上海古籍出版社，2008年。

⑥ 王尧《王尧藏学文集》（卷一、卷四），北京：中国藏学出版社，2012年。

⑦ 郑炳林、黄维忠编《敦煌吐蕃文献选辑》，4册，北京：民族出版社，2011—2018年。

⑧ 任小波《敦煌藏文写本研究的中国经验——〈敦煌吐蕃文献选辑〉两种读后》，《敦煌学辑刊》2012年第1期，第169—180页。

2. 汉文文献

吐蕃时期敦煌汉文文献的整理工作并不具备藏文文献那样从书写文字上就能轻易辨认的优势，因而首先要做的工作就是从各个历史时期的汉文文书中鉴别出吐蕃时期的文书。

关于鉴别吐蕃时期汉文文献的方法，藤枝晃从日期记录、吐蕃人名、特殊官职制度、官职吏职记录蕃汉有别、度量衡、吐蕃时期汉人专人名称、用笔、用纸、笔迹等方面提出了九条标准可供参考，对整理这些文献十分有用。藤枝晃在《敦煌的僧尼籍》①、《吐蕃支配时期的敦煌》②两文中已辑录了若干吐蕃时期的汉文文书，《吐蕃支配时期的敦煌》文末还附有《吐蕃时期汉文写本编年目录》，收录文书五十余份。唐耕耦、陆宏基主编的《敦煌社会经济文献真迹释录》③中辑校了大量吐蕃时期的汉文文书，散录于作者按照文书性质所分的各类目之下，并在注释中特别标明属于吐蕃时代。杨富学、李吉和所编《敦煌汉文吐蕃史料辑校》第1辑④，内容包括佛教典籍和释门杂文两大部分。荣新江《英国图书馆藏敦煌汉文非佛教文献残卷目录》⑤一书所录S.6981—S.13624号文书中也包含一些吐蕃时期汉文文献。

此外，还有学者在治学中发现并补充的一些材料。如郝春文

① （日）藤枝晃《敦煌の僧尼籍》，《東方學報》第29册，京都：京都大学人文科学研究所，1959年，第285—338页。

② （日）藤枝晃《吐蕃支配期の敦煌》，《東方學報》第31册，京都：京都大学人文科学研究所，1961年，第199—292页。

③ 唐耕耦、陆宏基《敦煌社会经济文献真迹释录》，第1辑，北京：书目文献出版社，1986年；第2—5辑，北京：全国图书馆文献缩微复制中心，1990年。

④ 杨富学、李吉和《敦煌汉文吐蕃史料辑校》第1辑，兰州：甘肃人民出版社，1999年。

⑤ 荣新江《英国图书馆藏敦煌汉文非佛教文献残卷目录》，台北：新文丰出版公司，1994年。

在翻检国家图书馆所藏未刊文献时，检出属于吐蕃时期的9份汉文文书，分别为BD09291号《寅年八月右一至右十将欠麻夫线铁等名目牒》、BD09368号《某年右一至右四将欠麻夫线等名目牒》、BD09297号《某年右七至右八将麻夫线等名目牒》、BD09292号《寅年七月各将麻线夫等名目牒》、BD12001号《某年某将麻夫线等名目牒》、BD09335号《申年十月右一将索□等牒》、BD09349A号《午年十二月百姓宋日晟牒》、BD09360号《部落转帖》、BD09606v号《诸寺丁壮车牛役部》。其中BD09349A号正好可与《沙州文录补》所载《午年十二月百姓宋日晟牒》拼合，BD09606v号即为S.542v《戌年六月十八日诸寺丁壮车牛役部》所缺失的部分。[①]诸如此类的材料需要在阅读单篇论文时加以留意。

（二）传统史籍

与吐蕃统治敦煌史相关的传统史籍也可分为汉文、藏文两个系统。

汉文史籍方面，吐蕃作为一个强大的古代少数民族政权，一度令唐朝的统治者疲于应付，因此在史书中留下了不少相关记载。鉴于史书记载的分散性，有学者对相关史料进行了整理汇编工作。1958年王忠的《新唐书吐蕃传笺证》[②]可谓开此类论著之先河，他利用托马斯所译敦煌、新疆出土藏文文书、简牍，汉藏传世史籍以及金石碑刻对吐蕃王朝的历史做了全面细致的探讨。其他还有一些重要的钩沉史料之作，如苏晋仁、萧鍊子《〈册府元龟〉吐

① 郝春文《中国国家图书馆藏未刊敦煌文献研读札记》，《敦煌研究》2004年第4期，第22—31页。

② 王忠《新唐书吐蕃传笺证》，北京：科学出版社，1958年。

蕃史料校证》[1]，苏晋仁《通鉴吐蕃史料》[2]，范学宗、王纯洁等《全唐文全唐诗吐蕃史料》[3]，等等。

藏文史籍方面，虽然藏族先民留下了不少关于吐蕃王朝的史料记载，但对于不谙藏文的学者而言，利用这些材料有很大困难。所幸一批精通藏文的学者为方便学人，对相关史料做了大量翻译工作。黄颢从1980年至1987年间对《贤者喜宴》部分章节进行了翻译，连载于《西藏民族学院学报》，[4]佟锦华也对这一史

---

① 苏晋仁、萧錬子《〈册府元龟〉吐蕃史料校证》，成都：四川民族出版社，1981年。

② 苏晋仁《通鉴吐蕃史料》，拉萨：西藏人民出版社，1982年。

③ 范学宗、王纯洁等《全唐文全唐诗吐蕃史料》，拉萨：西藏人民出版社，1988年。

④［明］巴卧·祖拉陈瓦著，黄颢译《〈贤者喜宴〉摘译》，《西藏民族学院学报》1980年第4期，第27—48、85页；《〈贤者喜宴〉摘译（二）》，《西藏民族学院学报》1981年第1期，第1—29页；《〈贤者喜宴〉摘译（三）》，《西藏民族学院学报》1981年第2期，第15—50页；《〈贤者喜宴〉摘译（四）》，《西藏民族学院学报》1981年第3期，第15—23、88页；《〈贤者喜宴〉摘译（五）》，《西藏民族学院学报》1981年第4期，第53—70、82页；《〈贤者喜宴〉摘译（六）》，《西藏民族学院学报》1982年第1期，第38—45、66页；《〈贤者喜宴〉摘译（七）》，《西藏民族学院学报》1982年第2期，第37—52页；《〈贤者喜宴〉摘译（八）》，《西藏民族学院学报》1982年第3期，第35—52页；《〈贤者喜宴〉摘译（九）》，《西藏民族学院学报》1982年第4期，第31—52页；《〈贤者喜宴〉摘译（十）》，《西藏民族学院学报》1983年第1期，第56—76页；《〈贤者喜宴〉摘译（十一）》，《西藏民族学院学报》1983年第2期，第26—44页；《〈贤者喜宴〉摘译（十二）》，《西藏民族学院学报》1983年第4期，第36—59页；《〈贤者喜宴〉译注（十四）》，《西藏民族学院学报》1984年第2期，第25—34页；《〈贤者喜宴〉译注（十五）》，《西藏民族学院学报》1984年第4期，第25—33页；《〈贤者喜宴〉译注（十六）》，《西藏民族学院学报》1985年第1期，第25—39、9页；《〈贤者喜宴〉译注（十七）》，《西藏民族学院学报》1985年第2期，第87—100页；《〈贤者喜宴〉译注（十八）》，《西藏民族学院学报》1985年第4期，第29—39页；《〈贤者喜宴〉译注（十九）》，《西藏民族学院学报》（社会科学版）1986年第1期，第24—33页；《〈贤者喜宴〉译注（一）》，《西藏民族学院学报》（社会科学版）1986年第2期，第25—48页；《〈贤者喜宴〉译注（二）》，《西藏民族学院学报》（社会科学版）1986年第3期，第15—31页；《〈贤者喜宴〉译注（三）》《西藏民族学院学报》（社会科学版）1987年第1期，第18—28页；《〈贤者喜宴〉译注（四）》，《西藏民族学院学报》（社会科学版）1987年第2期，第56—69页；《〈贤者喜宴〉译注（五）》《西藏民族学院学报》（社会科学版）1987年第3期，第35—45页；《〈贤者喜宴〉译注（六）》，《西藏民族学院学报》（社会科学版）1987年第4期，第34—43、18页。

籍做过节译。[①]2010年，黄颢、周润年所著《贤者喜宴——吐蕃史译注》[②]一书出版，该书在原有译文的基础上将《贤者喜宴》（ja函）中的全部内容译出，同时对原来摘译的译文及注释进行了录入、校对及部分修改。其他重要的藏文史籍亦均有汉译本发行，如《新红史》有黄颢译本，[③]《红史》有陈庆英、周润年译本，[④]《汉藏史集》有陈庆英译本，[⑤]《白史》有法尊译本，[⑥]《青史》有郭和卿译本，[⑦]《西藏王统记》有王沂暖、刘立千两种译本，[⑧]等等。

（三）考古材料

吐蕃统治敦煌时期的碑铭、石刻、石窟、壁画等考古材料可与出土文献相互补充、印证，为我们研究蕃占时期的敦煌社会提供了生动而形象的直观材料。此外，敦煌以外地区出土的藏文碑刻、铭文等资料亦有记录相关史实者，为我们了解当时的历史背景提供了不少借鉴。

1. 碑刻铭文

对吐蕃时期碑铭石刻资料的整理研究从20世纪50年代起便在

---

① 佟锦华译文中关于松赞干布时期社会制度方面的内容载于黄布凡、马德《敦煌藏文吐蕃史文献译注》，兰州：甘肃教育出版社，2000年，第362—387页。

② ［明］巴卧·祖拉陈瓦著，黄颢、周润年译注《贤者喜宴——吐蕃史译注》，北京：中央民族大学出版社，2010年。

③ ［明］班钦·索南查巴著，黄颢译《新红史》，拉萨：西藏人民出版社，1984年。

④ ［元］蔡巴·贡嘎多吉著，陈庆英、周润年译《红史》，拉萨：西藏人民出版社，1988年。

⑤ ［明］达仓宗巴·班觉桑布著，陈庆英译《汉藏史集》，拉萨：西藏人民出版社，1986年。

⑥ 根敦琼培著，法尊译《白史》，西北民族学院研究所资料丛刊之七，1981年。

⑦ ［明］廓诺·迅鲁伯著，郭和卿译《青史》，拉萨：西藏人民出版社，1985年。

⑧ ［明］萨迦·索南坚赞著，王沂暖译《西藏王统记》，上海：商务印书馆，1949年；刘立千译《西藏王统记》，北京：民族出版社，2002年。

国外发端。1950年意大利学者图齐（Giuseppe Tucci）在《吐蕃赞普陵墓考》[①]一书中摹写、翻译了墀德松赞墓碑、噶迥寺建寺碑、桑耶寺兴佛证盟碑、楚布江浦建寺碑、桑耶寺钟等8件金石铭文。英国学者黎吉生（Hugh Edward Richardson）也发表了两项重要成果：一为《吐蕃碑铭集》[②]，对吐蕃传世碑铭进行了译解；一为《高峰圣域：吐蕃历史文化文集》[③]，对涉及军事、宗教方面的一部分敦煌古藏文文书进行了研究。

国内学者的整理成果首推王尧的《吐蕃金石录》[④]，书中收录了吐蕃时期留下的12种碑铭、刻石、钟铭等。王尧、陈践合著的《吐蕃简牍综录》[⑤]则在托马斯研究的基础上对新疆出土的吐蕃简牍进行了译解考释。美籍华人学者李方桂与弟子柯蔚南（W. South Coblin）所著《古代西藏碑文研究》[⑥]，收录、校释了14通碑铭文献，并对吐蕃碑铭文献的语言、历史背景和研究史进行了介绍。郑炳林、郑怡楠《敦煌碑铭赞辑释（增订本）》[⑦]一书收录了大量敦煌本碑文、墓志铭、邈真赞等人物传记资料，其中有不少涉及吐蕃统治敦煌前后的史事与人物，这些在正史中均

---

① （意）Giuseppe Tucci, *The Tombs of the Tibetan Kings*, Roma, 1950.

② （英）Hugh Edward Richardson, *A Corpus of Early Tibetan Inscriptions*, London, Royal Asiatic Society, 1985.（此书最初出版于1952年，1978年、1985年出版了两次修订本。）

③ （英）Hugh Edward Richardson, *High Peaks, Pure Earth: Collected Writings on Tibetan History and Culture*, London, Serindia Publications, 1998.

④ 王尧《吐蕃金石录》，北京：文物出版社，1982年。

⑤ 王尧、陈践《吐蕃简牍综录》，北京：文物出版社，1986年。

⑥李方桂、柯蔚南（W. South Coblin），*A Study of the Old Tibetan Inscription*，台北："中研院"历史语言研究所，1987年。

⑦ 郑炳林、郑怡楠《敦煌碑铭赞辑释（增订本）》（上、中、下），上海：上海古籍出版社，2019年。此书最初出版于1992年（郑炳林《敦煌碑铭赞辑释》，兰州：甘肃教育出版社，1992年）。

记载甚少或全无记载。该书还利用敦煌所出其他文献资料补阙拾遗，弥补了碑铭赞的不足。

2. 石窟壁画

吐蕃统治敦煌时期奉行崇佛政策，因此开窟造像等礼佛活动受到支持而继续发展，留下了不少石窟、壁画资料（图11、图12）。史苇湘曾将莫高窟中的唐代石窟分为初唐（约620—705）、盛唐（705—786）、中唐吐蕃统治时期（786—848年）和晚唐张氏归义军时期（848—914）四期，将43窟划入中唐时期。[①]之后，樊锦诗、赵青兰在此基础上对吐蕃统治时期的洞窟做了更为科学的分期，共得57窟。[②]随后，沙武田又将属于吐蕃晚期的第144、

图11 莫高窟第159窟西壁龛内侧彩塑一铺

① 史苇湘《关于敦煌莫高窟内容总录》，载敦煌研究院编《敦煌石窟内容总录》，北京：文物出版社，1996年，第227—258页。

② 樊锦诗、赵青兰《吐蕃占领时期莫高窟洞窟的分期研究》，载敦煌研究院编《敦煌研究文集·敦煌石窟考古篇》，兰州：甘肃民族出版社，2000年，第182—210页。

图12 莫高窟第112窟南壁《观无量寿经变》

图13 莫高窟第144窟《千手千钵文殊经变》

图14 莫高窟第161窟窟顶西坡（局部）

161窟也归入中唐时期（图13、图14）。[①]此外，榆林窟第15（图15、图16）、25窟（图17、图18、图19、图20）和西千佛洞第18窟（图21、图22、图23）也属吐蕃时期。敦煌文物研究所（敦煌研究院）编《中国石窟·敦煌莫高窟》[②]《中国石窟·安西榆林窟》[③]《敦煌石窟艺术》[④]《敦煌石窟全集》[⑤]等图册和《莫高窟供养

图15 榆林窟第15窟前室北壁 天王

① 沙武田《吐蕃统治时期敦煌石窟研究》，北京：中国社会科学出版社，2013年，第9页。

②敦煌文物研究所编《中国石窟·敦煌莫高窟》，北京：文物出版社、平凡社，1981—1987年。

③敦煌研究院编《中国石窟·安西榆林窟》，北京：文物出版社，1997年。

④敦煌研究院编《敦煌石窟艺术》，南京：江苏美术出版社，1993—1998年。

⑤敦煌研究院编《敦煌石窟全集》，香港：商务印书馆，1999年。

图16 榆林窟第15窟前室南壁 天王

图17 榆林窟第25窟北壁《弥勒经变》之“弥勒初会”（部分）

图18 榆林窟第25窟北壁《弥勒经变》之“弥勒三会”（部分）

图19 榆林窟第25窟 乐舞

图20 榆林窟第25窟 飞天

图21 西千佛洞第18窟西壁南侧《未生怨》之一

图22 西千佛洞第18窟南壁西侧《不空羂索观音变》

图23 西千佛洞第18窟西壁《观无量寿经变》

人题记》[①]《敦煌石窟内容总录》[②]等文字资料为我们了解这一时期的石窟壁画材料提供了便利。吐蕃时期的石窟艺术更倾向于世俗化和乡土化，壁画中出现了大量诸如“博弈”“酒肆”（图24）、“学堂”“婚礼”（图25）、“坟园”（图26）、“耕获”（图27、图28）等反映当时世俗生活的画面，为我们研究吐蕃统治时期敦煌的社会生产和生活提供了十分珍贵的形象史料。

图24 莫高窟第360窟东壁 露天酒肆

① 敦煌研究院编《莫高窟供养人题记》，北京：文物出版社，1986年。
② 敦煌研究院编《敦煌石窟内容总录》，北京：文物出版社，1996年。

图25 榆林窟第25窟 婚礼图

图26 榆林窟第25窟 老人入墓图

图27 榆林窟第25窟 《弥勒经变》一种七收图

图28 莫高窟第361窟北壁 红白二牛犁地图

二、前人研究成果概述

随着吐蕃统治时期敦煌汉、藏文文献的出土、整理与刊布，国内外学者对这一历史阶段的各个方面展开了深入细致的研究，取得了丰硕的成果。国外学者由于最先看到第一手资料，可谓近水楼台先得月，研究发端较早；国内学者虽然迟至国外刊布、译释的成果传入后才正式展开研究，但发展较快，大有后来居上之势。

另外，从相关成果来看，国内外学者的研究方向也有所不同。欧洲学者在研究初期，主要侧重于原始资料尤其是藏文文献的整理编目和释读工作。在此过程中，他们认识到敦煌石窟所出吐蕃文书提供了8至10世纪的书面藏语样品，无论是语音、语法还是词汇，都是研究古代藏语的宝贵资料。因此，不少语言学家利用吐蕃文书中的历史、文学和佛经卷子进行了深入细致的语言学研究，而历史学的研究成果相对较少，并且很多也是伴随着语言学的研究产生的。日本学者得益于榎一雄于20世纪60年代购回的缩微胶卷，也较早地展开了研究，并且将藏文文献与汉文文献结合了起来，产出了几种十分重要的历史学研究成果。我国学者的研究工作从20世纪80年代前后开始，虽起步较晚，但涵盖面更为广泛，涉及吐蕃统治时期敦煌的政治、军事、经济、文化等诸多方面，成果不胜枚举，且代有人才传承，呈现出一派繁荣景象。以下，笔者就依据本书所涉及的主要内容，仅从综合研究、政治研究、经济研究三个层面，对前贤学者的相关成果做一铺陈。

（一）综合研究

此处所谓综合研究，即指内容囊括了吐蕃统治敦煌时期的政治、经济、军事、文化等各个方面的综合性论著。迄今为止，学界已有若干种综合性研究成果发表。最早进行这种整体性研究工作的是日本学者藤枝晃，其《吐蕃支配时期的敦煌》[①]一文，内容涵盖了吐蕃统治时期敦煌的汉藏文文献、吐蕃派驻官员、部落制及其内部组织、佛教以及吐蕃统治下敦煌在经济流通、语言等方面的变化，等等。之后山口瑞凤的《敦煌的历史·吐蕃统治时期》[②]，内容述及吐蕃占领敦煌期间的统治政策变化、部落设置、佛教僧侣以及历法等多个方面。国内学者中推出了综合性研究成果的有杨铭和陆离两位。杨铭的《吐蕃统治敦煌研究》[③]和《吐蕃统治敦煌与吐蕃文书研究》[④]两种论著，对吐蕃统治期间

---

①（日）藤枝晃《吐蕃支配期の敦煌》，《東方學報》第31册，京都：京都大学人文科学研究所，1961年，第199—292页。

②（日）山口瑞凤《吐蕃の敦煌支配期间》，《講座敦煌2·敦煌の歷史》，东京：大东出版社，1980年，第197—232页。

③杨铭《吐蕃统治敦煌研究》，台北：新文丰出版公司，1997年。

④杨铭《吐蕃统治敦煌与吐蕃文书研究》，北京：中国藏学出版社，2008年。

敦煌的军政机构、职官制度、部落设置、土地制度、民众地位、民族关系等方面均有精深的研究。陆离的《敦煌的吐蕃时代》[①]从历史事件、政治、经济、军事、法律、文化教育、宗教、民族关系等方面入手，较为完整地再现了吐蕃统治敦煌史的全貌。2012年德国学者滕策（Gertraud Taenzer）的《吐蕃统治时期的敦煌（787—848）：莫高窟发现的世俗文书研究》[②]一书，是西方学者关于吐蕃统治敦煌史综合性研究的一部力作，作者通过全面梳理8—9世纪敦煌的汉藏文文书，比较全面地阐述了吐蕃统治下的敦煌历史。由于此前西方学界还没有一部吐蕃统治敦煌史的综合性专著，此书的出版可谓填补了这一空白。

（二）政治研究

1. 历史事件梳理

在吐蕃统治敦煌史研究中，一个首要问题就是吐蕃攻陷敦煌的时间。由于直接资料少，推测成分大，这一问题一直备受争议，学界前后提出了六种说法[③]：（1）大历十二年（777）说，持此说者如吴廷燮《唐方镇年表》[④]、马德《沙州陷蕃年代再探》[⑤]等；（2）建中二年（781）说，持此说者如徐松《西域水道记（外二种）》[⑥]、向达《罗叔言〈补唐书张议潮传〉

① 陆离《敦煌的吐蕃时代》，兰州：甘肃教育出版社，2013年。

② （德）Gertraud Taenzer, *The Dunhuang Region during Tibetan Rule (787–848): A Study of the Secular Manuscripts Discovered in the Mogao Caves*, Wiesbaden: Harrassowitz Verlag, 2012.

③金滢坤《敦煌陷蕃年代研究综述》（《丝绸之路》1997年第1期，第46—47页）就这一问题做了系统梳理，此处笔者根据金文和后出论著做一罗列。

④［清］吴廷燮《唐方镇年表》，北京：中华书局，1980年。

⑤马德《沙州陷蕃年代再探》，《敦煌研究》1985年第3期，第98—105页。

⑥［清］徐松《西域水道记（外二种）》，北京：中华书局，2005年。

补正》[①]、史苇湘《吐蕃王朝管辖沙州前后——敦煌遗书S.1438背〈书仪〉残卷的研究》[②]、李永宁《也谈敦煌陷蕃年代》[③]、杨铭《一件吐蕃文书所见的敦煌陷蕃年代》[④]、赵晓星《敦煌陷蕃、“归化”、“蕃和”和“丙寅年”时间考——有关敦煌陷蕃前后时间的几个问题》[⑤]等；（3）贞元元年（785）说，持此说者如劳贞一《唐五代沙州张曹两姓政权交替之史料附记》[⑥]，苏莹辉《论唐时敦煌陷蕃的年代》[⑦]、《再论唐时敦煌陷蕃的年代》[⑧]等；（4）贞元二年（786）说，持此说者如山口瑞凤《敦煌的历史·吐蕃统治时期》、陈国灿《唐朝吐蕃陷落沙州城的时间问题》[⑨]等；（5）贞元三年（787）说，持此说者如戴密微

① 向达《罗叔言〈补唐书张议潮传〉补正》，载向达《唐代长安与西域文明》，石家庄：河北教育出版社，2001年，第409—420页（此书初版时间为1957年，上海：生活·读书·新知三联书店）。

② 史苇湘《吐蕃王朝管辖沙州前后——敦煌遗书S.1438背〈书仪〉残卷的研究》，《敦煌研究》1983年创刊号，第131—141页。

③李永宁《也谈敦煌陷蕃年代》，《西北师院学报·敦煌学研究》（增刊），1984年，第29—37页。

④ 杨铭《一件吐蕃文书所见的敦煌陷蕃年代》，载杨铭《吐蕃统治敦煌与吐蕃文书研究》，北京：中国藏学出版社，2008年，第3—14页。

⑤ 赵晓星《敦煌陷蕃、“归化”、“蕃和”和“丙寅年”时间考——有关敦煌陷蕃前后时间的几个问题》，《江西社会科学》2004年第12期，第31—37页。

⑥ 劳贞一《唐五代沙州张曹两姓政权交替之史料附记》，《大陆杂志》第27期，转引自金滢坤《敦煌陷藩年代研究综述》，第47页。

⑦ 苏莹辉《论唐时敦煌陷蕃的年代》，《大陆杂志》第23卷第11期，1961年，第13—14页。

⑧苏莹辉《再论唐时敦煌陷蕃的年代》，《大陆杂志》第29卷第7期，1964年，第8—11页。

⑨ 陈国灿《唐朝吐蕃陷落沙州城的时间问题》，《敦煌学辑刊》1985年第1期，第1—7页。

《吐蕃僧诤记》[①]、饶宗颐《论敦煌陷于吐蕃之年代——依顿悟大乘正理决考证》[②]等；（6）贞元四年（788）说，持此说者如安忠义《吐蕃攻陷沙州城之我见》[③]、李正宇《沙州贞元四年陷蕃考》[④]等。众说之中，贞元二年说目前为大多数学者所认同，本书亦采此说。

关于敦煌陷蕃的相关背景、史事和人物，学界亦有精深研究。史苇湘《河西节度使覆灭的前夕——敦煌遗书伯2942号残卷的研究》[⑤]一文利用P.2942《河西观察使判集》对河西落蕃前夕的政治动乱和经济颓势进行了研究；其《吐蕃王朝管辖沙州前后——敦煌遗书S.1438背〈书仪〉残卷的研究》[⑥]一文则利用S.1438v《书仪》研究了敦煌落蕃前后当地民众的反抗情况和吐蕃的政策调整。姜伯勤《唐敦煌"书仪"写本中所见的沙州玉关驿户起义》[⑦]一文探索了吐蕃统治时期发生的沙州玉关驿户起义的原

---

①（法）Paul Demiéville, *Le Concile de Lhasa: Une controverse sur la quiétisme entre bouddhistes de l' inde et de le China au* Ⅷ*ème siècle*, Paris: Bibliothèque de l' Institut des Hautes études chinoises, 1952.

②饶宗颐《论敦煌陷于吐蕃之年代——依顿悟大乘正理决考证》，《东方文化》第9卷1期，1971年，第1—12页。

③安忠义《吐蕃攻陷沙州城之我见》，《敦煌学辑刊》1992年第1、2合期，第21—24页。

④李正宇《沙州贞元四年陷蕃考》，《敦煌研究》2007年第4期，第98—103页。

⑤史苇湘《河西节度使覆灭的前夕——敦煌遗书伯2942号残卷的研究》，《敦煌研究》1983年创刊号，第119—130页。

⑥史苇湘《吐蕃王朝管辖沙州前后——敦煌遗书S.1438背〈书仪〉残卷的研究》，《敦煌研究》1983年创刊号，第131—141页。

⑦姜伯勤《唐敦煌"书仪"写本中所见的沙州玉关驿户起义》，《中华文史论丛》1981年第1辑，上海：上海古籍出版社，第157—170页。

因、时间和作用。马德《吐蕃统治敦煌初期的几个问题》[①]一文对昙旷《大乘二十二问》的成书时间、驿户氾国忠起义及吐蕃的应对措施等几个问题进行了研究。邵文实《尚乞心儿事迹考》[②]对吐蕃统治敦煌时期吐蕃宰相尚乞（绮）心儿的生平事迹及其统治敦煌初期的策略进行了考证。苏莹辉《论敦煌县在河西诸州中陷蕃最晚的原因》[③]、张延清《吐蕃和平占领沙州城的宗教因素》[④]等文章对吐蕃攻占敦煌的背景因素进行了探讨。陆离、陆庆夫《吐蕃统治下的敦煌社会及其与唐朝中央政权关系管窥》[⑤]探讨了吐蕃统治敦煌期间与唐朝中央政府的往来关系。岩尾一史《吐蕃统治初期敦煌史相关新史料——IOL Tib J915、IOL Tib J292(B)》[⑥]对吐蕃统治敦煌初期的两件新资料IOL Tib J915、IOL Tib J292（B）进行了研究。陈国灿《对敦煌吐蕃文契约文书断代的思考》[⑦]以 P. T. 1297 敦煌永寿寺文书为基础，论证了在公元 832 年吐蕃统治者有过立契须用吐蕃文书写的命令，此后的契约都是吐蕃文契，以此为标尺，对已有的定年推断须要做出重新的审订。

---

① 马德《吐蕃统治敦煌初期的几个问题》，《敦煌研究》1987年第1期，第58—61页。

② 邵文实《尚乞心儿事迹考》，《敦煌学辑刊》1993年第2期，第16—23页。

③苏莹辉《论敦煌县在河西诸州中陷蕃最晚的原因》，《大陆杂志》第41卷第9期，1970年，第23—25页。

④张延清《吐蕃和平占领沙州城的宗教因素》，《西南民族大学学报》（人文社会科学版）2010年第4期，第81—84页。

⑤陆离、陆庆夫《吐蕃统治下的敦煌社会及其与唐朝中央政权关系管窥》，《中国边疆史地研究》2009年第1期，第97—107页。

⑥（日）岩尾一史《チベット支配初期の敦煌史に关する新史料——IOL Tib J915とIOL Tib J292（B)》，京都大学人文科学研究所西陲发现中国中世写本研究班《敦煌寫本研究年报》第五号，2011年，第213—224页。

⑦陈国灿《对敦煌吐蕃文契约文书断代的思考》，《西域研究》2016年第4期，第1—6页。

其另一文章《试论吐蕃占领敦煌后期的鼠年变革——敦煌“永寿寺文书”研究》[①]梳理了吐蕃占领敦煌后多次制度性的改变和调整，尤其详述了832年（鼠年）推行的第三次变革及其产生的社会民族矛盾激化等影响。郑炳林、魏迎春《敦煌写本〈大蕃沙州敦煌郡摄节度功德颂〉研究》[②]一文通过对P. 2686v《大蕃沙州敦煌郡摄节度功德颂》的考释与研究，重新梳理了敦煌陷落前后的诸多史实，如吐蕃陷落敦煌与阎朝达成的城下之盟、敦煌陷落的时间、张议潮收复敦煌河西诸州的背景、论恐热率部追击尚婢婢就食部落对河西诸州形成的焚烧杀戮等。魏迎春、郑炳林《唐河西节度使西迁和吐蕃对敦煌西域的占领》[③]一文则探讨了河西节度使杨志烈、杨休明、周鼎与阎朝的任职时间和过程，兼论吐蕃对敦煌和西域的占领经过等问题。

2. 政治制度研究

（1）有关部落制的研究

众所周知，吐蕃占领敦煌后在当地实行了部落制。关于吐蕃在敦煌设立部落的时间，池田温《丑年十二月僧龙藏牒——九世纪初敦煌家产分割的诉讼文书介绍》[④]、陈国灿《敦煌所出诸借

①陈国灿《试论吐蕃占领敦煌后期的鼠年变革——敦煌“永寿寺文书”研究》，《敦煌研究》2017年第3期，第1—7页。

②郑炳林、魏迎春《敦煌写本〈大蕃沙州敦煌郡摄节度功德颂〉研究》，《敦煌学辑刊》2019年第4期，第43—59页。

③魏迎春、郑炳林《唐河西节度使西迁和吐蕃对敦煌西域的占领》，《敦煌学辑刊》2020年第1期，第1—19页。

④（日）池田温《丑年十二月僧龍藏牒——九世纪初敦煌の家産分割をめぐる訴訟文书の紹介》，《山本博士还历纪念東洋史論叢》，东京：山川出版社，1972年，第25—38页。

契年代考》[①]均考证为790年。山口瑞凤《沙州汉人组成的吐蕃二军团的成立和姑臧军团的位置》[②]《汉人与通颊人为沙州吐蕃军团编成的时期》[③]二文则对阿骨萨、悉董萨、悉宁宗、通颊等部落的设置时间进行了考证，推定阿骨萨、悉董萨二部落的设置时间为820年，悉宁宗部落和通颊部落设置于824年之后。目前这一时间划分已为学界普遍认可。

部落及其内部组织的具体设置情况也是学界研究的重点之一。托马斯早在整理藏文文书时就已有所涉及，将阿骨萨（Rgod sar）、悉董萨（Stong sar）、吉措（Spyi lcogs）、悉宁宗（Snying tsoms）、蔡托（Tshas stobs）等部落划归沙州，而将擘三（Phyug mtsams）、丝绵（Dar pa）等部落划归其他地区。[④]藤枝晃《敦煌的僧尼籍》一文据S.2729等文书对僧尼部落进行了研究；《吐蕃支配时期的敦煌》考证出敦煌所设悉董萨、阿骨萨、丝绵、行人、僧尼、擘三、上、下等八个部落，并就其性质、人员构成、实态、下级组织“将”等问题进行了研究。姜伯勤《敦煌文书中的唐五代“行人”》[⑤]一文对行人部落进行了研究，认为其与沙州城坊分为诸“行”有关，行人指各具体行业中的工商人户。张广达《吐蕃飞鸟使与吐蕃驿传制度——兼论敦煌行人部

① 陈国灿《敦煌所出诸借契年代考》，《敦煌学辑刊》1984年第1期，第1—9页。

②（日）山口瑞凤《沙洲汉人による吐蕃二军团の成立とmkhar tsan军团の位置》，《東京大学文学部文化交流设施研究纪要》第4号，东京，1980年。

③（日）山口瑞凤《汉人及び通颊人による沙州吐蕃军团编成の时期》，《東京大学文学部文化交流设施研究纪要》第5号，东京，1981年。

④（英）F.W.托马斯编著，刘忠、杨铭译注《敦煌西域古藏文社会历史文献》，第274—275页。

⑤ 姜伯勤《敦煌文书中的唐五代“行人”》，《中国史研究》1979年第2期，第77—85页。

落》[①]一文对姜氏的结论提出质疑，认为该部落或与吐蕃的驿传制度和驿馆设置有关。乌瑞《公元九世纪前半叶吐蕃王朝之"千户"考释》[②]利用P.T.1087、P.T.1101、Ch.73.xv.5等文书对部落下设的百户组织"将"和十户组织进行了研究。王尧、陈践《敦煌藏文写卷P.T.1083、1085号研究——吐蕃占有敦煌时期的民族关系探索》[③]一文对擘三、丝绵、上、下、通颊等部落及"将"等问题均进行了研究。姜伯勤《沙州道门亲表部落释证》[④]一文专对"道门亲表部落"进行了考证，考证其为吐蕃占领敦煌后由道士、女冠及其内外亲组成的一个部落。杨际平《吐蕃子年左二将户状与所谓"擘三部落"》[⑤]一文对S.3287v文书中的"午年擘三部落"进行了新的解读，解释为"午年分三部落"之意。王尧、陈践《从一张借契看宗教的社会作用——P.T.1297（1）号敦煌吐蕃文书译解》[⑥]一文对敦煌部落制的性质进行了研究，认为吐蕃在敦煌设置的部落"只求在行政上采取分部而居的

---

① 张广达《吐蕃飞鸟使与吐蕃驿传制度——兼论敦煌行人部落》，《敦煌吐鲁番文献研究论集》，北京：中华书局，1982年，第167—178页。

②（匈）Géza Uray，"Notes on the Thousand-districts of the Tibetan Empire in the First Half of the Ninth Century"，*Acta Orient*，Hung，Tomus XXXVI，Fasc. 1-3，1982，pp.545-548.吴玉贵译《公元九世纪前半叶吐蕃王朝之"千户"考释》，《国外藏学研究译文集》第2辑，拉萨：西藏人民出版社，1987年，第49—53页。

③ 王尧、陈践《敦煌藏文写卷P.T.1083、1085号研究——吐蕃占有敦煌时期的民族关系探索》，《历史研究》1984年第5期，第171—178页。

④ 姜伯勤《沙州道门亲表部落释证》，《敦煌研究》1986年第3期，第1—7页。

⑤ 杨际平《吐蕃子年左二将户状与所谓"擘三部落"》，《敦煌学辑刊》1986年第2期，第19—23页。

⑥ 王尧、陈践《从一张借契看宗教的社会作用——P.T.1297（1）号敦煌吐蕃文书译解》，《世界宗教研究》1986年第4期，第66—71页。

统一旗号形式”，实为“吐蕃的旗号，唐人的制度”。该文在收入《王尧藏学文集》时附有《沙州唐人部落名称表》[①]，罗列了擘三、上、下、丝绵、行人、阿骨萨、悉董萨、宁宗、橑笼、僧尼、中元等11个部落名称及其藏文对音、卷子出处等。杨铭《通颊考》[②]、荣新江《通颊考》[③]均对吐蕃设置的通颊军事部落进行了研究。杨铭《吐蕃时期敦煌部落设置考——兼及部落的内部组织》[④]一文按时间顺序将敦煌文书中所记载的部落做了整理，指出敦煌两次设置部落的时间，并探讨了部落下属的百户组织、十户组织等。武内绍人《将：吐蕃王国千户的下级组织》[⑤]一文利用敦煌、西域出土的汉藏文文献对部落下级组织“将”设置的方式、数量、职能等进行了专题研究。刘进宝《关于吐蕃统治经营河西地区的若干问题》[⑥]将吐蕃的“部落——将”制与唐朝的乡里制进行了比对。杨铭《吐蕃“十将”（Tshan bcu）制补证》[⑦]一

① 王尧《王尧藏学文集》卷四，北京：中国藏学出版社，2012年，第74—75页。

② 杨铭《通颊考》，《敦煌学辑刊》1987年第1期，第113—117页。

③ 荣新江《通颊考》，《文史》第33辑，北京：中华书局，1990年，第119—144页。

④ 杨铭《吐蕃时期敦煌部落设置考——兼及部落的内部组织》，《西北史地》1987年第2期，第34—40页。

⑤（日）Tsuguhito. Takeuchi, “TSHAN: Subordinate Administrative Units of the Thousand-Districts in the Tibetan Empire”, *Tibetan Studies Proceedings of the 6th Seminar of the International Association for Tibetan Studies FAGERNES 1992*, Volume 2, edited by Per Kvaerne, Oslo, 1994, pp. 848-862. 石应平译文《“占”(Tshan)：吐蕃王朝千户部落下属的行政单位》，《西藏考古》第1辑，成都：四川大学出版社，1994年，第149—163页。

⑥ 刘进宝《关于吐蕃统治经营河西地区的若干问题》，《中国边疆史地研究》1994年第1期，第13—21页。

⑦ 杨铭《吐蕃“十将”（Tshan bcu）制补证》，《中国藏学》1996年第2期，第44—49页。

文针对熊文彬《吐蕃本部地方行政机构和职官考》[①]所言“十将（tshan bcu）”制仅限于在吐蕃本土实施的论断，搜罗大量敦煌、西域出土的相关文献，证实这一制度在广大吐蕃占领区亦有实施，并指出了占领区与吐蕃本土“将”制的区别与联系。金滢坤《吐蕃统治敦煌的社会基层组织》[②]一文对敦煌诸部落设置时间、“将”“勒堪”、寺户组织“团”等做了研究。岩尾一史《吐蕃统治下敦煌的汉人部落——以行人部落为中心》[③]一文论及行人部落的性质、职能等；其《吐蕃的万户》[④]一文则对“万户”（khri pon）的起源、规模进行了探讨；此外，岩尾氏尚有《吐蕃的茹与千户》[⑤]、《吐蕃王朝的千户及其下属组织——百户、五十户、十户》[⑥]等文章探讨吐蕃的部落制及其内部设置等问题。陆离《吐蕃统治敦煌的基层组织》[⑦]一文通过考察“岗（rkang）”的含义，对部落内部的百户组织、十户组织进行了重新解读；其《吐蕃统治敦煌时期的“行人”、“行人部落”》[⑧]一文对行人部

① 熊文彬《吐蕃本部地方行政机构和职官考》，《中国藏学》1994年第2期，第51—58页。

② 金滢坤《吐蕃统治敦煌的社会基层组织》，《中国边疆史地研究》1998年第4期，27—35页。

③（日）岩尾一史《吐蕃支配下敦煌の漢人部落—行人部落中心に—》，《史林》2003年第4期，第473—503页。

④（日）岩尾一史《吐蕃の万户について》，《日本西藏学会会报》第50号，2004年5月，第3—15页。

⑤（日）岩尾一史《吐蕃のルと千户》，《東洋史研究》第59卷第3号，2000年，第1—33页。

⑥（日）岩尾一史《吐蕃王朝の千户及び下属组织——百户，五十户，十户》，京都：《東方學報》第88册，2013年，第350—351页。

⑦ 陆离《吐蕃统治敦煌的基层组织》，《西藏研究》2006年第1期，第8—16页。

⑧ 陆离《吐蕃统治敦煌时期的“行人”、“行人部落”》，《民族研究》2009年第4期，第85—94页。

落的性质、规模、隶属关系等进行了研究；其《再论吐蕃统治下于阗、敦煌等地的tshan》[①]则对吐蕃统治时期于阗地区与敦煌、萨毗地区的“将”进行了对比研究。

（2）有关职官制度的研究

吐蕃占领敦煌后在当地设置了一套以蕃官主导、蕃汉官吏双轨并行的职官体系。托马斯在藏文文献的整理中已有初步研究，大略勾勒出“朵思麻（Mdo smad）德论（Bde blon）——瓜州节度使——沙州诸官（部落使、万户长、小千户长、节儿等）”的职官系统。[②]藤枝晃《吐蕃支配期的敦煌》大量运用汉文文献对吐蕃派驻敦煌的官员及在当地所设乞利本、节儿、监军、都督、部落使、财政官等进行了研究。P.T.1089《吐蕃官吏呈请状》是一份关于吐蕃时期敦煌职官制度的重要藏文文书，该文献经拉露女士刊布并译释后，[③]山口瑞凤《敦煌的历史·吐蕃统治时期》，汶江《吐蕃官制考——敦煌藏文卷子P.T.1089号研究》[④]，王尧、陈践《吐蕃职官考信录》[⑤]，杨铭《关于敦煌藏文文书〈吐蕃官吏呈请状〉的研究》[⑥]等均就这一文书进行了再次释读和全面研

① 陆离《再论吐蕃统治下于阗、敦煌等地的tshan》，《西藏大学学报》（社会科学版）2021年第2期，第48—56页。

②《敦煌西域古藏文社会历史文献》，第278—281页。

③（法）Marcelle. Lalou，“Revendications des Fonctionnaires du Grend Tibet au VIIIe Siècle”，*Journal Asiatique*，Vol.242，II，Paris，1955，pp.171–212. 岳岩译文《〈8世纪吐蕃官员呈文〉解析》，《国外敦煌吐蕃文书研究选译》，兰州：甘肃人民出版社，1992年，第73—104页。

④ 汶江《吐蕃官制考——敦煌藏文卷子P.T.1089号研究》，《西藏研究》1987年第3期，第40—48页。

⑤ 王尧、陈践《吐蕃职官考信录》，《中国藏学》1989年第1期，第102—117页。

⑥ 杨铭《关于敦煌藏文文书〈吐蕃官吏呈请状〉的研究》，《马长寿纪念文集》，西安：西北大学出版社，1993年，第363—386页。

究。王继光、郑炳林《敦煌汉文吐蕃史料综述——兼论吐蕃控制时期的职官与统治政策》[①]一文则以敦煌汉文佛事文书为中心，对吐蕃统治时期敦煌的职官系统及领属关系进行了研究，着重探讨了节度使、乞律（利）本、节儿、都督、部落使、监军等敦煌上层职官设置。另有陈楠《吐蕃职官制度考论》[②]一文研究了吐蕃本土的职官设置，对研究敦煌的情况很有参考意义。

吐蕃占领河陇地区后设东道节度使总辖之，瓜州节度使居其下，敦煌又居瓜州之下，学界对敦煌之上的两级机构亦有研究。除了前述杨铭的两部著作外，乌瑞《KHROM（军镇）：公元七至九世纪吐蕃帝国的行政单位》[③]、马德《KHROM词义考》[④]等文对瓜州军镇的设置、性质等做了详细考证。杨铭《吐蕃时期河陇军政机构设置考》[⑤]对东道节度及其下辖五节度都有研究。陆离《关于榆林窟第25窟壁画藏文题记释读的两个问题》[⑥]、朱悦梅

---

① 王继光、郑炳林《敦煌汉文吐蕃史料综述——兼论吐蕃控制时期的职官与统治政策》，《中国藏学》1994年第3期，第44—54页。

② 陈楠《吐蕃职官制度考论》，《中国藏学》1988年第2期，第88—104页。

③（匈）Géza Uray "KHROM: Administrative Units of the Tibetan Empire in the 7th–9th Centuries", *Tibetan Studies in Honour of Hugh Richardson* ed. by Michael Aris and Aung San Sua Kyi, Aris and Pillips LTD. Warminster England, 1979.沈卫荣译文《释khrom：七—九世纪吐蕃帝国的行政单位》，《国外藏学研究译文集》第1辑，拉萨：西藏人民出版社，1986年，第131—138页。荣新江译文《KHROM（军镇）：公元七至九世纪吐蕃帝国的行政单位》，《西北史地》1986年第4期，第106—113页。

④ 马德《KHROM词义考》，《中国藏学》1992年第2期，第98—101页。

⑤ 杨铭《吐蕃时期河陇军政机构设置考》，《中亚学刊》第4辑，北京：北京大学出版社，1995年，第113—121页。

⑥ 陆离《关于榆林窟第25窟壁画藏文题记释读的两个问题》，《西北民族大学学报》（哲学社会科学版）2010年第4期，第54—57页。

《吐蕃东境（鄯）五道节度使研究》①、肖超宇《唐代吐蕃东道节度使研究四题——读金滢坤、林冠群等先生文后》②等均对吐蕃东道节度使相关问题进行了探讨。金滢坤《吐蕃瓜州节度使初探》③《吐蕃节度使考述》④等文对瓜州节度使、吐蕃节度使的任命、职能进行了研究。黄维忠《关于唐代吐蕃军事占领区建制的几个问题》⑤讨论了朵甘思（mdo gams）和中节度的关系，以及雅莫塘节度使与河州节度使的关系问题。林冠群《唐代吐蕃军事占领区建制之研究》⑥则侧重于探讨唐代吐蕃在军事占领区所设军政机构几个尚待辩证的核心议题，如军政机构建制的原理及缘由、汉文史料所载机构名称与官职官衔等。

敦煌当地职官方面，关于当地最高行政长官节儿论，王尧《敦煌吐蕃官号“节儿”考》⑦一文首次将汉文文献中的“节儿”与藏文rtse rje对应了起来；邵文实《沙州节儿考及其引申出来的几个问题——八至九世纪吐蕃对瓜沙地区汉人的统治》⑧、张云

① 朱悦梅《吐蕃东境（鄯）五道节度使研究》，《中国边疆史地研究》2014年第1期，第41—54、179页。

② 肖超宇《唐代吐蕃东道节度使研究四题——读金滢坤、林冠群等先生文后》，《中央民族大学学报》（哲学社会科学版）2015年第S1期，第101—107页。

③ 金滢坤《吐蕃瓜州节度使初探》，《敦煌研究》2002年第2期，第20—25页。

④ 金滢坤《吐蕃节度使考述》，《厦门大学学报》(哲学社会科学版）2001年第1期，第97—104页。

⑤ 黄维忠《关于唐代吐蕃军事占领区建制的几个问题》，《西北民族大学学报》（哲学社会科学版）2010年第4期，第58—64页。

⑥林冠群《唐代吐蕃军事占领区建制之研究》，《中国藏学》2007年第4期，第3—17页。

⑦ 王尧《敦煌吐蕃官号“节儿”考》，《民族语文》1989年第4期，第23—28页。

⑧ 邵文实《沙州节儿考及其引申出来的几个问题——八至九世纪吐蕃对瓜沙地区汉人的统治》，《西北师大学报》（社会科学版）1992年第5期，第63—68页。

《“节儿”考略》[①]、金滢坤等《吐蕃沙州节儿及其统治新探》[②]等也对此官职进行了研究；陆离《吐蕃敦煌乞利本考》[③]则提出乞利本（khrid pon）就是沙州节儿论。在节儿以下的其他职官设置方面，金滢坤《吐蕃统治敦煌时期的部落使考》[④]对部落使进行了专题研究；其另一文《吐蕃统治敦煌的财政职官体系——兼论吐蕃对敦煌农业的经营》[⑤]对敦煌当地由岸本、军粮官、税务官、勾检官等组成的财政职官体系进行了专题论述。陆离《吐蕃统治河陇西域时期职官四题》[⑥]分别研究了敦煌的收税官（khral pon）、文书官（yi ge pa）、营田官（zhing pon）和水官（chu mngan）等下层官吏；其《吐蕃统治敦煌的监军、监使》[⑦]详述了地位仅次于节儿的万户悉编（khri spyan，或称节儿监军rtse rje spyan）之设置及其职能等；其《关于发放堪布土登口粮契约的几个问题——以三件英藏敦煌藏文文书为例》[⑧]一文论述了瓜州

① 张云《“节儿”考略》，《民族研究》1992年第6期，第99—104页。

② 金滢坤、盛会莲《吐蕃沙州节儿及其统治新探》，《中国边疆史地研究》2000年第3期，第12—18页。

③ 陆离《吐蕃敦煌乞利本考》，《中国边疆史地研究》2007年第4期，第74—81页。

④ 金滢坤《吐蕃统治敦煌时期的部落使考》，《民族研究》1999年第2期，第73—77页。

⑤ 金滢坤《吐蕃统治敦煌的财政职官体系——兼论吐蕃对敦煌农业的经营》，《敦煌研究》1999年第2期，第84—91页。

⑥ 陆离《吐蕃统治河陇西域时期职官四题》，《西北民族研究》2006年第2期，第19—31页。

⑦ 陆离《吐蕃统治敦煌的监军、监使》，《中国藏学》2010年第2期，第27—34页。

⑧ 陆离《关于发放堪布土登口粮契约的几个问题——以三件英藏敦煌藏文文书为例》，《青海民族大学学报》(社会科学版) 2017年第2期，第1—7页。

都仓曹、沙州仓曹等官职的职责范围。李正宇《吐蕃论董勃藏修伽蓝功德记两残卷的发现、缀合及考证》[①]、岩尾一史《再论〈吐蕃论董勃藏修伽蓝功德记〉——以羽689的分析为中心》[②]等根据Дx.1462+P.3829号文书对任职于敦煌的吐蕃官员论董勃藏的相关情况进行了研究。林冠群《沙州的节儿与乞利本》[③]一文通过对学界已有的关于沙州节儿与乞利本的认识的辨正，对于吐蕃占领敦煌以后所设立的职官以及统治机制形成了一个更为清晰的轮廓；其《吐蕃职官spyan（悉编）研究——吐蕃地方职官委员制的形成与发展》[④]一文对吐蕃所设spyan一职在文献中的记载情况、职官属性以及吐蕃设置该职的功能与意义进行了深入研究，提出了独到的见解，认为spyan为吐蕃设置于地方及军事占领区内的使职，对应的汉文为“监军”或“监军使”，系中央派至地方监督地方主官并与地方主官共同处理地方事务的官职。

学界还专门就这一时期敦煌汉人的任职情况进行了专题研究。刘雯《吐蕃及归义军时期敦煌索氏家族研究》[⑤]，任树民、白自东《仕蕃汉人官职考述——P.T.1089号卷子研究》[⑥]，眪麟

---

① 李正宇《吐蕃论董勃藏修伽蓝功德记两残卷的发现、缀合及考证》，《敦煌吐鲁番研究》第2卷，北京：北京大学出版社，1997年，第249—257页。

②（日）岩尾一史《再论〈吐蕃论董勃藏修伽蓝功德记〉——羽689の分析を中心に》，《敦煌寫本研究年报》第八号，京都，2014年，第205—216页。

③ 林冠群《沙州的节儿与乞利本》，《中国藏学》2018年第3期，第40—51页。

④ 林冠群《吐蕃职官spyan（悉编）研究——吐蕃地方职官委员制的形成与发展》，《敦煌学辑刊》2019年第2期，第1—25页。

⑤ 刘雯《吐蕃及归义军时期敦煌索氏家族研究》，《敦煌学辑刊》1997年第2期，第84—91页。

⑥ 任树民、白自东《仕蕃汉人官职考述——P.T.1089号卷子研究》，《西藏民族学院学报》（社会科学版）1990年第2期，第56—61页。

《张谦逸在吐蕃时期的任职》[①]，刘安志《唐朝吐蕃占领沙州时期的敦煌大族》[②]，金滢坤《吐蕃沙州都督考》[③]，岩尾一史《吐蕃统治敦煌时期的都督》[④]，赵晓星《吐蕃统治敦煌时期的落蕃官初探》[⑤]，陆离《敦煌写本S.1438背〈书仪〉残卷与吐蕃占领沙州的几个问题》[⑥]等文章对敦煌仕蕃汉官的出身、地位、任职、心理、处境等方面均有论及；陆离《关于康再荣在吐蕃时期任职的若干问题——敦煌文书〈大蕃纥骨萨部落使康再荣建宅文〉浅识》[⑦]一文还探讨了康再荣、康秀华等粟特人后裔在吐蕃统治时期的任职情况。王力平《八至十世纪的敦煌杜氏家族研究——兼及藏经洞文书的"偏向性"》[⑧]详述了8至10世纪杜氏在敦煌政教两界的活跃表现，其中就包括吐蕃占领敦煌时期，长期担任汉人最高行政长官的杜都督数十年的辅政生涯。另外，赵心愚《吐蕃告身制度的两个问题》[⑨]《格子藏文碑与吐蕃告身制度

---

① 晒麟《张谦逸在吐蕃时期的任职》，《敦煌学辑刊》1993年第1期，第83页。

② 刘安志《唐朝吐蕃占领沙州时期的敦煌大族》，《中国史研究》1997年第3期，第83—91页。

③ 金滢坤《吐蕃沙州都督考》，《敦煌研究》1999年第3期，第86—90页。

④（日）Kazushi Iwao, "On To-dog in Tibetan-ruled Dunhuang", 2006年10月台北中国历史边臣疆吏国际学术讨论会论文。

⑤ 赵晓星《吐蕃统治敦煌时期的落蕃官初探》，《中国藏学》2003年第2期，第53—62页。

⑥ 陆离《敦煌写本S.1438背〈书仪〉残卷与吐蕃占领沙州的几个问题》，《中国史研究》2010年第1期，第87—100页。

⑦ 陆离《关于康再荣在吐蕃时期任职的若干问题——敦煌文书〈大蕃纥骨萨部落使康再荣建宅文〉浅识》，《西藏研究》2019年第5期，第16—24页。

⑧ 王力平《八至十世纪的敦煌杜氏家族研究——兼及藏经洞文书的"偏向性"》，《敦煌学辑刊》2017年第2期，第1—18页。

⑨ 赵心愚《吐蕃告身制度的两个问题》，《西藏研究》2002年第1期，第15—20页。

的几个问题》[①]，陆离、陆庆夫《关于吐蕃告身制度的几个问题》[②]，陆离《敦煌吐蕃文书〈吐蕃官吏申请状〉所见zar can与zar cung词义考》[③]等对当时吐蕃在敦煌颁行的勋位制度进行了研究。

（3）有关军事制度的研究

军事方面，吐蕃本土奉行军政合一的部落制度，但其统治初期和中期在敦煌所设部落均为民事性质，直到后期设置的阿骨萨、悉董萨、悉宁宗三军事部落才略有军事色彩，并编制了用以组织敦煌百姓服兵役的军事组织tshar。托马斯首次刊布、释读了关于tshar的重要文献Ch.73.xv.frag.12号文书，但并未全译。[④]藤枝晃《吐蕃支配期的敦煌》一文将托氏译文翻译为日文，将tshar译为“队”，但弄反了vphongs和dgon的意思。乌瑞《关于敦煌的一份军事文书的注释》[⑤]一文对托氏译文中的错误和遗漏进行了订正，指出了tshar的军事性质。山口瑞凤亦曾对该文书进行过深入研究，将tshar译为“团”“队”。[⑥]杨铭、何宁生《曹（Tshar）——吐蕃统

① 赵心愚《格子藏文碑与吐蕃告身制度的几个问题》，《民族研究》2004年第3期，第93—97页。

② 陆离、陆庆夫《关于吐蕃告身制度的几个问题》，《民族研究》2006年第3期，第94—102页。

③ 陆离《敦煌吐蕃文书〈吐蕃官吏申请状〉所见zar can与zar cung词义考》，《兰州学刊》2006年第11期，第97—98页。

④（英）F. W. Thomas, *Tibetan Literary Texts and Documents concerning Chinese Turkestan*, Ⅱ, London: Royal Asiatic Society, 1951.

⑤（匈）Géza Uray, “Notes on a Tibetan Military Document from Tun-huang”, *Acta Orient*. Hung. Tomus Ⅻ, Fasc. 1-3, 1961, pp. 224—225.中译本参看：赵晓意译、杨铭校《关于敦煌一份军事文献的注释》，《国外藏学研究译文集》第20辑，2013年，第55—62页。

⑥（日）山口瑞凤《吐蕃王国成立史研究》，东京：岩波书店，1983年，第838—841页。

治敦煌及西域的一级基层兵制》[①]一文提出tshar应为汉语“曹”的藏文对音。刘忠《敦煌阿骨萨部落一区编员表藏文文书译考——兼向藤枝晃、姜伯勤等先生译文质疑》[②]一文对Ch.73.xv.frag.12号文书全文做了翻译，并对托马斯、藤枝晃、北原薰、姜伯勤诸家译文进行了对比考释，纠出错误。苏航《试析吐蕃统治敦煌时期的基层组织tshar——以Ch.73.xv.frag.12和P.T.2218为中心》[③]一文提出tshar可能为吐蕃借鉴唐制“队”来统治敦煌民众的一种形式，并首次对另一份与tshar相关的P.T.2218号文书做了拉丁文转写。陆离《吐蕃统治敦煌基层兵制新考》[④]对“曹”亦有考证；其《吐蕃统治河陇西域时期的军事、畜牧业职官二题》[⑤]一文还探讨了吐蕃所设军事官员扎论（dgra blon）；其《敦煌藏文P.T.1185号〈军需调拨文书〉及相关问题研究》[⑥]一文则通过对9世纪前期吐蕃占领河陇地区时的一份军需调拨文书的研究，探讨了吐蕃统治下河陇等地军用物资的征集、作战阵亡者的抚恤费用管理及发放等问题。巴桑旺堆《一份新发现的敦煌古藏文吐

---

① 杨铭、何宁生《曹（Tshar）——吐蕃统治敦煌及西域的一级基层兵制》，《西域研究》1995年第4期，第49—54页。

② 刘忠《敦煌阿骨萨部落一区编员表藏文文书译考——兼向藤枝晃、姜伯勤等先生译文质疑》，《中国史研究》1999年第1期，第80—90页。

③ 苏航《试析吐蕃统治敦煌时期的基层组织tshar——以Ch.73.xv.frag.12和P.T.2218为中心》，《中国藏学》2003年第2期，第43—52页。

④ 陆离《吐蕃统治敦煌基层兵制新考》，《中国史研究》2003年第4期，第71—84页。

⑤ 陆离《吐蕃统治河陇西域时期的军事、畜牧业职官二题》，《敦煌研究》2006年第4期，第62—66页。

⑥ 陆离《敦煌藏文P.T.1185号〈军需调拨文书〉及相关问题研究》，《西藏研究》2016年第2期，第49—56页。

蕃兵书残卷解读》[1]介绍了一件敦煌古藏文兵书写卷，并对写卷涉及的吐蕃兵法律例做了解读，为学界提供了极有价值的吐蕃军事材料。此外，如王尧、陈践《吐蕃兵制考略——军事部落联盟剖析》[2]等探讨吐蕃本土军事制度的成果对于理解敦煌的军事组织也有参考意义。

（三）经济研究

1. 有关经济制度的研究

经济制度领域有几种整体研究的重要成果。杨际平《吐蕃时期沙州社会经济研究》[3]对蕃占时期敦煌的土地、户籍、赋税劳役制度和农牧业、商业等经济内容进行了全面论述。陈庆英《从帐簿文书看吐蕃王朝的经济制度》[4]一文也论及吐蕃在敦煌实行的土地制度、赋税制度、畜牧业管理等问题。何志文《吐蕃统治敦煌时期地方财政支出的一个考察——以敦煌出土汉、藏文支出帐为中心》[5]从管理、核算、结构三个层面对吐蕃统治敦煌时期的地方财政支出问题进行了细致的考察。

就单项制度而言，户籍制度方面，吐蕃在敦煌开展过不止一次的检阅人口和编造户籍工作，李正宇《吐蕃子年（808）沙州

---

① 巴桑旺堆《一份新发现的敦煌古藏文吐蕃兵书残卷解读》，《中国藏学》2014年第3期，第5—23页。

② 王尧、陈践《吐蕃兵制考略——军事部落联盟剖析》，《中国史研究》1986年第1期，第118—127页。

③ 杨际平《吐蕃时期沙州社会经济研究》，《敦煌吐鲁番出土经济文书研究》，厦门：厦门大学出版社，1986年，第357—413页。

④ 陈庆英《从帐簿文书看吐蕃王朝的经济制度》，《中国藏学》1992年特刊，第100—114页。

⑤ 何志文《吐蕃统治敦煌时期地方财政支出的一个考察——以敦煌出土汉、藏文支出帐为中心》，《中国社会经济史研究》2019年第2期，第1—10页。

百姓汜履倩等户籍手实残卷研究》[①]、金滢坤《吐蕃统治敦煌的户籍制度初探》[②]等即对这一时期的户籍制度及相关情况进行了研究。岩尾一史《课制（rkya）研究序说——吐蕃王朝的社会制度》[③]、杨铭《rkya：吐蕃统治敦煌西域时期的编户制度》[④]、陆离《吐蕃统治敦煌赋税制度再探——以吐蕃文rkya为中心》[⑤]等文章均对敦煌西域古藏文文书中出现的rkya一词展开了探讨。其中杨文认为rkya作为一种户籍制度单称可译作“籍”，被编入者可称为“编户”，这一制度是为了让入籍者向官府、军队或寺庙、僧团提供赋税和劳役，因而此词还兼具“供养”或“供养户”之义。陆文则指出其含义为户，敦煌民户正是按户（rkya）向官府交纳突税，向寺院供养粮、棉布、麻、线等物品，这应该是吐蕃特有的赋税制度。

土地制度方面，吐蕃统治者以突田制代替了均田制，对此杨际平《吐蕃时期敦煌计口授田考——兼及其时的税制和户口制度》[⑥]、姜伯勤《突地考》[⑦]、杨铭《吐蕃在敦煌计口授田的几

---

① 李正宇《吐蕃子年（808）沙州百姓汜履倩等户籍手实残卷研究》，《1983年全国敦煌学术研讨会文集》（文史·遗书编），兰州：甘肃人民出版社，1987年，第176—218页。

② 金滢坤《吐蕃统治敦煌的户籍制度初探》，《中国经济史研究》2003年第1期，第116—124页。

③（日）岩尾一史《課制（rkya）研究序说——吐蕃王朝の社会制度》，《東方學》第113辑（2007年1月），第103—118页。

④ 杨铭《rkya：吐蕃统治敦煌西域时期的编户制度》，《西域研究》2021年第4期，第17—25页。

⑤ 陆离《吐蕃统治敦煌赋税制度再探——以吐蕃文rkya为中心》，《南京师大学报》（社会科学版）2021年第6期，第138—147页。

⑥ 杨际平《吐蕃时期敦煌计口授田考——兼及其时的税制和户口制度》，《社会科学》（甘肃）1983年第2期，第94—100页。

⑦ 姜伯勤《突地考》，《敦煌学辑刊》1984年第1期，第10—18页。

个问题》[1]等文章都进行了翔实的考证。陆离《论吐蕃统治敦煌时期的官田与营田》[2]一文对吐蕃统治者派给官员的俸禄田进行了研究。岩尾一史《中亚出土的古代藏语田籍》[3]一文对敦煌西域一带所出古藏文文献中的田籍进行了整理研究。杨铭、贡保扎西《法藏1078bis〈悉董萨部落土地纠纷诉状〉考释——兼论吐蕃在敦煌分配“籍田”（rkya zhing）的时间》[4]基于对P.T.1078bis号文书的研究，探讨了吐蕃统治敦煌时期处理民间纠纷的一般程序和基本办法，其中提及吐蕃于808年为敦煌部分农户分配“籍田”（rkya zhing）并征其赋役，以保证寺院或僧官系统的供给。李秋梅《透视与反思：敦煌文献所见吐蕃买卖契约研究——兼论唐蕃之间的文化交流》[5]一文论及吐蕃占领敦煌时期的土地买卖问题。何志文《吐蕃统治敦煌时期的土地纠纷问题研究——以S.2228与P.T.1078B古藏文诉讼文书为中心》[6]对敦煌地区出土的两件古藏文土地纠纷诉状进行了研究，探讨了吐蕃占领敦煌后的

---

① 杨铭《吐蕃在敦煌计口授田的几个问题》，《西北师范大学学报》(社会科学版）1993年第5期，第104—105页。

② 陆离《论吐蕃统治敦煌时期的官田与营田》，《南京师大学报》(社会科学版）2009年第3期，第77—82页。

③（日）岩尾一史《中亚出土的古代藏语田籍》，新疆吐鲁番学研究院编《语言背后的历史——西域古典语言学高峰论坛论文集》，上海：上海古籍出版社，2012 年，第175—182页。

④ 杨铭、贡保扎西《法藏1078bis〈悉董萨部落土地纠纷诉状〉考释——兼论吐蕃在敦煌分配“籍田”（rkya zhing）的时间》，《敦煌研究》2021年第4期，第94—102页。

⑤ 李秋梅《透视与反思：敦煌文献所见吐蕃买卖契约研究——兼论唐蕃之间的文化交流》，《青海社会科学》2018年第6期，第12—17、30页。

⑥ 何志文《吐蕃统治敦煌时期的土地纠纷问题研究——以S.2228与P.T.1078B古藏文诉讼文书为中心》，《西藏大学学报》(社会科学版）2019年第3期，第121—128页。

一系列土地相关问题，如吐蕃统治者对土地进行的重新调整、土地几经流转造成归属权不清从而引发的纠纷以及相应的解决方式、吐蕃占领初期敦煌百姓的垦荒及申报入册、当地百姓拥有的授田契及领受土地、吐蕃统治者为防止侵地采取的预防和惩罚措施，等等。

随着土地制度的变化，赋税劳役制度也相应改变。赋税制度方面，唐耕耦《吐蕃时期敦煌课麦粟文书介绍》[①]《吐蕃时期敦煌课麦粟文书补》[②]，鲍晓娜《唐代“地子”考释》[③]，刘进宝《从敦煌文书谈晚唐五代的“地子”》[④]《再论晚唐五代的“地子”》[⑤]，陆离《也谈敦煌文书中的唐五代“地子”、“地税”》[⑥]，堀敏一《中唐以后敦煌地区的税制》[⑦]等文章对当时的赋税征收方式、数量、种类等均进行了研究，杨铭《再论吐蕃统治敦煌时期的驮、硕、斗、升》[⑧]则对吐蕃统治敦煌时期的度量衡制度及

---

① 唐耕耦《吐蕃时期敦煌课麦粟文书介绍》，《中国社会经济史研究》1986年第3期，第125—126、130页。

② 唐耕耦《吐蕃时期敦煌课麦粟文书补》，《中国社会经济史研究》1987年第4期，第98—99页。

③ 鲍晓娜《唐代“地子”考释》，《社会科学战线》1987年第4期，第137—144页。

④ 刘进宝《从敦煌文书谈晚唐五代的“地子”》，《历史研究》1996年第3期，第172—175页。

⑤ 刘进宝《再论晚唐五代的“地子”》，《历史研究》2003年第2期，第123—131页。

⑥ 陆离《也谈敦煌文书中的唐五代“地子”、“地税”》，《历史研究》2006年第4期，第164—172页。

⑦（日）堀敏一著，张宇译《中唐以后敦煌地区的税制》，《敦煌研究》2000年第3期，第145—152页。

⑧ 杨铭《再论吐蕃统治敦煌时期的驮、硕、斗、升》，《敦煌学辑刊》2021年第3期，第32—43页。

其换算关系进行了研究。劳役制度方面，陆离《吐蕃统治敦煌时期的官府劳役》[①]《吐蕃统治敦煌时期的官府牧人》[②]等对当时敦煌百姓负担的劳役种类、服役方式和期限等进行了探讨。

2. 有关社会经济生产的研究

本书在经济生产领域选择了农业、畜牧业、手工业三个方面进行铺陈，相关成果除了上述杨际平《吐蕃时期沙州社会经济研究》、陈庆英《从帐簿文书看吐蕃王朝的经济制度》外，农业方面尚有前引金滢坤《吐蕃统治敦煌的财政职官体系——兼论吐蕃对敦煌农业的经营》、郝二旭《唐五代敦煌农业专题研究——以敦煌写本文献为中心》[③]等成果。其中郝二旭以专题研究的形式对吐蕃时期敦煌的农作物种植、农业人口情况和农业生产条件等问题进行了系统研究。

畜牧业方面，敦煌的放牧条件本就得天独厚，吐蕃作为半农半牧民族建立的政权亦对此十分重视。鉴于畜牧业在经济生产领域作用广泛，兼具交通、耕种、礼赠、食用、出售、纺织、征税等多项用途，且吐蕃在敦煌推行的畜牧业管理制度与唐有所不同，对后来的归义军政权亦有影响，因而学界对这一时期敦煌地区畜牧区域的分布、畜牧业的经营方式、管理制度、牲畜种类、饲养状况、经营目的等都有深入系统的研究。主要的研究成果有张弓《唐五代敦煌寺院的牧羊人》[④]，姜伯勤《唐五代敦煌寺户制度》[⑤]，

---

① 陆离《吐蕃统治敦煌时期的官府劳役》，《魏晋南北朝隋唐史资料》第22辑，武汉大学文科学报编辑部，2005年，第177—189页。

② 陆离《吐蕃统治敦煌时期的官府牧人》，《西藏研究》2006年第4期，第10—15页。

③ 郝二旭《唐五代敦煌农业专题研究——以敦煌写本文献为中心》，兰州大学博士学位论文，2011年。

④ 张弓《唐五代敦煌寺院的牧羊人》，《兰州学刊》1984年第2期，第57—63页。

⑤ 姜伯勤《唐五代敦煌寺户制度》，北京：中华书局，1987年。

雷绍锋《论曹氏归义军时期官府之"牧子"》[①]，郑炳林《唐五代敦煌畜牧区域研究》[②]，张亚萍《晚唐五代归义军牧羊业管理机构——羊司》[③]《唐五代敦煌地区的骆驼牧养业》[④]《唐五代归义军政府牧马业研究》[⑤]，乜小红《唐五代敦煌牧羊业述论》[⑥]《试论唐五代宋初敦煌畜牧区域的分布》[⑦]《唐五代宋初敦煌畜牧业研究》[⑧]《唐代官营畜牧业中的监牧制度》[⑨]，张亚萍、郑炳林《晚唐五代敦煌畜牧业研究》[⑩]，陆离《吐蕃统治河陇西域时期的军事、畜牧业职官二题》[⑪]《吐蕃统治敦煌时期的官府牧人》[⑫]，高启安《敦煌文献中羊的称谓研究——以羖羊为中

① 雷绍锋《论曹氏归义军时期官府之"牧子"》，《敦煌学辑刊》1996年第1期，第39—46页。

② 郑炳林《唐五代敦煌畜牧区域研究》，《敦煌学辑刊》1996年第2期，第9—25页。

③ 张亚萍《晚唐五代归义军牧羊业管理机构——羊司》，《敦煌学辑刊》1997年第2期，第128—131页。

④ 张亚萍《唐五代敦煌地区的骆驼牧养业》，《敦煌学辑刊》1998年第1期，第56—59页。

⑤ 张亚萍《唐五代归义军政府牧马业研究》，《敦煌学辑刊》1998年第2期，第54—60页。

⑥ 乜小红《唐五代敦煌牧羊业述论》，《敦煌研究》2001年第1期，第134—140页。

⑦ 乜小红《试论唐五代宋初敦煌畜牧区域的分布》，《敦煌研究》2002年第2期，第37—43页。

⑧ 乜小红《唐五代宋初敦煌畜牧业研究》，台北：新文丰出版公司，2003年。

⑨ 乜小红《唐代官营畜牧业中的监牧制度》，《中国经济史研究》2005年第4期，第120—129页。

⑩ 张亚萍、郑炳林《晚唐五代敦煌畜牧业研究》，载郑炳林主编《敦煌归义军史专题研究三编》，兰州：甘肃文化出版社，2005年，第414—461页。

⑪ 陆离《吐蕃统治河陇西域时期的军事、畜牧业职官二题》，《敦煌研究》2006年第4期，第62—66页。

⑫ 陆离《吐蕃统治敦煌时期的官府牧人》，《西藏研究》2006年第4期，第10—15页。

心》[1]《“羖羊”及敦煌羊只饲牧方式论考》[2]，苏金花《试论唐五代敦煌寺院畜牧业的特点》[3]，等等。

手工业方面，姜伯勤《敦煌寺院文书中“梁户”的性质》[4]一文颇为详尽地引述了日本那波利贞、竺沙雅章，法国谢和耐等学者关于敦煌地区油的生产的研究成果；其大作《唐五代敦煌寺户制度》[5]探讨了吐蕃时期敦煌的寺户从事手工业生产的情况。刘惠琴《从敦煌文书中看沙州纺织业》[6]一文对唐至宋初敦煌的纺织业及其生产用度情况做了细致梳理。郑炳林《唐五代敦煌手工业研究》[7]一文全面梳理了敦煌文书中唐五代敦煌手工业的相关记载，并对吐蕃时期敦煌的冶铸业、丝织业、造纸业等均有涉及。马德《敦煌工匠史料》[8]分“研究篇”和“史料篇”两个部分，辑录了敦煌文书中与工匠有关的文献资料，并对敦煌工匠的身份地位及其组织做了研究，其中涵盖了吐蕃统治时段。金滢坤

① 高启安《敦煌文献中羊的称谓研究——以羖羊为中心》，载波波娃、刘屹主编《敦煌学：第二个百年研究的视角与问题》，圣彼得堡：2012年，第60—65页。

② 高启安《“羖羊”及敦煌羊只饲牧方式论考》，《西北民族大学学报》（哲学社会科学版）2013年第2期，第39—47页。

③ 苏金花《试论唐五代敦煌寺院畜牧业的特点》，《中国经济史研究》2014年第4期，第18—29页。

④ 姜伯勤《敦煌寺院文书中“梁户”的性质》，《中国史研究》1980年第3期，第12—24页。

⑤ 姜伯勤《唐五代敦煌寺户制度》，北京：中华书局，1987年，第25—135页。

⑥ 刘惠琴《从敦煌文书中看沙州纺织业》，《敦煌学辑刊》1995年第2期，第49—54页。

⑦ 郑炳林《唐五代敦煌手工业研究》，《敦煌学辑刊》1996年第1期，第20—38页。

⑧ 马德《敦煌工匠史料》，兰州：甘肃人民出版社，1997年。

《从敦煌文书看晚唐五代敦煌地区布纺织业》[1]一文论及当时敦煌地区的棉、麻纺织业及布匹的使用情况。酿酒业方面法国学者童丕《酒与佛教——八至十世纪敦煌寺院的酒类消费》[2]一文论及这一时期敦煌酒的原料成分。陆离《吐蕃统治时期敦煌酿酒业简论》[3]对蕃占时期敦煌的酿酒业进行了较为全面的研究。杨铭、贡保扎西《两件敦煌古藏文寺院帐簿研究》[4]论及吐蕃统治后期沙州部落官吏、百姓和僧官、僧人借贷寺库的粮食，用于酿酒或沽酒接待吐蕃高官的情形。

综上所述，迄今学界取得的丰硕成果可归纳如下：

第一，充分整理、释读了与吐蕃统治敦煌史相关的研究资料，包括汉、藏文文献资料（主要有敦煌、新疆等地出土文献与汉藏传世史籍）以及考古资料（主要为敦煌的石窟壁画资料与碑铭石刻等资料），并对这些原始材料进行了整合与深挖，取得了一系列成果。尤其是对藏文资料的考释，为学界提供了巨大便利。

第二，已大致勾勒出了吐蕃统治敦煌史的历史框架，使我们对这一时期的敦煌社会有了一个较为直观和清晰的认识，尤其是对相关历史背景、人物事件、政治制度、经济制度的研究已相当深入。

---

① 金滢坤《从敦煌文书看晚唐五代敦煌地区布纺织业》，《敦煌研究》1998年第2期，第133—140页。

② Jean -Pierre Drège edit:*Cahiers d'Extrême -Asie*, Vol.11:Nouvelles études de Dunhuang Centenaire de L'école francaised, Extrême-Orient, Kyōto : L'école francaised, Extrême-Orient section de Kyōto, 2000.

③ 陆离《吐蕃统治时期敦煌酿酒业简论》，《青海民族学院学报》2004年第1期，第12—18页。

④ 杨铭、贡保扎西《两件敦煌古藏文寺院帐簿研究》，《敦煌学辑刊》2019年第1期，第169—182页。

当然，时至今日，这一课题的研究还不能说已经画上了圆满的句号，一些未触及或未深层研究的领域仍然值得继续挖掘。一方面，学界对于吐蕃统治敦煌时期的政治事件、职官制度、管理方式、经济制度等问题的研究已经达到了相当的广度和深度，这为我们将这些方面的内容进行整合，从多个角度勾勒出吐蕃在敦煌建立的新统治秩序提供了可能。另一方面，对敦煌民众经济生产、社会生活的研究仍有可深入探讨之处。赵世瑜曾指出，“事件史”与“制度史”的研究方式存在软肋，在“处理其他许多相关问题、特别是其社会情境和实践层面问题的软弱无力，从而限制了在更深层次问题上的解释力。”[①]因此，在研究“事件史”“制度史”的同时，将视角扩展到当地民众社会生产、生活的层面，有助于加深我们对这一历史时期的整体把握，对于更加生动、立体地描绘吐蕃统治时期的敦煌社会将大有裨益。

① 赵世瑜《明清史与近代史：一个社会史视角的反思》，《学术月刊》2005年第12期，第101—108页。

第一章

吐蕃统治敦煌始末

研究任何一个地区的任何一段历史，我们总要先从考察其历史背景入手，方能在历史的坐标上更加准确地定位它。因此，在探讨吐蕃对敦煌的统治之前，我们不妨先对敦煌落蕃的历史背景及其陷落始末进行一番铺陈。

众所周知，唐玄宗践祚之初，一度终结了前朝的政治混乱，将国势推至鼎盛。同时，却也因兵制改革与边疆节度使之崛起，为大唐埋下了边乱隐患，正如宋人王谠所言："盖唐之乱，非藩镇无以平之，而亦藩镇有以乱之。其初跋扈陆梁者，必得藩镇而后可以戡定其祸乱，而其后戡定祸乱者，亦足以称祸而致乱。故其所以去唐之乱者，藩镇也；而所以致唐之乱者，亦藩镇也。"①此一语切实道出了天宝之后唐朝为藩镇所苦之事实。至其执政后期，年事渐高的唐玄宗终究厌倦了宵衣旰食，遂将朝廷细务委以宰臣，藩戎军事付诸边将，自己则耽于享乐，终于招致"安史之乱"。这场叛乱虽然历时近八载最终平息，但影响巨大，是唐朝由盛入衰的重要转折，其国势自此一蹶不振，正所谓"安、史虽死，而安、史之乱却未定，于是形成晚唐藩镇之祸"。②而此时的吐蕃正值实力上升时期，统治者锐意进取，不断开疆拓土，蚕食唐之西境。如此，则敦煌的落蕃自有其必然。

---

① ［宋］王谠撰、周勋初校证《唐语林校证》（下），北京：中华书局，1987年，第696页。

② 岑仲勉《隋唐史》，石家庄：河北教育出版社，2000年，第261页。

第一节 吐蕃占领敦煌的历史背景

一、安史之乱后的唐蕃形势

唐蕃相接的安西、河西、陇右、剑南四道中，属距蕃最近的陇右道兵力最为雄厚，一向为吐蕃所忌惮。天宝十四载（755）“安史之乱”爆发后，玄宗急诏哥舒翰率军赶赴中原靖难，导致这一地区兵力空虚，成为吐蕃进入河陇地区的突破口。

“安史之乱”爆发时，吐蕃已经派遣论绮力卜藏、尚东赞二人引劲旅至洮州，一度攻陷洮州城堡，收复黄河军衙。[1]至德元载（756）八月，吐蕃派遣使者来唐，请助唐讨贼，同来的还有回纥使臣。肃宗对此颇为警惕，只将使者“宴赐而遣之”[2]，不做应允。见诉求未得满足，吐蕃便发兵攻陷威戎、神威、定戎、宣威、制胜、金天、天成等军，克石堡城、百谷城、雕窠城，尽占河西九曲之地，并与南诏联手攻陷巂州。[3]至德二载（757）

① 《敦煌古藏文文献探索集》，第99页。

② ［宋］司马光《资治通鉴》卷二一八，至德元载，北京：中华书局，1956年，第6992页。

③ ［宋］欧阳修、宋祁《新唐书》卷六，北京：中华书局，1975年，第157页。

二月，吐蕃又来请求助唐平叛，其时肃宗身在凤翔，仍然只是“赐以束帛器物”[①]并遣回。三月，吐蕃遣使来请和亲，唐朝虽派遣给事中南巨川出使，[②]但并未予以答复。吐蕃不满更甚，攻势更猛，于十月攻陷陇右节度使治所西平郡（鄯州），[③]陇右节度使郭英乂被迫移治廓州，河西已暴露在吐蕃的直接威胁之下。是岁凉州又有河西兵马使盖庭伦勾结武威九姓胡商安门物叛乱，可谓雪上加霜。戡平叛乱后，肃宗便调心腹重臣杜鸿渐出任河西节度、凉州都督，以加强防御。

至德二载（757）三月，吐蕃一方面再次遣使来朝，请求和盟，[④]一方面继续进军，攻陷河源军，[⑤]又进攻秦、成、渭三州，[⑥]藏文史料中还有“论·墀桑、思结卜藏悉诺囊等引劲旅至凉州城”[⑦]的记载，只是似未得手。上元元年（760），吐蕃再攻陇右，廓州陷落，[⑧]陇右诸州已大半陷蕃。上元二年（761）冬，吐蕃兵分两路犯唐，北路继续攻陇右，南路攻剑南，松州陷落。[⑨]无奈之下，肃宗只好答应让出陷蕃州郡，并岁输绢帛。次年，吐蕃使臣来盟，肃宗遣郭子仪、萧华、裴遵庆等交涉，并按蕃法取三牲血“于鸿胪寺歃血，以申蕃戎之礼”[⑩]。此次会盟，唐让出

---

① ［宋］王钦若等编《册府元龟》卷九七三，外臣部，助国讨伐，北京：中华书局，1960年，第11434页。

②《旧唐书》卷一〇，第246页。

③《旧唐书》卷一〇，第247页。

④ ［宋］王溥《唐会要》卷九七，北京：中华书局，1955年，第1733页。

⑤《资治通鉴》卷二二〇，乾元元年，第7066页。

⑥《新唐书》卷一〇，第251—252页。

⑦《敦煌古藏文文献探索集》，第99页。

⑧《资治通鉴》卷二二一，上元元年，第7102页。

⑨《敦煌本吐蕃历史文书》，第120页。

⑩《旧唐书》卷一九六，第5237页。

陇右诸州及剑南巂、松二州于吐蕃，双方边界已由九曲退至河西。天宝十四载至上元二年七年间，唐在对蕃战争中如此窘迫，自然与陇右精兵随哥舒翰东征并全没于潼关脱不了干系，而玄、肃二宗为稳江山确立的安内重于攘外之方针亦影响重大。至德二载（757），越巂太守段子璋向玄宗进献俘获的吐蕃人口，玄宗竟“诘责而舍之”①，其对吐蕃妥协至此，边军士气所受挫伤则可想而知了。

宝应元年（762）代宗继位，唐蕃关系又有变化。此前，安禄山已于至德二载（757）被杀，安史集团又生内讧，这场旷日持久的叛乱已是强弩之末，代宗遂欲对吐蕃采取强硬措施。是年正月吐蕃还在向唐遣使，唐亦还聘致礼，及至冬末，“新君立，不愿再输绢帛，割土地。唐蕃社稷失和”。②吐蕃马上将不满付诸武力，派遣尚野息、尚东赞等越过凤岭铁桥，“引劲旅攻陷唐之临洮、成州（?）、河州等城堡多处”③，逼近关中地区，而唐却由于史朝义仍在作乱，无力回防。次年，虽然安史之乱已平息，朝臣间却又上演派系倾轧，仆固怀恩遭逼反，内乱再起。见唐如此窘迫，吐蕃不仅扣留其所派使团，更从大震关一路深入，“尽取河西、陇右之地”④，并以这一地区为根据地，向唐的政治中心——关中地区进击。九月，吐蕃兵临泾州，刺史高晖投降并担任了蕃军向导，于十月引导吐蕃进攻京畿，袭击奉天、武功、盩（周）至等县，“蕃军自司竹园渡渭，循南山而东”⑤，唐军节节败退，代宗仓皇出逃，京师陷蕃。“尚·野息与论·悉

① 《册府元龟》卷四三四，将帅部，献捷一，第5159页。
② 《敦煌古藏文文献探索集》，第100页。
③ 《敦煌古藏文文献探索集》，第100页。
④ 《资治通鉴》卷二二三，广德元年，第7146页。
⑤ 《旧唐书》卷一一，第273页。

诺逻（达扎路恭、马重英）、尚·东赞、尚·赞哇（磨）等人……乃立新君”[1]，以金城公主胞弟、嗣雍王守礼之子广武王承宏为帝，建立短暂的傀儡政权。如此严峻情势之下，郭子仪、长孙全绪、殷仲卿诸军急忙回防长安，才迫使吐蕃驻留十五日后退出长安，至原、会、成、渭诸州安营扎寨。[2]而南路蕃军此时已经攻陷松、维、保三州及云山、新筑二城，西川节度使高适无力前往救援，于是剑南西山诸州陷落。[3]

广德二年（764）八月，仆固怀恩引回纥、吐蕃十万大军汹汹而来，唐以郭子仪为“北道邠宁、泾原、河西已东通和吐蕃及朔方招抚使”，李抱玉为“南道通和吐蕃使、凤翔秦陇临洮已东观察使”，全力出击。是冬十月，仆固怀恩引蕃军二万攻邠州，“节度使白孝德闭城拒守。丁卯，寇奉天，京师戒严……子仪屯泾阳，蕃军挑战，子仪不出”[4]，可见唐军事力量不足，只能采取守势。河西节度使杨志烈遂派监军柏文达率五千精锐“击摧砂堡、灵武县，皆下之，进攻灵州”[5]，迫使怀恩回防。十一月，“怀恩与蕃军自溃，京师解严”[6]，但柏文达所率精锐牺牲大半。在此期间，吐蕃还攻打剑南，为守臣严武所败。[7]永泰元年（765）三月，吐蕃为麻痹唐廷，假意遣使请和。[8]九月，在仆固

① 《敦煌古藏文文献探索集》，第100页。
② 《资治通鉴》卷二二三，广德元年，第7157页。
③ 《资治通鉴》卷二二三，广德元年，第7159页。
④ 《旧唐书》卷一一，第276页。
⑤ 《资治通鉴》卷二二三，广德二年，第7169页。一说杨志烈亲率，《新唐书》卷六《代宗本纪》载：“（广德二年十一月乙未）河西节度使杨志烈及仆固怀恩战于灵州，败绩。”第171页。
⑥ 《旧唐书》卷一一，第276页。
⑦ 《册府元龟》卷三八五，将帅部，褒异十一，第4574页。
⑧ 《资治通鉴》卷二二三，永泰元年，第7174页。

怀恩的引导下与回纥、吐谷浑、党项、奴剌等合兵数十万众大举进攻。怀恩“令吐蕃大将尚结悉赞摩、马重英等自北道趣奉天，党项帅任敷、郑庭、郝德等自东道趣同州，吐谷浑、奴剌之众自西道趣盩至，回纥继吐蕃之后，怀恩又以朔方兵继之”[①]，声势极为浩大。唐急诏各路节度使救援，代宗亦自统六军屯于苑内。孰料怀恩突患暴疾，“死于鸣沙”[②]，又遇连日大雨，叛军瓦解。十月，吐蕃于醴泉“大掠男女数万而去，所过焚庐舍，蹂禾稼殆尽”[③]，然后又折返邠州，与回纥合围泾阳。郭子仪施离间计“说谕回纥，令与吐蕃疑贰”[④]，唐又与回纥合击吐蕃于灵台西原，杀蕃军五万，吐蕃被迫退兵。

永泰二年（766）二月，唐派遣大理少卿兼御史中丞杨济出使吐蕃，意在修好双方关系。[⑤]九月，蕃使论位藏等与杨济一同来唐，似有和谈之兆。同时，吐蕃仍有一些军事行动，如陷原州，围灵州，游骑至于潘原、宜禄等，[⑥]意在对唐施加压力。十月，朔方节度使路嗣恭大破吐蕃于灵州城下，斩首二千余级，吐蕃撤退，灵州之围解除。[⑦]大历二年（767）二月，唐又派遣检校户部尚书兼御史大夫薛景仙至吐蕃，[⑧]吐蕃亦于三月还聘。[⑨]经过反复交涉，双方商定于四月同盟于兴唐寺，但划分领地的根本矛

---

①《资治通鉴》卷二二三，永泰元年，第7176页。
②《资治通鉴》卷二二三，永泰元年，第7177页。
③《资治通鉴》卷二二三，永泰元年，第7179页。
④《旧唐书》卷一一，第280页。
⑤《旧唐书》卷一九六，第5243页。
⑥《资治通鉴》卷二二四，大历二年，第7197页。
⑦《资治通鉴》卷二二四，大历二年，第7197页。
⑧《册府元龟》卷九八〇，外臣部，通好，第11512页。
⑨《册府元龟》卷九七六，外臣部，褒异第三，第11461页。

盾并未解决，故而七月蕃使又至。九月，吐蕃又进攻灵州、泾州，[①]但并未得逞。与此同时，谈判仍在继续，薛景仙已到达吐蕃，墀松德赞提出“请以凤林关为界”[②]，要求唐承认吐蕃对安西、北庭、河西等落蕃地区的占领，代宗不允。吐蕃东面节度使赞磨代尚悉结便以武力进攻向唐施压，于大历三年（768）八月至九月率领十万大军先后进攻灵武、邠州、灵州，但为唐将马璘、白元光所败。[③]十二月，代宗“以蕃寇岁犯西疆，增修镇守”[④]，对防务进行调整，令原驻邠州的安西、北庭行营移镇泾州，郭子仪军由河中移至邠州，[⑤]可见对抗蕃仍持积极之态。

大历四年（769），唐派遣崔伦前往吐蕃，蕃使亦于十月来唐，但谈判并无进展。十一月，吐蕃又攻灵州，为朔方节度使常谦光所阻。[⑥]同时，凤翔节度使李抱玉遣李晟率兵“疾出大震关，至临洮，屠定秦堡，焚其积聚……吐蕃因解灵州围而去”[⑦]。大历五年（770），吐蕃进攻永寿、剑南，[⑧]唐徙羌族部落“置当、悉、柘、静、恭五州于山险要害之地”[⑨]，以备吐蕃来袭。大历六年（771）四月，吐蕃再来请和，唐派遣吴损、崔汉衡还聘，[⑩]却为吐蕃扣留，谈判彻底破裂。大历八年（773）八月，吐蕃出动

① 《册府元龟》卷九八七，外臣部，征讨六，第11588页。
② 《册府元龟》卷九九七，外臣部，悖慢，第11704页。
③ 《旧唐书》卷一一，第290页。
④ 《旧唐书》卷一九六，第5243页。
⑤ 《册府元龟》卷九九二，外臣部，备御五，第11655页。
⑥ 《新唐书》卷六，第175页。
⑦ 《册府元龟》卷三五九，将帅部，立功十二，第4254页。
⑧ 《资治通鉴》卷二二四，大历五年，第7215页。
⑨ 《册府元龟》卷九九二，外臣部，备御五，第11655页。
⑩ 《册府元龟》卷六六二，奉使部，绝域，第7927页。

“六万骑寇灵武，践秋稼而去”[①]；十月，再发兵十万攻泾、邠二州，郭子仪派遣朔方兵马使浑瑊迎击，双方战于宜禄黄萯原。[②]浑瑊本来据险布阵以守，宿将史抗、温儒雅却尽撤守阵，转而与吐蕃阵战，结果“士卒死者什七八，居民为吐蕃所掠千余人”[③]。另一方面，安西、北庭行营节度使马璘与吐蕃战于盐仓，[④]战败并身陷敌阵，行营行军司马段秀实、凤翔都知兵马使李晟率部来援，方才“拔璘出于乱兵”[⑤]。

大历九年（774），吴损客死蕃中，[⑥]崔汉衡于七月被遣返，蕃使随同前来继续谈判，但仍无结果，战火依旧。不过，此后吐蕃攻势已不及从前凌厉，唐廷频有捷报传来，这与崔宁主剑南、朱泚统幽州兵入防秋阵营、吐蕃本土兴佛抑苯的政治斗争等均有关系。大历十年（775）正月，吐蕃攻入剑南、关内二道，剑南节度使崔宁“及吐蕃战于西山，败之”[⑦]。九月，吐蕃又攻临泾、陇、普润等州，皆为唐军击退。大历十一年（776），吐蕃南路再犯剑南，崔宁“大破吐蕃故洪等四节度，兼突厥、吐浑、氐、蛮、羌、党项等二十余万众，斩首万余级，生擒首领一千三百五十人，献功阙下”[⑧]，这算是“安史之乱”以后唐对蕃战争中的最大胜利。另一方面，吐蕃东路军继续进攻关内道，攻石

---

① 《资治通鉴》卷二二四，大历八年，第7221页。
② 《资治通鉴》卷二二四，大历八年，第7222页。
③ 《资治通鉴》卷二二四，大历八年，第7222页。
④ 《资治通鉴》卷二二四，大历八年，第7222页。
⑤ 《册府元龟》卷四一四，将帅部，赴援，第4930页。
⑥ 《册府元龟》卷六六三，奉使部，死事，第7940页。
⑦ 《新唐书》卷六，第177页。
⑧ 《册府元龟》卷九八七，外臣部，征讨六，第11589页。

门，入长泽川，攻庆州、方梁、怀安等镇。[①]

大历十二年至十三年（777—778），唐在对蕃战争中一度取得一系列胜利。四月，吐蕃攻黎、雅二州，依然为西川节度使崔宁所击破；九月，吐蕃破关内道方渠，入拔谷，郭子仪派遣裨将李怀光前往救援，[②]吐蕃退而转趋坊州；十月，吐蕃进攻盐州、夏州、长武，为郭子仪所遣军队击退，[③]崔宁亦“奏大破吐蕃于望汉城”[④]；十一月，山南西道节度使张献恭“奏破吐蕃万余众于岷州”[⑤]；十二月，崔宁“奏于西山大破三路，及邛南吐蕃十余万，斩首八千，生擒七百人”[⑥]；十三年正月，吐蕃“遣将马重英率众四万侵灵州，夺我水口，填汉渠御史渠，以弊屯田”[⑦]，为唐军驱逐；四月，吐蕃又寇灵州，“朔方留后常谦光击破之”[⑧]；八月，吐蕃发二万众“寇银、麟州，略党项杂畜”[⑨]，为李怀光所破；九月，吐蕃以万骑逼泾州，为郭子仪、朱泚与段秀实联合击退。[⑩]吐蕃本欲以陇右为根据地，东攻关中、北征河西、西击碛西，此时势力被遏制在泾、原以西难以挺进。但另一方面，河西早已成为远离唐廷的飞地，被蚕食只是时间问题。

① 《资治通鉴》卷二二五，大历十一年，第7238页。
② 《资治通鉴》卷二二五，大历十二年，第7247页。
③ 《资治通鉴》卷二二五，大历十二年，第7248页。
④ 《资治通鉴》卷二二五，大历十二年，第7247页。
⑤ 《资治通鉴》卷二二五，大历十二年，第7249页。
⑥ 《册府元龟》卷九八七，外臣部，征讨六，第11589页。
⑦ 《唐会要》卷九七，第1733页。
⑧ 《资治通鉴》卷二二五，大历十三年，第7251页。
⑨ 《资治通鉴》卷二二五，大历十三年，第7252页。
⑩ 《资治通鉴》卷二二五，大历十三年，第7252—7253页。

二、吐蕃对河西的蚕食

早在至德元载（756），玄宗曾于奔蜀途中欲以“丰王珙充武威都督，仍领河西、陇右、安西、北庭等路节度都使，以陇西太守济阴邓景山为之傅，充都副大使”①，从而将河西、陇右、伊西、北庭、安西等合并为一个大行政区。不及施行，肃宗已于灵武即位，并任命河西兵马使周佖为河西节度使。至德二载（757），周佖死于凉州九姓胡之变，肃宗又以杜鸿渐主政河西。杜鸿渐的任期非常短暂，乾元元年（758）即被召回，次年吕崇贲奉命前往河西主事。此时的河西已因多次勤王，兵力大为削弱，处境日益困难，吕崇贲审时度势，奉行“谨守封疆”之策，不敢贸然出兵。②

吕崇贲的继任者杨志烈主政后，一改固境自保的作风，积极采取措施抵抗吐蕃的进攻。代宗即位后，随着唐蕃关系的恶化，吐蕃开始进攻伊州。伊州刺史袁光庭苦守累年，援兵不至，“虏乃百端诱说，终不降屈，部下如一。及矢石既尽，粮储并竭，城将陷没，光庭手杀其妻子，自焚而死”③，战事之惨烈，竟至于此！伊州既陷，杨志烈于是调整西、庭二州防务，增设西海县为同河西保持联系的交通枢纽和拱卫西、庭的卫星城。结果此举吸引吐蕃来攻，马璘遂于广德元年（763）亲自率领精骑千余紧急驰援杨志烈④。行至中途，蕃军主力东袭，京师告急，马璘只得折返，派遣北庭副都护高耀率一小支军队继续赴援。广德二年

---

① 《资治通鉴》卷二一八，至德元载，第6983—6984页。

② （法）戴密微著、耿昇译《吐蕃僧诤记》所载窦昊《为肃州刺史刘臣壁答南蕃书》，兰州：甘肃人民出版社，1984年，第418页。

③ 《册府元龟》卷一三九，帝王部，旌表三，第1681页。

④ 《旧唐书》卷一九六，第5239页。

（764），代宗欲遣于阗王尉迟胜以其兵赴河西凿开通道，尉迟胜坚辞之，杨志烈遂成为孤军。如前所述，是岁他又派遣柏文达发兵攻灵武解京师之围，虽于唐廷而言有护国之功，却使河西主力丧失殆半，故吐蕃转攻河西后，凉州很快陷落，[①]杨志烈只得“跳保甘州”[②]。

永泰元年（765），杨志烈赴北庭征兵，为部将周逸勾结沙陀叛酋所杀，[③]族弟杨休明继任，驻于甘州。永泰二年（766）吐蕃又陷甘州，[④]五月“河西节度使杨休明徙镇沙州”[⑤]，所保只剩沙、瓜、肃、西、庭五州。此时河西、北庭之间的交通也渐趋壅塞，曹令忠主北庭，周鼎主河西，行政上各自分立。其中周鼎任河西节度使期间（767—777），肃州又陷蕃，所辖区域仅余瓜、沙二州。周鼎为求自保，与吐蕃私结和约，吐蕃亦不急于进攻此弹丸孤城，因而唐河西二州在如此艰难的形势下得以维持数年。

大历十四年（779）德宗继立后，唐蕃关系又发生新的变化。德宗曾在借兵回纥之时遭受“陕州之耻”，对回纥心有芥蒂，因而其即位后对回纥的态度一改肃、代二朝的隐忍修好，转向严厉；而相应的，出于减轻边防压力和经济压力等考虑，转而寻求与吐蕃和解。[⑥]即位之初，德宗即派遣韦伦出使吐蕃，并将之前

---

①［唐］李吉甫《元和郡县图志》卷四〇，北京：中华书局，1983年，第1018页。

②《新唐书》卷二一六，第6088页。

③《新唐书》卷六，第172页。

④《元和郡县图志》卷四〇，第1021页。

⑤《资治通鉴》卷二二四，大历元年，第7191页。

⑥林冠群《中唐时期李唐“联回抗蕃”政策之检讨》，《陕西师范大学学报》（哲学社会科学版）2011年第2期，第27—43页。

俘获的五百吐蕃俘虏送回，[①]且“仍敕边将无得侵伐”[②]；同时，处置卓有功勋的抗蕃将领，扣留剑南节度使崔宁，拆除已故马璘的居京宅邸。[③]十月，吐蕃率众十万来袭，“一入茂州，过汶川及灌口；一入扶文，过方维白坝；一自黎雅过邛崃关，连陷郡邑”[④]，德宗以李晟代崔宁迎战。建中元年（780），德宗令安西、北庭行营从泾州西迁至原州，行营节度使段秀实以原州疲弊、不利屯垦力谏，反遭免官。德宗另以邠宁节度使李怀光兼任行营节度使，主持移军事宜。李怀光到任后屡杀有功将士，又“居前督作”移师筑城，引发不满，别驾刘文喜遂“据泾州，不受诏，上疏复求段秀实为帅，不则朱泚”[⑤]，四月乃反。德宗不顾朝臣求情血腥镇压，刘文喜兵败被杀，将士对朝廷的不满由是更甚。另一方面，韦伦于四月谒见墀松德赞，吐蕃于是召回攻蜀之军，所获战俘亦令释放。五月，韦伦再次出使吐蕃，十二月回朝报命，吐蕃宰相论钦思明等五十五人一同前来，贡献方物，[⑥]和谈又开。

建中二年（781）三月，唐再遣崔汉衡率使团赴蕃。十二月，蕃使论悉罗与常鲁同归。随后，久与中原断绝的安西、北庭使者“遣使间道历诸胡自回纥中来”[⑦]，德宗以其苦守，对将士大加封赏，曹令忠赐名元忠，加北庭大都护，赐爵宁塞郡王，郭昕拜

①《册府元龟》卷九八〇，外臣部，通好，第11513页。
②《唐会要》卷九七，第1734页。
③《资治通鉴》卷二二五，大历十四年，第7264页。
④《册府元龟》卷九八七，外臣部，征讨六，第11589页。
⑤《资治通鉴》卷二二六，建中元年，第7278页。
⑥《册府元龟》卷九八〇，外臣部，通好，第11513页。
⑦《资治通鉴》卷二二七，建中二年，第7303页。

安西大都护、四镇节度使，赐爵武威郡王，将士皆迁七资，[①]已故如袁光庭、杨休明、周鼎、张铣、李琇璋者亦有追赠，以安抚当地将士。[②]与此同时，吐蕃王庭风云有变，主战派大相尚结息失势，主和派人物尚结赞上位，“固言于赞普，请定界盟约，以息边民”[③]，促成了唐蕃和谈，双方遂定于十月十五日盟于境上。然而，谈判并不顺利，“商度未决，已过其期”[④]，至九月才“约灵州以贺兰，泾州以弹筝峡西口，陇州以清水为汉界”[⑤]。建中三年（782）十月，唐又派遣都官员外郎樊泽前往吐蕃，复定盟会日期，“泽至故原州西，与结赞相见，约以来年正月十五日会盟于清水西”[⑥]。

建中四年（783）正月，唐陇右节度使张镒与吐蕃尚结赞等盟于清水西，规定“泾州西至弹筝峡西口，陇州西至清水县，凤州西至同谷县，暨剑南西山，大渡水东”为唐朝所属，“兰、渭、原、会，西至临洮；又东至成州，抵剑南；西界磨些诸蛮，大渡水西南”为吐蕃所属，“其兵马镇守之处，州县见有居人，彼此两边，见属汉诸蛮，以今所分，见住处依前为定。其黄河以北，从故新泉军直北至大碛，直南至贺兰山骆驼岭为界。中间悉为闲田。盟文有所不载者，蕃有兵马处蕃守；汉有兵马处汉守。并依见守，不得侵越。其先未有兵马处，不得新置并筑城堡、耕

---

①《资治通鉴》卷二二七，建中二年，第7303页。

②《册府元龟》卷一三九，帝王部，旌表三，第1684—1685页；《全唐文》卷五〇，德宗建中三年五月丙申《赠杨休明等言诏》，上海：上海古籍出版社，1990年。

③《册府元龟》卷九八〇，外臣部，通好，第11513页。

④《册府元龟》卷九八一，外臣部，盟誓，第11528页。

⑤《唐会要》卷九七，第1734页。

⑥《册府元龟》卷九八一，外臣部，盟誓，第11528页。

种”[①]。不过，吐蕃对于尚有唐军驻守的飞地之处理仍然不甚满意，四月便以“疆场未定”为由，否决了清水之盟。[②]

正当此时，唐爆发了泾原兵变，不满唐廷的安西、北庭行营将士长驱直入京师，拥朱泚为主，改国号为秦。[③]狼狈出逃的德宗急调李怀光、浑瑊等军围攻长安，并于兴元元年（784）正月派遣崔汉衡出使吐蕃借兵。[④]二月，吐蕃应邀来朝，请助唐讨逆，德宗许诺“成功以伊西、北庭之地与之”[⑤]，并接连遣于颀、沈房宣慰吐蕃。[⑥]之后，蕃相尚结赞率军前来，但行至邠南，以未见主兵大臣李怀光署名之制书为由滞留于此。李怀光力陈借兵吐蕃之害，谏曰：“若克京城，吐蕃必纵兵焚掠，谁能遏之！此一害也。前有敕旨，募士卒克城者人赏百缗，彼发兵五万，若援敕求赏，五百万缗何从可得！此二害也。虏骑虽来，必不先进，勒兵自固，观我兵势，胜则从而分功，败则从而图变，谲诈多端，不可亲信，此三害也。”[⑦]出于上述考虑，李怀光坚辞不署，却因此开罪于德宗，最后竟至于与朱泚联兵而反，德宗只好调来李晟神策军，才最终平息了叛乱。吐蕃先是在旁观变，及至李晟、浑瑊兵至，方才行动。四月蕃将论莽罗与浑瑊联兵“大破朱泚将韩旻、张庭芝、宋归朝等于武功之武亭川，斩首万余级”[⑧]，但很

① 《册府元龟》卷九八一，外臣部，盟誓，第11529页。
② 《资治通鉴》卷二二八，建中四年，第7343页。
③ 《资治通鉴》卷二二八，建中四年，第7360页。
④ 《资治通鉴》卷二二九，兴元元年，第7399页。
⑤ 《资治通鉴》卷二三一，兴元元年，第7442页。
⑥ 《旧唐书》卷一九六，第5248—5249页。
⑦ 《资治通鉴》卷二三〇，兴元元年，第7403页。
⑧ 《册府元龟》卷九七三，助国讨伐，第11435页。

快便接受朱泚贿赂而退师。①

待内乱平息，吐蕃遣使要求按约授予安西、北庭，德宗欲“召两镇节度使郭昕、李元忠还朝，以其地与之”②，遭到李泌、李晟等的激烈反对。德宗遂于贞元二年（786）二月遣赵聿入蕃，拒绝了吐蕃修改清水界约的要求，③双方战事再起。八月，吐蕃“寇泾、陇、邠、宁数道，掠人畜，取禾稼，西境骚然”④；九月，吐蕃游骑“及好畤，乙巳，京城戒严”⑤，“二万余众又寇凤翔城下”⑥，为李晟击退；十月，李晟继续抗击吐蕃，“遣兵袭其摧沙堡，大破之，焚其储积，斩蕃酋扈屈律悉蒙等七人，传首京师”⑦，邠宁节度使韩游瑰亦于平川击退了吐蕃的进攻；⑧十一月，吐蕃陷盐州；十二月，又陷夏州、银州，唐军已不是其对手，“素无城壁，人皆奔散”⑨。面对如此岌岌可危之势，唐廷当然无暇顾及已是飞地的沙州，而吐蕃早已于大历十一年（776）攻陷瓜州，兵临沙州城下，开始了长达十一年的围城。

---

①《资治通鉴》卷二三一，兴元元年，第7429页。
②《资治通鉴》卷二三一，兴元元年，第7442页。
③《册府元龟》卷九八〇，外臣部，通好，第11514页。
④《旧唐书》卷一九六，第5249页。
⑤《资治通鉴》卷二三二，贞元二年，第7472页。
⑥《唐会要》卷九七，第1735页。
⑦《册府元龟》卷九八七，外臣部，征讨六，第11589页。
⑧《新唐书》卷七，第194页。
⑨《旧唐书》卷一九六，第5250页。

第二节　敦煌的落蕃与收复

自大历十一年（776）吐蕃兵临城下至贞元二年（786）敦煌开城投降，前后长达十一年之久。究其原因，有敦煌军民的抵抗之力，有吐蕃为弘扬佛教刻意保护这一佛国神乡之因，亦有其间唐蕃对抗形势纷繁变化之由。在陷落初期，吐蕃的统治引起当地民众不满，敦煌百姓尚有反抗活动。吐蕃统治者在镇压之余积极调整统治策略，从而使得敦煌社会渐趋安定。及至占领末期，吐蕃本土爆发内乱，统治根基开始松动，敦煌当地大族张议潮等遂看准时机，于大中二年（848）一举收复。

一、敦煌文书所见落蕃前的河西

前已述及，广德二年（764）凉州陷落之后，河西节度使杨志烈只得逃奔甘州，却于永泰元年（765）为沙陀所杀，继任者杨休明于大历元年（766）徙镇沙州。其时河西地区与唐境其他地区已是道路阻绝，东归无望的官僚纷纷西逃，形势一片混乱。虽然正史中于此着墨不多，敦煌出土文献却保留了许多很有价值的记载，其中以P.2942《唐永泰年代（765—766）河西巡抚使判集》（图29）所记史实最为集中和典型。从判集记录的情况来

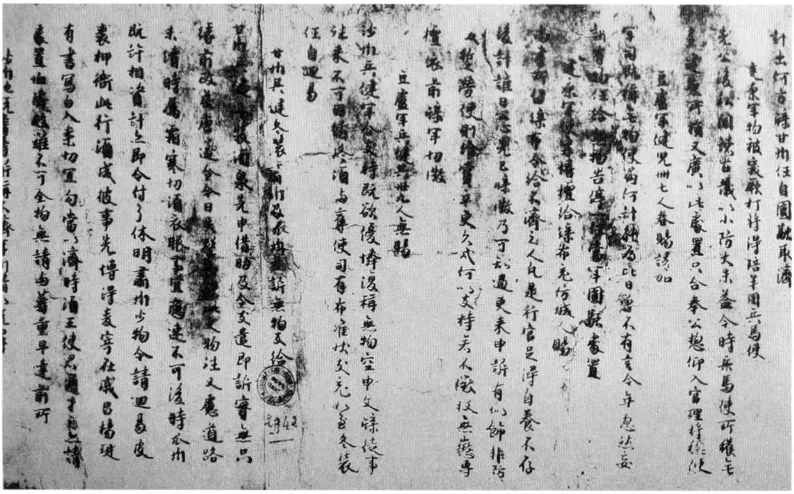

图29 P.2942《唐永泰年代（765—766）河西巡抚使判集》

看，这一时期河西地区呈现出一片政治混乱、经济凋敝的隳败迹象。

（一）混乱的政治局面

吐蕃大军压境之际，河西一带人心惶惶，唐朝守将中徇私落逃者大有人在，如判集中《朱都护请放家口向西，并勒男及女婿送》一则就记载了当地守将送家人逃离的情况：

> 人惟邦本，本固邦宁，时属艰难，所在防捍；稍有动摇，谁不流离。朱都护久典军州，饱谙边务。何自封植，挠紊纪纲。进退由衷，是非在我。老亲少女，或任迁居；爱婿令男，无凭弃职。奴婢量事发遣，奏傔不可东西。殉节伫冀忘家，临难终期奉　国。将子无努，义不缘私。①

由此记载可知，其时河西地区的朱都护不惜扰乱纲纪也要让自己

① 《敦煌社会经济文献真迹释录》第2辑，第628—629页。

的女婿和儿子擅离职守护送家口逃难，“稍有动摇，谁不流离”一句可谓道尽形势之艰难。河西节度使则要求僚属继续坚守，共济时艰。

与逃难相比，更扰乱时局的恐怕是河西节度官员内部的争斗和由此引发的动乱。据判集中《张瓌诈称节度》一则记载：

> 张使君性本凶荒，志非忠谨。有正卯之五盗，无日殚之一心。潜构异端，公然纵逆。伪立符　勅，矫授旄麾。动摇军州，结托戎狄。恣行险勃，妄有觊觎，文牒太半死人，虚诳辄求进马。论情巨蠹，在法难容。牒张判官与关东兵马使对推问得实状具申。仍所在收禁讫报。管内官吏，尽是贤良，无混淄渑，须明逆顺。细宜详审，勿陷刑名。甘州且（具）寮，尤须择地。傥被尘点，不得怨人。如到覆亡，卒难回避。各求生路，无事守株。①

此事当发生在河西节度撤离凉州之后、甘州陷落之前的大历元年之际，此时杨志烈已被杀，河西节度一时无主，于是发生了张瓌在甘州伪立之事。

杨志烈之后主事河西的是杨休明。大历二年之际吐蕃对唐的态度如前所述依然是一面合谈一面进攻，甘州即于此时陷落，杨休明徙镇沙州，却不料被伊西庭留后周逸谋杀。据判集中《伊西庭留后周逸构突厥煞使主，兼矫诏河已西副元帅》一则载：

> 祸福无门，惟人所召。奸回不轨，在法攸书。副帅巡内征兵，行至长泉遇害。军将亲观事迹，近到沙州具陈。建

---

①《敦煌社会经济文献真迹释录》第2辑，第629—630页。

谟出自中权，纵逼方凭外寇。逐兔者犬，可矜愚于小戎；指踪者人，宜责智于大臣。览三军之状，已辩淄渑。两道之词，了分曲直，馆中毁玉，曾未许于守持。衙内攫金，何遽受于旌节。承伪便行文牒，凭虚莫畏幽明。侮法无惧三千，抟风妄期九万。尚书忠义，寮属钦崇。生前人无间言，殁后状称矫 诏，假手志诬，为 国 披心，恨不显诛。岂惟名行湮沉，实谓奏陈纰谬。将士见而愤激，蕃虏闻而涕流。咸谓煞 国之忠良，更兴谤讟。屏 王之耳目，使不聪明。伏寻表草之言，却似首陈之状。上书自然不实，下策何烦漫行。此乃欲盖弥彰，将益反损。既知指的，方敢奏闻。又伪立遗书，躬亲笔削。恣行贪猥，莫顾章程。况随使资财，尽知优赡；供军玉帛，众委丰饶。人虽非命薨亡，物合却归府库。今者，马承官印，货被私收；杂畜全留，家僮半放；语亲殊非骨属，论义正是血仇；更何因依，独擅封植。且煞人求饷，尚召初征。害使贪荣，能无后患。离心速寇，当即非赊。夺魄丧名，期于不远，事复彰露，跡甚猖狂，匪直紊乱二庭，亦恐动摇四海。察其情状，法所难容。宜绝小慈，用崇大计。彼道军将，早挹忠贞；数州具寮，素高节操。前车既覆，已莫辩于薰莸；后辙须移，可早分于玉石。事上固能剿绝，临下岂惮锺埋。请从曲突之谋，勿误焦头之祸。周逸非道，远近尽知。理合闻天，义难厘务。既要留后，任择贤良；所贵当才，便请知事。某某谬司观察。忝跡行军。欲宽泉下之鱼，有惭弦上之矢。公道无隐，敢此直书。各牒所由，准状勘报。当日停务，勿遣东西。仍录奏闻。伏待 进止。[①]

① 《敦煌社会经济文献真迹释录》第2辑，第630—631页。

《唐方镇年表》将杨休明列于大历元年至二年（766—767）河西节度使任上，大历三年至十二年（768—777）所列为周鼎，[①]考虑到此时已无调离可能，则大历二年杨休明已遭不测，而上述记录正好证实了这一推测。看来杨休明于大历二年前往安西征调兵马，被早有异心的伊西庭留后周逸杀害，不巧事情败露，周逸未能如愿上位，最终继任者为周鼎。于此乱世，边将却各怀异志，这种争权夺利的斗争使得当时的形势更为严峻。

（二）凋敝的经济形势

外有吐蕃进攻，内有边将作乱，可以想见这一时期河西的经济状况是相当凋敝的。判集中《甘州地税勾征，耆寿诉称纳不济》一则就反映出甘州经过张瓌之乱后生产遭到破坏的情形：

> 彼州户人，颇闻辛苦。应缘张瓌稗政，遂令百姓艰勤。今既李牧抚临，亦冀苍生 苏息。尚频申诉，何以而然。地子勾征，俱非杂税。妄求蠲免，在法无文。马料兵粮，固须支给。仓储虚竭，何计供承。若望沙州相资，必恐不及时要。终须自活，岂可妄求。牒到，请使君审与耆寿商量，稳便处置，合放任放，须征任征。此间无物可支，彼处固须自给。终须设法，以叶（协）权宜。[②]

从记载可知，甘州百姓缴纳地税有困难，又需军士、仓库用粮，遂求救于沙州，但得到的答复是“终须自活”。另一则《甘州兵健冬装、肃州及瓜州并诉无物支给》所载前线士兵的冬装供给情

---

①［清］吴廷燮《唐方镇年表》卷八，北京：中华书局，1980年，第1225—1227页。

②《敦煌社会经济文献真迹释录》第2辑，第623页。

况读来更令人绝望：

> 甘州兵健冬装，酒泉先申借助。及令支遣，即诉实无。只缘前政荒唐，遂令今日失望。即欲此支物往，又虑道路未清。时属霜寒，切须衣服。事宜应速，不可后时。瓜州既许相资，计亦即令付了。休明肃州少物，今请回易皮裘。押衙此行，须成彼事。先博得麦，寄在戚昌，杨斑有书，写白入案。切宜勾当，以济时须。王使君通才，亦请处置。恤怜救难，不可全物（衍）无。请与筹量，早达前所。[①]

由记载可知，发文时已“时属霜寒”，甘州士兵的冬装仍无着落，酒泉既无物资相助，又要担心道路不清，瓜州虽“许相资”，奈何“肃州少物”实施起来也是困难重重，河西地区经济状况之窘迫一目了然。

二、敦煌的陷落

（一）敦煌文书所见落蕃前夕的敦煌

如前所述，敦煌落蕃前夕的河西形势已经十分严峻，则可以想见，敦煌作为河西节度使的驻地，情况与之相差无几。河西节度使徙镇敦煌之时，也带来了凉州的行政人员和宁寇、赤亭等军余部，之后又有甘州陷落后撤退的建康军余部，这无疑给敦煌增加了很多人口。为了维持官府、军队的运转，地方官吏欲提高税收，据判集中《沙州地税，耆寿诉称不济，军州请加税四升》一则载：

---

① 《敦煌社会经济文献真迹释录》第2辑，第622页。

> 艰难之时，仓廪虚竭。耆寿计料，雅合权宜。亩别加税四升，计亦不损百姓。兼之官吏，各据田苗，立限征收，并须戮力。①

同时，官府加强了节流措施，力行俭约，判集中《管内仓库宴设给纳馆递樽节事》一则载：

> 艰难已来，军州凋弊。支持不足，破用则多。非直损于公途，亦乃伤乎人庶。若无先见，何至后图。俭约之资，公家所尚。给用之费，文簿须明。各牒所由。②

沙州官府对滞留沙州的外国首领、使节，此时已经停止了粮食供应，《判诸国首领停粮》一则载：

> 沙州率粮，非不辛苦。首领进奉，凭此兴生。虽自远而来，诚合优当。淹留且久，难遂资粮。理贵适时，事宜停给。③

沙州军队开支亦成负担，《豆卢军兵健共卅九人，无赐》一则载：

> 沙州兵健，军合支持。既欲优怜，复称无物。空申文牒，徒事往来。不可因循，终须与夺。使司有布，准状支充。如至冬装，任自回易。④

---

① 《敦煌社会经济文献真迹释录》第2辑，第622页。
② 《敦煌社会经济文献真迹释录》第2辑，第620页。
③ 《敦煌社会经济文献真迹释录》第2辑，第624页。
④ 《敦煌社会经济文献真迹释录》第2辑，第622页。

民间各类祭赛活动亦受限制，《沙州祭社广破用》一则称：

> 艰虞已来，庶事减省；沙州祭社，何独丰浓。税钱各有区分，祭社不合破用。更责州状，将何填陪牛直将元案通。又判：自属艰难，万事减省，明衣弊（币）帛，所在不供。何独沙州，广为备物。酒肉果脯，已费不追。布绢资身，事须却纳。①

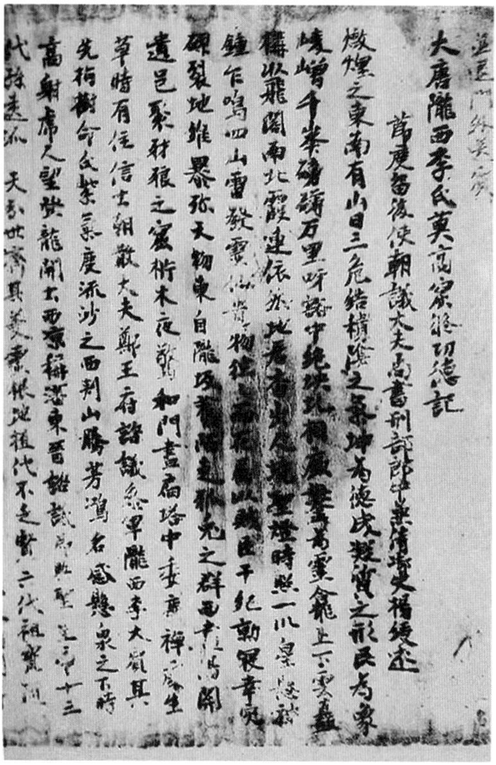

图30 P.3608v《大唐陇西李氏莫高窟修功德记》(局部)

上述种种，均表明在遭吐蕃围城以前，沙州的经济情况已经十分困窘了。

大历十一年吐蕃攻陷瓜州，沙州成为河西节度最后的据点。但沙州似乎并未马上卷入战争，据P.3608v《大唐陇西李氏莫高窟修功德记》载（图30）：

> 时节度观察处置使开府仪同三司御史大夫蔡国公周公，道洽生知，才

① 《敦煌社会经济文献真迹释录》第2辑，第623页。

> 膺命世。清明内照，英华外敷。气迈风云，心悬日月。文物居执宪之重，武威当杖钺之雄。括囊九流，住持十信。爰因蒐练之暇，以申礼敬之诚。揭竿操矛，阖戟以从。蓬头胼胁，傍车而趋。熊罴启行，鹓鸾陪乘。隐隐轸轸，荡谷摇川而至于斯窟也。[①]

周鼎尚能以如此排场赴李氏功德窟落成之贺，说明其时吐蕃还未兵临城下。另外，据《金石萃编·颜鲁公宋广平碑》载，当时谪贬沙州的宋璟第八子宋衡，曾任河西节度行军司马，“与节度周鼎保守敦煌仅十余岁”，因功而有中丞常侍之拜，却“恩命未达而北蕃围城，兵尽矢穷，为贼所陷。吐蕃素闻太尉名德，遂赠以驼马还，大历十二年十一月以二百骑尽室归入”，可知大历十二年吐蕃才开始围攻沙州。

（二）敦煌的落蕃

1. 吐蕃和平攻占敦煌的宗教因素

吐蕃攻陷沙州前后用时十余年，宗教因素起到的保护作用不可小觑。在占领、统治敦煌的这一段历史中，正值吐蕃王室大兴佛教之际（图31），从墀松德赞到墀祖德赞均崇信佛教（图32），这无疑给以“神乡佛国”著称的敦煌提供了保护（图33）。敦煌因其佛教文化之盛而备受吐蕃赞普重视（图34），亲自“徙帐南山，使尚绮心儿攻之”[②]，并以围而不攻的方式和平占领了敦煌，足见吐蕃对这一“善国神乡”的重视。

很长一段时期里，在吐蕃占统治地位的宗教是苯教，史载至赞普世系“二十七代，其政权由仲（sgrung）、第乌（ldevu）及

---

① 郑炳林、郑怡楠《敦煌碑铭赞辑释（增订本）》上，第43页。

②《新唐书》卷二一六，第6101页。

图31 莫高窟第159窟东壁《吐蕃赞普礼佛图》

图32 莫高窟第158窟北壁《涅槃变》之《各国王子举哀图》

图33 莫高窟第225窟 王沙奴供养像

图34 莫高窟第236窟东壁门 斋僧

本（苯）教（bon）所护持”[①]，到拉托托日年赞之时，佛教开始传入吐蕃，据《贤者喜宴》记载：“当托托日年赞六十岁时，其时他正坐在大堡寨雍布拉康之中，天空出现五光十色吉祥彩虹、花雨及天神之乐。日出之时，阳光并至，遂自（空中）降有如下（文物）：用琉璃写于金纸上的《诸佛菩萨名称经》及《宝箧经》、两部如意经卷、金塔、牟陀罗印、如意珠印牌等六种，在所降神物中又谓有四层玉塔”[②]。透过这种充满神话意味的记载，可知其时已有佛教经典传入吐蕃，然而时人并不认识。虽然之后佛教僧侣有来蕃传教者，入藏和亲的唐文成公主、泥婆罗墀尊公主亦带来佛教文化，但吐蕃地方豪族仍多信奉苯教，外来的佛教在蕃地的传播仍颇受阻挠。

① 《贤者喜宴——吐蕃史译注》，第11页。
② 《贤者喜宴——吐蕃史译注》，第12页。

这种情况到墀松德赞时期发生了变化。墀松德赞少年嗣位，朝政为权臣玛香仲巴杰、达热恭禄等把持。这些人都是苯教徒，对佛教相当抵制，一度颁布法规掀起藏族历史上的第一次禁佛运动，违令信佛者皆流放，崇佛大臣则被革职并发往芒域，驱逐唐和泥婆罗的僧人，将大昭寺改作屠宰场，将文成公主带来的佛像先掩埋后送往拉萨以外的地方，等等。墀松德赞亲政后，重用崇佛大臣桂墀桑、祥娘桑等，用计翦除了玛香仲巴杰等苯教势力，这实质上也是王权与地方豪族通过宗教进行的一场政治斗争。墀松德赞扳倒苯教势力之后，采取了一系列措施振兴佛法。他迎请高僧莲花生入蕃传法，并召集佛苯辩论会，从理论上彻底击败苯教；又举行历时两载的佛教义理僧诤大会，邀请天竺、唐中原高僧展开顿渐之争，确定渐门为吐蕃佛教主要教宗；营建规模宏大的桑耶寺（图35），并从贵族子弟中挑选“七试人”出家为僧；制定三户养僧制度，规定官府不得干涉佛事，从经济、政治上给予佛教支持；他本人以护法王自居，亦有颇为深厚的佛学功底，

图35 桑耶寺

藏文《大藏经》中就有署名墀松德赞的著作。这种崇佛之风为之后的牟尼赞普继承并继续发扬，他执政期间创立了四大供，并下令国中富豪、贫民皆须向佛寺奉贡布施。

到墀德松赞朝，佛教获得极大发展，一个重要原因即是赞普即位受到了佛教力量的支持，僧人的社会、政治地位提高到了前所未有的高度。墀德松赞从天竺、泥婆罗等地迎请佛教高僧入蕃传法，又大力支持桑耶寺等寺庙的佛事、译经活动，并于公元814年命孜纳弥札等佛教学者确定译经的原则和方法，规范译经文字，改译、修订旧译佛典，大大提高了译经质量，也促进了佛教经典的传译（图36）。他还效法墀松德赞，在拉萨河流域兴建

图36 榆林窟第25窟 写经图

噶迥多杰英寺，并举行兴佛盟誓大会，颁发诏敕盟书刻于石碑。在诏书中墀德松赞规定赞普继承人在继位前要接受佛教教育，普通百姓也要修习佛法，“上起蕃地贵胄上流，下至蕃地庶民黔首，其入解脱之门径，无论何时，永不阻塞，虔诚敬信之徒，悉令解脱。”①

可以想见，之后即位的墀祖德赞成长于此种崇佛环境中，耳濡目染，对佛教比他的父祖更为虔诚。藏文史料记载他曾把两条长丝带系在辫子上，让僧人坐于其上以示尊敬，②因此人称“热巴巾”（长发王）。墀祖德赞广建佛寺，先后修建了伍香多无比吉祥增善寺、让布寺、勒乌赤吉者寺、噶扎三宝源流寺、强钦寺等。权贵们亦建寺成风，如王后属庐妃贝叶昂粗建赞塘玉拉康寺，娘氏妃却格拉姆建莫绰达蔡寺，钵阐布云丹建齐蔡寺，等等。本土之外，吐蕃在河西占领区亦广建寺庙，如敦煌的圣光寺即吐蕃大相尚绮心儿所建，属于吐蕃占领时期的敦煌洞窟也多数建于墀祖德赞时期（图37、图38、图39）。此外，墀祖德赞还试图通过法律加强僧人的地位，规定辱骂僧人者割舌，恶意指僧者断指，怒视僧人者剜目，并将养僧户数从三户提高到七户，进一步加强僧人的经济保障。③这种极端的宗教热忱无疑加重了社会负担和僧俗矛盾，最终为墀祖德赞招来杀身之祸。继立者朗达磨立稳脚跟后便反其道而行之，发动灭佛，所幸其时吐蕃进取势头渐衰，对远离吐蕃本土的河西已鞭长莫及，毁佛之祸未波及敦煌。

---

① 王尧《吐蕃金石录》，第161页。

② ［清］松巴堪布著，蒲文成、才让译《如意宝树史》，兰州：甘肃民族出版社，1994年，第296页。

③才让《吐蕃史稿》，兰州：甘肃人民出版社，2007年，第214—215页。

图37 莫高窟第159窟西壁龛内北侧彩塑菩萨

图38 莫高窟第159窟 菩萨弟子塑像

图39 莫高窟第159窟龛内菩萨、弟子塑像

2. 陷落始末

吐蕃攻陷沙州前后用时十余年，除了上述宗教因素之外，还得益于当时的唐蕃形势。如前所述，建中元年（780）德宗即位后，由于曾受辱于回纥的经历，加上欲先攘内戡平方镇，遂力求与吐蕃和解，并于当年四月遣韦伦前往吐蕃，遣送五百蕃虏返乡。墀松德赞大为感动，无奈此时吐蕃“已发众军，三道连衡，今灵武之师闻命辄回矣；而山南之师已入扶、文；蜀师已趋灌口，追且不及”[①]，沙州下辖的寿昌县大概就是在这个时候陷蕃的。[②]据S.788《沙州志残卷》载：“寿昌县……建中初陷吐蕃”[③]（图40），《寿昌县地境》所记与之相同。[④]之后唐蕃关系缓和，

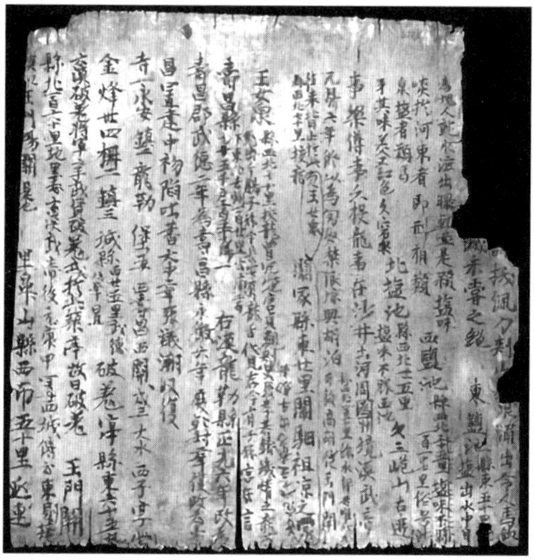

图40 S.788《沙州志残卷》

① 《册府元龟》卷九八〇，外臣部，通好，第11513页。

② 陈国灿《唐朝吐蕃陷落沙州城的时间问题》，《敦煌学辑刊》1985年第1期，第1—7页。

③ 《敦煌社会经济文献真迹释录》第1辑，第42页。

④ 《敦煌社会经济文献真迹释录》第1辑，第52页。

双方频频遣使报聘，建中四年（783）四月吐蕃甚至“将先没蕃将士僧尼等至自沙州，凡八百人，报（建中）元年之德”[①]。如此，吐蕃围攻沙州的行动便暂时搁置了。这种局面一直维持到贞元二年（786），期间如前所述唐廷遭遇泾原兵变，吐蕃乘机欲以“助唐讨贼”之名分一杯羹却未能遂愿，因而心生不满，双方战乱重开，敦煌遂陷。

当然，虽然敦煌陷落前曾有一段时期唐蕃关系有所缓和，但于身处抗蕃最前线的敦煌军民而言却是一直处于战备状态。吐蕃初临城下之时，节度使周鼎尚思固守，并向回纥请援。然而，援兵逾年不至，周鼎开始动摇。周鼎本非当地人，对敦煌并无感情，便欲“议焚城郭，引众东奔”。前述宋衡奔唐应当就在此时，很可能就是周鼎授权的。而留恋故土的本地将士并不赞成弃城之议，都知兵马使阎朝遂生杀鼎保城之心。其时似已至冬，周鼎派遣阎朝巡视水草，阎朝“晨入谒辞行，与鼎亲吏周沙奴共射，彀弓揖让，射沙奴即死，执鼎而缢杀之，自领州事”。守城十年间，军粮已竭，遂“出绫一端募麦一斗。应者甚众。朝喜曰：‘民且有食，可以死守也。’”如此艰难苦守十年，粮械皆竭，阎朝无奈登城而呼曰：“苟毋徙他境，请以城降。”[②]即敦煌文书中所谓“元戎从城下之盟，士卒屈死休之势”。[③]吐蕃进入敦煌后，墀松德赞令宰相尚绮心儿驻守。对于率众抵抗多年的首领阎朝，授予其“大蕃部落使河西节度使”的头衔，但这无疑只是出于安定民心的一种权宜之计。很快，吐蕃便以“疑朝谋变”为由，“置毒靴中”，将其杀害了。

---

① 《唐会要》卷九七，第1734页。

② 《新唐书》卷二一六，第6101页。

③ 《敦煌碑铭赞辑释（增订本）》上，第273页。

（三）落蕃初期敦煌民众的反抗

吐蕃占领敦煌初期，当地民众的反抗活动仍未消弭，其中记录在案的就有驿户氾国忠等起义，这在S.1438v《书仪》中有着详细的记载（图41）：

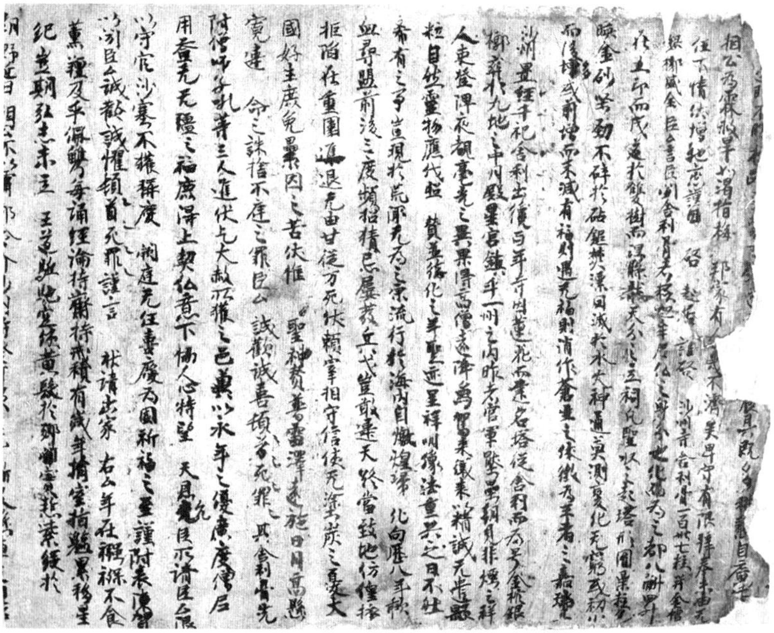

图41 S. 1438v《书仪》(局部)

唯此沙州，屡犯 王化。干戈才弭，人吏少宁。列职分官，务存抚养。未经两稔，咸荷再苏。氾忠国等，去年兴心，拟逃瀚海。远中 相府，罚配酒泉。岂期千里为谋，重城夜越，有同天落，戕煞蕃官，伪立驿户邢兴，扬言拓拔王子，迫胁人庶，张皇兵威。夜色不分，深浅莫测，平人芒怕，各自潜藏。为 国德在城，恐被伤害，某走报回避，共同死生。及至天明、某出招集所由，分头下堡，收令不

> 散，誓救诸官。比至衙门，已投烈火。遂即旋踵，设伏擒奸。其贼七人，不漏天网。并对大德摩诃衍推问，具申衙帐，并报瓜州。昨索贼钉枷，差官铜（锢）送讫。已蒙留后使差新节儿到沙州，百姓具安，各就丰（农）务。其东道军州不报消息，伏惟昭察。卑守有限， 谨因。①

从记载来看，驿户氾国忠等不过七人，伪立驿户邢兴为拓拔王子，在夜色的掩护下“迫胁人庶，张皇兵威”，并“戕煞蕃官”。吐蕃占领敦煌后解散了当地的武装力量，并一度收走了当地铜铁器物，城中百姓手无寸铁，于是“各自潜藏”。等到《书仪》作者索允等人天亮后设计擒拿这些起义者时，吐蕃委任的沙州节儿“已投烈火”自杀。最终，起义驿户被捕，经由大德摩诃衍等审讯后押送瓜州。吐蕃又派遣新的节儿前来接管。类似的动乱应该在吐蕃统治初期频繁发生，所以才有“唯此沙州，屡犯王化”之谓。为了巩固统治，吐蕃统治者逐渐调整策略，对敦煌百姓采取较为宽和的态度，如上述S.1438v《书仪》后面的部分就记载，“属热风损苗，犯颜申诉。尚论仁造，半放半征”，好让当地民众能够安于现状，“各就农务”。随着一系列新的政治、经济制度的实施，敦煌社会渐趋安定，当地人民虽然内心仍向往中原王朝，“每岁时祀父祖，衣中国之服，号恸而藏之”②，但没有再出现大的反抗活动（图42）。

另外，从唐蕃交往的大背景来看，8世纪末9世纪初，吐蕃扩张之势渐趋缓和。虽然西线上与回鹘在西域的争夺取得重大胜利，但东线上对唐发动的数次进攻均无功而返，如798年攻盐州，

---

①《敦煌社会经济文献真迹释录》第5辑，第318—319页。

②《新唐书》卷二一六，第6101页。

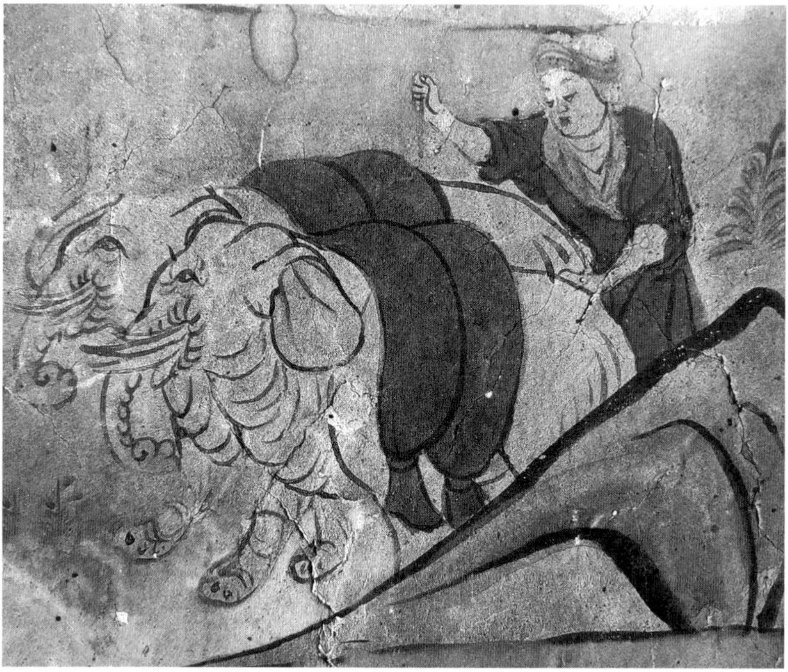

图42 莫高窟第154窟 身着蕃装的驱象人

799年攻南诏与巂州，800年攻巂州、盐州，等等。在这种情形下，吐蕃不少将领斗志锐减，甚至有杨万波、马定德、野多输煎等叛降唐朝，致使士气更加低落，军心不稳。公元802年吐蕃派大相兼东境五节度大使论莽热率兵十万欲解维州之围，却为韦皋联合南诏大败，论莽热亦被唐俘虏，元气大伤。军事上的失利迫使吐蕃转而采取和平对外策略。贞元十九年（803）吐蕃使臣论颊热诣唐，次年唐以吊祭赞普为名亦恢复对蕃通使，之后唐蕃之间重新因告丧吊祭、贡奉朝贺、互释战俘等事宜频繁往来，“遣使朝见，并献方物，相继不绝”[①]。元和十年（815），吐蕃遣使

①《唐会要》卷九七，第1737页。

“款陇州塞，请互市”[①]，唐廷许之。加之其时西原蛮、沙陀亦纷纷叛蕃归唐，[②]吐蕃实力受损的情形由此亦可知一二。

公元815年墀祖德赞继立时，吐蕃已因大力崇佛和连年战争，实力持续转衰。墀祖德赞欲采取表面请和、暗度陈仓的故伎，于元和十三年（818）一面遣论矩立藏使唐，一面却出兵攻唐，但唐朝早已做好了防范。先是吐蕃进攻宥州时，灵州守军与之在定远城大战，斩首二千级，吐蕃战败；之后平凉镇遏使郝玼又破吐蕃兵二万，夏州节度使田缙亦破其众三千；同时，剑南守军拔峨和、栖鸡二城。[③]元和十四年（819）十月，墀祖德赞又遣节度论三摩、宰相尚塔藏及中书令尚绮心儿率领大军围攻盐州，盐州刺史李文悦率将士乘城力战，鏖战二十七日后吐蕃退兵。[④]元和十五年（820）吐蕃攻灵州、泾州，[⑤]皆为唐击退。[⑥]长庆元年（821），吐蕃进攻青塞烽，再为李文悦击败。[⑦]加之，唐廷又输

① 《册府元龟》卷九九九，外臣部，互市，第11727页。
② 《册府元龟》卷一七〇，帝王部，来远载：“（元和三年）六月，西原蛮首黄上卿归款，（以）少卿为归顺州刺史，弟少高、少温并授官。”《资治通鉴》卷二三七，元和三年条载：“（六月）回鹘攻吐蕃，取凉州；吐蕃疑沙陀贰于回鹘，欲迁之河外。沙陀惧，酋长朱邪尽忠与其子执宜谋复自归于唐，遂帅部落三万，循乌德鞬山而东。行三日，吐蕃追兵大至，自洮水转战至石门，凡数百合；尽忠死，士众死者太半。执宜帅其余众犹近万人，骑三千，诣灵州降。”
③ 《新唐书》卷二一六，第6101页。
④ 《册府元龟》卷四〇〇，将帅部，固守二，第4761页。《新唐书·吐蕃下》载此役乃“朔方将史敬奉以奇兵绕出虏背，大破之，解围去”而解盐州之围，第6101页。
⑤ 《新唐书》卷八，第222页。
⑥ 《旧唐书》卷一九六，第5263页。
⑦ 《新唐书》卷八，第223页。

金帛、嫁公主“以钓北虏之心”[①]，结盟回鹘。吐蕃军事优势日蹙，遂于长庆元年（821）派遣使者尚绮力陀思赴唐请盟，唐穆宗最终允诺。[②]唐派遣使臣刘元鼎等于长庆二年（822）五月于吐蕃夏衙闷惧卢川正式结盟，此即著名的“长庆会盟”。蕃占区唐人“见使者麾盖，夹道观。至龙支城，耋老千人拜且泣，问天子安否？言‘顷从军没于此，今子孙未忍忘唐服，朝廷尚念之乎？兵何日来？’言已皆呜咽”。[③]只空悲切矣！

三、敦煌的收复

吐蕃在与唐朝的长年拉锯战中虽然取得了一系列胜利，但自身亦为战争所累，资财耗竭，人民疲弊，加之苯佛之争仍暗流涌动，内部矛盾逐渐显露。838年，墀祖德赞为反佛大臣杀害，朗达磨继立，以韦氏为首的反佛势力上升。朗达磨其人，史载其“嗜酒，好畋猎，喜内，且凶愎少恩，政益乱”[④]，且执政期间“发生了霜、冰雹和瘟疫”[⑤]，吐蕃实力更加受损。朗达磨与反佛派借口自然灾害皆因推行佛教而起，进而大肆灭佛，引起了佛教僧侣的怨恨。842年，朗达磨为僧人拉隆贝吉多吉刺杀身死，王妃綝氏立其兄尚延力之三岁幼子乞离胡为赞普，迅速掌权于朝堂，反对派则拥立小妃蔡邦氏之子微松与之抗衡，内政陷入一片混乱。

政治争斗很快波及吐蕃驻守在河陇地区的军事将帅，分裂为以鄯州节度使尚婢婢为首的乞离胡派和以洛门川讨击使论恐热为

---

① 《册府元龟》卷九九三，外臣部，备御六，第11668页。
② 《新唐书》卷二一六，第6102页。
③ 《新唐书》卷二一六，第6102页。
④ 《新唐书》卷二一六，第6105页。
⑤ 《贤者喜宴——吐蕃史译注》，第277页。

主的微松派。而其时敦煌官员的立场，据P.T.999《祈愿文》来看，属微松一派（图43）。文书称“鼠年季夏八日，沙州二部僧伽为赞磨王妃潘母子宫殿微松之功德，也为沙州地方百姓之功德举行回向供施法会”[1]。此“鼠年”学界公认为844年，正是吐蕃二子争立之际。论恐热为人凶暴有野心，趁吐蕃内乱之机自称宰相，又联合吐谷浑、党项、嗢末三部和青海节度使，于842年以

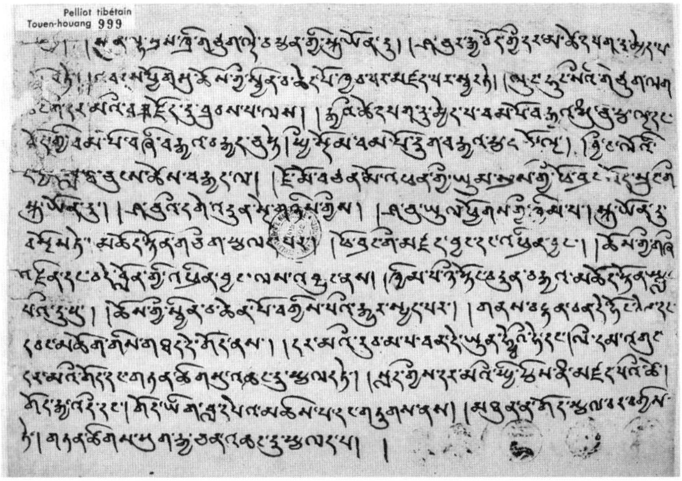

图43 P.T.999《祈愿文》

“入诛綝妃及用事者以正国家”之名挥师南下。[2]吐蕃宰相尚思罗迎击，兵败渭州薄寒山。尚思罗出逃松州，集结苏毗、吐谷浑、羊同等部屯洮水待战，岂料苏毗军队为论恐热说服，尚思罗最终为其所杀。

另一派鄯州节度使尚婢婢与论恐热颇为不同，为人宽厚有谋略，史载其“姓没卢，名赞心牙，羊同国人，世为吐蕃贵相，宽

① 陈楠《P.T.999号敦煌藏文写卷再研究——以往汉译本比较及相关史事补正与考辨》，《中国藏学》2008年第3期，第19—27页。

②《资治通鉴》卷二四六，会昌二年，第7970页。

厚，略通书记，不喜仕，赞普强官之”[1]。尚婢婢所领军队是当时河陇地区的一支劲旅，是论恐热独占河西并进逼逻些的一大路障，于是双方于843年、844年、845年三度交战。尚婢婢传檄河湟称：“汝辈本唐人，吐蕃无主，则相与归唐，毋为恐热所猎如狐兔也！”[2]策反了论恐热一些部众叛离。尚婢婢又颇善用计谋，论恐热终究不敌，连连失利，只得暂时盘踞陇右一带。吐蕃如此衰微之际，适逢回鹘内乱，并于840年为黠戛斯所破。周边形势的转变为誓心归唐的敦煌大族张议潮提供了收复之机。

张氏乃敦煌当地土豪，吐蕃统治时期即有出仕者，如P.3551《药师琉璃光如来赞并序》所载大都督张氏，据考证正是张议潮的父亲张谦逸（图44）。[3]张议潮出身仕宦之家，眼见吐蕃运尽，遂阴结豪杰，联络各族民众，于大中二年（848）起兵，一举收复瓜、沙二州，敦煌文书S.6161+S.3329+S.6973+P.2762《敕河西节度兵部尚书张公德政之碑》详细记载了其举事始末（图45）：

> 其叔故前河西节度，讳某乙。侠少奇毛，龙骧虎步。论兵讲剑，蕴习武经。得孙吴（武）、白起之精，见韬钤之骨髓。上明乾象，下达坤形。观荧惑而芒衰，知吐蕃之运尽。誓心归国，决意无疑。盘桓卧龙，候时而起。率貔貅之众，募敢死之师。俱怀合辙之欢，引阵云而野战。六甲运孤虚之术，三宫显天一之神。吞陈平之六奇，启武侯之八阵。纵烧牛之策，破吐蕃之围。白刃交锋，横尸遍野。残烬星散，雾卷南奔。敦煌、晋昌收复已讫，时当大中二载。题笺修表，纡道驰函。上达天闻，皇明披览。龙颜叹曰：

① 《新唐书》卷二一六，第6105页。

② 《资治通鉴》卷二四八，会昌五年，第8021页。

③ 眪麟《张谦逸在吐蕃时期的任职》，《敦煌学辑刊》1993年第1期，第83页。

图44 P.3551《药师琉璃光如来赞并序》

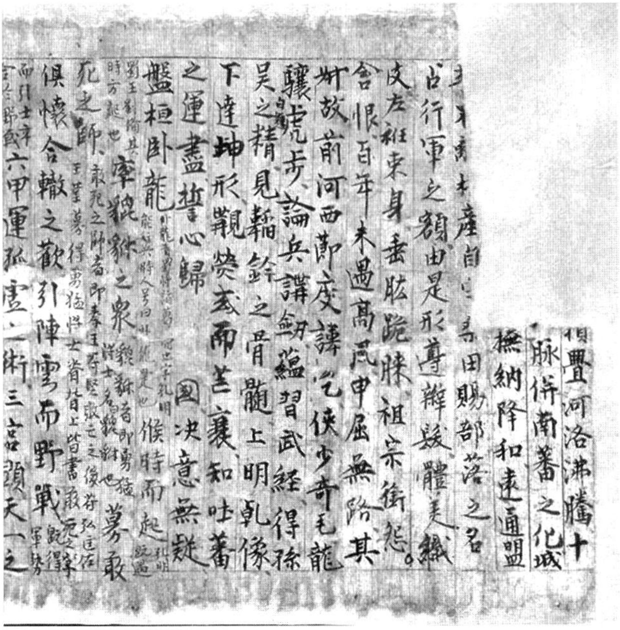

图45 S.3329《敕河西节度兵部尚书张公德政之碑》(局部)

“关西出将，岂虚也哉！”百辟欢呼，抃舞称贺。便降驲骑，使送河西旌节，赏赉功勋，慰谕边庭收复之事，授兵部尚书万户侯。①

至此，吐蕃势力从敦煌退出，从贞元二年（786）陷落至大中二年（848）收复（图46），长达六十余载的吐蕃统治敦煌史终于画上了句号（图47）。

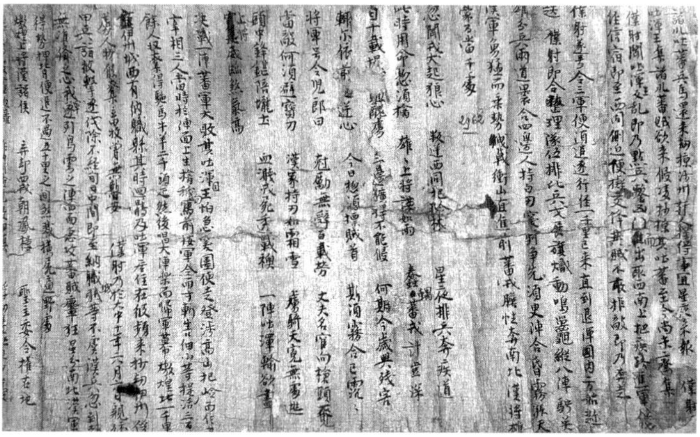

图46 P.2962《张议潮变文》

图47 莫高窟第156窟《张议潮统军出行图》

① 荣新江《敦煌写本〈敕河西节度兵部尚书张公德政之碑〉校考》，《归义军史研究——唐宋时代敦煌历史考索》，上海：上海古籍出版社，1996年，第399—410页。

第二章

吐蕃统治时期敦煌的行政建制

吐蕃入主敦煌后，首要的问题就是以何种行政建制来有效管理当地百姓，以便掌握户口、征税课役。吐蕃之前虽有征服、统治吐谷浑等民族和地区的经验，但统治敦煌显然大为不同。吐谷浑与吐蕃一样，皆为半农半牧民族，“有城郭，不居也，随水草，帐室、肉粮”①，这就使得吐蕃在征服吐谷浑等民族和地区后能够继续保留当地原有的生产生活方式，并划拨牧地供其民众继续牧居，甚至保留了吐谷浑原有政权，扶植小王辅助吐蕃进行统治。②因此可以说，吐蕃统治下的吐谷浑，当地人民的生产、生活方式上并未发生太大变化。相反地，敦煌则是一个农业文明地区，社会形态、生产生活方式完全不同于吐蕃。这种差异直观地反映在行政建制上，就是敦煌原有的唐“县—乡—里”制与吐蕃部落制的不同。这种差别必然不为吐蕃统治者所容，留守敦煌的吐蕃宰相尚绮心儿等人遂着手推行从乡里到部落的改制。

---

①《新唐书》卷二二一，第6224页。

② 邓文科《试论吐谷浑与吐蕃的关系》，《西北民族学院学报》(哲学社会科学版) 1987年第1期，第14—21、31页；杨铭《论吐蕃治下的吐谷浑》，《青海民族研究》2010年第2期，第106—109页。

第一节 敦煌落蕃前的行政建制

一、唐朝的地方行政建制与落蕃前的敦煌

（一） 唐朝的地方行政建制

唐朝的行政建制沿袭前代郡县制而来。隋朝末年“群盗蜂起，郡县沦陷，户口减耗”，[①]高祖受命之后“改郡为州，太守为刺史，又置都督府以治之。”[②]由于“自隋季丧乱，群盗初附，权置州郡，倍于开皇、大业之间”[③]，太宗遂针对这一弊端于贞观元年“悉令并省”[④]。同时，“始于山河形便，分为十道”[⑤]，曰：关内道、河南道、河东道、河北道、山南道、陇右道、淮南道、江南道、剑南道、岭南道。景云二年（711）又“以山南控带江山，疆界阔远，于是分为山南东西两道。又自黄河以西，分

① 《旧唐书》卷三八，第1384页。
② 《新唐书》卷三七，第959页。
③ 《旧唐书》卷三八，第1384页。
④ 《旧唐书》卷三八，第1384页。
⑤ 《旧唐书》卷三八，第1384页。

为河西道"[①]，从而分贞观十道为十二道。开元二十一年（733）再改十二道为十五道，"分天下为京畿、都畿、关内、河南、河东、河北、陇右、山南东道、山南西道、剑南、淮南、江南东道、江南西道、黔中、岭南，凡十五道"[②]，每道设置采访使督察统辖。同时，"又于边境置节度、经略使，式遏四夷"[③]，其中河西节度使所统豆卢军就在沙州城内。道下设有州（府），州（府）下有县，县下又有乡、里二级行政建制，为唐朝行政建制的最末，是直接管理编户齐民的基层组织。其设，据《通典》卷三三"乡官"条载："大唐凡百户为一里，里置正一人，五里为一乡，乡置耆老一人，以耆年平谨者，县补之，亦曰父老。"[④]

（二）敦煌落蕃前的行政建制

敦煌原属陇右道，景云二年河西道自陇右道分出后又辖于河西道。据《新唐书》载："沙州敦煌郡，下都督府。本瓜州，武德五年曰西沙州，贞观七年曰沙州……户四千二百六十五，口万六千二百五十。县二。敦煌，寿昌。"[⑤]其中寿昌县几置几废，"武德二年析敦煌置，永徽元年省，乾封二年复置，开元二十六年又省，后复置"[⑥]，其地并入敦煌县，为寿昌乡，再加上粟特移民聚居而成的从化乡，构成了P.2803《唐天宝九载（750）八至九月敦煌郡仓纳谷牒》中记载的十三乡，即敦煌乡、莫高乡、神沙乡、龙勒乡、平康乡、玉关乡、效谷乡、洪池乡、悬泉乡、

---

①《唐会要》卷七〇，第1233页。
②《资治通鉴》卷二一三，第6803—6804页。
③《旧唐书》卷三八，第1385页。
④《通典》卷三三《职官十五》，第191—192页。
⑤《新唐书》卷四〇，第1045页。
⑥《新唐书》卷四〇，第1045页。

慈惠乡、洪润乡、寿昌乡、从化乡（图48）。简言之，当时的沙州辖于河西道之下，州下只有敦煌一县，下辖十三乡，这就是敦煌落蕃以前的行政建制情况。

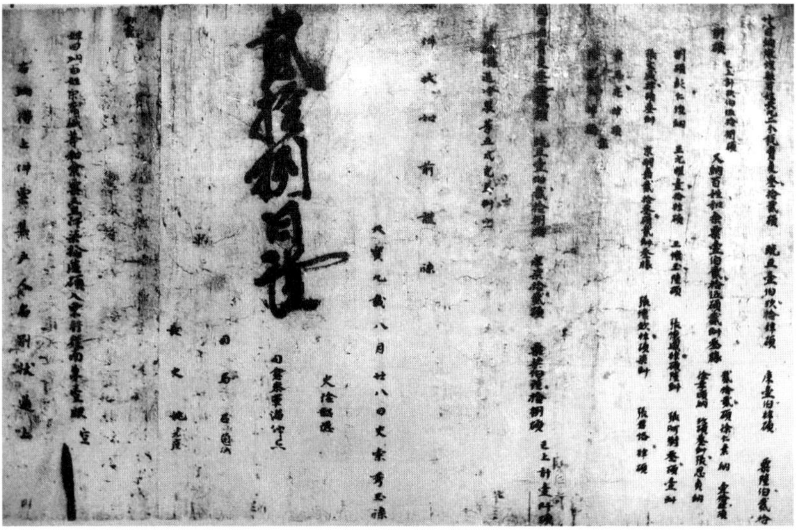

图48 P.2803《唐天宝九载（750）八至九月敦煌郡仓纳谷牒》

二、吐蕃的地方行政建制

吐蕃的政权性质是奴隶主军事部落联盟，部落是这一政体的基本细胞。据《贤者喜宴》记载，吐蕃建立行政区划是在松赞干布时期，他“将吐蕃划作五大如（ru chen lnga），划定十八个地区势力范围（yul gyi dbang ris rnam pa bco brgyad），划分六十一个‘桂东岱’（rgod kyi stong sde drug bcu rtsa gcig），将‘雍人之部’（gyung gi mi sde）划分为‘更’（kheng）及‘扬更’（yang kheng），由三尚一论（zhang gsum blon bcas）掌管中央集会会址（dbusv kyi vdun sa），三勇部（dpav sde gsum）卫戍边地哨卡

(mthav yi so kha)，上述即所谓‘六奎’(khos drug)。”① “东岱”即是汉文史料中的“部落”，相当于唐行政建制中的乡一级。这些部落平日各有驻牧之地，一旦吐蕃对外进行军事行动——特别是需要联合作战的重大行动，便以部落名义参战，②汉籍中记载的“虏法，出师必发豪室，皆以奴从，平居散处耕牧”③正是这一制度的真实写照。

吐蕃本土所设五茹分别为伍茹(dbu ru)、腰茹(g·yo ru)、叶茹(g·yas ru)、茹拉(ru lag)、孙波茹(sum pavi ru)，每茹下各设十东岱(孙波茹下辖十一东岱，多出一个汉人通颊东岱)，吐蕃征服羊同(zhang zhung)后亦收之入军旅，辖十东岱，共六十一东岱，王尧于此已作列表④，现将其表转录于下以便了然：

茹名	东岱名
伍茹 (dbu ru)	岛岱(dor sde)、岱村(sde mtshams)、局巴(com pa)、支村(vbri mtshams)、球村(phyugs mtshams)、章村(vbrang mtshams)、畿堆(skyid stod)、畿迈(skyid smad)、叶若布(yel rab) 东翼近卫(sku srung shar phyogs rab)
腰茹 (g·yo ru)	雅砻(yar lung)、秦砻(vphying lung)、达布(dwags po)、娘聂(nya nyig)、雅村(yar mtshams)、玉邦(g·yu vbangs)、聂尔(dmyal)、洛札(lho brag)、洛若(lo ro) 北翼近卫(sku srung byang phrogs pa)
叶茹 (g·yas ru)	东钦(stong chen)、襄钦(shangs chen)、辗噶尔(nyen kar)、章村(vbrang mtshams)、朗迷(lang mi)、帕噶尔(phod dkar)、保若布(sbo rab)、松岱(gzong sde)、象郡(zhangs) 西翼近卫(sku srung nub phyogs pa)

① 《贤者喜宴——吐蕃史译注》，第31页。

② 《吐蕃简牍综录》，第209页。

③ 《新唐书》卷二一六，第6108页。

④ 《王尧藏学文集》卷二，附录(二)，第183页。

续表

<table>
<tr><th>茹名</th><th colspan="3">东岱名</th></tr>
<tr><td>茹拉
(ru lag)</td><td colspan="3">芒噶尔(mang kar)、墀崩木(khri phams)、娘若(myang ro)、墀塘(khri vthang)、枕巴(gram pa)、拉孜(lha rtse)、康萨(khang sar)、岗呈木(gang phram)、错俄(mtsho ngos)
南翼近卫(sku srung lho phyogs pa)</td></tr>
<tr><td>孙波茹
(sum pavi ru,包括所属汉人在内)</td><td colspan="3">则屯(rtse mthong)、帕屯(pho mthon)、上桂仓(rgod tshangstod)、下桂仓(rgod tshang smad)、窘堆(vjong stod)、窘迈(vjong smad)、哲堆(dre stod)、哲迈(dre smad)、喀若(kha ro)、喀桑(kha zangs)、那雪(nags shod)</td></tr>
<tr><td rowspan="2">羊同(zhang zhung,吐蕃征服后编入军旅)</td><td>上羊同所辖</td><td>俄局(vo co)、芒玛(mang ma)、尼玛(gnyi ma)、杂末(tso mo)、巴噶(pa ga)</td><td>卫所立于吐蕃、突厥边境(bod dang gru guvi mtshams)</td></tr>
<tr><td>下羊同所辖</td><td>古格(gug ge)、交拉(cog la)、计藏(spyi gtsang)、雅藏(yar gtsang)、即岱(ci de)</td><td>卫所立于吐蕃、孙波边境(bod dang sum pavi mtshams)</td></tr>
</table>

吐蕃的上述部落制不仅是政府管理、调拨民众的基本单位，也是征税课役的基本单位，可以说是集政治、经济、军事作用于一身，是吐蕃社会得以正常运转并对外征战的重要支柱。

第二节 吐蕃统治敦煌初期的部落设置

改制并非一蹴而就之事。吐蕃占领初期的敦煌刚刚经历过战争的蹂躏，民生凋敝，加上战乱导致的人口迁徙和流失，户籍十分混乱，这些都增加了实施部落制的难度。显然，在占领之初先尽快稳定局面，安抚当地民众，并重新编订户籍，才是为最终改制打好基础的上策。吐蕃统治者清醒地认识到了这一点，因而在占领初期，一方面采取“只更名、不改制”的保守策略，在敦煌设立蕃名唐制的所谓“乡部落”，又以僧尼部落和道门亲表部落管理宗教人口；另一方面依靠原有行政组织进行检阅户口、重新编造户籍的工作，并派遣吐蕃官吏担任监部落使对占领区民众加以监管。事实证明，吐蕃的这一策略取得了一定的效果，经此准备阶段，终于在790年完成真正意义上的部落设置。鉴于此阶段吐蕃在敦煌的部落设置有世俗人口和宗教人口分而治之的特点，笔者从这两个方面分而述之。

一、对世俗民众的管辖

吐蕃统治初期的敦煌汉文文书中记载有“乡部落”之称，见于P.2259v《龙勒乡部落管见在及向东人户田亩历》中（图49）：

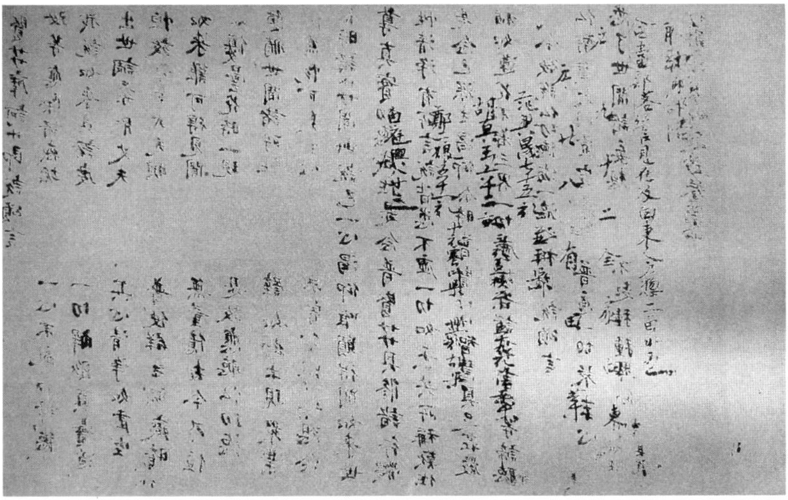

图49 P.2259v《龙勒乡部落管见在及向东人户田亩历》

> 龙勒乡部落，合当部落管见在及向东人户总二百十（?）五户。九十二全家向东，□廿八有田。[①]

乡名后加“部落”的例子笔者目前仅见到此例，据此我们或可推断吐蕃占领敦煌初期对当地民众的管理政策如是：保持敦煌原有的乡的建制、规模甚至名称，只在乡名后缀以“部落”以示区别于唐朝旧制，实际统计人口和田亩的单位仍是原来的乡。如此，则吐蕃占领初期在敦煌设置的此类“乡部落”应同原来的乡建制一样有十三个。另一件吐蕃时期的文书S.11344Av·Bv《官人封户名簿（?)》（图50）亦反映了蕃占初期敦煌的部落设置情况，兹录文如下：

---

① 《法藏敦煌西域文献》第10卷，上海：上海古籍出版社，1999年，第215页。

图 50 S.11344Av·Bv《官人封户名簿（？）》（局部）

S.11344Av：

（前缺）

1 厨官效□▭

2 效丁四郎老 效侯音英▭

3 ▭□▭

（后缺）

S.11344Bv：

（前缺）

1 卅六人部落使及副部▭

2 ▭□□封户沙高延英▭

（后缺）①

据陆离推断，其中的“效”当指效谷乡，“沙”当指神沙乡，“部落使”“副部〔落使〕”即吐蕃占领初期所设乡部落官员。②从S.11344Bv的记载可知，当时敦煌的部落使及副部落使有三十六人之多，按吐蕃于790年分部落时只有行人、丝绵等为数不多的几个部落，不会有如此之多的官吏配置，则这三十六人当为吐蕃统治初期保留原有十三乡基础上所设的部落官吏。考虑到吐蕃进入敦煌后，曾对率众抗蕃十余载的领袖人物阎朝授予“大蕃部落使、河西节度”③之名号，以示继续维持其在敦煌原有地位之意，则敦煌陷蕃前的各乡乡官也很有可能被保留下来继续为吐蕃统治者

① 《英藏敦煌文献》第13卷，成都：四川人民出版社，1995年，第231页。

② 《敦煌的吐蕃时代》，第28页。

③ 《敦煌汉文吐蕃史料辑校》第1辑，第190页。

服务。

吐蕃在初入敦煌时实行这样的政策，自然有其原因。一来吐蕃与阎朝订立城下之盟的条件是“勿徙他境”，如此，则保持原来的乡的建制规模不变，甚至保持原有管理者的地位不变，有利于尽快安定民心。二来敦煌久罹战争，户籍早已混乱，且民众仍处于流动状态，如上引P.2259v中就记有“向东人户”。这类东奔人户在其他文书中亦有记载，如S.5812《丑年八月女妇令狐大娘牒》中就记载了打官司一方的女婿“吴诠向东”的情况；令狐大娘和邻居张鸾的住舍也“……总是东行人舍收得者为主居住，两家总无凭据，后阎开府上尊严有文判……”[①]在这种尚未安定的情况下，吐蕃统治者无从着手进行部落改制，因此就像龙勒乡的情况一样，他们只在名义上于乡名后缀以“部落”，实际上仍保持原有建制和官吏，逐步对现有民众进行户籍、田产登记。

据P.3774《丑年（821）十二月沙州僧龙藏牒》（图51）记载：“大兄初番和之日，齐周阝（附）父脚下，附作奴。后至佥牟使上析出出（衍）为户，便有差税身役，直至于今。”[②]佥牟使即是负责户口清查的官员，吐蕃通过户口清查，将未入征税户籍的人口析出（如文书中“附作奴”的民户），以便对更多民户征税课役。至于佥牟使清查人口的时间，我们从该文书的记载中也可知一二。据文书记载：“□□□至阎开府上，大番兵马下，身被捉将。经三个月，却走来，在家中潜藏六个月。齐周咨上下，始得散行。至佥牟使算会之日，出钿贝镜一面与梁舍人，附在尼僧脚下。”[③]齐周在吐蕃兵马进入敦煌之后先是被捉，然后

① 《敦煌社会经济文献真迹释录》第2辑，第287页。
② 《敦煌社会经济文献真迹释录》第2辑，第284页。
③ 《敦煌社会经济文献真迹释录》第2辑，第283页。

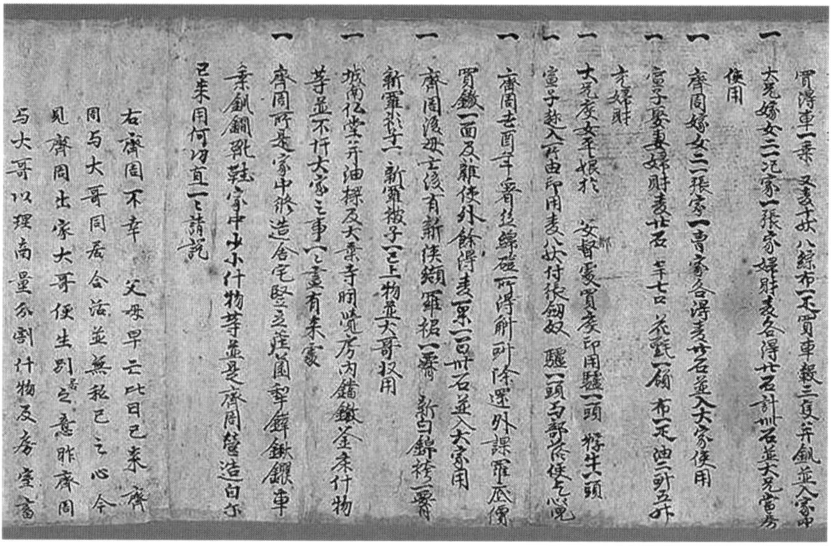

图51 P. 3774《丑年（821）十二月沙州僧龙藏牒》(局部)

经过三个月的时间得以逃走，之后又在家中潜藏了六个月，至此已距吐蕃入主敦煌过了九个月，“始得散行”之后直至佥牟使“算会之日”之间应该又有一段时日，如此，则可推断吐蕃派遣佥牟使来清查户口是占领敦煌一年左右以后的事情了。

另一件文书S.2729《吐蕃辰年（788）三月沙州僧尼部落米净辩牒》更明确记曰：“辰年三月五日，算使论悉诺罗接谟勘牌子历”[①]，此辰年藤枝晃、陈国灿皆考证为788年，距离敦煌陷蕃正好一年有余。从这条记载还可以看出，负责清查户口的佥牟使（算使）论悉诺罗为吐蕃人，结合上一件文书中“出钿贝镜一面

① 《敦煌社会经济文献真迹释录》第4辑，第194页。唐耕耦、陆宏基录为“算使论悉诺罗按谟勘牌子历”，此“按谟”当为“接谟”误，“接谟”即“佥牟”，二者发音相近。

与梁舍人”始得“附在尼僧脚下”的记载可知，吐蕃人论悉诺罗只是总管户口清查工作，进行具体工作的仍是当地汉人官吏如梁舍人者。这也从侧面印证了吐蕃在占领敦煌初期，在未正式设置部落前仍保留原有乡的规模和沿用当地乡官来管理民户的事实。辰年的户口清查应该是吐蕃在敦煌的首次户籍检阅，是为了790年正式设置部落而进行的基础性工作。这之后随着吐蕃在敦煌的统治不断巩固，户籍制度也经历了一定的调整和完善，到吐蕃统治中期，已形成一套规范的户籍登记制度。如一份典型的户籍资料S.3287v《吐蕃子年（808）沙州百姓汜履倩等户籍手实》（图52）就反映出，百姓在自己书写的户籍手实中，需要标注所属辖区、户主姓名、户内家口及其与户主之关系、出离者去向等内容，可谓翔实。

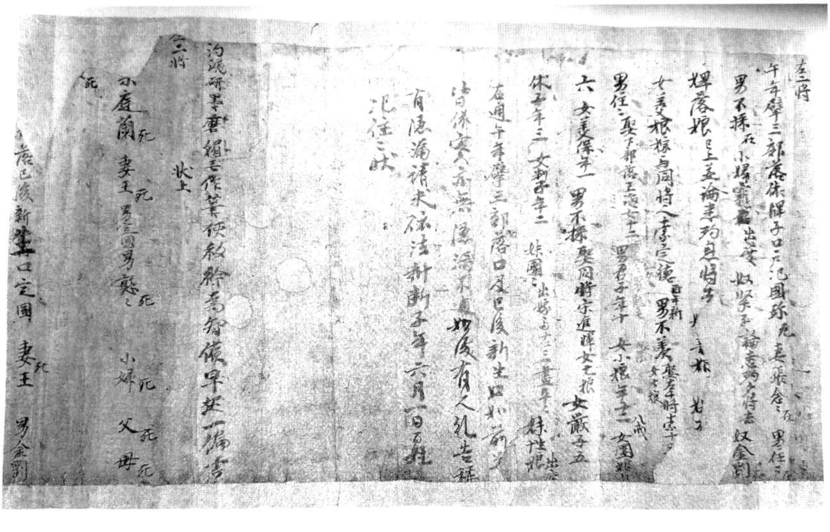

图52 S.3287v《吐蕃子年（808）沙州百姓汜履倩等户籍手实》(局部)

另一方面，吐蕃直接委派官员对敦煌的事务进行监管。除了尚绮心儿这样身居相位的要员坐镇敦煌总管各项事务外，吐蕃还派遣了中、底层官吏来处理具体事宜，这些人应该就是吐蕃占领初期的文书中出现的“监部落使”。如P.2763v（1）《巳年（789）沙州仓曹会计牒》记载：“贰硕麦十月廿三日牒贷吐蕃监使软勃匐强。捌硕肆斗麦，十一月七日贷监部落使名悉思恭。”① P.2654《巳年？（789？）沙州仓曹会计牒》记载：“贰硕麦，十月廿三日牒贷吐蕃监使软勃匐强……十一月七日，贷监部落使名悉思恭肆硕。”②“监使”应是“监部落使”的简称，这两件文书的年代均为789年。在790年正式分部落之前，则此监部落使软勃匐强、名悉思恭或许就是吐蕃派来对敦煌乡部落进行监管的中下层吐蕃官吏。

二、对宗教人口的管辖

相较于世俗人口，宗教人口因其集中性而更易于统计和管理，因此吐蕃占领敦煌后很快设置了管理佛教人口的“僧尼部落”和管理道教人口的“道门亲表部落”。

（一）僧尼部落

有关僧尼部落的文书笔者目前仅见S.2729《吐蕃辰年（788）三月沙州僧尼部落米净辩牒》一件（图53），为辰年（788）吐蕃佥牟使论悉诺罗对敦煌僧尼进行清查后所造牌子历，兹录文如下：

① 《敦煌社会经济文献真迹释录》第1辑，第486页。

② 《敦煌社会经济文献真迹释录》第1辑，第492页。

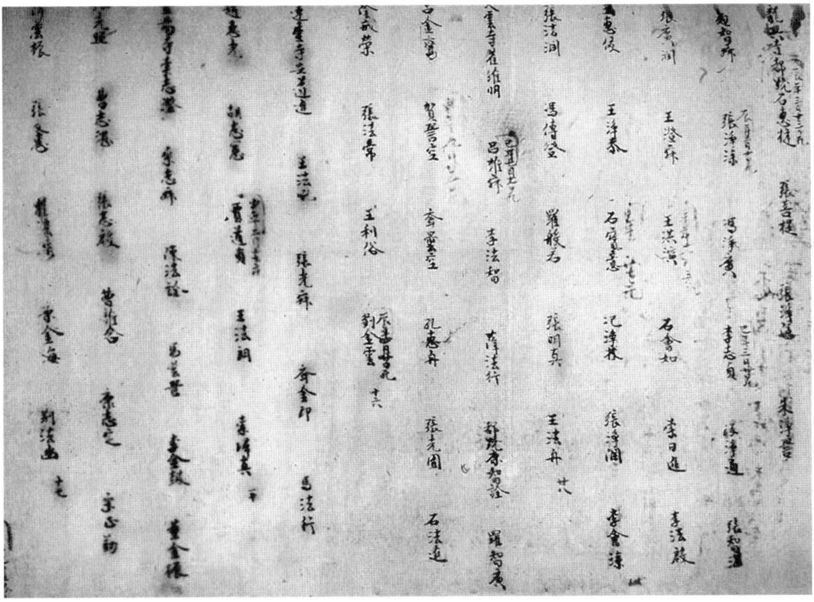

图53 S.2729《吐蕃辰年（788）三月沙州僧尼部落米净辩牒》

1 辰年三月五日，算使论悉诺罗接谟勘牌子历。

2 龙兴寺都统石惠捷辰年三月十三日死 张菩提 张净隐 朱净辩 氾惠朗辰年六月十九日死

3 麹智寂 张净深辰年三月十日死 冯净广 李志贞巳年三月卅日死 段净通 张智湛

4 张广润 王澄寂 王洪演未年十一月三日死 石会如 索日进 李法殷

5 王惠俊 王净泰 石宝意申年九月廿七日死 氾净林 张净润 李会深

6 张法润 冯传登 罗般若 张明真 王法舟廿八

7 大云寺翟维明 吕维寂巳年七月十一日死 李法智 薛法行 都统康智诠 罗智广

8　吕金鸾　贺辩空申年九月廿五日死　齐昙空　孔惠舟　张光圆　石法进

9　阴戒荣　张法常　王利俗　刘金云辰年四月廿日死　十六

10　莲台寺安道进　王法吼　张光寂　齐金印　马法行

11　赵惠光　胡志宪　贾道贞申年二月十七日死　王法朗　索归真一十

12　灵图寺索志澄　宋志寂　陈法诠　马昙辩　李金鼓　董金振

13　张光照　曹志湛　张志殷　曹离舍　康志定　宋正勤

14　薛昙振　张文惠　翟法清　康金海　荆法幽十七

15　金光明寺张金曜　张惠藏　董金液　王金檀　兆利济　娄惠观午年七月廿五日死

16　阴明悟　张金洞　索金泽　氾金镜　薛金髻　梁金顶

17　阴光遍　曹金枢　氾像海　白道兴未年二月十一日向甘州十六

18　永安寺张法船　何常觉巳年七月廿一日死　阎常净　李法照　索光证

19　索处净午年十一月十八日死　张金豁　李利宽　令狐昙隐　胡圆真　宋惠登十一申年九月十日向（?）门

20　乾元寺阴金晖申年六月廿日死　赵金田　宋昙进申年七月卅日死　杜离珍　刘像真辰年四月廿六日死　王像空巳年八月十四日死

21　宋戒盈　王法达辰年四月一日死　吕龙吼　张像法　薛像幽　氾惠云　张金炫

22　朱云义　吕昙秘　令狐像照　李日荣午年八月向伊州　翟离因　吴法峻十九

23　开元寺张日藏午年二月十日死　翟日俊　赵惠澄　史清

法 张法昂 唐行如

24 王昙秀 李离相 索善来 索离暄 张无垢 曹惠深 安日幹十三

25 报恩寺罗灵辩 刘金霞 张离烦 潘原堡贺拔广昙 张善见

26 李惠因 王维秘 贺拔坚信 孙惟济九

27 都 计 僧 一百卅九

28 灵修寺徐法真 张修空 杨法意 张智用 翟法炬 刘慈心

29 宋修德 罗妙空 龙修证 阴惠胜 翟圆照申年三月廿日死 刘净觉 阴普果

30 安妙定 马普因 朱妙政 杜无导 王正智 薛普持 阴普真

31 翟妙胜 石修定 杜无导 邓神照 张智性 氾妙法 张无垢

32 阴修广 杨智光 宋修善 安妙修 索了性 李胜妙 邓修智

33 宋明善 石宝严 邓善行 索普船 薛无比 贾启如 翟正因

34 石修果 罗法光 安静法午年正月六日死 宋修持 阴圆智 张离念 罗圆悟

35 袁修净未年十月廿九日死 齐常净 张智相 张体如 田遍行 张普德 宋照性

36 张广照巳年六月十日向东 张真胜 邓智妙 哥舒净智 索广明申年七月廿三日死 朱超悟 索修惠

37 孔修律 阴普圆 石正严 阴胜进 阴妙心六十七

38 普光寺王智净 索普证 王普意 唐普劝 王智明

午年十一月十八日死　安普惠

39　李普喜　宋普贤　李志念　张普妙　孟澄照　索普行　安普登

40　唐普胜　索悟智　贺普航　张坚戒　安普照　张普集　氾普愿

41　武成就　罗普戒　氾妙德　张戒清　安胜因　曹惠悟　罗真寂

42　张正相　索无念　白优昙申年三月七日死　无含闰　索普严　唐普定　崔常进

43　阴普意　索普满　氾妙真　靳慈念　梁真行　李净戒未年二月十一日向甘州　王玖性

44　曹普畏　贺妙相　阎普明辰年八月廿四日死　氾明相　张法喜　王坚正册七

45　大乘寺张法性　张法坚　令狐正见　孔正信　氾正遍　孔归依

46　贺净凝　索广净　氾明照　董无相　阎无着　石修行　阴无胜

47　薛圆性　索善光　氾妙行　阴净相申年七月廿二日死　索真净　索悟真　薛妙寂

48　淳于光相　索胜缘　阎真心辰年八月四日死　索妙性　唐辩悟　宋妙喜　宋真性

49　阴真法　薛智胜　宋真妙　荆明性　索善胜　窦净惠　氾明顺

50　王圆寂　索香严　氾法惠　索真意　张净行午年三月十日死　张了性　张启行

51　阴修净　翟普缘　樊普敬册四

52　潘原堡郭智林　赫连广琮　吴善信　蕉净凝　李澄清

张普行

53　贺拔普照　杨悟真　张正信［法性］　杨旃檀林　孙妙法申年八月七日死　王志清

54　孟坚持十三

55　　计尼一百七十一

56　都计见上牌子僧尼三百一十人内一百卅九僧　一百七十一尼

57　牒　件　状　如　前，谨牒。

58　　　辰年三月　日僧尼部落米净辩牒。

59　造牌子后死：辰年三月十日龙兴寺僧张净深死。吐蕃赞息检。三月十三日石法阇梨死　赞息检。

60　四月一日乾元寺僧法达死。赞息检。四月廿日大云寺僧刘金云死。赞息检。四月廿六日乾元

61　寺僧刘像真死。赞息检。六月十九日龙兴寺僧汜惠朗死。赞息检。八月四日大乘寺尼

62　阎真心死。赞息检。八月廿四日普光寺尼阎普明死。赞息检。巳年三月卅日龙兴寺僧

63　李志真死。赞息检。七月十一日云僧吕惟寂死。赞息检。七月廿一日永安寺僧贺常觉死。萨董罗检。八月十四日乾元寺僧

64　王像空死。萨董罗检。午年正月六日灵修寺尼安净法死。杨舍人检。午年七月廿五日金

65　光明娄惠观死。杨舍人检。未年十一月十五日尼修静死。申年□

66　申年二月十日莲台寺僧道真死。三月七日□

67　六（?）月七日莘亭尼孙妙法死三月十日右（?）翟园□

六月卅日□昙进死

68　七月廿二日大乘尼阴净相死。□

（后缺）[①]

这件文书记录了龙兴寺、大云寺、莲台寺、灵图寺、金光明寺、永安寺、乾元寺、开元寺、报恩寺九所僧寺所有僧139人，灵修寺、普光寺、大乘寺、潘原堡四所尼寺所有尼171人，总计310人，应为当时敦煌僧尼部落的全员。牌子历不仅记载了所有僧尼的姓名，还注出了已逝之人，甚至在造牌子之后去世之人亦登记在案，如文书第59—68行所记诸僧众，足见吐蕃对僧尼部落的户口清查之彻底、严格。僧尼部落的设置也是吐蕃统治敦煌初期的权宜之计，这一部落很快随着行人、丝绵两大部落的设置而消失。在一份藏文比丘尼名录即Ch.75.iii号文书中，我们可以看到众比丘尼被编入了彼时业已设置的行人部落、丝绵部落之中。[②]另一件P.T.1001《尼众诵经登录册》也明确记载了诵经的众比丘尼分别来自此阿骨萨、悉董萨、悉宁宗三部落。[③]

（二）道门亲表部落

众所周知，道教在唐代地位颇高，得到了很大的发展。于此全国崇道的大背景之下，敦煌陷蕃前道教亦较为发达，有灵图观、开元观、神泉观、白鹤观、冲虚观等数座道观，道士、女冠自然不少。关于吐蕃占领敦煌以后如何管理这些道教人口的问题，现有文书并无太多记载，但据P.4640《阴处士碑》（图54）、P.4638《大番故敦煌郡莫高窟阴处士公修功德记》（图55）等文书可知，吐蕃占领敦煌初期曾设立过一个“道门亲表部落”，阴

① 《敦煌社会经济文献真迹释录》第4辑，第194—204页。

② 《敦煌西域古藏文社会历史文献》，第421、63—64页。

③ 王尧、陈践《蕃占期间的敦煌佛教事业探微——P.T.999、1001藏文写卷译释》，《世界宗教研究》1988年第2期，第122—129页。

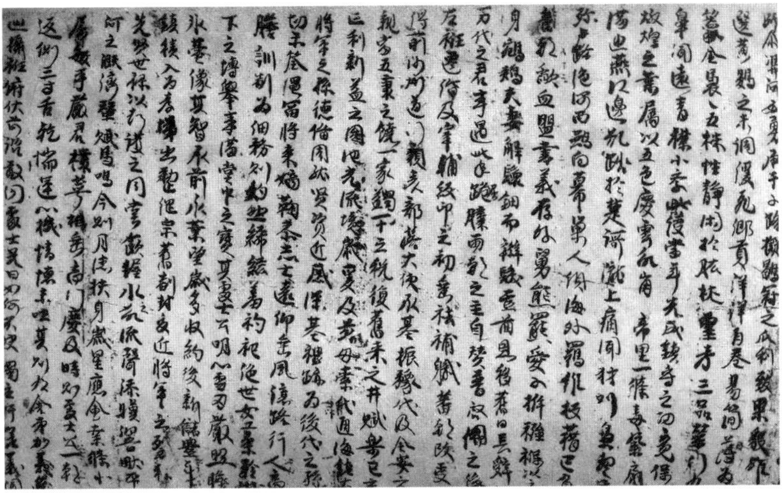

图54 P.4640《阴处士碑》

嘉政的父亲阴伯伦曾任这一部落的部落大使。P.4638号文书记曰：

> 皇考君讳伯伦，唐朝游击将军、丹州长松府左果毅都尉、赐绯〔鱼〕袋、上柱国、开国男……自赞普启关之后，左衽迁阶；及宰辅给印之初，垂祛补职。蕃朝改授得前沙州道门亲表部落大使。[①]

藤枝晃最早注意到了“沙州道门亲表部落”，指出此名称并非藏文音译，但其具体含义不甚明了。姜伯勤则认为，“亲”者内亲，“表”者外亲，所谓“道门亲表”者，即道教徒及其内亲外戚。

道教中的三张一派可以迎娶妻妾并与家属在道观中同居，早

① 《敦煌碑铭赞辑释（增订本）》中，第622页。

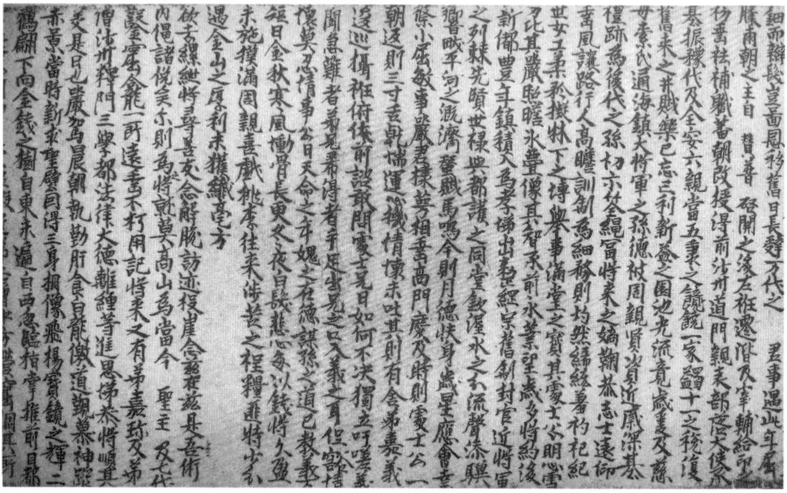

图55 P.4638《大番故敦煌郡莫高窟阴处士公修功德记》

期天师道张道陵一系道官亦可婚配。唐代对道教推崇备至，玄宗因为尊崇道教甚至“欲（张）果尚公主”，[①]可见道士婚配是得到唐朝统治者允许的。除了道观中的道士有妻室家眷外，唐代还有“在家道士”：“在家道士者，消声陆沈，和光顺世，心凝道极，形混人间，吐纳自居，逍遥独得。”[②]这些在家道士必然是与亲表一起生活的。如此，吐蕃在把没有世俗家人的僧尼编为“僧尼部落”的同时，把有家室、与世俗亲表杂居的道士女冠编为“道门亲表部落”。[③]与僧尼部落一样，道门亲表部落仅见于上述文书，790年行人、丝绵等部落设置后便不复存在，可见亦为吐蕃占领敦煌初期的权宜之计。整个吐蕃统治时期敦煌的道教几无发展，由道门众人组成的“道门亲表部落”很快被废除。

① 《旧唐书》卷一九一，第5106页。
② 《妙门由起·明开度第五》引《三洞奉道科诫》。
③ 姜伯勤《沙州道门亲表部落释证》，《敦煌研究》1986年第3期，第5页。

综上所述，吐蕃占领敦煌初期，虽然名义上废除了唐朝的乡里制度，但由于敦煌久罹战乱，民生凋敝，百姓流离迁徙者众多，户籍混乱不可用。为稳定社会民心，吐蕃统治者采取了“蕃名唐制”的权宜之计，对世俗人口和宗教人口分而治之。对世俗人口，吐蕃统治者一方面只在原有乡的名称后缀以“部落”二字以示区别于唐朝旧制，实际上基本保留了原有乡的建制甚至官吏，并以此为单位进行户口、土地登记，为下一步正式设置部落作准备；另一方面派驻了来自吐蕃的“监部落使”对当地民众进行监管。对宗教人口，因其较为集中更易于统计管理，吐蕃统治者占领敦煌不久即在当地设置了管理佛教人口的“僧尼部落”和管理道教人口的“道门亲表部落”，二者在文书中均记载很少，并随着行人、丝绵等正式部落的设置而消失，僧尼户被混编入世俗人口一并管辖，道士女冠则在吐蕃时期的敦煌文书中消失不见了。

第三节 吐蕃统治敦煌中期的部落设置

经过初期的户口清查，吐蕃已大致掌握了敦煌的户籍情况，设置真正意义上的部落的时机业已成熟。于是，吐蕃取消了乡部落、僧尼部落、道门亲表部落，而代之以行人、丝绵等新置部落。据P.3774号文书记载：“从分部落午年至昨亥年，计卅年。”[①]此午年池田温、陈国灿均考订为790年，为吐蕃正式设置行人、丝绵等部落的确切时间。此外，来自吐蕃本土的“擘三部落”此时亦在瓜沙一带站稳脚跟，监管着敦煌一带的宗教、政治事务，并辖有一部分敦煌民众。

一、行人部落

（一）所谓“行人部落”

“行人”一语为汉语固有词汇，并非吐蕃时期才出现的专有名词。因此，虽然敦煌的“行人部落”为吐蕃所设，但此语出自汉文文书，是时人对该部落藏文名称的意译。基于此，学者对“行人部落”的解读往往从“行人”的汉文释义及“行人部落”

① 《敦煌社会经济文献真迹释录》第2辑，第284页。

的藏文对音两方面切入。

在基于汉文资料解释“行人”一语的含义方面，日本学者那波利贞可谓先驱。他在研究P.2877、P.3070两件行人转帖时，根据文书中的“行”字述及“行夜”事宜而将“行人”解释为巡逻警备之人。[①]之后，姜伯勤指出唐代的“行人”含义有三：一为“征人”，即应征入伍的士兵。《唐大诏令集》卷一八〇开元十六年正月《兴庆宫成御朝德音》所载的“诸处行人之家”“应有差科，量事矜放”，杜甫《兵车行》中的“车辚辚，马萧萧，行人弓箭各在腰”即属此类。敦煌文书中也有“行人”作此义者，如P.3730《慈惠乡百姓李进达状》载：“右进达……慈父在日，充行人征行数年。”[②]二为“旅人”“路人”“使人”。如Дх.462+P.3829《吐蕃论董勃藏修伽蓝功德记》载：“城中吏庶，更沐来苏；路上行人，皆传颂德”即此例。[③]三为工商人户。唐建中元年的一项敕令中提及“两市行人”，即指两市米行中人，敦煌研究院藏《行客王修智卖奴文书》亦记有从事商业的“行客”。[④]姜伯勤取其中的“工商人户”之义来解释“行人部落”。[⑤]按吐蕃统治敦煌后交换领域货币消失，商业退回到“以物易物”的状态，似乎不太可能专门析出一个工商人户聚落。陆离通过对敦煌藏文文书的研究，认为“行人部落”中的“行人”理解

---

① （日）那波利贞《唐代行人考》，《东亚人文学报》第3卷第4期，1944年。

② 《法藏敦煌西域文献》第27卷，上海：上海古籍出版社，2002年，第166页。

③ 李正宇《吐蕃论董勃藏修伽蓝功德记两残卷的发现、缀合及考证》，《敦煌吐鲁番研究》第2卷，北京：北京大学出版社，1997年，第251页。

④ 施萍婷《本所藏敦煌唐代奴婢买卖文书介绍》，《敦煌习学集》（上），兰州：甘肃民族出版社，2004年。

⑤ 姜伯勤《敦煌文书中的唐五代“行人”》，《中国史研究》1979年第2期，第77—85页。

为军士、士兵较为合理，[①]笔者深以为然。

既然“行人部落”中的“行人”为军士、士兵之意，则其藏文对音就比较容易确定了。藤枝晃最早将其藏文对音确定为nyan rnavi sde，托马斯将nyan rna一词译为“信使”，有探子、探马、细作之意，后转意为“使者”，藤枝晃据此将“行人部落”定义为“以同域外或其他城市往来为职业的一群人”。[②]张广达在研究吐蕃飞鸟使和驿传制度时推断行人部落或与吐蕃的驿传制度和相关设置有关。[③]按吐蕃已专设笼馆负责驿传任务，此说亦值得商榷。山口瑞凤将nyan rnavi sde译为“使者部落”，认为其下辖行人部落，并提到被藤枝晃误译为“阿骨萨部落”的rgod kyi sde，将之译为“军部落”，与“民部落”（g·yung gi sde）对应，但他认为此“军部落”为擘三部落。[④]岩尾一史、陆离在此基础上推进一步，提出rgod kyi sde正是“行人部落”的藏文对音。[⑤]按“行人”为军士、士兵，行人部落的性质即是军事部落，因此笔者以为这一藏文对音更为合理。

（二）敦煌文书中所见“行人部落”相关记载

敦煌汉、藏文文献中均有关于“行人部落”的记载。汉文文

① 陆离《吐蕃统治敦煌时期的“行人”、“行人部落”》，《民族研究》2009年第4期，第85—94页。

②（日）藤枝晃《吐蕃支配期の敦煌》，《東方學報》第31册，1961年；刘豫川、杨铭译《吐蕃统治时期的敦煌》（中），《长江文明》第10辑，第105页。

③张广达《吐蕃飞鸟使与吐蕃驿传制度——兼论敦煌行人部落》，《敦煌吐鲁番文献研究论集》，北京：中华书局，1982年，第167—178页。

④（日）山口瑞凤《吐蕃の敦煌支配期间》，《講座敦煌2·敦煌の歷史》，东京：大东出版社，1980年，第197—232页。

⑤（日）岩尾一史《吐蕃支配下敦煌の漢人部落—行人部落中心に—》，《史林》2003年第4期；陆离《吐蕃统治敦煌时期的“行人”、“行人部落”》，《民族研究》2009年第4期，第85—94页。

献中笔者所见年代最早者为S.1864《维摩诘经卷下行人部落百姓张玄逸题记》（图56），记载了行人部落百姓张玄逸为父母及先祖写《维摩诘经》一事。题记曰：

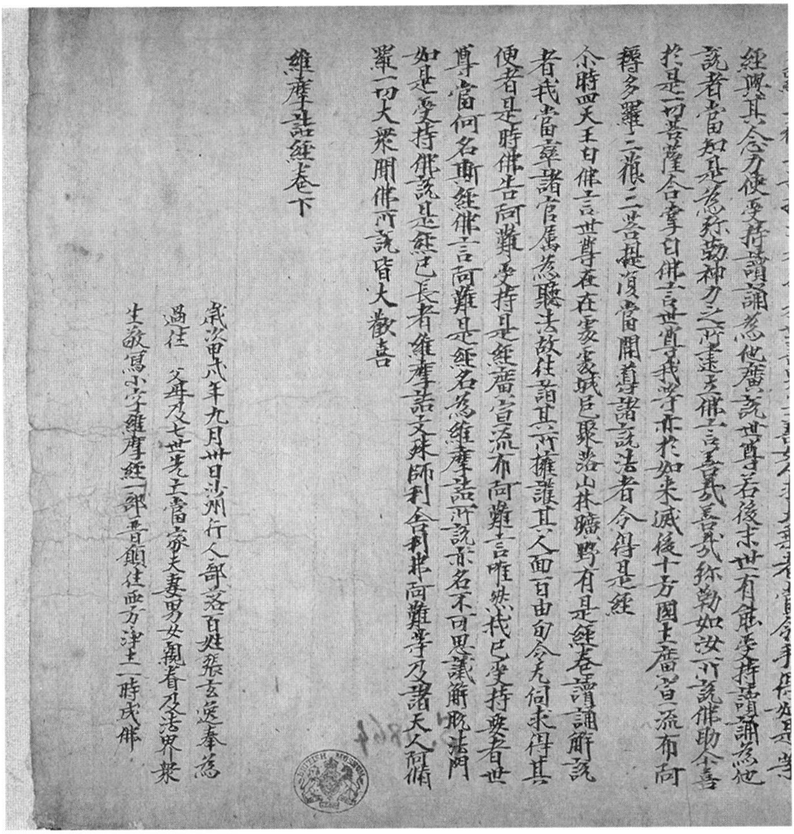
經典其念力使受持讀誦為他廣說世尊若後末世有能受持讀誦為他
說者當知是為彌勒神力之所建立佛言善哉善哉彌勒如汝所說佛助尒喜
於是一切菩薩合掌白佛言世尊我等亦於如來滅後十方國土廣宣流布阿
耨多羅三藐三菩提復當開導諸說法者令得是經
尒時四天王白佛言世尊在在處處城邑聚落山林曠野有是經卷讀誦解說
者我當率諸官屬為聽法故往詣其所擁護其人面百由旬令无伺求得其
便者是時佛告阿難受持是經廣宣流布阿難言唯然我已受持要者世
尊當何名斯經佛言阿難是經名為維摩詰所說亦名不可思議解脫法門
如是受持佛說是經已長者維摩詰文殊師利舍利弗阿難等及諸天人阿脩
羅一切大眾聞佛所說皆大歡喜
維摩詰經卷下
歲次甲戌年九月卅日沙州行人部落百姓張玄逸奉為
過往 父母及七世先亡當家夫妻男女親眷及法界衆
生敬寫小字維摩經一部普願往西方淨土一時成佛

图56 S.1864《维摩诘经卷下行人部落百姓张玄逸题记》

岁次甲戌年九月卅日，沙州行人部落百姓张玄逸，奉为过往父母及七世先亡，当家夫妻男女亲眷及法界众生，敬写小字维摩经一部。[①]

① 《敦煌汉文吐蕃史料辑校》第1辑，第276页。

此甲戌年池田温考证为公元794年，距离午年（790）分部落之时已过去近四年，敦煌当地百姓已接受和适应了自己的部落属民身份，因此在所写佛经的题记中很自然地注明了自己所在的部落。

行人部落分出后，该部落百姓即从吐蕃官府领受“突田”耕种营生。S.2103《酉年（805？）十二月沙州灌进渠百姓李进评等请地牒并判》（图57）是一件百姓间发生土地纠纷后向官府进呈的牒文，从侧面反映了行人部落百姓占有“突田”的一些情况，兹录文如下：

1 城南七里神农河母，两勒汎水，游淤沙坑空地两段共叁突东至碛，西至贺英倩，南道口，北至神农河北马国清

2 右南沙灌进渠用水百姓李进评等，为已

3 前移灌进口向五石口前，逐便取水，本

4 无过水渠道，遂凭刘屯子边卖（买）合行人

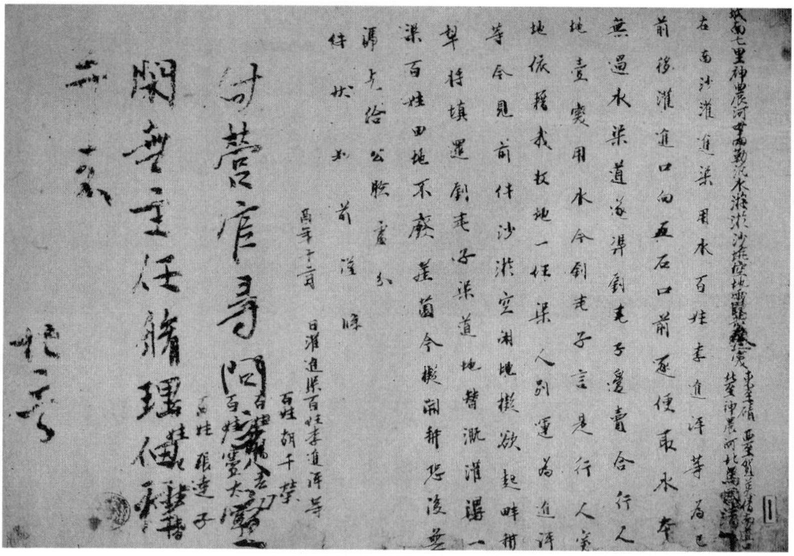

图57 S.2103《酉年（805？）十二月沙州灌进渠百姓李进评等请地牒并判》

5 地壹突用水。今刘屯子言是行人突
6 地依籍我收地，一任渠人别运为。进评
7 等今见前件沙淤空闲地，拟欲起畔耕
8 犁，将填还刘屯子渠道地替　溉灌，得一
9 渠百姓田地不废庄园，今拟开耕，恐后无
10 凭，乞给公验　处分。
11 牒件状 如 前 谨 牒。
12 　　　酉年十二月　日　灌进渠百姓李进评等
13 　　　　　　　　　　　　　　百姓胡千荣
14 　　　　　　　　　　　　　　百姓杨老老
15 　　　　　　　　　　　　　　百姓窦太宁
16 　　　　　　　　　　　　　　百姓张达子
17 　　　　　　　　　　　　　　百姓氾??[①]

文书末尾附有官府批示曰：

付营官寻问，实空闲无主，任修理佃种。弁示。廿三日。

文书中的“行人地”“行人突地”即为行人部落百姓所有的“突田”。此“酉年”池田温考订为805年，[②]可见此时吐蕃统治敦煌已经进入相对稳定的时期，百姓的生活重心已然在农业生产上了。

既然分得了“突田”，就要承担相应的赋税。文书S.1475v（7）《酉年（817？）行人部落百姓张七奴便麦契》（图58）就

① 《敦煌社会经济文献真迹释录》第2辑，第374页。
② （日）池田温《中国古代籍帐研究》，东京：东京大学出版会，1979年，第518页。

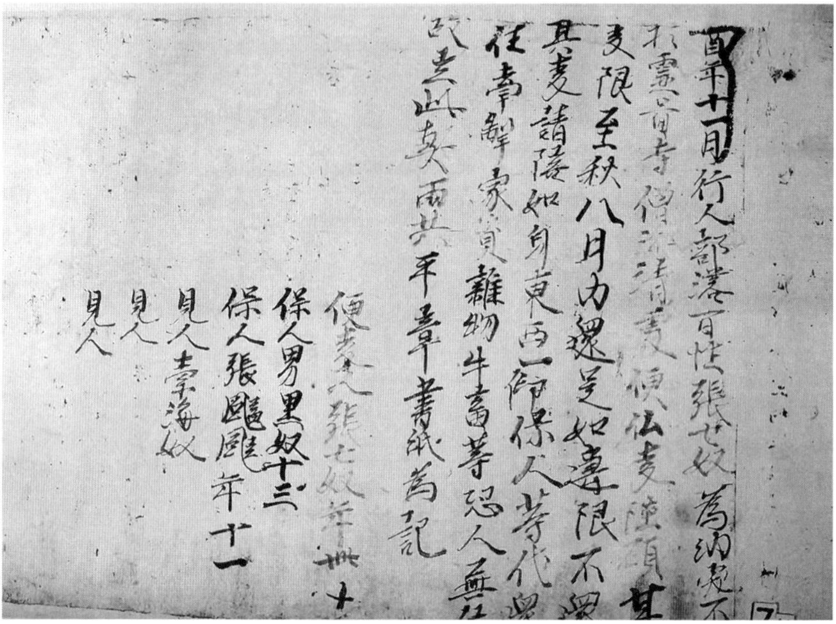

图58 S.1475v(7)《酉年(817?)行人部落百姓张七奴便麦契》

详细记载了行人部落百姓张七奴向灵图寺便麦以缴纳突税一事，兹录文如下：

1 酉年十一月。行人部落百姓张七奴，为纳突不办，
2 于灵图寺僧海清处，便佛麦陆硕。其
3 麦限至秋八月内还足。如违限不还，
4 其麦请陪。如身东西，一仰保人等代还，
5 [一] 任牵掣家资杂物牛畜等。恐人无信，
6 故立此契。两共平章。书纸为记。
7 便麦人张七奴年四十（押）
8 保人男黑奴·（年）十三

9　　保人张⿵風盡⿵風立 年十一
10　　见人索海奴
11　　见人
12　　见人[①]

陈国灿考证此酉年为817年。[②]从“为纳突不办”一语可知，行人部落百姓承担着较为沉重的突税，有些百姓甚至无力偿付。当年十一月为一次突税缴纳时间，无力缴纳的百姓只好向佛寺便麦应急。佛寺借给百姓的佛麦虽无利息，但归还期限较紧张，为下年秋八月，如不能按期归还，“一任牵掣家资杂物牛畜等”，可见惩罚之重。

行人部落百姓除身负自家突田上产生的突税之外，还负担着其他赋役。如S.5824《经坊供菜关系牒》（图59）即记载了行人、丝绵两部落负担经坊蕃僧、写经生等人所需蔬菜之事。兹录文如下：

1　应经坊合请菜蕃汉判官等。
2　　先子年已前蕃僧五人，长对写经二十五人。
3　　僧五人，一年合准方印得菜一十七驮，行人部落供。
4　　写经二十五人，一年准方印得菜八十五驮，丝绵部落供。
5　　昨奉　处分，当头供者，具名如后：
6　行人大卿　小卿　乞结夕　遁论磨　判罗悉鸡　张荣奴　张兴子

① 《敦煌社会经济文献真迹释录》第2辑，第84页。书中将便麦人姓名录为“张乜奴”，但从文书原件来看，应为“张七奴”。
② 陈国灿《敦煌所出诸借契年代考》，《敦煌学辑刊》1984年第1期，第1—9页。

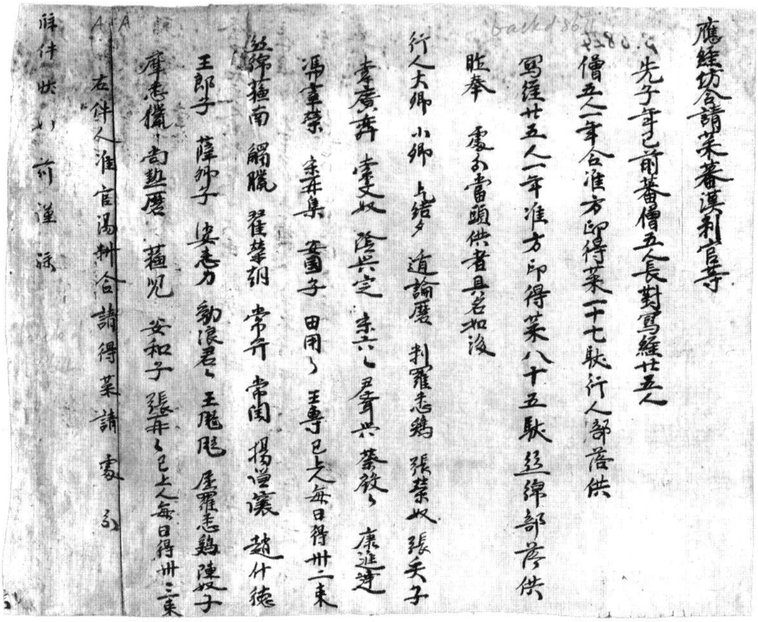

图59 S.5824《经坊供菜关系牒》

7　　索广弈　索文奴　阴兴定　宋六六　尹齐兴　蔡殿殿　康进建

8　　冯宰荣　宋再集　安国子　田用用　王专，已上人，每日得三十二束。

9　丝绵苏南　触腊　翟荣胡　常弁　常闰　杨谦让　赵什德

10　王郎子　薛卿子　娑志力　勃浪君君　王飇颬　屈罗悉鸡　陈奴子

11　摩志猎　尚热磨　苏儿　安和子　张再再，已上人每日得三十三束。

12　　右件人准官汤料合请得菜请处分。

13　牒件状如前谨牒。

（后缺）[①]

文书中记有“子年”这一时间，从790年分部落到820年重置部落共有3个子年，分别为796年（丙子）、808年（戊子）、820年（庚子），此处当然不可能是行人部落已被废置的820年，因而此“子年”当为796年或808年。从记载可知行人部落供菜对象为五名蕃僧，需供数量为十七蕃驮，较之丝绵部落要供应长对写经二十五人的八十五蕃驮菜为少。此外文书中还记载了来自行人部落的十九人“每日得菜三十二束”，此十九人不在长对写经之中，当为抽调自行人部落的临时写经生，由此可知抄写经书可能是普通部落百姓承担的杂役之一。

藏文文献中也能看到“行人部落”（rgod gyi sde）的相关记载，如托马斯译释的Ch.86.ii号文书中载有“军士（Rgod）令狐林六”一语，其藏文对音为“Rgod gyi［L］eng h［o］Ling lugs”，[②]此Rgod gyi即为“行人部落”，则令狐林六为行人部落百姓，此句或也可译为“行人部落令狐林六”。再如P.T.1166号文书的藏文杂写记曰：“blon mtsho bzher gyis dar pavi sde dang rgod gyi sde gnyisgyis khral pon la spring ngo（论措热给丝绵部落和行人部落二者税务官的信函）”[③]（图60）。这一记载明确说明了行人与丝绵是同一时期在敦煌并存的两大部落。这条记录中并未提到其他部落，则我们可以推断当时敦煌当地民众编成的主要部落

①《敦煌社会经济文献真迹释录》第2辑，第412页。
②《敦煌西域古藏文社会历史文献》，第35、413页。
③（日）Tsuguhito Takeuchi, *Old Tibetan Contracts from Central Asia*, p.178, plates, p.14, DaizoShuppan, Tokyo, 1995；（日）岩尾一史《吐蕃支配下敦煌の漢人部落—行人部落中心に—》；陆离《吐蕃统治敦煌时期的“行人”、“行人部落”》，《民族研究》2009年第4期，第85—94页。

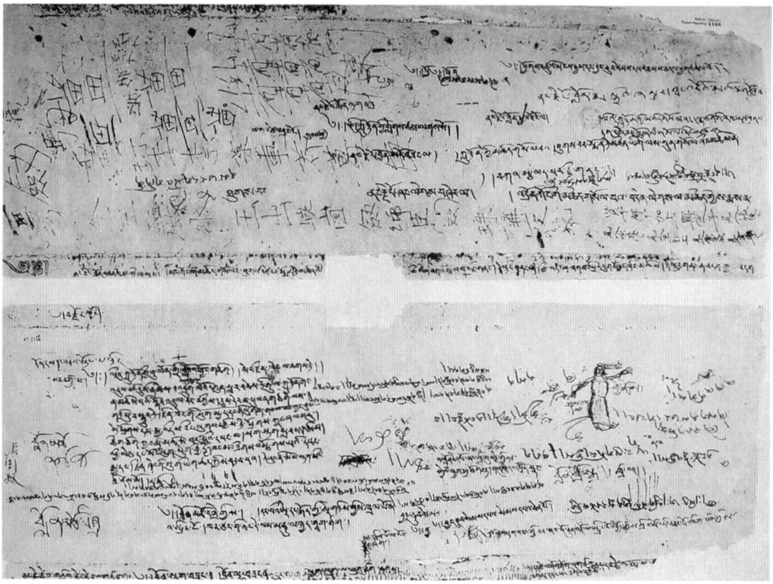

图60 P.T.1166号文书的藏文杂写

就是此二者。另一件文书P.T.1077《都督为女奴事诉状》（图61）亦提到“论措热”（blon mtsho bzher），当与上件文书为同一时期，其中记载有“rgod gyi brgyevu rje”，王尧、陈践译为“军中‘百户’”，[①]乌瑞译为“猛士”的“小百户首领”，[②]陆离据武内绍人将brgyevu rje译为“百户主”，将该语译为“行人部落百户主”。[③]考虑到该文书中还载有“Dar pavi［sde］(丝绵部落)”，[④]

① 《敦煌吐蕃文书论文集》，第56页。

② （匈）Géza Uray，“Notes on the Thousand-districts of the Tibetan Empire in the First Half of the Ninth Century”， *Acta Orient*, Hung，Tomus XXXVI, Fasc.1-3，1982, pp.545-548.吴玉贵译《公元九世纪前半叶吐蕃王朝之“千户”考释》，《国外藏学研究译文集》第2辑，拉萨：西藏人民出版社，1987年，第49—53页。

③ 陆离《吐蕃统治敦煌时期的“行人”、“行人部落”》，《民族研究》2009年第4期，第85—94页。

④ 《敦煌吐蕃文书论文集》，第61页。

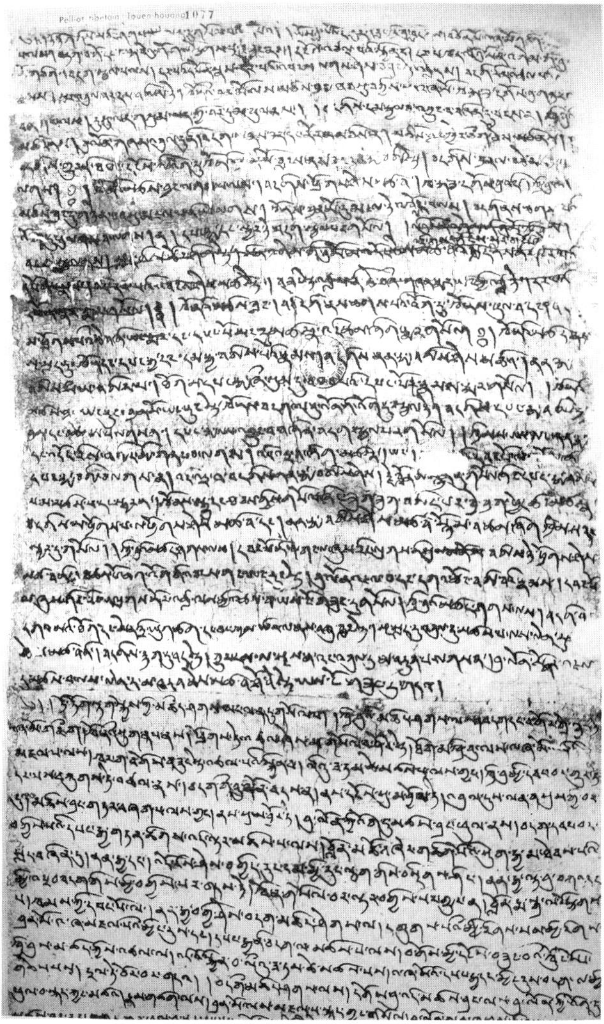

图61 P.T.1077《都督为女奴事诉状》

rgod gyi即为与之相对应的“行人部落”，则陆离的翻译更为合理。

Ch.75.iii号文书为一份比丘尼名录，托马斯在译释时因全篇句型相同而只节录了一段，藏文转写如下：

> [1] dge slong ma Kvang vgam ‖ sha cu [pha] Rgod……bang Shang za Dzav ch- ‖ dge slong ma L[a]ng c[a]vu Sha cu pha Dar phavi sde Beg za Hye wi[vu?] | [dge slo[ng] ma…
>
> [a] sha cu pha Rgod gyi sde Leng za Sevu sevu ‖ dge slong ma Thevi cin ‖ [b] Sha cu pha Rgod gyi sde Then za Beng’em ‖ dge slong ma Vbyevu vdzi ‖ Sha cu pha dge slong ma Kvag za Ji lim gyi bran mo Kvag za Tam tam dge slong ma Thong cevu.①

刘忠、杨铭的中译本对此段做了如下翻译：

> 比丘尼光康；沙州阿骨萨（部落）；……邦，项氏才……比丘尼朗雪；沙州丝绵部落；白氏海卫；比丘尼……
>
> 沙州（Sha cu）阿骨萨部落；梁氏苏苏；比丘尼泰坚。
>
> 沙州阿骨萨部落；藤氏本恩；比丘尼吉子；沙州比丘尼瓜氏吉玲之女奴瓜氏丹丹；比丘尼通吉。②

通过对照藏文转写，此处“阿骨萨”部落对应的藏文是Rgod gyi sde，加之考虑到文书中与之并存的“丝绵部落”，我们完全有理由认为此Rgod gyi sde应该是“行人部落”。据藤枝晃统计，此文书中载有来自行人部落的比丘尼21人，来自丝绵部落的比丘尼8人，从行人部落比丘尼人数远多于丝绵部落来看，行人部落的规模相较丝绵部落为大。

---

① 《敦煌西域古藏文社会历史文献》，第421页。
② 《敦煌西域古藏文社会历史文献》，第63—64页。

二、丝绵部落

(一) 所谓“丝绵部落”

“丝绵部落”一语在汉文文书中屡有出现，但藏文文书中并未发现发音相近的藏语词，因此藤枝晃推测其为意译而来的汉语词，并将其藏文名称推定为dar pavi sde，意思是“绢的千户”[①]，在上文所举的P.T.1166号、P.T.1077号、Ch.75.iii号等文书中均有相关记载。关于丝绵部落的性质，藤枝晃推测其或为经营绢贸易的商人集团，在赋役及兵役方面与农民有别，S.5824《经坊供菜关系牒》记载的行人、丝绵二部落专门负责写经生饭资一事正好说明了这一点。山口瑞凤同意其为绢布生产者集团的说法，并将其与吐蕃西界象雄地方称作达堡的部落（vDar pa zer bavi sde）联系起来，考虑到后者未列在象雄的上、下部落名称之中，则这一部落名很可能是在敦煌重新命名的。

按敦煌本为丝绸贸易重镇，敦煌当地的丝绸生产亦有一定发展，P.2162v《寅年沙州左三将纳丑年突田历》就记载了敦煌存在蚕坊，百姓定期向蚕坊缴纳赋税，如索子京条载“蚕半驮四斗”，刘满子条载“侯昇蚕坊纳小一驮”，李延奴条载“十二日蚕坊小一驮，蚕坊李受青一驮”，杜太平条载“蚕王滁下收并脚贾”，等等。[②]由此，则吐蕃在占领敦煌以后于当地成立一个专门的绢布生产部落是有可能的。但是对比前文敦煌文书中记载的行人部落的情况和下文敦煌文书中所见丝绵部落的情况，两个部落的民众都一样从事农业生产，缴纳赋税，承担各种劳役，并未见到丝绵部落额外担负绢布生产的记录，则笔者以为丝绵部落的

① （日）藤枝晃《吐蕃支配期の敦煌》，《東方學報》第31册，1961年；刘豫川、杨铭译《吐蕃统治时期的敦煌》（中），《长江文明》第10辑，第103页。
②《敦煌社会经济文献真迹释录》第2辑，第405—406页。

性质就是普通的民户部落。

（二）敦煌文书中所见“丝绵部落”相关记载

丝绵部落既为普通的民户部落，则承担的基本生产任务就是农业种植，因此部落配备有官营碾硙，如P.3774《丑年（821）十二月沙州僧龙藏牒》中即载有：“齐周去酉年看丝绵硙所得斛斗，除还外，课罗底价、买鏊一面及杂使外，余得买粟一百卌石，并入大家用。”[1]此处的“丝绵硙”应当就是丝绵部落官营碾硙，为该部落百姓加工粮食之用。

除了农业生产之外，丝绵部落百姓还承担着各种劳役，如S.2228《亥年修城夫丁使役簿》（图62）就记载了丝绵部落亥年六月服修城役的情况，兹录文如下：

图62 S.2228《亥年修城夫丁使役簿》

①《敦煌社会经济文献真迹释录》第2辑，第285页。

1 六月十一日修城所 丝绵

2 右一 十一日[1]宋日晟 王不歹 杨谦谨 郭意奴 索再荣

3 右二 十一日 雷善儿 马再荣 唐固晟 王禾国 令狐猪子

4 右三 十一日 安佛奴 王金奴 康通信 郝朝兴 庞保

5 右四 十一日 张延子 张晟子 郭养养 张履六 康友子

6 右五 九日社斋 十一日田广□ □福子 氾清清 张国朝

7 右六 十一日 曹保德 索老老 康再兴 索石住 侯达子

8 右七 十一日 张加珍 刘蒲子 刘君君 杜进 白清清

9 右八 十二日 张答哈 张进进 安善奴 张执药 张国奴

10 右九 十一日 翟胜子 张良胜 李达子 董石奴 赵像奴

11 右十 十一日李顺通 米屯屯 郑兴光 似兴晟 梁有达

12 右以上夫丁并于西面修城，具件如前，并各五日。

13 □部落[2]十一日李清清 石秀秀 郭满子 石专专 朱朝子 李再清 王流德

---

① 《敦煌社会经济文献真迹释录》中录为“十二日”，对照文书照片应为“十一日”。

② 陆离对照原卷图版照片录为“上部落”，《敦煌的吐蕃时代》，第31页。

14 王国子八人。　　　亥年六月十五日毕城。

15 左七 赵安子 张庭俊？翟买奴 阴洺洺 张颜子 李六六 各五日，欠一人。

16 左八 傅太平 阎加兴 张黑奴 刘再兴 韩朝在 郭和和 欠一人

17 左九 阴骑骑 邓王子 姚弁 索国清 亲(?)不菜 郭再清 任□郎 各五日

18 左十 米和和 索小郎 刘清清 米奴子 安保真 毛养养 氾和和 已上各五日。

（后缺）①

此文书15行以前当有缺行，之前为丝绵、上部落服役人员名单及其役期，之后为左七至左十将服役人员名单及其役期。从吐蕃分部落的790年到重置部落的820年中间共有三个亥年，即795年、807年、819年，此亥年为其中之一。从文书看这些丝绵部落百姓均要服修城役五天。

丝绵部落百姓与行人部落百姓一样，身受沉重的赋役，生活艰难，不时需向寺庙等处借贷麦粟以渡难关，如P.3491（2）《吐蕃占领敦煌时期丝绵部落百姓阴海清便麦粟契》记载了丝绵部落百姓阴海清借贷麦粟的情形：

1 □（年）月十四日丝绵百姓阴 海 清 □（缺乏）粮用，遂于□

2 □（便）麦肆硕、粟陆硕□贰斗。其麦粟自限至秋八月

① 《敦煌社会经济文献真迹释录》第2辑，第403—404页。

3 □ （未还）足 如违限不还，即任掣夺家资杂物，用

4 □ （充麦粟直。如）身有东西不在，一仰保人妻弟代还。中间如

5 □ （有恩勅大）赦，不在免限。恐人无信，故立此契。两共平

6 □ （章 书纸为）记。曰[①]

虽然文书由于残损看不出麦主，但从此次借贷没有利息来看，应当和前举S.1475v（7）《酉年（817?）行人部落百姓张七奴便麦契》的情况一样，是向某寺庙借贷佛麦。

丝绵部落百姓内部争夺田产的事情亦有发生，如P.3613《申年（804）正月令狐子余牒及判词》（图63）记载了令狐子余与石英顺就丝绵部落所有田地发生争执并诉诸官府一事，官府对此进行了勘察并作出了批示，兹录文如下：

（一）

1 孟授索底渠地六亩

2 　右子余上件地，先被唐朝换与石英顺。

3 　其地替在南支渠，被官割种稻，即合于

4 　丝绵部落得替，望请却还本地。子余

5 　比日已来，唯凭此地与人分佃，得少

6 　多粮用，养活性命。请乞哀(?)矜处分。

7 牒 件 状 如 前 谨 牒。

8 　　　　　申年正月　日百姓令狐子余牒

9 　　　　　付水官与营田

① 《敦煌社会经济文献真迹释录》第2辑，第106页。

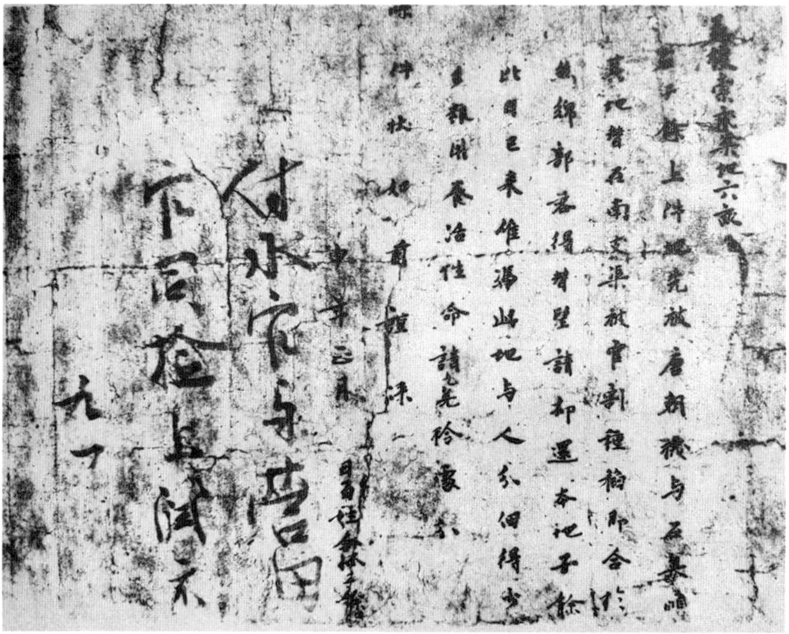

图63 P.3613《申年(804)正月令狐子余牒及判词》

10　　　　官同检上。润示。

11　　　　　　　九日。

……………………………润……………………………

（二）

1　孟授渠令狐子余地陆亩

2　　右件地，奉　判付水官与营田官同检上者。

3　　谨依就检，其地先被唐清[①]换与石英顺，昨

4　　寻问令狐子（余），本口分地分付讫。谨录状上。

5　牒　件　状　如　前　谨　牒。

6　　　　　　申年正月　日营田副使阚□牒

① （二）3行为“唐清”，（一）2行为“唐朝”，必有一误。

7　　　　　　水官令狐通

8　　准 状。 润 示。

9　　　十五日。[①]

文书记载的六亩孟授索底渠地原是从令狐子余手中换至石英顺手中，吐蕃占领敦煌后官府又将其地割占，令狐子余便以此地为口分地为由向吐蕃官府申请归还，可见当时的百姓在吐蕃的统治下仍以农业为首，十分重视土地。

除了田产外，丝绵部落百姓内部也会因为房产发生争执。一般而言百姓在建造、购买房屋时会在契约中明文规定房基的边界，如P.T.1086《猪年购房基契》就明确记载“猪年夏，丝绵部落李天昌兄弟二人之房基与王光英毗连”，[②]但也有因战乱迁徙导致房屋产权不清引发争执的情况，如S.5812《丑年八月女妇令狐大娘牒》（图64）就是一个典型的例子。该文书记载了丝绵部落百姓令狐大娘和邻居张鸾因房屋归属问题上诉到官府寻求判决一事，兹录文如下：

1　丝绵部落无赖?相罗识人张鸾鸾见

住舍半分尊严舍总是东行人舍收得者为主居住，两家总无凭据，后阎开府上尊严有文判，四至内草院不嘱张鸾分，强构扇见人侵夺，请检处实。

2　一论悉诺息　来日，百姓论宅舍不定，遂留方印，已后现住为

3　主，不许再论者。又论莽罗新将方印来，于亭子处

① 《敦煌社会经济文献真迹释录》第2辑，第281—282页。

② 《王尧藏学文集》卷四《吐蕃社会经济文书译解（二）》，第55页。

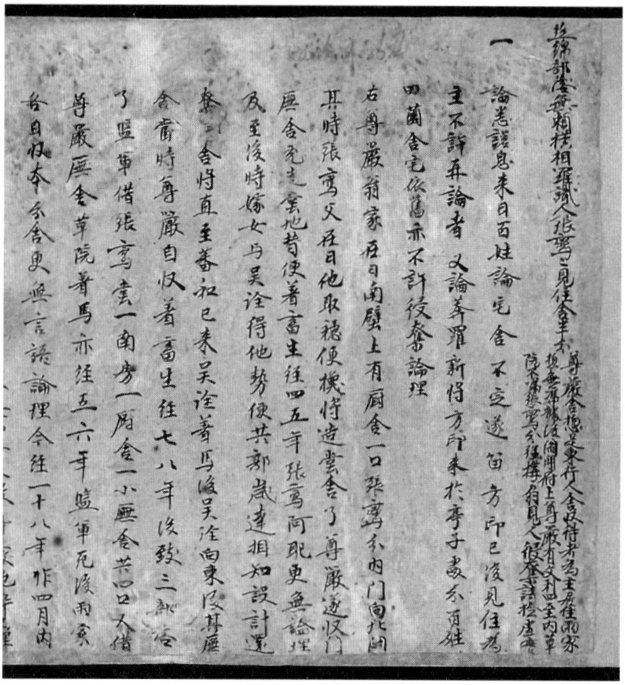

图64 S.5812《丑年八月女妇令狐大娘牒》

分，百姓

4　田园宅舍依旧，亦不许侵夺论理。

5　右尊严翁家在日，南壁上有厨舍一口，张鸾分内，门向北开。

6　其时张鸾父在日，他取稳便，换将造堂舍了。尊严遂收门

7　庑舍充支（?）堂地替便，着畜生。经四五年，张鸾阿耶更无论理。

8　及至后时嫁女与吴诠，得他势便，共郭岁达相知，设计还

9　夺堂舍，将直至蕃和已来，吴诠着马，后吴诠向东

后，其庑

10 舍当时尊严自收，着畜生。经七、八年，后致三部落

11 了监军，借张鸾堂一、南房一、厨舍一、小庑舍，共四口，又借

12 尊严庑舍草院，着马。亦经五、六年，监军死后，两家

13 各自收本分舍，更无言语论理。今经一十八年，于四月内，

14 张鸾因移大门，不向旧处安置，更侵尊严地界已北，

15 共语便称须共你分却门道，量度分割，尽是张鸾，及至分

16 了，并垒墙了。即（?）道，庑舍草院，先亦不嘱杜家。此人搅扰

17 公衙，既若舍等分，何经廿年已上不论，请寻问。

18 右件人，从上已来，无赖有名，欺尊严老弊妇人，无处识

19 故；又不识公衙道理，纵有言语，亦陈说不得。向里换舍子

20 细，外人不知，并舍老人委知。南壁上将舍换庑舍□，张

21 鸾所有见人，共他兄弟相似，及是亲情，皆总为他说道理。

22 又云，你是女人，不合占得堂舍，气有此事。 丝绵部落

23 人论事，还问本部落见人为定。自裁自割，道理自取。

24 尊严妇人，说理不得论。若后母怜儿乳，亦终当不
25 与。 伏望 殿下仁明详察 处分。
26 牒 件 状 如 前， 谨牒。
27 丑年八月 日女妇令狐大娘 牒。[①]

据文书可知，由于长年战乱，百姓一度流离逃窜，在吐蕃占领敦煌初期有部分民户东向归唐，因而令狐大娘与张鸾宅舍均为收东行人户所留房屋，虽阎朝及吐蕃官员论悉诺息、论莽罗新先后对房屋归属问题已有文判、政策，张鸾仍欲侵夺堂舍，遂引发官司。

敦煌文书中还有关于丝绵部落人口争夺的记载。如前引P.T.1077《都督为女奴事诉状》就记载了一名丝绵部落女子被拉去抵债，后又为部落长官要回的情形，文书载："都督对于诉讼案下情回禀：兔年冬，吾从朗·绮布处领受一名无家可归之退浑女人（以抵债），被悉诺巴高与可贺包谷等将她抓走后，复以丝绵户刘森英之女作为替身，给吾；丝绵部落之诸长官谓：（此女）乃丝绵部落之属民，又将她带走。"[②]这条记载也说明吐蕃统治时期敦煌的部落属民身份高于奴隶，不能随便带走抵债。此外S.3287v《吐蕃子年（808）沙州百姓汜履倩等户籍手实残卷》还载有丝绵部落与其他部落之间相互通婚的情况，文书第13行载有"女担娘，嫁与丝绵部落张□"一语。[③]

---

① 《敦煌社会经济文献真迹释录》第2辑，第287—288页。

② 王尧、陈践《〈都督为女奴事诉状〉译释——P.T.1077号吐蕃文书写卷研究》，原载《敦煌吐蕃文书论文集》，后收入《王尧藏学文集》卷四，第102—109页。

③ 李正宇《〈吐蕃子年（公元808年）沙州百姓汜履倩等户籍手实残卷〉研究》，《1983年全国敦煌学术讨论会文集（文史·遗书编 上）》，兰州：甘肃人民出版社，1987年，第177—180页。

三、擘三部落

（一）所谓“擘三部落”

“擘三部落”一语出自吐蕃时期的敦煌汉文文书，显然这并非一个汉语词，而是音译的藏语词，其藏文对音藤枝晃考订为phyug mtshams gyi sde，为一来自吐蕃本土中翼伍茹（dbu ru）的部落。[①]杨际平对S.3287v《吐蕃子年（808）沙州百姓氾履倩等户籍手实残卷》中的“擘三部落”有不同解读，认为其并非部落名称，而应与前缀“午年”合起来理解为“午年分三部落”之意，表示的是一个时间概念，[②]山口瑞凤、岩尾一史亦同意此说。陆离通过对phyug mtshams在古代藏文中的读音的考察，指出“擘三”正是其音译。

如前所述，吐蕃本土部落在对外作战时要联合出征，因而在敦煌、新疆出土的文书中就出现了吐蕃本土的部落名称随战争的进展而移动的现象，如原驻地为那曲地区的那雪部落、原驻地为后藏的管仓部落均见载于安西四镇地区出土的木简，[③]其他如宗木、倭措巴、墀邦木、郎迷、洛扎、芒噶、喀尔萨、聂巴、畿堆、那赤、叶若布、计藏、德宗木、雅藏、孔巴、雅尔江、松

---

① （日）藤枝晃《吐蕃支配期の敦煌》，《東方學報》第31册，京都大学人文科学研究所，1961年，第199—292页。王尧将phyug mtshams音译为“球村”，系按现代藏语音译。陆离指出，在吐蕃时期藏语声母中辅音和后辅音还未融合成一个音素，则phyug读音近似“破”，与宋代“擘”的读音“补革切”非常接近甚至相同。参看《吐蕃金石录》，第18页；《王尧藏学文集》卷二，附录（二），第183页；陆离《吐蕃统治敦煌时期的“行人”、“行人部落”》，《民族研究》2009年第4期，第85—94页。

② 杨际平《吐蕃子年左二将户状与所谓“擘三部落”》，《敦煌学辑刊》1986年第2期，第19—23页。

③《吐蕃简牍综录》，第209页。

木、章赞、卓擦、康之、开札木、吉、岛岱、达布、峡地、波噶、倭祖巴、尼木巴、恩木茹巴、辗噶尔、材茂巴、象、下桂仓、悉诺雪、管丁、上桂仓、仲昝、仲杂木等名称在西域出土的木简中均有记录，例如M.Tagh.b.i.0095号文书所载：

> 在达孜（Stag rtse）之赤古觉（khri skugs vjor），三个吐蕃人，（即）仲巴（Grom pa）部落的男子则孔，娘若（Myang ro）部落的洛郎墨穷，蔡莫巴（Rtsal mo pag）部落的纳雪塔桑。
>
> 在切玛朵之孜（Bye ma vdord gyi rtse，意译为“沙石之岭”），两个吐蕃人，一个于阗人，（即）雅藏（Yang rt-sang）部落的普米克通，俄卓巴（Vo tso pag）部落的索迪科……
>
> 在于阗玉姆（Ho tong Gyu mo），两个吐蕃人，一个于阗人，即波噶（Phod kar）部落的……[①]

或者M.Tagh.a.ii.0078号木简所载：

> 在（于阗）…-rtse[②]，几堆（Skyi stob）部落的出纳禄赞……[③]

M.Tagh.a.iii.0013号木简所载：

> 在长草杆园（Gling rings smug po tshal）两个吐蕃人、两个于阗人：其中有桑俄（Bzang Vor）部落的班长宁吉胡；

① 《敦煌西域古藏文社会历史文献》，第154页。

② rtse，据托马斯研究，为一地名后缀，意为“山顶”或“山巅”，在吐蕃本土这类地名很多，在罗布地区亦反复出现。参看《敦煌西域古藏文社会历史文献》，第188页。

③ 《敦煌西域古藏文社会历史文献》，第186页。

朗迷（Lang myi）部落的班副季恰勒。①

这些文献记载都反映了吐蕃本土的部落随着其军事行动的推进入驻各占领区的情况。

擘三部落的情况当与上述部落相同，其名称随着战争推进而移动的情形在文书中亦有反映，如麻札塔克出土的一份借契0509+0510号文书中就记载了三名来自擘三部落的见证人："见证人如下：擘三（Phyug mtshams）的茹波，达·吉玛，杰札·拉贡。"②另一份文书P.T.1287X，为吐蕃在安史之乱后攻占河陇地区的过程中，墀松德赞奖赏臣下的记载，藏文转写如下：

vbangs kyi nang na/dor te pyugs tshams ste vdzom（vjom）dpav ba vi mtshan mar/stagi thog bu stsal to/

黄布凡、马德译为"臣属中凡英勇参与征服多尔部和擘三部者均赐以虎皮衣作标志"，③陆离认为此句也可译为"多尔部和擘三部之臣属中凡英勇参与征服（河陇地区）者均赐以虎皮制品作标志。"④P.T.997《瓜州榆林寺之寺户、奴仆、牲畜、公产物品之清册》（图65）更明确记载了擘三部落在瓜沙一带驻扎并对当地事务进行管理的情况，据该文书记载：

瓜州地面寺庙产业大岸本（总管）古日赉卜登与谢卜悉

---

① 《敦煌西域古藏文社会历史文献》，第220页。

② 《敦煌西域古藏文社会历史文献》，第48页。

③ 黄布凡、马德《敦煌藏文吐蕃史文献译注》，兰州：甘肃教育出版社，2000年，第292、294页。

④ 陆离《吐蕃统治敦煌时期的"行人"、"行人部落"》，《民族研究》2009年第4期，第88页。

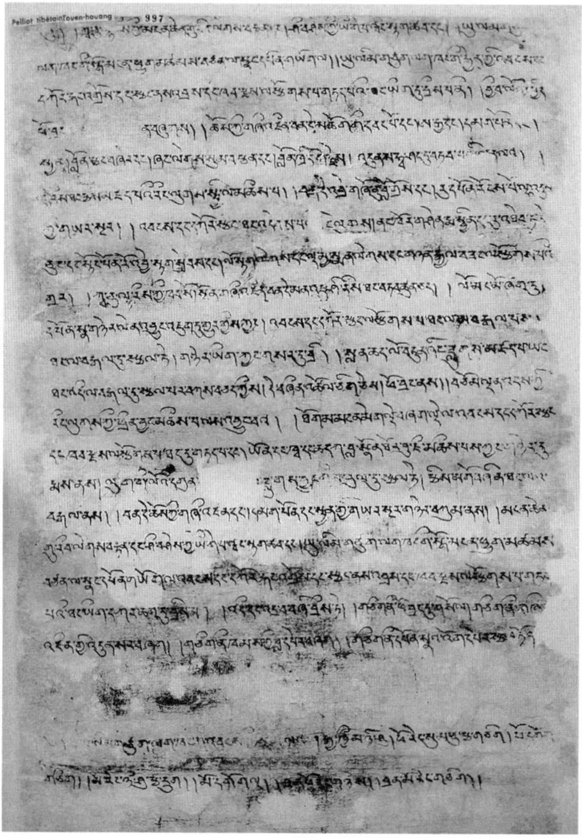

图65 P.T.997《瓜州榆林寺之寺户、奴仆、牲畜、公产物品之清册》

斯之书办王悉诺椤[①]与榆林寺寺内岸本（总管）擘三［部落］赞拉囊长官及其麾下之榆林寺顺缘寺户、财物、牲畜、

① 王尧、陈践认为此王悉诺椤为吐蕃人，因受汉人影响遂采用汉姓。窃以为其时吐蕃为统治民族，吐蕃人反采用被统治民族的姓氏似不可能，则此王悉诺椤更有可能是蕃化的汉人，原本姓王，吐蕃统治瓜沙之后又起了藏文名字。在敦煌文书中这种情况并不少见。参看郑炳林《晚唐五代敦煌地区的吐蕃居民初探》，《中国藏学》2005年第2期，第40—45页。

粮食、青稞、大米、物品等登记簿本清册，为鼠年春于□□官，住持沙门乔吉旺布、寺院长老、军官、悉编（观察使）论藏热、尚赉心赞，论绮立该节诸人于大和尚座前集会供奉……登录寺庙财产之僧统所公有。

……

羊年冬……所收布施上交，依册清点，更改清册后，于沙门住持和军官、悉编观察使驾前点交，然后交与大岸本总管古日赉卜登与谢卜悉斯之书办王悉诺椤和榆林寺之总管擘三［部落］赞拉囊长官及其麾下诸人。寺户及信财、牲畜、粮食、青稞、大米、室内用品等写入所交之清册目录，一式四份，一份上交官廷，一份交与寺庙住持，一份作为当地底本，一份交与长官作为副本。①

从记载中我们可以看出，瓜州地区榆林寺寺内岸本即为来自擘三部落的吐蕃官吏，他管理着榆林寺的寺户和财产。可见吐蕃本土的擘三部落在对外军事扩张中曾开赴河陇地区，则它出现在敦煌地区是完全可以理解的。吐蕃在占领区派驻军队，以监管征服地区民众从事生产劳动，这种情况在其他地区出土的文书中也有记载，如M.I.xxiv.0031号木简记载，吐蕃“分派阿柴农夫进行耕作时，要派出一定数量的军队进行监视。”②如此，驻留敦煌一带的擘三部落当也担负着监督这一带民户生活、生产的责任。

需要指出的是，虽然与行人、丝绵等部落同时出现在文书中，但擘三部落的地位、性质与这些征服区的部落是不同的。

①王尧、陈践《榆林寺庙产牒译释——P.T.997号吐蕃文书写卷研究》，原载《敦煌吐蕃文书论文集》，后收入《王尧藏学文集》卷四，第59—66页。
②《敦煌西域古藏文社会历史文献》，第22页。

Ch.9.i.40号文书是擘三部落向三宝敬献的一篇祈愿文，文书载有“祈愿文由擘三（Phyug tsams）部落千户长及其下属敬献”字样。[①] 该文书夹在一系列祈愿文之中，与之并列敬献祈愿文的还有朵甘思（Mdo khams）地区的权贵，德论（Bde blon）、姑臧大节度使（Mkhar tsan khrom chen po）、瓜州大节度使（Kva cu khrom chen po）、仲孔（Vdron kong）地区权贵等，可见擘三部落本身是处于敦煌所设部落之上的管理层的，敦煌汉文文书中的擘三部落应该是擘三部落收编当地民户组成的下属部落，这从S.3287v《吐蕃子年（808）沙州百姓氾履倩等户籍手实残卷》（图66）所载皆汉人姓名就可看出，兹录文如下：

1 □违 安□

2 苐履勗娶左六将贾荣下李买婢为妻 男子昂 男子卿

3 男子盈 女心娘出嫁左一将徐寺伽下吴君奴 女太娘出嫁左一将徐寺伽

4 下张通子 女恩子

5 右通新旧口并皆依实，如后有人纠告，

6 求受重罪。

7 牒件，状如前，谨牒。

8 子年五月 日百姓氾履倩牒

9 丙寅年十一月

10 左二将 状上

11 户索宪忠 妻阴 男远远 男顺顺 女把娘出度

12 女金娘出嫁与同部落吴通下邓道 婢目目

① 《敦煌西域古藏文社会历史文献》，第84页。

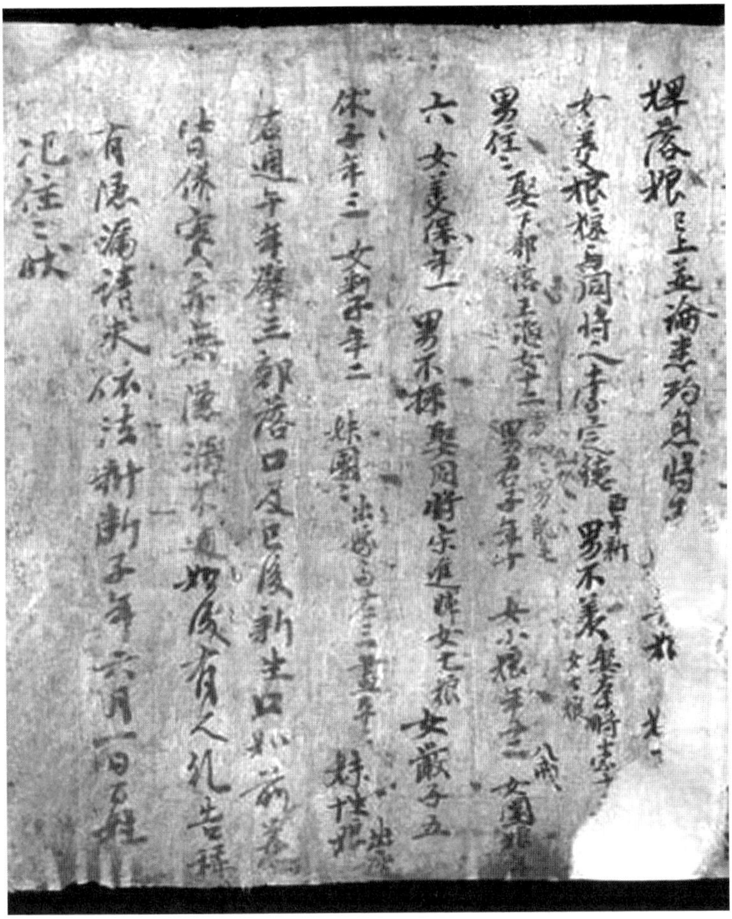

图66 S.3287v《吐蕃子年（808）沙州百姓汜履倩等户籍手实残卷》

13　午年擘三部落已后新生口　男性奴出度　　女擔娘嫁与丝绵部落张□

14　下张清清　女意娘出度　男再仏出度　远远妻娶同部落吴通下鄯石奴妹姜娘

15　女扁娘　男迁迁　妻娶本将程弟奴女

16　　右通前件新旧口并皆依实，如后有人

17　　纠告，括捡不同，求受偷人条教，请处分。

18　件如前，谨状。

19　　　　子年五月　日百姓索宪忠

20　左二将

21　午年擘三部落依牌子口，户氾国珎死　妻张念念在　男住住在

22　男不采在小妇宠宠出度　奴紧子论悉殉夕将去奴金刿

23　婢落娘已上并论悉殉息将去　婢善娘　婢□□

24　女美娘嫁与同将人索定德酉年新　男不羡娶本将索十五女七娘　男已加伽男龙毛

25　男住住娶下部落王海女十二　男君子年十　女小娘年十二八戒　女团娘年

26　六　女美保年一　男不采娶同将宋进晖女七娘　女严子五

27　休子年三　女判子年二　妹团团出嫁与左三画平平妹性娘出度

28　　右通午年擘三部落口及已后新生口如前，并

29　　皆依实，亦无隐漏不通，如后有人纠告，称

30　　有隐漏，请求依法科断。子年六月一日，百姓

31　　氾住住状

32　左二将　　　状上

33　户梁庭兰死妻王死男定国　男憨憨死小妇死父死母死

34　女死

35　午年擘三部落已后新生口定国妻死王　男金刿

36　妻娶同部落曹荣下索进昌女男沙子　男沙门

37　女妃娘出度女女女　奴定奴　奴丘奴　婢宜娘莱娘　婢星星

38　　右通前件新旧口并皆依实，如后有人

39　　纠告，括捡不同，求受偷人条款，请处分。

40　件如前，谨状。

41　　　子年六月　日百姓梁定国

42　左二将　百姓　状上

43　□□定卿六十　妻阿索廿　母李七十五　死

44　[　　　　]　　[　　　　]廿一岁

（下残）①

文书中所载“午年擘三部落依牌子口户”“午年擘三部落口”中的午年即790年吐蕃在敦煌设置部落之年，午年时擘三部落的民户已经存在且编制了户籍，我们或可推测擘三部落下辖的汉户部落在790年之前已经存在，早于午年后出现的行人、丝绵等部落。正如山口瑞凤的推测，擘三部落军队驻留沙州后，即将汉人居地分为左、右二区以便统治，王尧、陈践亦认为吐蕃部落在开赴瓜、沙、甘、凉等地后，“以这些吐蕃部落为核心，再把若干汉户收编在部落之中，便于管理约束。后来，形势有了变化，社会日趋安定，才逐渐重新编组为以行业（丝绵）或居住地（上、下）等等为主的纯汉户部落”。②因此，虽然笔者将擘三部落列入中期部落，而事实上其自初期即在敦煌存在，只不过其相关文书均系中期，故如此划分。

（二）“上”“下”部落

1. 所谓“上”“下”部落

①李正宇《〈吐蕃子年（公元808年）沙州百姓汜履倩等户籍手实残卷〉研究》，《1983年全国敦煌学术讨论会文集（文史·遗书编上）》，兰州：甘肃人民出版社，1987年，第176—218页。此卷“子年”藤枝晃先生考订为832年，李正宇先生考订为808年，李说为学界普遍接受。

②王尧、陈践《敦煌藏文写卷P.T.1083、1085号研究——吐蕃占有敦煌时期的民族关系探索》，《历史研究》1984年第5期，第171—178页。

敦煌文书中载有“上”“下”部落之名。观敦煌部落名称，在不同时期皆遵循一定原则，如早期的“龙勒乡部落”承袭原乡名，“僧尼部落”“道门亲表部落”为宗教人群；中期的“行人”“丝绵”侧重主要生产活动，且保留了汉文化因素；晚期的“阿骨萨”“悉董萨”“悉宁宗”三部落名称则均为藏语音译，反映出吐蕃化的加深。其他诸如“擘三”为吐蕃部落藏文音译，“中元”“橑笼”尚无足够资料可考。而“上”“下”部落对照上述命名规则并不在其中，当作何解？学界于此已有探讨，但尚未形成定论。

最早论及上、下部落者为藤枝晃，他根据相关文书对二部落的地理位置做了推测，提出上部落当在敦煌“宜秋渠”附近，下部落或离擘三部落不远。[①]山口瑞凤则指其为吐蕃擘三部落驻扎敦煌后对汉人居住区所划分的左右二区，左为上部落，右为下部落，[②]王尧、陈践亦持二部落依据居住地划分而来一说。[③]刘进宝将上、下部落定义为与僧尼、行人、丝绵、橑笼、中元诸部落同一时期并行的非军事性部落。[④]陆离则认为擘三部落下辖行人、丝绵二部落，其中行人部落较大，分上、下二部。[⑤]杨际平的观点出入较大，认为上、下、中元等部落可能是庚午年（790）

---

①（日）藤枝晃《吐蕃支配期の敦煌》，《東方學報》第31册，1961年，第199—292页。

②（日）山口瑞凤《吐蕃の敦煌支配期间》，《講座敦煌2·敦煌の歷史》，东京：大东出版社，1980年，第197—232页。

③王尧、陈践《敦煌藏文写卷P.T.1083、1085号研究——吐蕃占有敦煌时期的民族关系探索》，《历史研究》1984年第5期，第171—178页。

④刘进宝《关于吐蕃统治经营河西地区的若干问题》，《中国边疆史地研究》1994年第1期，第13—21页。

⑤陆离《吐蕃统治敦煌时期的“行人”、“行人部落”》，《民族研究》2009年第4期，第85—94页。

之后续建的部落，也可能是悉董萨、阿骨萨部落的异称。[①]设置时间上杨铭将下限确定为821年重置三军事部落之前，[②]金滢坤进一步框定为790年分部落至820年重置军事部落之间，其设在丝绵、行人二部落之后，与檩笼、中元二部落同时。[③]总结前人对上、下部落的研究，主要集中于三点：一是设置时间，均持790年分部落之后至820年重置阿骨萨、悉董萨、悉宁宗三军事部落之前一说；二是命名由来，论及者均持“居住地”说；三是部落性质，略有分歧，有擘三部落划分的敦煌二居住区说，与丝绵、行人等部落并列的一级部落说以及行人部落下辖的二级部落说三种。[④]其中前两点并无疑义，笔者仅就部落性质及从属关系做一探讨。

既然敦煌部落制源于吐蕃，则上、下部落之设当从吐蕃部落设置中寻找源头。事实上，吐蕃在政区设置上常有上、下之分。吐蕃的行政建制为五茹六十一东岱，这些茹与东岱内部即分上、下。《贤者喜宴》在记载松赞干布时期的职官时即提到“上下伍茹”“上下约茹”“上下茹拉”“上下叶茹”等，象雄十东岱亦被分为上象雄五东岱和下象雄五东岱。[⑤]六十一东岱中也有不少部落名上下对应的情况，如伍茹的畿堆（skyid stod）、畿迈

① 杨际平《吐蕃子年左二将户状与所谓“擘三部落”》，《敦煌学辑刊》1986年第2期，第19—23页。

② 杨铭《吐蕃时期敦煌部落设置考——兼及部落的内部组织》，《西北史地》1987年第2期，第34—40页。

③ 金滢坤《吐蕃统治敦煌的社会基层组织》，《中国边疆史地研究》1998年第4期，第27—35页。

④ 此处笔者为行文方便，拟设“一级部落”与“二级部落”两种称谓，一级部落即直接隶属于吐蕃沙州官府的行政级别最高的部落，如行人、丝绵、阿骨萨、悉董萨、悉宁宗等；二级部落则指一级部落下辖的小部落。

⑤《贤者喜宴——吐蕃史译注》，第33—34页。

（skyid smad）二部，意译过来即上畿、下畿；再如孙波茹的上桂仓（rgod tshang stod）、下桂仓（rgod tshang smad）、上炯（vjong stod）、下炯（vjong smad）、上支（dre stod）、下支（dre smad）等，均系此种情形。需要指出的是，这些名称有上下对应关系的部落在计算六十一东岱总数时均作为独立部落分别计入，也就是说它们在行政建制上与其他不冠以“上”“下”的部落一样，为平行的一级部落，而非一个大部落下辖的两个小部落。

这种区划方式也随着吐蕃的对外扩张进入被征服地区，新疆出土的文书中就有不少上、下部落的记载。如M.I.xxviii.1号木简载有“原属唐的上阿柴万户部落”；[①]M.I.xxviii.0017号木简载有“下阿骨藏”（Rgod tsang smad）、“上阿骨藏”（Rgod tsang stod）；[②]M.I.ii.25号木简载有“下仲”（Vdzom smad），M.I.ii.17号木简载有“上仲”（Vdzom stod）；[③]M.I.xxviii.7号木简载有“下尺蔡”（Vbri char smad），[④]等等。但此时的上、下部落在行政级别上似乎发生了变化，如M.I.xi.80号木简记载：“（给）下阿骨藏的Stong cung小千户长（地方官），一突，又三突。”[⑤]说明此下部落的长官为小千户长，根据P.T.1089号吐蕃职官序列，小千户长官位在千户长之后，说明此下阿骨藏部落的级别略低于普通千户，这已与吐蕃本土情况有所不同了。

虽然级别有变化，但吐蕃本土与西域一带的上、下诸部在命名方式上是一致的。我们已知“茹”是依古代部落的地域划分而来的，则前述“茹”和“东岱”的上、下之分自然也是依照地域

① 《敦煌西域古藏文社会历史文献》，第23页。
② 《敦煌西域古藏文社会历史文献》，第120页。
③ 《敦煌西域古藏文社会历史文献》，第124—125页。
④ 《敦煌西域古藏文社会历史文献》，第148页。
⑤ 《敦煌西域古藏文社会历史文献》，第121页。

而来，西域一带根据文书记载来看亦是如此。因此，敦煌的上、下部落也理应按地域划分。从前述吐蕃本土和西域一带的情形来看，“上”、“下”部落一般采取的命名形式都是“上××部落”、“下××部落”，敦煌的情况却有所不同，只言“上部落”、“下部落”，而未见有“上行人部落”、“下丝绵部落”之谓。这说明在敦煌，上、下部落都只有一个，不会错称，故无须特别注明。于是，本为一般称谓的上、下部落在敦煌有了特指意味，是两个特定部落。不过，其具体地理位置暂无法考证。藤枝晃曾根据S.1475v（5）文书所载上部落百姓安环清出售的土地在宜秋渠附近推断上部落在此地附近，但事实上吐蕃时期由于唐蕃战争的影响和行政制度的变化，敦煌百姓的居住方式发生了变化，多居于敦煌城内，[①]并不住在自己的土地附近，因此由土地所在地来推测部落所在地尚有待商榷。那么敦煌上、下部落的行政建制级别和从属关系又是如何呢？陆离通过对S.5824、S.3287v、S.2228（1）等文书的分析，认为上、下部落是由较大的行人部落分出，行人、丝绵又总隶于擘三部落，[②]笔者以为这一说法还可再作商榷。

首先，行人、丝绵二部是否辖于擘三部落尚存疑问。Ch.86.ii号文书记曰：“致沙州的军事长官（rtse rje）和二汉人部落首领。”[③]此二汉人部落可能就指行人和丝绵部落。另外前文已经提到，从P.T.1166号文书所载藏文杂写“blon mtsho bzher gyis dar pavi sde dang rgod gyi sde gnyis gyis khral pon la spring ngo（论措

① 郝二旭《唐五代敦煌农业专题研究——以敦煌写本文献为中心》，兰州大学博士学位论文，2011年，第147—148页。

② 陆离《吐蕃统治敦煌时期的“行人”、“行人部落”》，《民族研究》2009年第4期，第85—94页。

③《敦煌西域古藏文社会历史文献》，第297页。

热给丝绵部落和行人部落二者税务官的信函。)”[①]可推断，吐蕃官员向敦煌部落税务官下发的信函既然只言给丝绵、行人二部落，则当时敦煌主要的汉人部落应当即此二者。上、下部落不在其列，当不是与行人、丝绵平级的一级部落，而是下辖于某部落的二级部落。擘三部落虽然确曾入驻瓜沙一带，如前引P.T.997《瓜州榆林寺之寺户、奴仆、牲畜、公产物品之清册》[②]所载，其曾管理当地的佛教事务，但并无文书证明行人、丝绵二部就隶属于擘三部落。而且，既然吐蕃官吏直接发函给行人、丝绵部落的税务官，则此二部应直接受吐蕃本土管辖，从P.T.1083、P.T.1085号文书所载吐蕃本土直接插手瓜沙一带吐蕃官吏以婚配之名抢夺敦煌人口、盘剥敦煌果园收入等事宜可知，敦煌的人口、财政是直接受吐蕃本土管辖的。

其次，上、下部落并不下辖于行人部落，这从S.2228号文书格式上可窥端倪。第1行既标有“丝绵”，则第2—11行为丝绵部落右十将服役人员，第12行“右以上夫丁并于西面修城”明显系总结前文之语，意即上述为丝绵部落所出夫丁；第13行为上部落服役人员，第14行“亥年六月十五日毕城”亦为类似于第12行的总结语，说明以上八人为上部落服役人员，与下面左诸将并无关系；第14—15行之间有缺行，第15—18行为左七至左十将服役人员。既然丝绵部落与上部落、左诸将并列出现在这份文书中，修城又是涉及全城的大工程，不可能只派给个别部落，则对于第15

---

①（日）Tsuguhito Takeuchi, *Old Tibetan Contracts from Central Asia*, p. 178, plates, p. 14, DaizoShuppan, Tokyo, 1995；（日）岩尾一史《吐蕃支配下敦煌の漢人部落—行人部落中心に—》，《史林》2003年第4期；陆离《吐蕃统治敦煌时期的“行人”、“行人部落”》，《民族研究》2009年第4期，第85—94页。

②王尧、陈践《榆林寺庙产牒译释——P.T.997号吐蕃文书写卷研究》，原载《敦煌吐蕃文书论文集》，后收入《王尧藏学文集》卷四，第59—66页。

行前所缺内容，笔者大胆猜想上部落后有可能对应地记载了下部落丁夫名单，之后为左一至左六将丁夫名单，左一将之前亦有可能如右诸将前写明“丝绵”一样注明“行人”。虽然吐蕃制度是一部落下辖左右各十将，但实际上敦煌并无如此多的民户，因此笔者推断当时丝绵下设右诸将，行人下设左诸将，文书中左诸将所出人数略多于右诸将，这也正好符合行人部落略大于丝绵部落的情形。从P.2162《寅年沙州左三将纳丑年突田历》所载“武光儿”又见于P.3422v《卯年正月十九日曷骨萨部落百姓武光儿便麦契》，知其在820年之后为阿骨萨部落百姓，阿骨萨部落由行人部落转化而来，则此左三将当属行人部落无疑。由此笔者以为，行人、丝绵、上、下四部并存于同一时期，但不存在隶属关系。

至于上、下部落辖于何部，从S.3287v户籍手实中可以得出答案。从文书第13行“午年擘三部落已后新生口”、第21行“午年擘三部落依牌子口”、第28行“右通午年擘三部落口及已后新生口如前”等记录，我们可以确定该件文书所载诸户均属擘三部落左二将，虽然文头已残损，但原文开头应该有说明，所以后面诸将无需再加注“擘三部落”，只言“左一将”（第3行）、“左二将”（第10行、第20行）、“左六将”（第2行），涉及其他部落则特别注明，如第13行的“丝绵”部落。如此，则第25行所载“下部落”之前未加任何说明，当属擘三部落之下，且与第12行、第14行所载“同部落”相对应，则此“同部落”当为“上部落”。由此笔者认为，上、下部落隶属于擘三部落，这符合山口瑞凤的推断。但鉴于同期还有行人、丝绵等其他部落，则上、下部落当为擘三部落入驻敦煌一带之后收编一部分当地民户而成。既然只是一部分汉户，则上、下部落的规模自然小于行人、丝绵二部落。因此在S.2228号所载丁夫数中，丝绵部落右十将除右五将出4人外，其余均出5人；左诸将中，左七、左八各6人，左九、左十各7人；而上部落总共只出8人，人数明显较少。

2. 敦煌文书所见“上”“下”部落相关记载

虽然身处吐蕃部落统治之下，但上、下部落民众的生产和生活并未发生太大变化。敦煌文书涉及上、下部落者，除前引S.2228号和S.3287v号文书外，尚有S.1475v（5）《未年（827）安环清买地契》(图67)、P.3444v《寅年四月五日上部落百姓赵明明便豆契》、S.1475v（4）《酉年下部落百姓曹茂晟便豆种帖》三件，均是关于上、下部落百姓生产、生活的记载。其中，S.1475v（5）号文书记载上部落百姓安环清卖地一事，兹录文如下：

1　宜秋十里西支地壹段，共柒畦拾亩。东道，西渠，南索晟，北武再再

2　未年十月三日，上部落百姓安环清，为

3　突田债负，不办输纳，今将前件地

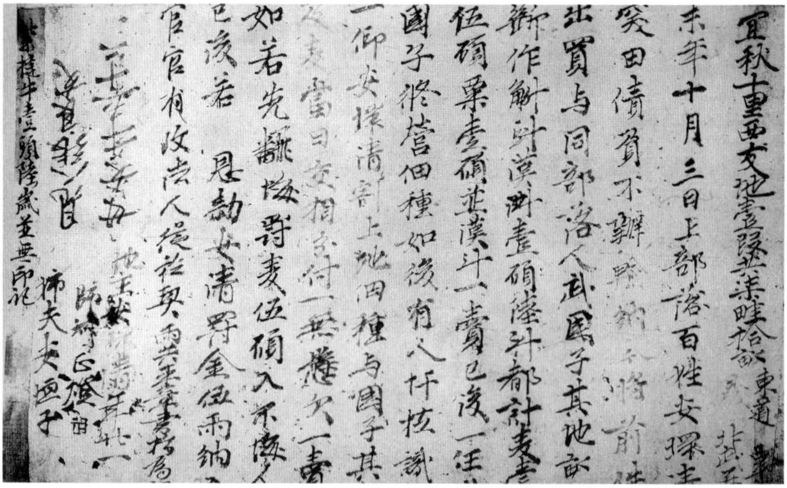

图67 S.1475v(5)《未年(827)安环清买地契》

4 出买（卖）于同部落人武国子。其地亩别
5 断作斛斗汉斗壹硕陆斗，都计麦壹拾
6 伍硕、粟壹硕，并汉斗。一卖已后，一任武
7 国子修营佃种。如后有人忓恡识认，
8 一仰安环清割上地佃种与国子。其地
9 及麦当日交相分付，一无悬欠。一卖后，
10 如若先翻悔，罚麦伍硕，入不悔人。
11 已后若 恩勅，安清罚金伍两纳入
12 官。官有政法，人从私契。两共平章，书指为记。
13 地主安环清年二十一
14 （倒写）母安年五十二 （正写）师叔正灯 （押）
（倒写） 见人张良友
15 姊夫安恒子①

P.3444v《寅年（810?）四月五日上部落百姓赵明明便豆契》（图68）载上部落百姓赵明明因无种子借贷豆子一事，录文如下：

1 寅年四月五日，上部落百姓赵明明为
2 无种子，今于 处便豆两硕八斗。其豆自限至秋
3 八月内还足，如违不还，一任掣夺家资
4 杂物，用充豆直。如身东西不在，一仰
5 保人等代还。如后有 恩赦，不在免限。恐
6 人无信，故立此契。两共平章，画指为
7 记。义超 豆主

①《敦煌社会经济文献真迹释录》第2辑，第1页。吐蕃统治敦煌时期有五个未年，即791年辛未，803年癸未，815年乙未，827年丁未，839年己未。唐耕耦、陆宏基断为827年。

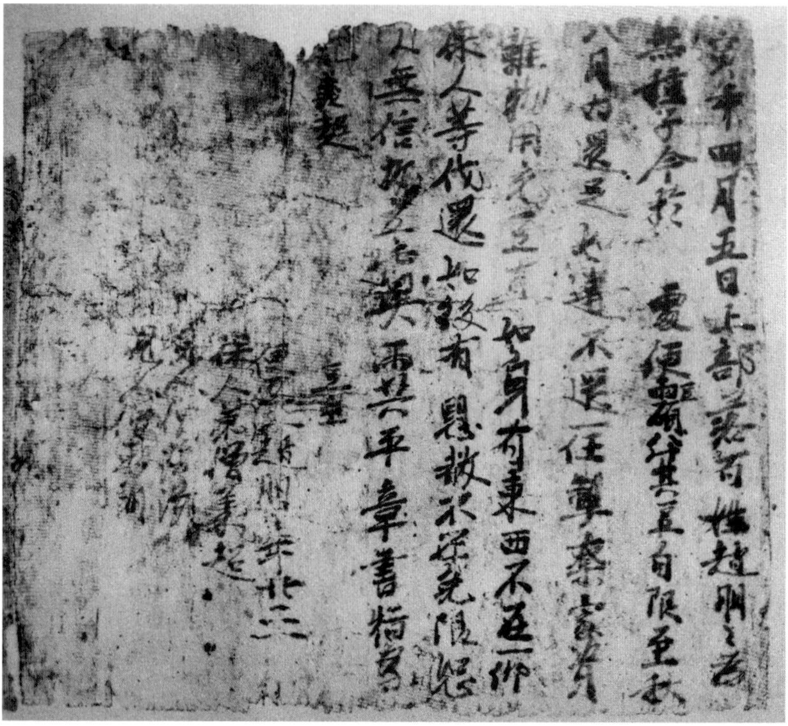

图68 P.3444v《寅年(810?)四月五日上部落百姓赵明明便豆契》

8 便豆人赵明明年二十三（押）

9 保人弟僧义超（押）

10 见人□□□

11 见人□□□[1]

S.1475v(4)《酉年（817?）下部落百姓曹茂晟便豆种帖》（图69）载下部落百姓曹茂晟借贷豆子一事，录文如下：

① 《敦煌社会经济文献真迹释录》第2辑，第80页。吐蕃统治敦煌期间有六个寅年，即786年丙寅，798年戊寅，810年庚寅，822年壬寅，834年甲寅，846年丙寅。唐耕耦、陆宏基断为810年。

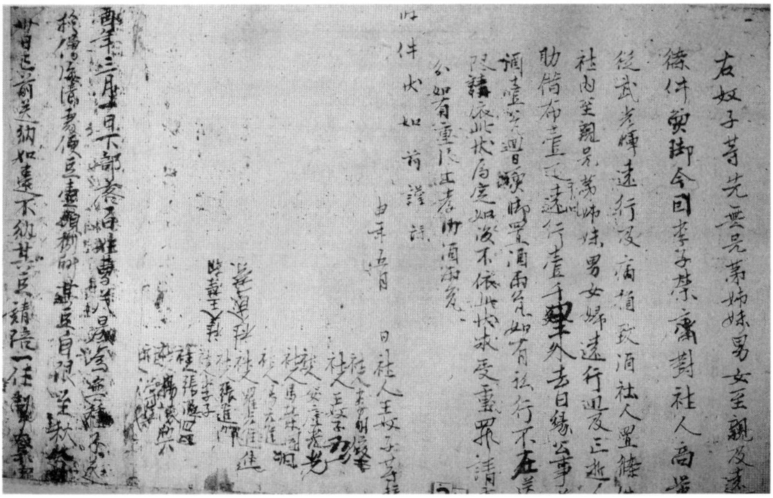

图69 S.1475v（4）《酉年（817？）下部落百姓曹茂晟便豆种帖》

酉年三月一日，下部落百姓曹茂晟，为无种子，遂
于僧海清处便豆壹硕捌斗。其豆自限至秋八月
三十日已前送纳。如违不纳，其豆请陪，一任掣夺家
资杂物，用充豆直。如身东西，一仰保人代
还。中间或有 恩赦，不在免限。恐人无
信，故立此帖。两共平章，书指为记。
豆主
便豆人曹茂晟年五十
保人男砂弥法珪年十八
见人
见人僧慈灯[1]

---

①《敦煌社会经济文献真迹释录》第2辑，第83页。吐蕃统治敦煌期间共有五个酉年，即793年癸酉，805年乙酉，817年丁酉，829年己酉，841年辛酉。唐耕耦、陆宏基断为817年。

从上述三件文书可见，上、下部落百姓与其他部落百姓一样，占有一定土地并从事农业生产。安环清因“突田债负，不办输纳”而不得不出卖自家土地，赵明明、曹茂晟“为无种子”而向寺院便豆并承担“一任掣夺家资”的高风险，可见上、下部落百姓的生活与行人、丝绵部落百姓无异。另外，S.3287v第13行关于索宪忠之女担娘嫁入丝绵部落的记载，说明虽处于吐蕃部落的管理之下，但上、下部落与其他汉人部落之间的通婚是自由的。

综上所述，笔者得出如下认识：所谓“上”“下”部落，为吐蕃擘三部落入驻敦煌后收编部分民户，按照居住地域以左诸将为上、右诸将为下的方式分出的小部落，其行政级别为擘三部落下辖的二级部落，级别、规模均小于同期的行人、丝绵等部落，设置时间为790年吐蕃分部落以后至820年重置阿骨萨、悉董萨、悉宁宗三部落之前。在吐蕃部落的管辖之下，“上”“下”部落百姓继续从事农业生产，并与其他汉户部落保持通婚。当然，笔者在研究中有不少推测和猜想的成分，因此关于这一问题的研究还需要进一步挖掘更多的新材料来探讨。

四、敦煌文书所见其他部落

（一）中元部落

S.1291《某年三月一日曹清奴便豆麦契》载有“中元部落”一名（图70），兹录文如下：

1 ▭（年）三月一日中元部落百姓曹清奴为无种子，今于▭

2 寺僧▭手下佛物处便麦肆硕，□（便）豆壹□（硕），

3 自限至秋七月还纳。如违限不还，其典铛一口没，

图70 S.1291《某年三月一日曹清奴便豆麦契》

□（麦）

4 □（豆）请倍，仍任掣夺家资杂物，用充物直。□（若）

5 身东西不在，　　一仰保人段兴子知当代还。恐人无

6 信，故立此契，用为后凭。

7 　　便种子豆麦人曹清奴年□

8 　　保人段兴子年□

9 　　见人

10 　　见人[①]

① 《敦煌社会经济文献真迹释录》第2辑，第95页。

“中元部落”的相关记载仅此一处，文书年代不可考，但根据吐蕃设置部落的分期来看，初期设置的本土部落为乡部落和僧尼、道门亲表二宗教人口部落，后期为明显吐蕃化的阿骨萨、悉董萨、悉宁宗三军事部落，则笔者将“中元部落”暂归入中期与行人、丝绵同时设置的部落之中。

（二）橑笼部落

S.542v《戍年（818）六月沙州诸寺丁口车牛役簿》中记载有“橑笼部落”一名，文书曰：

> 龙兴寺四乘车……龙供橑笼部落使麦草两车箱十月龙车与悉边寿昌载椽一车三日……大云寺车叁乘……橑笼麦草壹车箱。[1]

另一文书BD09606v号亦载有这一部落，郝春文录为“撩笼部落”：

> 莲台寺车两乘。般（搬）稻两日，修仓般（搬）沙□日□□两车箱，破车一日麦□壹车箱与撩笼部落使。[2]

据郝春文研究，BD09606v号文书的首部正好可与S.542v尾部拼接，两份文书实为同一份文献。此橑笼部落是否在沙州境内，设于何处，性质为何，尚不可考，有待于更多文书的发现。单从上述两件文书记载的情况来看，龙兴寺、大云寺和莲台寺的车被用于为橑笼部落使运送麦草，则这一部落使的官职级别似乎较高。

综上所述，吐蕃统治敦煌中期在敦煌设置的部落主要有行

---

① 《敦煌社会经济文献真迹释录》第2辑，第392页。
② 郝春文《中国国家图书馆藏未刊敦煌文献研读札记》，第29页。

人、丝绵二部落，从名称的字面意思理解，行人部落为“军士部落”，丝绵部落为“绢户部落”，似乎二者一为军户部落一为民户部落。但从敦煌文书中的相关记载来看，行人、丝绵二部落的百姓均以农业生产为主。缴纳赋税，承担力役，并未见到有行人百姓参军作战或者丝绵百姓专事绢布生产的明确记载。因此，笔者以为二者实质上都是以敦煌本土百姓为主体编成的民户部落。而来自吐蕃本土的擘三部落亦收敦煌部分民户，编成上、下部落。此外文书中还记有“中元部落”“燎笼部落”，但材料太少，要做深入研究尚需更多文献资料的发掘。

第四节　吐蕃统治敦煌后期的部落设置

吐蕃统治后期，敦煌社会日趋稳定，不再有诸如驿户起义之类的反抗发生。于是吐蕃统治者进一步改革部落制，废除了原有的行人、丝绵等部落，代之以阿骨萨、悉董萨、悉宁宗三部落，这从820年以后三者频繁见载于敦煌文书，而行人、丝绵之名不复存在即可得到证明。从名称上来看，吐蕃统治敦煌中期所设行人、丝绵等部落，其汉文名称仍包含中原文化的因素，而820年的部落设置从名称上已完全吐蕃化，为藏文名称的直接音译。再者，这三个部落的性质均为军事部落，按吐蕃本土的桂、庸区分以及军部落属民身份高于民部落属民，说明这一时期吐蕃统治者有意提高了敦煌当地民众的地位和身份。

一、阿骨萨部落

（一）阿骨萨部落的设置

阿骨萨部落的藏文转写为rgod sar gyi sde，托马斯很早就指出阿骨萨（Rgod sar）意为“新桂（Rgod）”，并推测其地理位置可能在沙州西部。[1]按“桂”即“武士”之意，则阿骨萨部落可以译为“新武士部落”或“新军部落”，陆离推断其前身为行人部落，[2]从名称来看这种可能性确实很大。从设置时间来看，阿骨萨与悉董萨设置较早，P.T.1089《吐蕃官吏呈请状》明确记载了二部落的设置时间：

> 从敕命递送大臣论·悉塔热合乾等人之处发出的通达牌，由属庐·勒吐于鼠年季春月之四日送到。鼠年之夏，大尚论至边地主持召开陇州会议之际，将在沙州汉人二军部落分出之后，分派公务，任命官职，下达布告。[3]

此处“沙州汉人二军部落”即阿骨萨、悉董萨二部落，此处的“鼠年”，山口瑞凤最早推断为832年，后修订为820年，据此可知阿骨萨、悉董萨二部落的具体设置时间是公元820年，藏历阳铁鼠年。文书中出现的敕命递送大臣论悉塔热合乾，据山口瑞凤、杨铭、陆离等学者考证，应该就是唐蕃长庆会盟碑（图71、图72）北面17行所载“给事中勃兰伽论悉诺热合乾（bkavi phrin blon bran ka blon stag bzhre hab ken）”，会盟碑成于823年，则

① 《敦煌西域古藏文社会历史文献》，第274页。
② 陆离《吐蕃统治敦煌时期的“行人”、“行人部落”》，《民族研究》2009年第4期，第94页。
③ 转引自杨铭《吐蕃时期敦煌部落设置考》，第36页。该文书最早由拉露女士在Revendications des Fonctionnaires du Grend Tibetau VIIIe Siècle（*Journal Asiatique*， CCXIIII, 1955, p.178）中刊出，山口瑞凤《沙州漢人による吐蕃二軍団の成立とmkhar-tsan軍団の位置》（《東京大学文学部文化交流研究设施研究纪要》第4号，1980年，第31页）有译文。

图71 唐蕃长庆会盟碑

P.T.1089号文书中的鼠年定为820年正好与之年代相近。[①]另外，这份文书还能用以说明阿骨萨和悉董萨二部落的从属问题，从“大尚论……将在沙州汉人二军部落分出之后，分派公务，任命官职，下达布告”一语可知，此二军事部落是直接归主持陇州会议的大尚论管辖的。

至于阿骨萨部落的军事部落性质，千佛洞所出藏文文书Ch.73.xv.10号文书《敦煌阿骨萨部落一区编员表》即是明证。托马斯、藤枝晃、姜伯勤、北原薰、刘忠等学者都对该文书做过校

① （日）岩尾一史《吐蕃支配下敦煌の漢人部落—行人部落中心に—》一文认为二人姓名并不完全相同，应该不是同一人，因而鼠年为820年不能成立。考虑到敦煌吐蕃文书中常有同名异写的情况，笔者采山口瑞凤、杨铭、陆离等的观点。

释。[①]从此编员表中可以看出，阿骨萨部落百姓被编入tshar这一军事组织中，担任射手或护持。这件文书将在军事制度一节中详细讨论，此不赘述。

图72 唐蕃长庆会盟碑(局部)

（二）敦煌文书中所见“阿骨萨部落”相关记载

敦煌汉、藏文文书中保存了很多关于阿骨萨部落的记载，这些记载反映出阿骨萨部落百姓生产、生活的一些方面。其中有不少是阿骨萨部落百姓在青黄不接时向佛寺等机构借贷麦粟的契约，如S.1475v（12）、（13）《某年（823年前后）阿骨萨部落百姓赵卿卿便麦契》（图73）记载了阿骨萨部落百姓赵卿卿向灵图寺便麦一事：

① 《敦煌西域古藏文社会历史文献》，第52—54页；（日）藤枝晃《吐蕃支配期的敦煌》，《東方學报》第31期，第228—231页；姜伯勤《唐五代敦煌寺户制度》，北京：中华书局，1987年，第45—47页；（日）北原薫《晚唐五代敦煌の寺院经济》，《講座敦煌》第三卷，第407页；刘忠《敦煌阿骨萨部落一区编员表藏文文书译考——兼向藤枝晃、姜伯勤等先生译文质疑》，《中国史研究》1999年第1期，第80—90页。

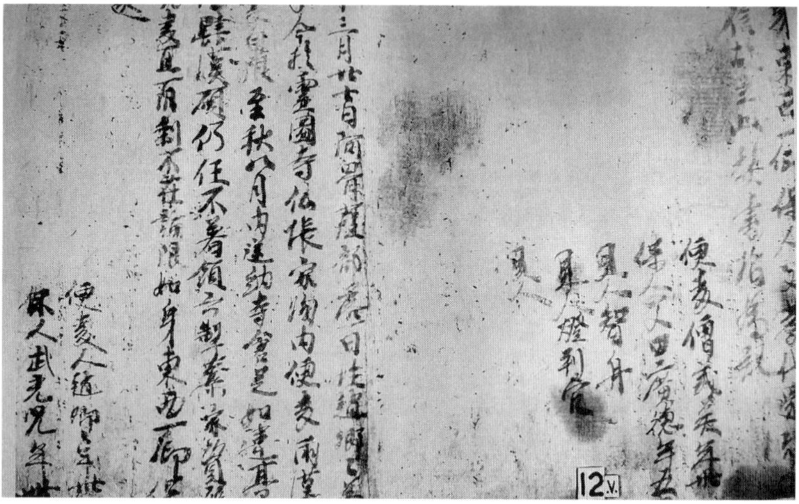

图73 S.1475v(12)、(13)《某年（823年前后）阿骨萨部落百姓赵卿卿便麦契》

1 □年三月廿七日，阿骨萨部落百姓赵卿卿，为无

2 种子，今于灵图寺佛帐家物内，便麦两汉硕。

3 其麦自限至秋八月内送纳寺仓足。如违，其麦请

4 陪为肆汉硕。仍任不著领六，掣夺家资杂物，

5 用充麦直，有剩不在论限。如身东西，一仰保人

6 代还。

7 便麦人赵卿卿年三十

8 保人武光儿年四十

9 见人李意意①

另一件文书S.1475v(14)、(15)《卯年(823?)阿骨萨部落百姓马其

① 《敦煌社会经济文献真迹释录》第2辑，第89页。

邻便麦契》(图74) 记载了阿骨萨部落的马其邻向灵图寺便麦的情形：

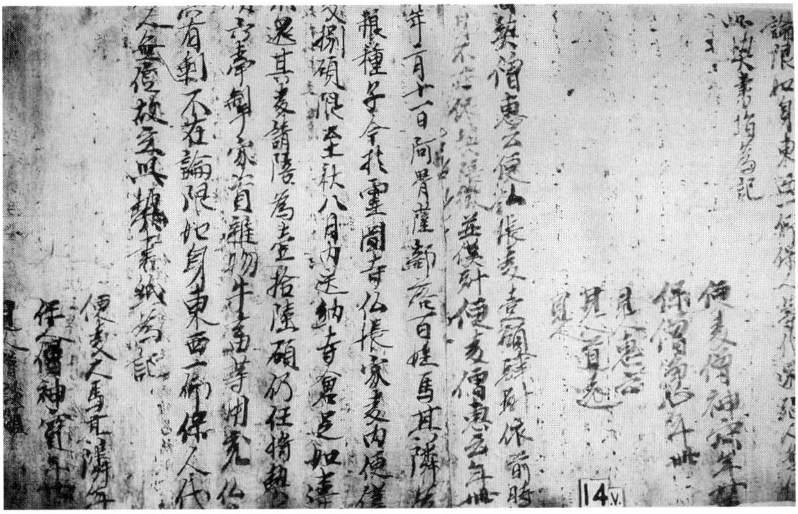

图74 S.1475v(14)、(15)《卯年(823?)阿骨萨部落百姓马其邻便麦契》

1 卯年二月十一日，阿骨萨部落百姓马其邻为
2 乏粮·（用）种子，今于灵图寺佛帐家麦内便汉斗
3 麦捌硕。至秋八月内送纳寺仓足。如违限
4 不还，　其麦请陪为壹拾陆硕，仍任将契为
5 领六，牵掣家资杂物牛畜等，用充佛麦。
6 其有剩，不在论限。如身东西，一仰保人代还。
7 恐人无信，　故立此契，书纸为记。
8 　　　　便麦人马其邻年三十
9 　　　　保人僧神宝年廿
10 　　　　见人僧谈颙（?）
11 　　　　见人陈滔（?）

12　　见人龙齐荣[①]

P.3422v《卯年（823?）正月十九日曷骨萨部落百姓武光儿便麦契》（图75）记载了阿骨萨部落的武光儿向灵图寺便麦一事：

1　卯年正月十九日曷骨萨部落百姓武光儿
2　为少年粮种子，于灵图寺便佛帐麦壹
3　拾伍硕。其车壹乘为典。限至秋八月
4　十五日已前送纳足。如违限不纳，其车
5　请不著领六，任寺收将。其麦壹斗

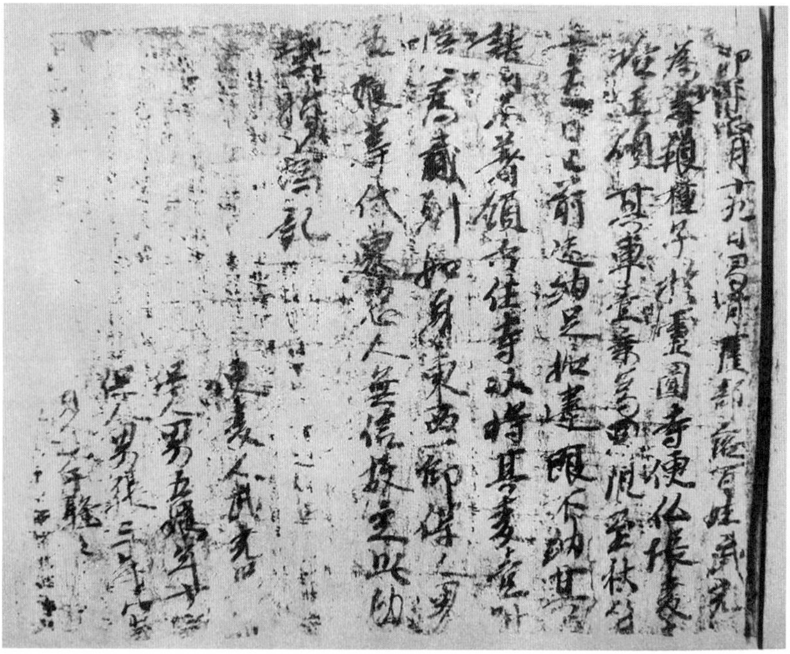

图75 P. 3422v《卯年(823?)正月十九日曷骨萨部落百姓武光儿便麦契》

① 《敦煌社会经济文献真迹释录》第2辑，第91页。

6 陪为贰斗。如身东西，一仰保人男
7 五娘等代还。恐人无信，故立此契，
8 画指为记。
9 便麦人武光儿
10 保人男五娘年十三
11 保人男张三年八岁
12 见人李骖骖
（后残）[①]

此“武光儿”在P.2162v《寅年沙州左三将纳丑年突田历》中亦有记载：“武光儿，常乐一驮半二斗，百尺下青两驮，氾弁青两驮半，小一驮，瓜州一驮，替纳一驮布。”[②]此外，P.2686《巳年二月六日普光寺人户李和和等便麦契》在普光寺寺户李和和、僧广惠憧向灵图寺便麦契之后，载有阿骨萨部落百姓王清清便麦的情况：“巳年二月六日……纥骨萨部落百姓王清清遂于□便种子麦肆汉硕……”[③]

除了便麦契之外，敦煌文书中还有不少阿骨萨部落百姓便粟契，如P.3730v《未年（839）四月纥骨萨部落百姓吴琼岳便粟契》记载阿骨萨百姓吴琼岳向永寿寺便粟，文后还赘有另一阿骨萨部落百姓龙华子的便粟记录，录文如下：

1 未年四月三日，纥骨萨部落百姓吴琼岳，为无粮用，今于永寿寺僧手下佛（?）

---

① 《敦煌社会经济文献真迹释录》第2辑，第93页。
② 《敦煌社会经济文献真迹释录》第2辑，第406页。
③ 《敦煌社会经济文献真迹释录》第2辑，第96页。

2 □物粟汉斗捌硕。其粟清（请）限至秋八月末送纳。如违限，陪。一任掣夺家资杂物

3 等，用充粟直。中间身不在，一仰保人等代纳。恐人无信，故立此契为凭。

4 便粟人吴琼岳⊙ 保人男恩（?）子 保人僧灵俊（?）

5 保人男悉弘（?）□悉弘口洛易 五月十一日吴琼岳便豆两硕捌斗琼岳洛易

6 保人男钟爱 保人僧

7 未年四月四日纥骨萨百姓龙华子便捌斗贰胜华子洛易①

Ch.frag.82文书也记载了阿骨萨部落百姓索格勒借贷小麦和青稞的情形：

鼠年孟夏月初：蔡托（Tshas stobs）部落，鼠年孟夏月初：悉宁宗部落。阿骨萨（Rgod sar）部落的索·格勒（Sag Dge legs）向拉吉（Lha skyes）借得小麦和青稞计三克（Khal）。关于归还时间，定于当年仲秋之月。至死（或一直）有效：已同意以半采（Bre）为息，这半采决不拖延，将如期于门前一次还清。如未按时归还，或图谋欺骗，所欠将加倍。在其房内的财物，连同其所欠的增值，即房外的耕牛及什物、工具、衣服，无论置于何处，皆可依成规占有，不得有半句话抗议。另外，如格勒不在家，或管事的上司（Rje blas）商议后另作批示，那么契约的见证人和债务的担保人（在其住处）将根据所定契约的要求，代纳

① 《敦煌社会经济文献真迹释录》第2辑，第105页。

上述应交之物。

(证明印章，签字及其他附件。)[1]

从上述几件便麦契、便粟契可以看出，阿骨萨部落百姓借贷粮食的时间为正月、二月、三月、四月，正是种田伊始，他们借贷的原因也正是“为无种子”“为少年粮种子”，说明阿骨萨部落虽为军事部落，但百姓的主要生产活动仍然是农业种植。与前节行人、丝绵部落百姓的便麦契、便粟契相比，这一阶段的粮食借贷并没有发生变化，仍然是以向佛寺借贷无息麦粟为主，如违限不还，惩罚手段依然是债务翻倍、保人代还、掣夺家资等。另外，阿骨萨部落百姓有时还要为吐蕃官员借贷粮食充当保人，如P.T.1203号文书“论诺卜赞借粟五蕃斗，于今年秋季八月十五日还清，保人阿骨萨部落之孟鞑子等按指印。”[2]

阿骨萨部落百姓承担着各种赋税力役。如Ch.80.v.1号文书记载：

阿骨萨部落张家佐将（Tshan）之姜昆孜——上年粮官吉赞的代表，已算出应征去年的小麦数为一驮半另四采（Bre），根据节儿（Rtse rje）的命令在猪年秋交付。后帐单上有一变化，猪年仲春之月来了一封信，称一些粮食已由将军（Dmag dpon）授给了堪布（Mkan po）土丹。但彼处的主管（Gnyer pa）达野玛、蔡尼来及其他人等，仍去办理了纳粮事务，小麦一驮半另四采已交付上年粮官吉赞处，时在本年仲春月之十一日。有吉赞的收讫印章盖在汜

① 《敦煌西域古藏文社会历史文献》，第45—46页。
② 《王尧藏学文集》卷四《吐蕃社会经济文书译解（二）》，第54页。

达来、蔡国珍、姜路来等的收据上为证。（若干印章，字迹难辨）

（倒文签署）：配额已完成，数量已打上印记。[1]

文书中所载“张家佐”又见于Ch.73.viii.5号文书，该文书为记载吐蕃时期民众布施寺庙粮食的牌子历（Khram tshan）。[2]从此文书可知，阿骨萨部落百姓须在每年仲春月向粮官交付征粮，缴纳后便可拿到粮官盖印的收据以资证明。另一件文书Ch.83.vi.5号记载：

……沙州汉人（Rgya）悉董热（Stong sar）和阿骨萨（Rgod sar）两千户部落（Stong sde），已受令：牛年和虎年，在瓜州（Kva cu）庄园上领取了论·玉热的谷物，经小突厥（Drug chun）的磨坊加工后，负责运回瓜州，由沙州五十岗（Lnga bcu rkang）孔宣子之将（Tshan）：给王本忠青稞一驮（Khal），给姜……[3]

从此文书得知阿骨萨、悉董萨两部落还承担着将瓜州吐蕃官员的谷物运往小突厥磨坊加工并运回的力役。另一件Ch.73.xv.5号文书还记载了阿骨萨、悉董萨等部落承担写经任务的情形：

当着信使达桑·泽当和于热·丹空的面统计之后，集中了纸张的领条，并分发了著名的佛经，清理了损耗的残存物

① 《敦煌西域古藏文社会历史文献》，第33页。
② 《敦煌西域古藏文社会历史文献》，第78页。
③ 《敦煌西域古藏文社会历史文献》，第32页。

和写卷碎片。有一份报告禀呈论·杰孜和都督论（To dog blon）赞热，内有详细说明，附有写经生中分配纸张的名单。

为了落实责任，将这些纸张分配给各百户长（五十岗，Lnga bchu rkang）及属吏（Vog sna），他们分属于若干部落（Sde）与将（Tshan）。委任的第一位茹玛巴为吉·丹孔。他已发出命令，要于猴年孟秋月初三日完成全部抄写事务。役工记录已编成一份名册（或译：写于役工登记表内）。

禁止抗拒管理方面的规定：若所发纸张可以使用，他应立即妥善保存，若使用不当，或有人图谋不轨，以之（高价）出售，则将逮捕其亲属中的一员，老少不论，关进监狱，本人将被关押在交纳种福田者的处所。一旦接到分派给他们的纸张，写经生必须完成份额，其两倍于所分纸张价值的牲畜、财物等，将作为抵押存放于茹玛巴处，直到圆满完成役职方才发还。如属吏等对写经生不公平，或未收回所分配的纸张，里正（Li ceng）将按每卷（Yug）纸张鞭笞十下来惩罚他。

任里正者应每天每时探询种福田者的确切住处，应多少具备转运纸张的能力。

悉董热部落（Stong sar），令狐东孜将（Tshan）的华大力：马年，分纸张五卷；羊年，分纸张三十六卷。姜黑孜：马年，分纸张十卷……[①]

这份文书是关于马年和羊年吐蕃太子（Lha sras）在敦煌施福田

① 《敦煌西域古藏文社会历史文献》，第70—71页。

抄写《大般若经》的情况，[①]托马斯对其余部分没有译出，只说明从B1行起属于悉董萨部落，到C1行起为阿骨萨部落（Rgod sar gyi sde），D1行起为悉宁宗部落（Snying tsoms gyi sde），但从译出部分已足以看出吐蕃后期所设三部落百姓承担写经任务的情况。从记载来看，吐蕃官府对写经活动的监管是相当严格的，从纸张的分配到写经份额的完成，整个过程中都有层层官吏的监管，且写经生在完成份额前要向官府抵押两倍于纸张价值的财物，如纸张使用不当或高价出售，甚至会给自己和家人招来牢狱之灾。当然，写经生在写经期间应该仍旧如上节S.5824《经坊供菜关系牒》所载行人、丝绵部落写经生的情况一样，获得诸如蔬菜供应一类的待遇。

二、悉董萨部落

（一）悉董萨部落的设置

悉董萨部落的藏文转写为stong sar gyi sde，直译为“新千户部落”，与阿骨萨部落同时设于公元820年，性质亦与之相同，为独立的军事部落，前文已有论及，此不赘述。其前身据陆离推断，为丝绵部落。[②]

（二）敦煌文书中所见“悉董萨部落”相关记载

从汉、藏文文书的记载来看，悉董萨部落仍然一如中期的丝绵部落，主要从事农业生产，这从文献中保存下来的众多粮食借贷契中就能看出。我们不妨先举P.T.1297v《子年二月二十三日孙清便粟契》所载悉董萨部落百姓孙清向永寿寺便粟一例：

---

①按刘忠、杨铭考证，此吐蕃太子应为吐蕃赞普热巴巾（803—838年在位），此马年和羊年应为824年、825年。

②陆离《吐蕃统治敦煌时期的“行人”、“行人部落”》，《民族研究》2009年第4期，第94页。

1 子年二月二十三日，悉董萨部落百姓孙清，为无粮用，今于永寿寺便佛物

2 粟汉斗叁硕。其粟请限至秋八月末送纳，如违，倍。仍任掣夺家资，用

3 充粟直。如身有东西不在，及依限不办填还，一仰保人等，依时限还

4 足。恐人无信，故立此契为凭。　　便粟人孙清㊞

5 　　保人兄孙昌奴㊞

6 　　见人

7 　　见人僧宝积　宝积[1]

另一件文书P.2502v《寅年六月思董萨部落百姓钳兴逸便麦契稿》所载钳兴逸便麦事也是同样的情况：

1 寅年六月思董萨部落百姓钳兴逸，为无粮

2 用，今于处便麦两硕伍斗，并汉斗。其麦并

3 限至秋八月内还足。如违限不还，一任掣

4 夺家资杂物，用充麦直。如身东西不

5 在，一仰保人等代还。恐人无信，故立此

6 契。两共平章，书纸为记。

（后空）[2]

此契稿前另有五行记录了该部落百姓宗萦奴的借麦情况：

---

① 《敦煌社会经济文献真迹释录》第2辑，第78页。

② 《敦煌社会经济文献真迹释录》第2辑，第81页。

寅年七月六日，丝董萨　送乞本马价麦壹
驮半五斗，合出孔买宜将下　百姓宗萦奴
其麦并限至秋八月内还足。如违不还，
一任掣夺家资杂物，用充麦直，如身
不在有东西，一仰保（后空）

再如S.1475v（15）、（16）《卯年（823？）四月十八日悉董萨部落百姓翟米老便麦契》所载悉董萨部落翟米老向灵图寺便麦事：

卯年四月十八日，　悉董萨部落百姓翟米
老，为无斛斗驱使，遂于灵图寺便（衍）佛帐
所便麦陆硕。其麦请限至秋八月内还
足。如违限不还，其麦请陪。仍任掣夺
家资牛畜，用充麦直。如身东西不在，
一仰僧志贞代纳。不在免限。恐人无信，
故立此契。两共平章，书纸为记。
便麦人翟米老年二十六
保人弟突厥年二十
见人
见人
书契人僧志贞①

上述几件粮食借贷契有两件是在当年二月、四月发生，应当与阿骨萨部落的情形一样，都是出于缺少种子粮的原因，而P.2502v所载两桩便麦契约发生在六月、七月，应当是出于缺少口粮的情

①《敦煌社会经济文献真迹释录》第2辑，第92页。

况。从文书记载来看，虽然于六七月借贷，借契规定于秋八月内即要还足，否则掣夺家资以充麦值，悉董萨部落百姓生活负担之沉重于此可见一斑。

除了粮食借贷外，文书中还记载了悉董萨部落百姓的其他一些活动。如北图59：500背即咸字59号《寅年（822）氾英振承造佛堂契》记载了悉董萨部落百姓氾英振与僧慈灯建造佛堂一事：

1 寅年八月七日，僧慈灯于东河庄造佛堂一所，为
2 无博士，遂共悉东萨部落百姓氾英振平章
3 造前佛堂，断作麦捌汉硕。其佛堂外面壹
4 丈肆尺，一仰氾英振垒，并细泥壹遍。其佛堂从
5 八月十五日起首。其麦平章日付布壹匹，折麦
6 肆硕贰斗，又折先负慈灯麦两硕壹斗，余
7 欠氾英振壹硕柒斗，毕功日分付。一定已后，不
8 许休悔。如先悔者，罚麦叁驮，入不悔人。恐
9 人无信，故立此契。两共平章，书纸为记。
10 博士氾英振年三十二⊙
11 见人僧海德①

文书中的悉董萨部落百姓氾英振是“博士”，即手工匠人，由其负责垒墙、泥墙来看，当为泥水匠。他先前欠僧慈灯两硕一斗麦，此次修造佛堂算是抵债。

文书S.6829v（4）《卯年（811？）悉董萨部落百姓张和子预取造㭬篱价帖》（图76）记载了悉董萨百姓张和和为永康寺造㭬篱换取种子粮之事：

① 《敦煌社会经济文献真迹释录》第2辑，第54页。

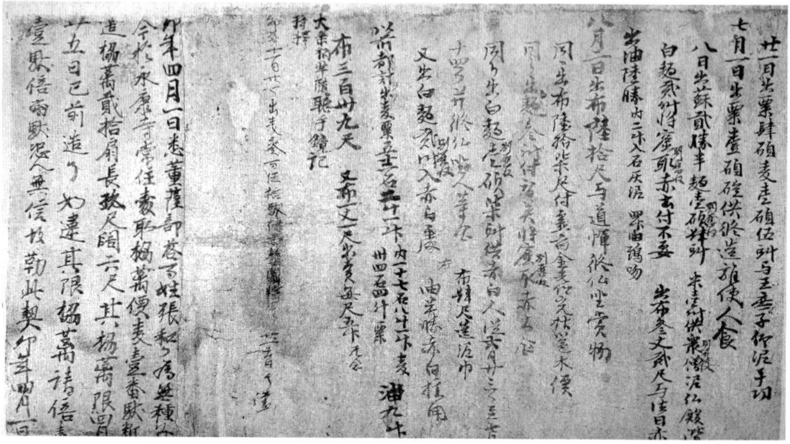

图76 S. 6829v(4)《卯年(811?)悉董萨部落百姓张和子预取造楇篱价帖》

1 卯年四月一日，悉董萨部落百姓张和和，为无种子
2 今于永康寺常住处取楇篱价麦壹番驮，断
3 造楇篱贰拾扇，长玖尺，阔六尺。其楇篱限四月
4 二十五日已前造了。如违其限，楇篱请倍，麦
5 壹驮倍两驮。恐人无信，故勒此契。卯年四月一日
6 张和和手帖。中间或身东西，一仰保人等代还。
7 麦主
8 取麦人张和子年四十一
9 保人弟张贾子年二十五
10 见人汜老（押）
11 见人康讚（押）（弟）
12 见人齐生（押）
（后残）[①]

① 《敦煌社会经济文献真迹释录》第2辑，第82页。正文为张和和，取麦人为张和子，必有一误。

张和和因为缺乏种子粮，向永康寺取麦一番驮，作为交换，他要在四月一日至二十五日之间造出长九尺、宽六尺的棩篱二十扇，如到期不能完成，则要翻倍。

敦煌文书中还有悉董萨部落百姓内部发生土地纠纷的记载。我们可举P.T.1078《悉董萨部落土地纠纷诉状》所载悉董萨部落百姓王安成、王贵公兄弟与窦廓庸重提多年前的土地纠纷，要求吐蕃官府评判一例，文书提道：

> 往昔，水渠垓华沟地方，悉董萨部落中之王安成与王贵公兄弟……在……（宁）毗连而居，廓庸与贵公为田地之故，言语不和……意见不一之地，献于论罗热诺布赞，长期以来……后来于龙年夏，瓜州军帐会议之中，论结赞、论桑赞、论……等人，为答复瓜州萨悉之来件，朗论罗热父子，自沙州百姓编军中分出之后，王贵公兄弟向绮立达论赞三摩赞请求：往昔，我归属唐廷时，在水渠垓华沟地方，后于鼠年，沙州人江甲尔需田（未得）……而获开荒地后，一如过去所需，可继续耕种。但宁宗木地……，在我等休耕之宽阔平地下方耕种，以此为借口，霸佔侵渔……（他把）这些菜地，献于论罗热诺布赞，朗氏为主（耕种），在周布杨菜地上，朗作证人而经营，于其上筑房宅，植园林，近二十年，菜地如定死一样。应按照成议，由于彼等强夺（我地），因此向上申诉，我等把判决之理由及详知内情之证人上报，菜地……等务请交还我们，如此请求。[①]

这件文书除了能够反映悉董萨部落内部的土地纠纷情况外，也为

---

①《敦煌吐蕃文献选》，第44—45页。

吐蕃于820年分出二军事部落提供了佐证。杨铭据此文书指出，在王氏与窦氏相争不下的情况下，吐蕃官员论罗热诺布赞自鼠年（808）起占有争议田地近二十年，而此文书成于824年，前后十六年，符合文书中所言占地“近二十年”的情况，所以文书从侧面反映了820年吐蕃在沙州设置两军事部落之事实。[①]

此外，敦煌文书中还保存了悉董萨部落百姓与其他部落百姓之间购买、借用牛、马等大牲畜的情形。如P.T.1094《鼠年博牛契》（图77）所载悉董萨部落李玉赉从通颊部落安鲍迪处购买黄牛一例：

鼠年冬季十一月初，论可足卜登与论绮力心热、论悉诺心热于军帐会议上，对鲍末奴诉状之批复：

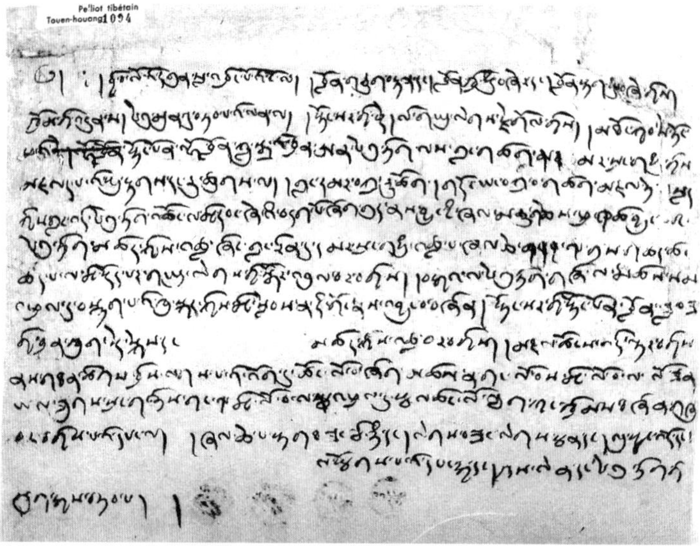

图77 P.T.1094《鼠年博牛契》

① 《吐蕃统治敦煌研究》，第25页。

> 悉董萨部落李玉赉主仆，从通颊斯东巴部落千夫长贪论嘘律扎之奴安鲍迪处，以三两纯银购黄牛一头，毛色与角形为：毛色红而有光泽，犄角直立，脸部有斑纹。今后，鲍迪若谓："自己无权卖此牛"或"此牛之主人为他人"，无论发生大小任何口角，均找鲍迪是问。而三两纯银卖牛之官司，无论判处出多少银钱，均由其送至买主玉赉家中。万一鲍迪不在家，或立即追赶［他］也叫不回来，依照文契所述，找悉董萨部落千夫长论刺腊卜藏之奴还债付息。双方谈妥，如此交易写契。无论何方反悔，或不同意，即将其二两押银立即交与对方。并依法处以［反悔之罪］……审判官。证明人审判官悉诺桑孜聂姆、勒桑勒桑、庐桑诺等盖印。鲍迪摁指印。（下有4枚圆形印章。）[①]

另一件文书P.T.1297（5）《虎年借马契》记载了悉董萨部落百姓高杨赉向沙弥张能兴借用先前出售马匹之事：

> 虎年冬，沙弥张能兴从悉董萨部落高杨赉处购得母马一匹，而马［卖后］杨赉又借回该马，定于兔年秋季八月内将马送还沙弥能兴家中。于此期间，母马若有死亡、丢失，照赔母马一匹，立即交与能兴。该马若未发生死亡或丢失，亦于夏季内交还。如有驹，则付与相应酬金。母马不孕，则由杨赉说明。杨赉到时不送马来，或借故生变，着由保人……。杨赉及腊当当依照文契所述行事，彼二人签字。论玉卜藏、论腊卜藏腊悉顿、赵悉诺赉、何登公及证人盖印。[②]

---

① 《王尧藏学文集》卷四《吐蕃社会经济文书译解（二）》，第55—56页。
② 《王尧藏学文集》卷四《吐蕃社会经济文书译解（二）》，第56页。

牛、马作为农业生产中不可或缺的大型牲畜，必然备受农业人口的重视，因此悉董萨部落百姓在处理牛、马的购买、借用时都要立契为证，这进一步说明了悉董萨部落虽名义上为军事部落，实际上仍以从事农业生产为主。

三、悉宁宗部落

（一）悉宁宗部落的设置

悉宁宗部落对应的藏文为snying tshom gyi sde，山口瑞凤从后世史料中Dar tse与phyugs mtshams之间有一名称为sDe mthams/sTe vdzoms推断这可能为悉宁宗部落名称的正确原形，[①]并推断其设置时间为824年以后。[②]写成于839年的P.4638《大番故敦煌郡莫高窟阴处士公修功德记》记载阴嘉政之弟阴嘉珍曾任“大蕃瓜州节度行军并沙州三部落仓曹及支计等使”；[③]写成于824年以后的ДX.1462+P.3829《吐蕃论董勃藏修伽蓝功德记》记载论董勃藏的官职是“大蕃古沙州行人三部落兼防御兵马及行营留□”[④]，此“沙州三部落”“沙州行人三部落”即阿骨萨、悉董萨、悉宁宗三部落，因此悉宁宗设立于824年以后是毫无疑义的。陆离进一步推断悉宁宗部落由阿骨萨、悉董萨二部落中较大的阿骨萨部落中分出。[⑤]

（二）敦煌文书中所见“悉宁宗部落”相关记载

如上述两个部落一样，悉宁宗部落虽名为军事部落，但仍行

① 《吐蕃统治敦煌与吐蕃文书研究》，第274页。
② 《吐蕃统治敦煌研究》，第26—27页。
③ 《敦煌碑铭赞辑释（增订本）》中，第624页。
④ 李正宇《吐蕃论董勃藏修伽蓝功德记两残卷的发现、缀合及考证》，第250页。
⑤ 陆离《吐蕃统治敦煌时期的“行人”、“行人部落”》，《民族研究》2009年第4期，第94页。

农业生产之实。因此关于这一部落的文书中同样有不少与农业生产相关的记载。如S.5998v（图78）和S.5998（图79）是两件关

图78 S. 5998v《年代不详悉宁宗部落百姓贺胡子预取刈价契》

于悉宁宗部落百姓帮人割麦取得报酬以缴纳赋税或偿还官债的汉文文书。兹录文如下：

1. S.5998v《年代不详悉宁宗部落百姓贺胡子预取刈价契（习字）》（乙）：

1 □□□月十日，悉宁宗部落百姓贺胡子为负

2 □□□纳不办，今于丝練（绵）有处取刈价贰拾亩，其

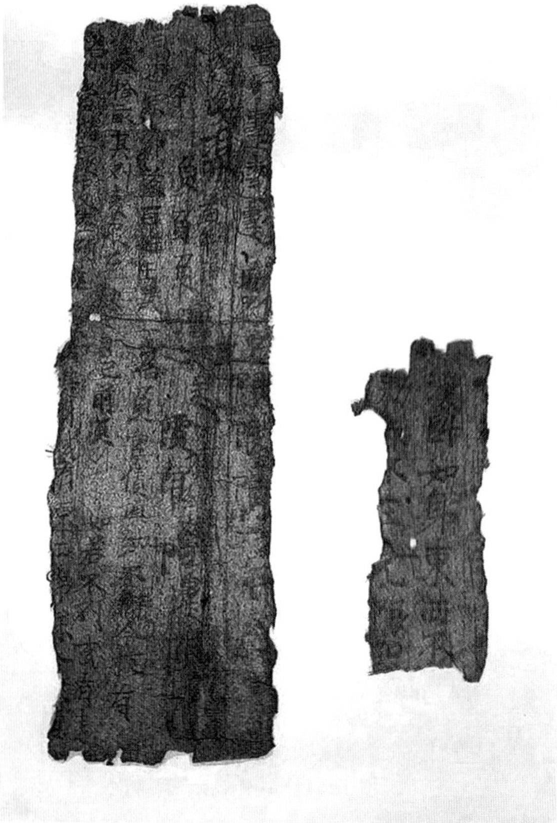

图79 S.5998《年代不详悉宁宗部落百姓王晟子预取刈价契》

3 □□限至秋七月已前须刈了，价如若不刈，或有

4 □□讫，依乡原当时还麦 硕并汉斗，其身

（后缺）①

① 沙知《敦煌契约文书辑校》，南京：江苏古籍出版社，1998年，第244—245页。

2. S.5998《年代不详悉宁宗部落百姓王晟子预取刈价契（习字)》（乙)：

1 ▭四日，悉宁宗部落百姓王晟子为负官债，填纳不办，今于有

2 ▭刈叁十亩，其刈麦限至秋七月已前须刈了，如若不刈，或有麦

3 ▭原当时还麦陆硕并汉斗。其身或有东西，一仰保人▭

（后缺）①

根据这两件文书的记载，悉宁宗部落百姓王晟子因为身负官债无力偿还，遂受雇于人，为雇主割麦三十亩，可获得六硕麦作为报酬。另一悉宁宗部落百姓贺胡子亦为他人割麦二十亩以应付“□纳不办”的困难，这里指的应该是纳突，即突田税。需要指出的是，贺胡子的刈价契中出现了“今于丝練（练）有处取刈价贰拾亩”一语，沙知推断“丝練（练)”为“丝綿（绵)”笔误，可能指丝绵部落。按丝绵部落最晚已于821年废置，此处究竟如何解释，留待进一步研究。

藏文文书中也有不少悉宁宗部落借贷粮食、土地纠纷的相关记载。如P.T.1203号文书就载有“宁宗部落赵秋子借粟一蕃斗，于今年秋季还清，按指印。”②另一件文书P.T.1115《青稞种子借据》（图80）则详细记载了悉宁宗百姓宋弟弟与王华子等合耕土地并借贷种子一事：

① 沙知《敦煌契约文书辑校》，第246—247页。

② 《王尧藏学文集》卷四《吐蕃社会经济文书译解（二)》，第53页。

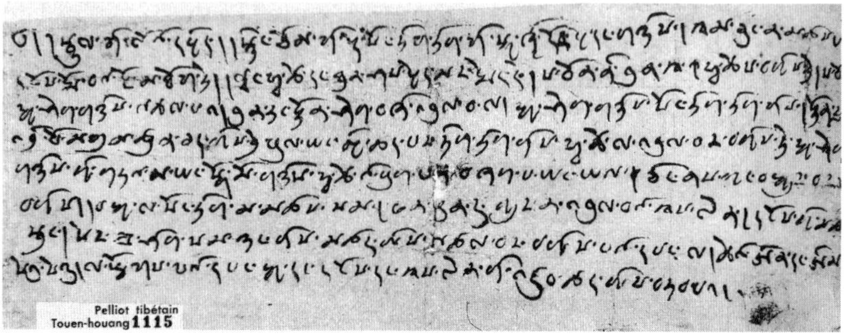

图80 P.T.1115《青稞种子借据》

蛇年春，宁宗木部落百姓宋弟弟在康木琼新垦地一突半，本人无力耕种。一半交与王华子和土尔协对分耕种，种子由华子负责去借。共借种子二汉硕（石），秋季还债为四汉硕。其中二汉硕由宋弟弟归还。于秋季八月底前，弟弟不短升合交与华子。二汉硕（种子）的抵押品为家畜母牛两头，交与华子手中，抵押品若失去，就不再还给青稞。万一宋弟弟外出不在或发生纠葛，承诺之数仍应交纳（指二汉硕青稞），可直接与其妻部落女石萨娘去讲论（交涉）。中保证人曹银，阴叔叔立契。本人和承诺人按指印。

（后有印章两枚，一枚上有宋弟弟字样——译者）

蛇年春，宋弟弟从悉董萨部落王华子家，当面借青稞二汉硕，定于今年秋季八月底前还清。[①]

P.T.1297（1）《宁宗部落夏孜孜永寿寺便麦契》记载了悉宁宗部落百姓夏孜孜向永寿寺借贷种子粮一事：

宁宗部落之夏孜孜因无种子及口粮，濒于贫困危殆，从

① 《敦煌吐蕃文献选》，第55—56页。

永寿寺三宝与十方粮中，商借麦及青稞八汉硕。还时定为当年秋八月三十日，送至永寿寺之掌堂师与沙弥梁兴河所在之顺缘（寺户）库中。到时不还，或单独出走，借一还二。即或从孜孜家中牵走牲畜，抄去衣服用具，径直从团头手中夺走也无辩解，更无讼词。若孜孜不在，着其子夏冲赉照前项所述交来。中证人王悉道和周腊赉盖印，同时，孜孜自愿承担，印章加签字。

（下有圆形印章四枚。）①

此文书中“径直从团头手中夺走也无辩解”一语颇耐人寻味。按团头为寺户组织负责人，吐蕃时期敦煌的寺户与部落百姓是分而治之的，缘何又与悉宁宗部落百姓夏孜孜产生联系？寺户百姓与部落百姓不应有重叠，则或许悉宁宗部落设置之时吸收了一部分寺户也未尝不可。

其他文书中亦见有悉宁宗部落之名，如Ch.frag.82号文书载有“鼠年孟夏月初：悉宁宗部落”一语，M.I.vii.32号木简记载：“论董桑心中焦急，下令尽快调兵至巴夏（Spa zha）。速将陇·俄玛布鲁（Slung Vo ma bu lud）和悉宁宗（Snying tsoms）的属民三人，即孙·仁钦、巴哲贝努和杂达阿隆，送至大罗布（Nob ched po）。”②此处的悉宁宗是否为敦煌的悉宁宗部落尚不能确定，倘事实如此，则说明悉宁宗部落的百姓作为军事部落的属民，确实身负兵役。

以上笔者对阿骨萨、悉董萨、悉宁宗三个敦煌汉人部落的设

①王尧、陈践《从一张借契看宗教的社会作用——P.T.1297号敦煌吐蕃文书译解》，《世界宗教研究》1986年第4期，第66—71页。

②《敦煌西域古藏文社会历史文献》，第50页。

立及相关文书分别做了归纳。事实上，敦煌文书中亦不乏三者同时出现的例子，进一步说明此三部落确系同一时期，如P.T.1001《尼众诵经登录册》（图81）所载诵经的众比丘尼就分别来自此三部落，现根据王尧、陈践的译文列表如下：①

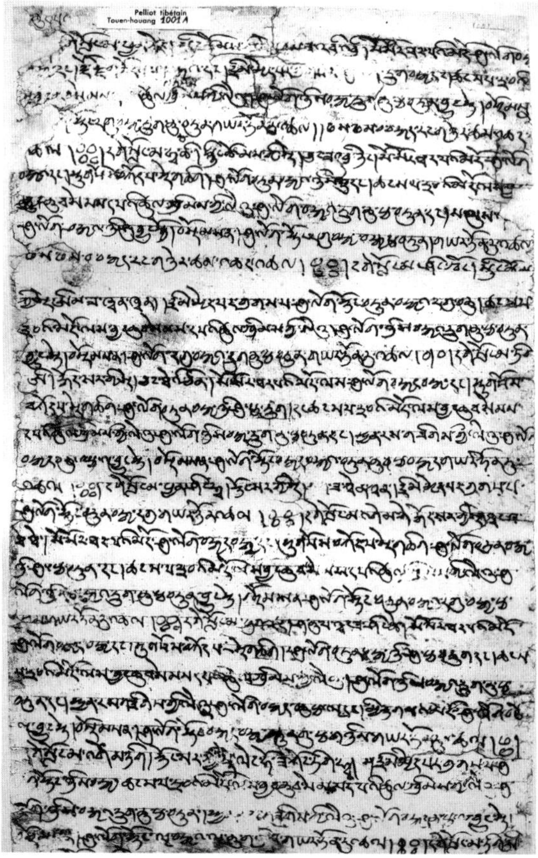

图81 P.T.1001 《尼众诵经登录册》

①王尧、陈践《蕃占期间的敦煌佛教事业探微——P.T.999、1001号藏文写卷译释》，《世界宗教研究》1988年第2期，第122—129页。此译文中将“阿骨萨”写作“纥骨萨”，“悉宁宗”写作“宁钟”，本文表中均采前一写法。

法号	本名	所属部落	念诵经典
正静	佩氏	悉宁宗	《分别解脱经》《金刚断》《无垢经》《梵纲经·菩萨戒品》《八他胜罪经》
化志	张玛宁	悉宁宗	《分别解脱经》《密严刹土品》《梵纲经·菩萨戒品》《稻秆经》《八他胜罪经》
性空	阴宣宣	悉宁宗	《无垢经》《梵纲经·菩萨戒品》
谛义	张太静	阿骨萨	《分别解脱经》《密严刹土品》《梵纲经·菩萨戒品》《观音普门品》
卞性华	萨玄文	悉董萨	《无垢经》
元恪	王娣娣	阿骨萨	《分别解脱经》《密严刹土品》《梵纲经·菩萨戒品》
性慈	王氏	/	《分别解脱经》《密严刹土品》《梵纲经·菩萨戒品》《观音普门品》《无观察经》
元提	令狐公地花	悉董萨	《无垢经》《梵纲经·菩萨戒品》《观音普门品》
滴义	/	/	《金刚断》《观音普门品》
蒂海腊	安素仁娘	悉董萨	《梵纲经·菩萨戒品》《分别解脱经》《无观察经》
性妙	鲁化养慈	悉董萨	《分别解脱经》《无垢经》《梵纲经·菩萨戒品》
演妙	宋花广	阿骨萨	《分别解脱经》《梵纲经·菩萨戒品》《无垢经》
性普	令狐悌无	悉董萨	《梵天智慧品》《遗教》《分别解脱经》
妙成	仁英娘	悉宁宗	《分别解脱经》《无垢经》《梵纲经·菩萨戒品》《观音普门品》
超尘	范狗狗	阿骨萨	《分别解脱经》《无垢经》《梵纲经·菩萨戒品》《观音普门品》《八他胜罪经》
演和	张善慈	悉宁宗	《分别解脱经》《无垢经》《金刚断》

上表中共记录比丘尼16位，其中两位因为文书残损不得其所属部落，其余14位中有4位来自阿骨萨部落，5位来自悉董萨部落，5位来自悉宁宗部落。可见吐蕃统治后期，吐蕃统治者将僧俗大众均编入这三个汉人军事部落，P.2449v（0）《尼患文》所载“流沙僧俗，敢荷殊恩。百姓得入行人，部落标其藉（籍）信”正是对这一举措的写照。[①]

四、通颊部落

（一）通颊部落的设置与性质

通颊的藏文转写为mthong khyab，将此汉、藏文名称对译始自山口瑞凤，他在《讲座敦煌》中首次将mthong khyab译作“通颊”。[②]在此之前，托马斯在《关于新疆的藏文文献和文书》第2卷中译为“烽火瞭望边哨”；佐藤长在《西藏古代史》中译为“张台”，[③]与托马斯略同；乌瑞在《〈贤者喜宴〉分析研究》中译为一具体地名；王尧、陈践曾在《敦煌本吐蕃历史文书》中意译为“节度使”，在《吐蕃简牍综录》中则采用“通颊”一名，释为吐蕃设于边境的一级行政机构，通颊百姓即吐蕃统治下汉蕃杂处的部落民众。

所谓“通颊”，为吐蕃军事行政区划中的一级机构，早在松赞干布之时既已设立。松赞干布委任三尚一论掌管中央集会会址，三勇部（dpav sde gsum）卫戍边地哨卡，此为“六奎”（khos drug），六奎的奎本之中即有通颊奎本之设：

《六种大法》之第一种《以万当十万之法》，因该法指出

① 《敦煌汉文吐蕃史料辑校》第1辑，第264—267页。
② 《讲座敦煌2·敦煌的历史》，第210页。
③ 《古代チベット史研究》，第253页。

> 了从政措施和“奎”（khos）。据此，松赞干布对众臣诸一颁布委任，任命吐蕃之奎本（bod kyi khos dpon）为噶尔·东赞域松、香雄之奎本（zhang zhung gi khos dpon）为琼波苯松孜（khyung popun zung tse）、苏毗之奎本（sum pavi khos dpon）为霍尔恰秀仁波（hor bya zhu ring po）、齐布之奎本（chibs kyi khod dpon）为韦赞桑贝来（dbas btsan bzang dpal legs）、同乔之奎本为久若结岑扬恭（cog ro rgyal mtshan gyang gong）等。[①]

此处“同乔”即“通颊”之异译。《贤者喜宴》还记载有通颊的从属关系：

> 所谓“下勇部”（smad kyi dpavi sde）在玛朋木热（rma pom ra）以下嘎塘陆茨（ka thang klu tshe）以上，由“同乔九政权部”（mthong khyab srid sde dgu）及吐谷浑六东岱（va zha stong sde drug）所据。[②]

此处的“同乔九政权部”即通颊部落，由此可见其隶属于六奎中负责卫戍边地的三勇部之下勇部。

明确了通颊部落的性质，我们便可想见，通颊与敦煌其他部落是大不相同的，它是吐蕃在广大占领区设立的一系列通颊部落中的一个。事实上，东道节度使下辖的通颊部落就有十个，分东西各五。在米兰、麻扎塔格出土的文书、木简中都有大量通颊的相关记载。如M.I.i.x.7号木简载：“向大王主子禀报：上面在小

① 《贤者喜宴——吐蕃史译注》，第31—32页。
② 《贤者喜宴——吐蕃史译注》，第35页。

罗布二城议会时，我等在通颊一段加入当初的守城军。敌部斥候军，杀我眷属，割下头颅，粮筒中所有粮食悉为敌部抢尽，（我等）遭受如此残害。”M.I.i.3号木简载：“在大萨毗所辖地面，通颊北边驻有个别守边斥候。根据旧令及新建万人部落之令，不可像盗匪般使庶民不信任，不可抢劫。但所属地区发生内乱，萨毗属地之内没卢氏、属卢氏等家族叛离，做尽坏事……”[①]说明西域地区亦有通颊部落活动。另一件M.I.i.23号文书更是反映了通颊部落属民的悲惨境遇：

> 询问昆赤热健康与否（的信），萨毗（Tshal byi）……鉴于我等来自朗迷（Lang myi）部落，从父辈起就……（遵）命来通颊（Mthong khyab）服役，萨毗（Tshal byi）将军（Dmag pon）审查了服役者……以前为及时减少巡哨的雇员，向大尚论提出申请，并为萨毗通颊雇员的改换，送去一封信，仅支付雇佣的工钱未收到，我们弟兄五六人，皆一仆人之子，有两兄弟在通颊（Mthong khyab）的服役中堪称能手，如果君王及其母后有命令，在令中指示萨毗将军和巡察使（Spyan）（发出通知），通颊之属员应得到他们的佣金，如此我们即能免去一死。吾父去世之前，我们弟兄指望能见他一面。
>
> 倒文：托神之福：可怜的雇员琛萨波噶的申请书。[②]

---

① 《吐蕃简牍综录》，第51页。此木简托马斯译文为：“在萨毗之且末（Car chen），北方通颊（Mthong khyab）斥堠甚少。根据旧令及新任命万户（长官）的命令，没有我的批准，那些人员不应被作为巡察人员而送走。”参看《敦煌西域古藏文社会历史文献》，第116页。

② 《敦煌西域古藏文社会历史文献》，第117页。

文书反映出通颊部落的属民是来自吐蕃本土朗迷部落的雇佣军，说明通颊部落的属民并非全由占领区民众组成，而是包含随战争移动的吐蕃部落民在内，这与山口瑞凤提出的敦煌之通颊部落为吐蕃人占领唐朝属地后在蕃汉杂居地区所设新机构的结论是相符的。同时，上述材料说明通颊部落是一种用于巡逻、守卫的斥候军，不同于吐蕃茹军事制度下的千户部落。①那么通颊部落的人数如何决定呢？根据M.I.xxiv.0031号木简记载："吐谷浑人户有多少？长住户若干？根据所计住户之数，决定派来边隅斥候人数。"②可见通颊部落的人数是根据当地住户的人口数决定的。如此，则吐蕃在敦煌社会已相对稳定、户籍制度已相对完善的后期设立通颊部落就完全可以理解了。

关于吐蕃在敦煌设立通颊部落的情况，藏文文书P.T.1113《陇州军镇会议告牒》(图82）中有明确记载：

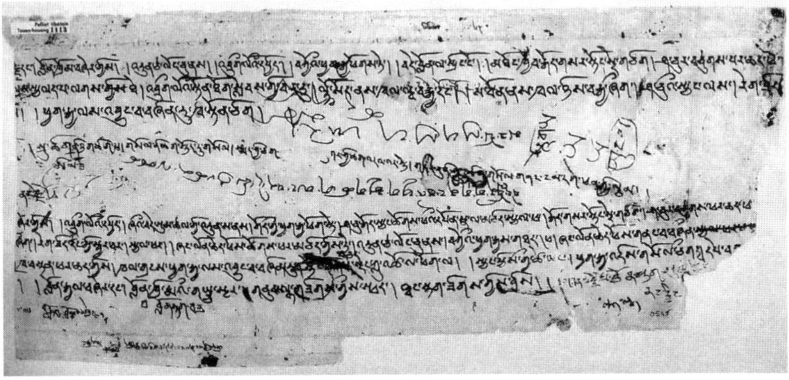

图82 P.T.1113《陇州军镇会议告牒》

龙年春，……王和论冲木热从陇州会议向安抚论发出之盖印告牒。谓：

① 杨铭《通颊考》，《敦煌学辑刊》1987年第1期，第113—117页。
② 《王尧藏学文集》卷三，第200页。

> 要于沙州建一通颊纥骨萨东岱，龙年秋收之前，食用青稞五百蕃斗，种子青稞二百蕃斗，从沙州粮中……登记，按照告牒调拨。
>
> 另，龙年春，从霞代三村之会议，上峰给沙州军粮粮库长官发出之盖印告牒：
>
> 已商定要在沙州建一纥骨萨东岱，调拨粮数与册上不符。大尚论集会决议，从陇州会议，发出盖印告牒，命遵照大尚论批准数补足，依告牒中所写蕃斗数交与当鲁错。统计粮食时，呈上此告牒……努布·腊息于论野热和论绮玛驾前述，王悉诺息记录。[①]

此龙年即824年阳木龙年，此时阿骨萨部落早已建立，文书后半部所载要新建的“纥骨萨东岱”，按藏文可直译为“新武士部落”“新军部落”，可能是824年之后新建立的悉宁宗部落。

（二）敦煌文书中所见“通颊部落”相关记载

相较于敦煌本地的阿骨萨、悉董萨、悉宁宗三部落，敦煌文书中关于通颊部落的记载较少。但从零星的记载中我们仍可看到通颊部落不同于其他部落的情形，如P.T.1083《据唐人部落禀帖批复的告牒：禁止抄掠汉户沙州女子》(图83)载：

> 请按例准许，可如通颊之女子，可以不配予别部，而在部落内部寻择配偶，勿再令无耻之辈持手令前来择配，并允其自择配偶。[②]

① 《王尧藏学文集》卷四，第376—377页。
② 《敦煌吐蕃文献选》，第52页。

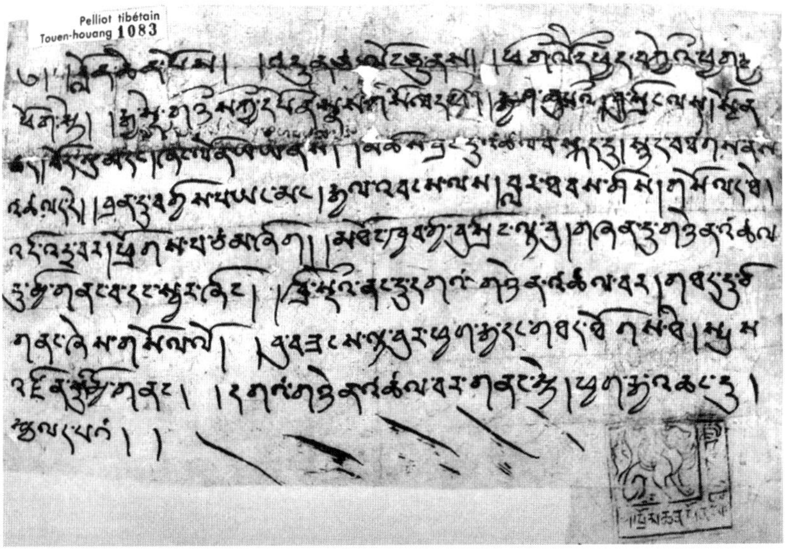

图83 P.T.1083《据唐人部落禀帖批复的告牒：禁止抄掠汉户沙州女子》

据此文书可知，通颊部落是实行内部通婚的，而敦煌其他各部落在向吐蕃申诉部分吐蕃官吏以婚配为名掳掠人口之后，吐蕃才回复汉人部落属民“可如通颊之女子”不予别部婚配而在内部通婚，这从一个侧面反映出通颊部落区别于别部的情形。而关于吐蕃在初入征服地区时抢劫当地财帛户口的情形，上述M.I.i.3号木简所载“不可像盗匪般使庶民不信任，不可抢劫”恰好做了注脚。

综上所述，在吐蕃统治敦煌晚期，敦煌社会已趋稳定，民众暴力抗争的情况已不见载，吐蕃遂改建原先的行人、丝绵等部落为阿骨萨、悉董萨、悉宁宗三部落，部落性质亦从民户部落转为军事部落，旨在提高敦煌民众的社会地位。从带有中原文化色彩的“行人”“丝绵”之名改为完全吐蕃化的藏文音译名称“阿骨萨”“悉董萨”“悉宁宗”，反映出敦煌地区受吐蕃文化影响程度的加深和当地民众对吐蕃文化的日渐接受。具体到三部落的设置细节，则阿骨萨、悉董萨二部落设置较早，目前学界已有此二部落设置于公元820年的定论，而悉宁宗部落相对较晚，置于824年之后。三部落中，阿骨萨由行人部落改建而来，悉董萨由丝绵部落改建而来，悉宁宗则可能为从较大的阿骨萨部落之中划分而来。三部落虽然名义上为军事部落，但从敦煌文书的记载中我们可以看出，部落属民的主要任务仍然是农业生产。当然，其军事性质也在文献中有所体现，典型的一件材料就是阿骨萨一区编员表，记载了这一时期当地民众服兵役的情形，以及一个基层军事单位tshar中射手、护持的设置情况。除了以敦煌本地居民为主体设立的三部落之外，这一时期吐蕃还在敦煌设立了一个通颊军事部落。通颊部落作为吐蕃长期以来设置在边境地区用于巡逻卫戍的一级军政机构，与三部落的性质有所区别，其成分蕃汉混编，汉人或以寺户为主。

第五节　敦煌部落的内部行政设置

在弄清吐蕃统治敦煌各阶段部落设置的基础上，我们有必要更进一步探讨部落内部的各级行政建制。众所周知，唐制县下有乡里之设，“凡百户为一里，里置正一人，五里为一乡，乡置耆老一人”[①]，敦煌陷蕃前即设有十三乡，乡下又有若干里。同样的，吐蕃的部落制在部落之下亦有百户、十户两级基层组织，因而我们可以将吐蕃的“部落—将”制与唐朝的“乡—里”制对应起来理解。

一、百户组织——将（tshan）

（一）吐蕃本土的“将”之性质与规模

“将”作为一级行政单位，出现在吐蕃时期及之后的敦煌汉文文书中。杨铭最早将之与藏文tshan对应了起来，指出“将”即

① 《通典》卷三三《职官十五·乡官》，第192页。

tshan的音译。[1]tshan是吐蕃本土早已有之的一种民事性质的行政单位，藏文典籍《广本德乌宗教源流》和《五部遗教》中均载有tshan bcu一制，杨铭将之译为“十将”：

> 典籍中讲，“十将与十部……”等等。这里，“十将”是吐蕃每一茹有十六个称作“将”的地方官；“十部”是吐蕃每一茹有八个部落，加上小东（岱）为九，再加各自的近卫军为十。[2]

熊文彬对这一制度进行了深入研究，指出tshan有“团体、党、派；部队；类别、品类、经、第、次”之意。bcu即数词“十”，从字面或可理解为按团队或部伍建制而成的十个组织或机构的名称。“将”制在吐蕃本土的设置情况，据《广本德乌宗教源流》载共设有65个，《五部遗教》则载有90个，即吐蕃本部四茹各16个，上部象雄和下部苏毗各13个。[3]虽然两书的记载略有出入，但吐蕃本土四茹下设16个左右的tshan似乎是可以确定的。

那么“十将”与部落又是何种关系呢？我们知道，吐蕃社会的民众被划分为“桂”（rgod）、“庸”（g·yung）两大阶层，“桂”即武士，“庸”即一般属民，二者分属于千户部落（stong

---

①杨铭《吐蕃时期敦煌部落设置考——兼及部落的内部组织》，《西北史地》1987年第2期，第34—40页。在此之前西方学者在研究敦煌、新疆出土的藏文文书时已对tshan一词做了译释和研究，如托马斯将之译为“帐目”（account）、“部队”（company）（F.W.Thomas, *Tibetan Literary texts and Documents concerning Chinese Turkestan*, II, London, 1951, pp. 41、81、83、167、168.）；乌瑞译为“小队（长）”（section），均未参照同一时代的汉文文书。

②《吐蕃统治敦煌研究》，第276页。

③ 熊文彬《吐蕃本部地方行政机构和职官考——tshan-bcu、mi-sde、yul-sde、yul-gru、yul-dpon》，《中国藏学》1994年第2期，第51—58页。

sde）和庸人部落（mi sde）。我们通常所说的“东岱”或“千户”即是武士部落，其建制属于军事性质，所谓的六十一东岱均在此列。而管理一般民户生产生活的庸人部落（mi sde），其建制则属民政性质，是与千户相对的管理地方行政事务的一级平行机构。考虑到tshan bcu大多按自然村落设置，与千户一般设置在重要的城镇或军事要道不同，且在同一地方同时设置两种机构的情况较少，我们或可认为“十将”这一整体即指庸人部落（mi sde）。[①]

据此，对于吐蕃本土的“将”，笔者得出这样两点理解：首先，“十将”（tshan bcu）指代的是一个整体，即由若干“将”形成的、高于“将”的一级行政建制——庸人部落（mi sde），这是与军事性质的千户部落（stong sde）相对应的管理一般属民的行政单位。那么，“将”的性质就可定义为一般民户部落下辖的一级行政单位。其次，虽然其名为“十将”，但并非一定下属十个将，这一名称只是为了遵循游牧民族“十进制”行政建制的形式而提出的一个概数，实际数量一般为16个左右，且多按自然村落设置。

（二）敦煌文书所见“将”之相关记载

吐蕃的行政建制如北方大多数游牧民族一样遵循十进制，因此从字面上来看部落为千户、将为百户，但敦煌的实际情况并非如此，万户、千户、百户仅仅成为一种编制民户的名称，实际数字显然远远不足。或者可以这样说，在敦煌的“部落—将”制中，一部落下设有十将，这一点的确是遵循十进制原则的，但具体户数就并非一部落含千户、一将含百户了。当然，数量不足并

①熊文彬《吐蕃本部地方行政机构和职官考——tsha-bcu、mi-sde、yul-sde、yul-gru、yul-dpon》，《中国藏学》1994年第2期，第51—58页。

不影响我们探讨部落、将的建制情况和职能分工。

1. 敦煌“将”的设置与规模

“将”在敦煌的出现是在790年吐蕃正式分部落之后，能够很好地反映敦煌“十将”制的文书，当数前引S.2228《亥年修城夫丁使役簿》。文书按照右一到右十将、左七到左十将的顺序记载了若干部落亥年六月服修城役的情况。可以想见，左一到左六将必然也是存在的，只因文书残损过甚不得见罢了。根据文书的记载，右一至右十将除右五将为四人外，其余各将均出五人服役，左七、左八二将出六人，左九、左十二将出七人，均服役五日。这种服役人数的细小差异说明，虽然少数几个将略有出入，但各将所辖民户是大致相同的。从该文书可以看到，在敦煌，“将”分左、右各十，因而单从数量而言，相对于吐蕃本土的“十将”下实际辖有约16个将的情形，敦煌的情况似乎更符合“十将”（tshan bcu）的称谓。敦煌汉文文书中亦载有“十将”之语，如BD09360《部落转帖》即载有“十将并里正等”[①]的内容。

前引记载擘三部落所辖“左二将”户籍情况的S.3287v号文书也反映了这种部落之下左右对称设置“将”的情形。由第25行“男住住娶下部落王海女十二”一语可推断，此左二将属“上部落”，既然左诸将辖于上部落，那么右诸将可能是辖于下部落。文书还记载了其他“将”的名称，均如S.2228v号文书中的将名一样，为左、右加数字构成，如汜履倩一户“苐履勗娶左六将贾荣下李买婞为妻”“女心娘出嫁左一将徐寺伽下吴君奴”“女太娘出嫁左一将徐寺伽下张通子”，张念念一户“妹团团出嫁与左三画平平”，等等。再如P.4638《大番故敦煌郡莫高窟阴处士公修

①郝春文《中国国家图书馆藏未刊敦煌文献研读札记》，《敦煌研究》2004年第4期，第22—31页。

功德记》载有“其仲弟嘉义，所管大蕃瓜州节度行军先锋部落上二将告身减旃矣”，[①]此处的“行军先锋部落”应为设于瓜州的军事部落，“上二将”当同于敦煌所谓“左二将”。

吐蕃统治后期，阿骨萨、悉董萨、悉宁宗三部落下辖诸将的情形在Ch.73.xv.5号写卷中更是有着明确的记载，这份文书记载了“马年和羊年”吐蕃太子种福田时在敦煌抄写《大般若经》的写经生中分配纸张的情况，全文共载阿骨萨、悉董萨、悉宁宗三部落下辖29将，其中阿骨萨部落下辖十将：张显将、张大古将、张卡卓将、孔宣子将、氾大勒将、王兴子将、索格勒将、郑勒赞将、赵可成将、索君子将；悉董萨部落下辖十将：令狐冬子将、石宜德将、吴大宝将、安藏子将、吉长可将、氾现子将、王财纳将、杨可尊将、令狐白穷将、尹安子将；悉宁宗部落下辖九将：康大财将、阴则勋将、张马勒将、张意子将、氾华奴将、阴亨子将、赵兰子将、王勒贪将、李安子将。可以看出与前述汉文文书中左、右加数字构成将名不同，该文书中以人名来区别各将，这些人当为该将将头。[②]这些将在其他藏文文书中亦有记载，如Ch.83.vi.5号文书载有“沙州五十岗（Lnga bcu rkang）孔宣子之

---

① 《敦煌碑铭赞辑释》，第240页。

② （英）F.W.Thomas, *Tibetan Literary texts and Documents concerning Chinese Turkestan*, II, London, 1951, pp. 80-84;《敦煌西域古藏文社会历史文献》，第69—72页；（匈）Géza Uray, “Notes on the Thousand-districts of the Tibetan Empire in the first half of the ninth century”, *Acta Orientalia Academiaescientiarum Hung*. Tomus XXXVI (1-3), pp. 547-548; （日）Tsuguhito Takeuchi, “TSHAN: Subordinate Administrative Units of the Thousand-Districts in the Tibetan Empire”, *Tibetan Studies proceedings of the 6th Seminar of the International Association for Tibetan Studies FAGERNES* 1992, Volume 2, edited by Per KVAEKNE, Oslo, 1994, pp. 850-851. 杨铭《吐蕃“十将”（Tshan bcu）制补证》，《中国藏学》1996年第2期，第44—49页。

将（tshan）”，Ch.80.v.1号文书载有“阿骨萨部落张家佐将（tshan）”[1]，P.T.1208号文书载有阿骨萨部落“索君子将”，其他还有一些不在这29将之中者，如P.T.1208号文书中的“王马郎将”，P.T.1101号文书中的“郭禄吉将”，P.T.1119号文书中的“安金刚将”，等等。由此可知，敦煌的“将”有两种命名方式：一种是左、右加编号，一种是冠以将头姓名。前者多见于汉文文书，后者则多见于藏文文书。

关于将的规模及其与部落的关系，武内绍人认为50户组成一将，20将组成一部落，将的头目即“五十长”或“百户长”，对应汉文文献中的“将头”。[2]这种界定方法笔者深以为然，与文章前述左右各十相互对应是一致的。但正如前文所列数据，敦煌因地狭人稀，无法设置如此之多的将，因而即使到了社会已趋安稳的统治后期，仍然是阿骨萨、悉董萨辖十将、悉宁宗辖九将。

除了通过户数来定义敦煌“将”的规模外，在敦煌出土的藏文文书中还有一个词“岗”（rkang），从对它的解读入手，我们可以从另一个角度定义“将”的规模。乌瑞很早就注意到这一问题，并通过对P.T.1087、P.T.1101、Ch.83.vi.5.L.3等文书的分析，得出“五十岗”（Lnga bcu rkang）是一种官衔，为将的领导，但

---

① “张家佐”这一人名又见于Ch.73.xv.10号《阿骨萨部落一区编员表》第10—12行：“与右小茹张家佐所属之擎将旗手范昆子相毗接”，由此可以推断第6—7行“与左边中茹薛普来所属擎将旗手安再恒相毗连”中的“薛普来”，第51—53行“与左边之中茹中翼杨大来的擎将旗手曹十德相毗连”中的“杨大来”均为将头。《敦煌西域古藏文社会历史文献》，第52—54页。

② （日）Tsuguhito Takeuchi, “TSHAN: Subordinate Administrative Units of the Thousand-Districts in the Tibetan Empire”, *Tibetan Studies proceedings of the 6th Seminar of the International Association for Tibetan Studies FAGERNES* 1992, Volume 2, edited by Per KVAEKNE, Oslo, 1994, pp. 850-851.

对“岗”的具体含义未做探讨。[①]王尧、陈践认为一岗为两户。[②]刘忠、杨铭指出，“岗”在藏文古文书中多有出现，此字沿用至西藏土地改革前，是一定量的土地、牲畜或户丁编成的用以摊派差役赋税的一个单位。[③]陆离在此基础上对“岗”做更进一步的探讨，认为“岗”为一定面积的土地，用可播种青稞、小麦的克数计算，为政府征发赋税差役的单位。如此，则其头目称为“五十岗”的将，即是承种50岗面积之耕地的人户组成的部落基层组织。[④]

笔者在反复阅读前辈论述的基础之上，对“岗”得出一些自己的理解。郭冠中曾研究指出：“西藏三大领主对农奴的剥削，主要采用在藏语中称之为‘差’的剥削形式。……‘差’分内、外两种。内差是农奴向本庄园的领主及其代理人所支付的各种劳役和实物。……内差的征敛办法，是先按农奴耕种的内差地面积，划定他们负担的内‘岗’数，尔后再按各户的内岗总数均摊各种内差，‘岗’在这里可以作‘份’解。……据调查，有些农奴种内差份地十克左右，就要负担一内岗，一内岗要出一名常年乌拉。”[⑤]舒介勋认为：“计算差额，一般以岗为单位。岗是指差地的量，故差地又名差岗地。一般一个差岗地为40克，多者可达60克，少者约30克，个别的甚至不足10克。具体到一个差户，多者种差地两三岗，少者一岗半岗，甚至只有五六分之一岗

① （匈）乌瑞著，吴玉贵译《公元九世纪前半叶吐蕃王朝之“千户”考释》，《国外藏学研究译文集》第2辑，拉萨：西藏人民出版社，1987年，第51页。

② 《吐蕃简牍综录》，第46页。

③ 《敦煌西域古藏文社会历史文献》，第32、70页。

④ 陆离《吐蕃统治敦煌的基层组织》，《西藏研究》2006年第1期，第8—16页。

⑤ 郭冠中《论西藏封建庄园的内外“差”剥削》，《西藏封建农奴制研究论文选》，北京：中国藏学出版社，1991年，第234—235页。乌拉，源出突厥语，13世纪由蒙古族地区传入西藏，泛指一切人畜徭役，有时亦指服劳役者。

的。”[①]对另一相关名词“敦”解释为：“原西藏地方政府时代计算差地面积的单位名称。每‘敦’面积大小不定，大者可播种青稞百余克，小者可播数克。依土地肥瘠规定每‘敦’交纳田赋若干克。畜力差役若干头次，兵役差若干名。每‘敦’一分为二‘岗’。”[②]由此笔者做如下理解：岗为农奴服“差”的单位，一岗为农奴耕种一定土地面积所产生的“差”数，或曰赋役数量，且一个差岗地的土地面积并不恒定，因此将“岗”理解为赋役数量或更准确，“五十岗”所负责的将就是负担了五十“岗”赋役数量的一个行政单位。当然，从敦煌的实际情况来看，仍是以户数来衡量将、部落大小的。正如前节讨论上、下部落时提到的那样，在中期丝绵部落辖右十将，行人部落辖左十将，到后期阿骨萨、悉董萨各辖十将，悉宁宗辖九将。

2. 敦煌“将”的职能

既然“将”是民事性质的一级基层组织，则其职能当是管理当地民户的生产、生活。从现有的汉、藏文文书可以看出，敦煌的“将”是吐蕃统治下诸部落属民纳税服役、编造户籍手实的基本单位。如P.3491《酉年左七将应征突田户纳麦粟数簿》就记载了左七将应征突田税的53户人家的纳麦粟情况：

1 左七将

2 酉年应征突田户总五十三

3 户 五 方 印 及 封 户 破 除

4 张清 蔡期 李斌 阴惟兴 宋太平下

---

① 舒介勋《解放前西藏的差税制度》，《西藏封建农奴制研究论文选》，第219页。

② 申新泰《关于西藏封建农奴制社会差税问题的两个藏文历史档案资料》，《西藏封建农奴制研究论文选》，第214页。

5　户　卌　八　全岁计纳麦四百二十八驮　粟一百一十七驮

6　　　　　　　　　[　　　　]□驮粟四驮

（中缺）

7　　　　　廿三　上　谷麦一十一驮

8　贺光　贺俊　贺奉鸾　王昙晏　张庭晖　张富□

9　□□□　[海][奴]　翟金　翟□贤　李哥[奴]　　曹[仙]玉

（中缺）

10　[　　　　]李应朝　李庭玉[　　　　]

11　[　　　　]张温　张闰子　张道达[　　　　]

12　　　吴琼　蔡和和　贺履八[　　　　]

13　　　　　□□

14　　[　　　　]进　马丑南[　　　　]

（中缺）

15　[　　　　]□□　　□□□[　　　　]

16　[　　　　]阴英英　阴日千　阴□[　　　　]

（后缺）①

文书中的张庭晖又见于P.4491《年代未详（公元9世纪前期）沙州诸户口数地亩计簿》，张庭晖一户四口共授田四十亩，“二十亩畦孟授，二十亩畦涧渠”；②吴琼又见于S.5822《杨庆界寅年地子历》，文书载有寅年吴琼缴纳地子“小半驮，豆伍斗”。③另一份文书P.2162v《寅年沙州左三将纳丑年突田历》记载了左三将

① 《敦煌社会经济文献真迹释录》第2辑，第375—376页。
② 《敦煌社会经济文献真迹释录》第2辑，第411页。
③ 《敦煌社会经济文献真迹释录》第2辑，第407页。

28人缴纳突田的情况：

1 左三将纳丑年突田历。

2 张逸常乐一驮半二斗，瓜州一驮，寅□百尺下青一驮，氾弁三驮傶（怗），常乐一驮。（再安下常乐左）

3 索荣常乐一驮半二斗，氾弁下青一驮半，小三驮半，又小半驮，瓜州自送一驮。

4 王澣常乐一驮半二斗，一千人苏面一驮，瓜州一驮，十二月廿九日杜平纳一驮半，李延·（一）驮六斗，小五斗，寅八月纳青一驮二斗，小一驮半二斗。

5 宋晖常乐一驮半二斗，瓜州一驮，百尺青三驮，氾弁下青一驮，小二驮四斗，又青半驮。

6 阴朝常乐一驮半二斗，瓜州一驮，百尺青二驮，小二驮，索米老马踖一驮，四百人麦三斗，赵卿纳一千人斋䉲作麦一驮，寅八月阴金刚纳小七斗。

7 张进卿常乐一驮半二斗，小卿纳。不合纳。

8 阴云常乐一驮半二斗，百尺下青一驮半，小一驮半，瓜州一驮，十二月廿九日小一驮八斗。寅八月纳青一驮五斗。

9 张迪常乐一驮半二斗，百尺青三驮，小一驮，瓜州一驮，十一月廿九日青一驮，小一驮半三斗。

10 索子京常乐一驮半二斗，氾弁青二驮，小二驮，瓜州一驮，蚕半驮四斗。

11 氾金常乐一驮半二斗，百尺青一驮，小二驮，氾弁青一驮，一千人斋一驮，正月八日保保□（青）瓜州一驮并脚贾半驮，并仓便麦八驮内取。寅八月氾金纳小半驮五斗。

12 张寺加一千人斋一驮。不纳。

13 刘满子常乐一驮半二斗，百尺侯昇小二驮，氾弁青一驮半，小二驮，瓜州一驮自送。又侯昇蚕坊纳小一驮。

14 王什德党顺纳常乐一驮。不合纳。

15 杜黑子常乐一驮半二斗，氾弁下青二驮，小四驮，烂麦替半驮六斗，瓜州一驮自送。

16 刘问常乐一驮半二斗，百尺小三驮，青一驮，瓜州一驮自送，正月八日君君一驮，孝顺半·（驮），寅八月苏君纳小一驮。

17 张加珍常乐一驮半二斗，四百人斋油四升三合，麦半驮三斗，百尺青一驮石藏纳，氾弁又小一驮，石藏纳，瓜州一驮，布二驮。

18 李延奴常乐八斗四升，百尺小一驮，索米老下踖半驮，惟孝纳，十二日蚕坊小一驮，蚕坊李受青一驮，同日又李受小一驮六斗，青五斗，并脚贾王澣下收一驮麦，寅八月纳小一驮半，青一驮一斗。

19 杜太平常乐一驮半二斗，四百人油一升，三斗麦，百尺下青一驮，小一驮，又瓜州一驮，蚕王澣下收并脚贾。

20 雷广常乐一驮半二斗，百尺下青一驮，小二驮，瓜州一驮，一千人面一驮，共进纳，寅八月·（一）驮四斗。

21 董清常乐一驮半二斗，仓便麦八驮收，百尺下小一驮，氾弁下青一驮，瓜州一驮，并脚半驮，麦内取一千人麦两驮，布两驮，又奴子东河麦面三驮半，九斗取足□。

22 氾弁常乐一驮半二斗□，瓜州一驮自送，五驮半三斗半，福田仓纳，一驮安恒纳布，寅八月纳小两驮三斗。

23 令狐小郎常乐一驮半二斗，瓜州一驮，百尺青二驮，小二驮，氾弁下青一驮，小一驮半二斗。

24 氾清常乐一驮半二斗，氾弁下青一驮，小三驮，外支二驮半四斗，瓜州一驮。

25 氾超常乐一驮半二斗，瓜州一驮，氾弁下青一驮，小三驮，又小一驮半，保奴纳。

26 张闰常乐一驮半二斗，四百人面半驮五斗三升，苏廿两，麦六斗，氾弁下小三驮八斗，青二驮，瓜州一驮自送。

27 索蕃奴常乐一驮半二斗，百尺青一驮，小一驮，瓜州半驮。

28 武光儿常乐一驮半二斗，百尺下青两驮，氾弁青两驮半，小一驮，瓜州一驮，替纳一驮布。

29 [ ]常乐一驮半二斗，四百人儭二驮，百尺青三驮，氾弁青一驮，小半驮三斗。[①]

文书中每条首位的姓名当是户主，据此可见，敦煌当地百姓向常乐、百尺、氾弁、蚕坊等处缴纳突田，以及为四百人斋、千人斋等活动缴纳粮油，都是以将为整体，以户为单位进行的，甚至向瓜州缴纳粮食亦有由将之下的民户自己输送的情况。

郝春文在翻检国家图书馆藏未刊敦煌文献时整理出来的BD09291《寅年八月右一至右十将欠麻夫线铁等名目牒》、BD09368《某年右一至右四将欠麻夫线等名目牒》、BD09297《某年右七至右八将麻夫线等名目牒》、BD09292《寅年七月各将麻线夫等名目牒》、BD12001《某年某将麻夫线等名目牒》、BD09335《申年十月右一将索□等牒》均与前述文件反映情况类似，记载了敦煌百姓以将为单位统一缴纳麻、线、铁和服劳役的情况。[②]荣新江整理刊布的《寅年二月左七将百姓张芬芬牒》《某年左七至左十将牧羊人欠酉年至丑年羊毛等物帐》《戌年课左五至左十将牧羊人酥油等名目》《戌、亥年左六至左十将供羊历》《酉年至亥年左三将曹宝宝等羊籍》等亦反映出“将”是管理敦煌民众缴纳各种赋税的基本单位。[③]

藏文文书中亦有说明“将”是征收赋税基本单位的材料。Ch. 73.viii.5号文书是一份管理寺庙收入的帐册，罗列了敦煌部分

① 《敦煌社会经济文献真迹释录》第2辑，第405—406页。
② 郝春文《中国国家图书馆藏未刊敦煌文献研读札记》，《敦煌研究》2004年第4期，第22—31页。
③ 荣新江《英国图书馆藏敦煌汉文非佛教文献残卷目录》，台湾：新文丰出版公司，1994年，第33—34、211—212页。

百姓布施（或缴纳）粮食的情况，其中载有“路北街官员赛全来（klu sbevi bsgyevu rje gye se vpyan legs）之将（tshan）张大来之牌子历（khram tshan）”“范大什之牌子历”“张士佳之牌子历”“李什郎之牌子历”“令狐松松之牌子历”“王达古之牌子历”“张家佐之牌子历”“张盼来之牌子历”等，[①]按张家佐已见于前述文书，为阿骨萨一将之将头，则与之并列的张大来等皆当为将头。另有一件Ch.83.vi.5号文书，记载了阿骨萨、悉董萨两部落受命从瓜州庄园领取吐蕃官吏论玉热的谷物运往小突厥（Drug chun）的磨坊加工后再负责运回瓜州一事，文书载“由沙州五十岗（Lnga bcu rkang）孔宣子之将（Tshan）：给王本忠青稞一驮（Khal），给姜……”[②]。

前引Ch.73.xv.5号文书则明确记载了各将头目负责本将写经事宜的情况。按照文书记载，用于写经的纸张运到沙州之后，先分配给各部落各将的“各百户长”（五十岗，Lnga bcu rkang）及“属吏”（vog sna），再由这些人监督写经生完成写经任务。从文书记载可以看出，属吏是直接与写经生接触的底层胥吏，受将头监管，“如属吏等对写经生不公平，或未收回所分配的纸张，里正（li ceng）将按每卷（yug）纸张鞭笞十下来惩罚他。”[③]这里的“里正”当即将头，除了“应每天每时探询种福田者的确切住处”，还“应多少具备转运纸张的能力”。“属吏”应该是比将头更低一级的十户组织负责人，这将在下面讨论，此不赘述。此文书从B第1行至D第29行，记有马年和羊年每一“将”将

① 《敦煌西域古藏文社会历史文献》，第75—78页。
② 《敦煌西域古藏文社会历史文献》，第32页。
③ 《敦煌西域古藏文社会历史文献》，第70—71页。

头姓名。将头之下有领取纸张者的姓名和墨汁领取情况。[①]从上述这些吐蕃以“将”为单位记录敦煌百姓交纳粮食情况、管理写经事宜的记载，我们可以确定“将”就是最基层的管理单位。

此外敦煌文书中尚见有“书将”（khram tshan）“督将”（dog tshan）“旗将”（dar tshan）等，负责统计、督察、联络等方面的具体事务，它们是在吐蕃“十将”制的基础上派生出来的一些与“将”有关的职官名称。[②]其中dar tshan一语见于Ch.73.xv.10《敦煌阿骨萨部落一区编员表》，如文书10—12行载“阿骨萨部落，安再恒，射手；与右小茹张家佐所属之擎将旗手（dar tshan）范昆子相毗连”，[③]张家佐等为吐蕃统治后期阿骨萨部落的将头之一，亦编在阿骨萨部落所属的一个tshar之内承担军事行动，这说明在敦煌民众服兵役时，将也承担着一定的组织职能。

二、十户组织

唐朝行政建制中，乡、里以下还有划分更为细致的邻、保组织，据杜佑《通典》载：“诸户以百户为里，五里为乡，四家为邻，五家为保”。[④]吐蕃部落制中亦有类似级别，而按吐蕃的行政建制遵循“十进制”，则百户组织“将”以下当为十户组织。前文探讨的“岗”一语，文献中所见相关名称除了“五十岗”之外，尚有“五岗”（Lnga rkang）一词，从编制形式上看正好是

---

① 《公元九世纪前半叶吐蕃王朝之“千户”考释》，第52页。

② 托马斯上引书第67—71、87—92、361—369页；武内绍人上引文第853、854页；杨铭《吐蕃“十将”（Tshan bcu）制补证》，《中国藏学》1996年第2期，第47页。

③ 刘忠《敦煌阿骨萨部落一区编员表藏文文书译考——兼向藤枝晃、姜伯勤等先生译文质疑》，《中国史研究》1999年第1期，第80—90页。

④ 《通典》卷三《食货三·乡党》，第63—64页。

将的十分之一。正如乌瑞所言："Lnga rkang只能是负责在规模上只有tshan十分之一的单位的官衔，在这里我们肯定地将他们视为管理十户的领导。"[①]前引Ch.73.xv.5号文书中载有协助百户长组织部落百姓写经事宜的属吏（vog sna）一职，刘忠、杨铭认为此vog sna或为下属于将头的地方耆老，[②]陆离则认为vog sna就是十户长"五岗"，二者地位相等、职能相同，笔者以为陆说极有见地。从西藏本土的情况来看，安多藏族聚居区寺院下属的部落中即设有"干保什长"一职。[③]另据《中国藏族部落》载，清朝道光年间来到西宁的钦差大臣那彦成曾将贵德厅、循化厅的千百户进行重新编制，所设属吏中就有"十总1人，管10户。"[④]

汉文文书中也能寻得十户组织的蛛丝马迹。S.3287v《吐蕃子年（808）沙州百姓汜履倩等户籍手实残卷》中多次出现"某某下"这一记录形式，如"费荣下""吴通下"等。李正宇认为，"××下"系指"××团头属下"的意思，是为"将"以下的居民户团组织，大约以十户的规模编组。[⑤]而杨际平认为"××下"为依附于××户下的依附农民，他们不能自立门户，身份地位自然不同于一般良人，但他们又可以与良人通婚，其身份地位似又高于奴婢。[⑥]笔者以为李说更为合理。按团头为吐蕃时期寺户组织中的基层属吏，而寺户是与普通民众分而治之的，因此，此处的

① 《公元九世纪前半叶吐蕃王朝之"千户"考释》，第53页。

② 《敦煌西域古藏文社会历史文献》，第71页。

③ 吴均《论安木多藏区的政教合一统治》，《西藏封建农奴制研究论文选》，第472页。

④青海省社会科学院藏学研究所编《中国藏族部落》，北京：中国藏学出版社，1991年，第125页。

⑤ 李正宇《吐蕃子年（公元808年）沙州百姓汜履倩等户籍手实残卷研究》，第198页。

⑥ 杨际平《吐蕃时期沙州社会经济研究》，第410—411页。

“××下”应该不是团头，而是前述十户组织的头目“五岗”。[①]当然，与百户组织一样，所谓的“十户”并非确数，不是每一组均为十户，仍然是为了遵循十进制的形式而采用的概述。

作为将的下一级行政组织，十户组织的职责即是协助将头处理行政事务，这从前引Ch.73.xv.5号文书中属吏协助将头组织、监督写经事宜可以看出。另有P.T.1087号文书，记载“仙仙将由保人领至部落官吏处，即千户长与小千户长，格儿与勒堪处”[②]，此处“勒堪”即“五岗”的音译。文书中“五岗”位于一系列长官最末位，可见十户组织为吐蕃时期敦煌行政建制最低一级，另外也可看出，“五岗”还负有协助上级办理司法案件的职责。从前述百姓纳税服役以将为单位来看，十户组织并不负有实质性的行政权力和经济职能，应该只是协助将头执行具体事务的一级组织。

综上所述，吐蕃时期在敦煌所实行的部落制，部落以下尚有两级行政建制：百户组织与十户组织。其中百户组织即“将”(tshan)，在敦煌的设置方式是左、右对称各有十将，到后期阿骨萨、悉董萨、悉宁宗三部落之时，藏文文书中又常以将头姓名来冠名各将。将作为部落下一级组织，兼具军事、民政双重职能。一方面，它负有对辖下民户催纳粮赋、支派力役的职责；另一方面，它负有组织本将百姓应征入伍、承担兵役的职责。将以下又设十户组织，即文书中所载的“五岗”，是最低一级的行政组织，其职能是协助将头完成具体事务，诸如写经、判案的处理与执行等。

---

① 陆离《吐蕃统治敦煌的基层组织》，第14页。

② （匈）Géza Uray “Notes on the thousand-districts of the Tibetan Empire in the first half of the ninth century”，pp.545-548.转引自杨铭《吐蕃时期敦煌部落设置考——兼及部落的内部组织》，第39—40页。

第三章

吐蕃统治时期敦煌的职官体系与军事组织

敦煌文书P.3256《愿文》云："圣神赞普天阶益峻，定历恒昌。太子诸王克增盘（磐）石，东军尚相禄秩永安，文武百僚功名不坠，节儿都督富位时迁，部落诸官永无忧厄，释门教主高建法幢，法律纲维护持不倦，说者听者灾债不侵，法界有情同赖斯福。然后天成地平，河清海晏，五谷丰稔；年厢善盈，官布恩波，人民乐业。"[①]这段佛教发愿文恰好反映了吐蕃统治敦煌的一整套行政体制，即"吐蕃王室——东道节度——瓜州节度——敦煌地方官"这样一套自上而下的管理体系，并且世俗官制之外另有释门僧官负责宗教事务。从敦煌文书记载的任职人员来看，吐蕃不仅采取本土遥领和派驻吐蕃官员的方式对敦煌进行监管，还拉拢当地世家豪族出任地方官，利用其社会影响力辅助自己管理当地百姓，从而形成了蕃官主导、蕃汉并行的双轨官僚体制。行政之外，吐蕃统治者又设置了tshar一级基层军事组织，以组织当地百姓服兵役。吐蕃正是利用这套行之有效的管理体系，实现了对敦煌长达60余年的统治。

① 《敦煌汉文吐蕃史料辑校》第1辑，第188页。

第一节　吐蕃统治时期敦煌的上级军政机构

一、吐蕃王室的直接管辖

吐蕃王室悉补野氏向来强调“以天神而为人主”的君权神授思想，[①]建立之初即围绕这一原则来建立其职官制度，至占领敦煌之际的墀松德赞时期已趋于完善和定型。其职官系统可粗分为中央和地方两层，来处理大到政治、经济、军事，小到催征赋税、管理百姓的各类事务。中央层面，据《新唐书·吐蕃传》载：“其官有大相曰论茝，副相曰论茝扈莽，各一人，亦号大论、小论。都护一人，曰悉编掣逋。又有内大相曰曩论掣逋，亦曰论莽热；副相曰曩论觅零逋；小相曰曩论充，各一人。又有整事大相曰喻寒波掣逋，副整事曰喻寒觅零逋；小整事曰喻寒波充，皆任国事，总号曰尚论掣逋突瞿。”[②]加之，吐蕃统治敦煌时期又正值佛教兴盛，僧侣地位崇高，曾一度有僧相钵阐布位列百官之上，《唐蕃会盟碑》中排在诸官之前的即是“平章政事沙门钵阐布”。这些官吏毫无疑问均由赞普直接任免和管理。地方层面，敦煌卷子中出现的诸如节儿、营田使、千夫长、部落使、守城官等，皆

---

① 《吐蕃金石录》，第43页。

② 《新唐书》卷二一六，第6071—6072页。

为执掌当地具体行政、经济事务的长官，在朝廷官方文书中向不提及，似乎并不直接由中央任免，管理权当在地方。虽然官吏的任命权、管理权下放给地方，敦煌亦远离吐蕃本土，但并不表示吐蕃就此全权假手当地官员进行统治。相反地，素有丝绸之路“善国神乡”之称的敦煌作为一个重要的佛教中心，其突出的文化地位颇受吐蕃王室重视，因此，吐蕃王室往往直接插手敦煌的一些事宜。

尊崇佛教的墀松德赞从一开始就十分重视佛教文化繁荣的敦煌，早在攻陷敦煌之前，即“徙帐南山”督战。入主敦煌之后，吐蕃太子、王妃、僧相等均到过敦煌，当然其目的以抄经弘法等为主，这在敦煌的出土文书中多有反映。例如，P.2255、P.2326《祈福发愿文》、P.2341《燃灯文》、P.3256《愿文》、S.2146《行城文》、P.2807《斋文》《行城文》（图84）是一组吐蕃太子在敦煌时期所作的佛教发愿文，[①]据陆离考证，文书所载的吐蕃王子

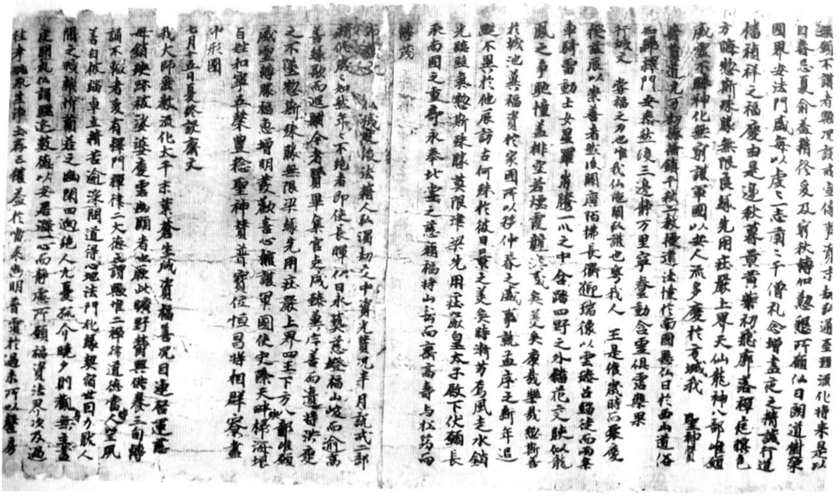

图84 P. 2807《行城文》

① 黄征、吴伟《敦煌愿文集》记录了P.2255、P.2326《祈福发愿文》、P.2341《燃灯文》、S.2146《行城文》三篇，杨富学、李吉和《敦煌汉文吐蕃史料辑校》第1辑将六篇全部录入，陆离《有关吐蕃太子的文书研究》在前二者基础上又有节录。

为墀德松赞与没卢妃莽布支所生长子臧玛，其以太子身份于文书写作年代798—815年间来到敦煌，主要目的如P.2807号文书所载，是为了“继好息人，交质蕃城。遂得一国忻喜，三危康复”，P.2255、P.2326号文书亦言其“使烽飙不举，万里尘（澄）清；四邻绝交诤之仇，两国结舅生（甥）之好。”据《册府元龟》记载，宪宗元和二年（807）八月，吐蕃曾“以没蕃人僧良阐等四百五十人自吐蕃复还中国（中原）”，[①]而臧玛此行正为此事。另一方面，臧玛本人喜爱佛教，于政治任务之外，在敦煌率蕃汉一众官僚及佛教僧团，举行了诸如无遮会、檀那会等一系列礼佛活动，如P.2255、P.2326所载：“遂乃躬亲出廓（郭），印金相而脱沙；崇设无遮，陈百味之胜福……谨于秋季之中旬，式建檀那之会。”[②]前引Ch.73.xv.5号文书亦载“马年和羊年，在抄写《大般若经》的写经生中分配纸张。种福田者为太子（Lha sras）。”[③]这位太子应当就是臧玛。

宗教活动之外，吐蕃王室对敦煌的军政事务亦多有指示。Ch.frag.80是吐蕃向敦煌某节儿发出的批复文告：

> 温江多宫（Pho brang Von cang do）颁发盖印之文告：诸臣属听悉：（神圣赞）普取得沙州城池、百姓和财物……（唐人）不满王政，杀死吐蕃上等臣民……任命……巴为都督节儿（To dog rtse rje）。时过七年，亦被沙州……杀死。之后，节度衙（Khrom）致力恢复（秩序）……以该……主（我）之办事能力，应命该主作节儿。十年来……已无内患与不和

① 《册府元龟》卷一四七，帝王部，恤下二，第1782页。
② 陆离《有关吐蕃太子的文书研究》，第30页。
③ 《敦煌西域古藏文社会历史文献》，第70页。据此王子为赞普热巴巾，刘忠、杨铭考马年和羊年为824、825年，疑似有误，当为826、827年。

发生。上司（粮贡）……未断。向上也屡交殊物。该主（我）……心未变。对此恳求颁给一份批复文告……颁布文告者：噶伦赞协（Bkav blon Btshan bzher）与伦（宁）……盖印发出。[①]

由文书可知，吐蕃在敦煌任命的节儿被当地唐人叛乱所杀后，节度衙委派了新的节儿稳定内患，输粮纳贡。此人已在任十年，但一直未收到吐蕃王室的任职批复文告，遂向王室发出申请，并最终收到了“温江多宫”的批复。“温江多宫”一语在《大事纪年》中多次出现，当为吐蕃王室一行政中心机构。据此可知，虽然敦煌节儿的人选确定和任命归上级节度衙管理，但须得到吐蕃王室的承认方可。这种情况并非敦煌一地独有，吐蕃在其占领区似乎均采取了此类官吏管理方式，如英藏卷56，叶72是一份关于阿柴地区新旧卡莱城两个地方官吏任命的文书：

……次年，决定重新委任……阿柴……和命令从宫廷（Pho brang）送到之时，我们的祖辈勒孔已经去世。勒孔虽然未能受命，但他曾送给王相（Rje blon，此为托氏译法，刘忠、杨铭指出应译为“君臣”）大量贡物（为支付驿传?），所以，根据记载其名为（勒孔?）的命令，将委任勒孔家中一个有能力的人，作整个新建城堡的千户长（Stong pon）。在上司（Rje blas）的恩准下，我等家族中的一个青年人克咄巴，被德论（Bde blon）授以此任。约五六年后，克咄巴死去，现在论孔恳请担任此职。上司认为，整个家族交纳的贡物，不应看成是论孔个人的功劳；应按照能力大小，在吾祖孔勒的家族中挑选一人，进行委任。没有提到论孔的名字。

① 《敦煌西域古藏文社会历史文献》，第36—37页。

根据“将视能力进行任命”一条，我等也有资格担任此职，因为我们兄弟是勒孔家族的人，能力也不低……奉上过珍贵的物品，都有资格担任此职……此事十分好办：坌阿柴王（Dbon va zha rje）、阿柴论（Va zha blon）知道我等都是有能力的人，他们同意任命我等，并作了善意的推荐。根据前述条件，阿柴王和论曾提名我们作千户官员，请授予我等千户长之职……我们的父亲玛可赞贡俸的上好礼品……听到……委任，立即提出申请并派专人送去大笔银两……我父克咄巴作为阿咄楚的儿子，得到了委任。而且，我的祖父阿咄楚及时地送去了黄金。之后，我父克咄巴又送去了上好的丝绸。我家这样不断地伺奉，如未发现我有何冒犯或过失，这次委任理应属我。①

从文书记载可以看出吐蕃占领区任命当地豪族出仕的许多条件，首先是要向吐蕃贡奉黄金、银两、丝绸等一系列上等财物，其次还要得到诸如“坌阿柴王”“阿柴论”等当地权贵的推荐。当

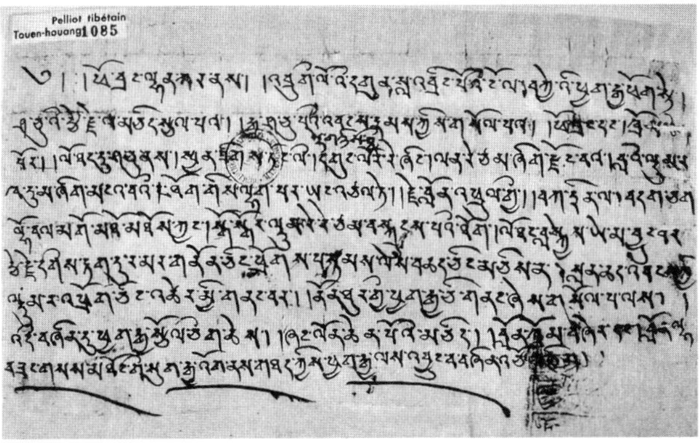

图85 P.T.1085号文书

① 《敦煌西域古藏文社会历史文献》，第18—20页。

然，他们只有推荐权，任命权始终掌握在吐蕃王室手中，正如文书开头所言，任命文书从宫廷发出。而P.T.1085号文书（图85）更是明确记载了吐蕃王室直接受理沙州百姓上诉的地方官侵占果园一事：

辰年冬十一月上旬，亨迦官用印颁发之告牒：

令下沙州节儿：

据沙州二唐人部落之民庶禀称："沙州每年定期向宫廷及大行军衙交纳年贡礼品'冬梨'一次，王廷虽已拥有果园多处，但仍要增加（年贡）。以往，蒙圣神王臣之恩典，我等蛮貊边鄙之民户，每户修筑一座果园，且从未交纳年贡礼品及岁赋。（如今）节儿长官等经常不断欺压掠夺乃至霸占（果园）。为今后不再发生掠夺、侵占民庶果园事，恳求颁布一严诏令，并赐以钤印告牒。"云云等情。

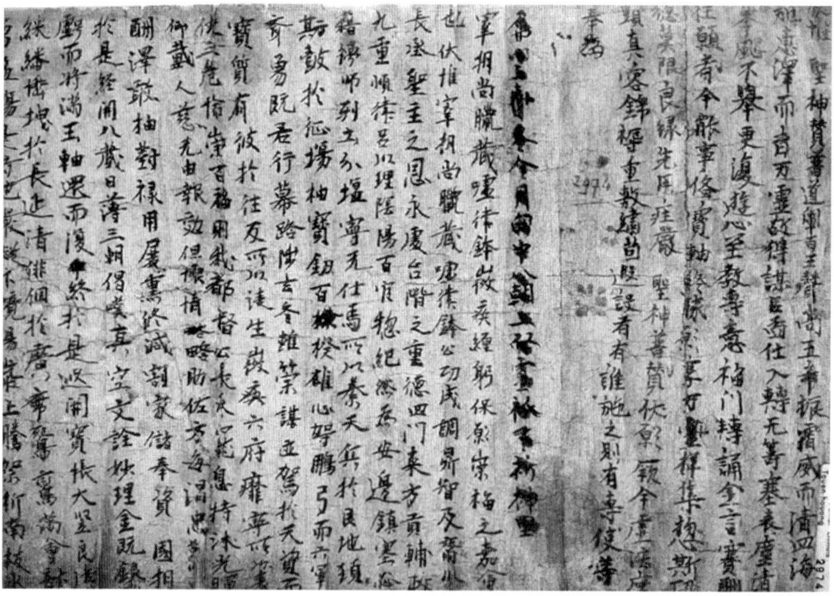

图86　P.2974吐蕃宰相文书

据此，

大尚论以下恐热、论腊藏悉通均用印并摁指印颁发如上。[1]

亨迦宫（lhan kar）又作登迦宫（ldan kar），为墀松德赞在位期间吐蕃王廷三大宫殿之一。沙州唐人的请求上达吐蕃王室后，直接由亨迦宫钤印颁发至沙州节儿处，可谓吐蕃王室直接管理沙州的明证。

吐蕃王室通过派驻重臣来具体实施对敦煌的统治（图86）。之前赞普徙帐南山督战之时，既"使尚绮心儿攻之"，阎朝开城投降后，又"以绮心儿代守"，这位尚绮心儿即是吐蕃统治时期代表中央管理敦煌的一位重要人物，据《敦煌本吐蕃历史文书》中称其为"没庐绮心儿"，可知其出于没卢氏。吐蕃时期的敦煌文书中颇多言及尚绮心儿者，其中以P.2555《大蕃敕尚书令赐大瑟瑟告身尚起律心儿圣光寺功德颂》[2]对其生平事迹的描述最为详尽。文书记其"曾皇祖，敕宰辅，赐大告身""皇祖父尚已立藏，敕时（侍）中，大瑟瑟告身"，其父"敕曰相国先门尚赞磨，副尚书令，瑟瑟告身"，足见其家世之显赫。尚绮心儿本人入仕期间亦"统六军以长征，广十道而开辟。北举搀枪，扫狼山一阵；西高太白，破九姓胡军。猃狁□边，逐贤王遁窜；单于伥（帐）下，擒射雕贵人"，可谓功高。其他文书诸如P.T.1166亦载有此人，载其官至zan blon chen po，即大尚论、大相；P.4638载"自赞普启关之后，左衽迁阶；及宰辅给印之初，垂祛补职"，[3]此宰相即尚绮心儿，可见他作为吐蕃王室的代表对敦煌当地官员握有任命管理之权；P.2583号载"宰相上起心儿福田入""宰相上乞心儿及论

---

① 《敦煌吐蕃文书论文集》，第45页。

② （法）戴密微著，耿昇译《吐蕃僧诤记》，兰州：甘肃人民出版社，1984年，第388—400页。

③ 《敦煌碑铭赞辑释（增订本）》中，第622页。

勃颊藏福田”，说明他对敦煌佛教事业的发展颇有扶持；P.5579沙州某寺和尚名册中亦载有“宰相尚乞心儿印”“上乞心儿印”等语，说明他对敦煌乃至整个河西地区僧团的人事亦有管理权。

尚绮心儿最后出现在史籍中是长庆三年（823）事，其时刘元鼎自逻些返唐途经河州，受到尚绮心儿的隆重接待。不过，考虑到从兵临沙州城下的大历十一年（776）至于此时，尚绮心儿已有近五十年的活动期，他任职后期当已是耄耋老人，似不太可能长驻边境，藤枝晃和山口瑞凤均怀疑各文书中的尚绮心儿可能并非同一人。[①]

二、东道节度使

东道节度使在汉文史料中又记作“东面节度使”“东境五节度大使”“东道都元帅”“东（北）道元帅”等，对应的藏文为khrom chen po。[②]这一官职虽出现于安史之乱以后，但其设自噶尔家族专权时代已有端倪。河陇地区在初唐时归陇右道管辖，后睿宗景云二年（711）从陇右道析出河西道分治，陇右领秦、原、河、渭、兰、鄯、阶、成、洮、岷、临、廓、叠、宕十四州，河西领凉、甘、肃、瓜、沙、伊、西七州。自公元7世纪始，吐蕃开始征服吐谷浑、党项等民族及其辖地，不断与唐争夺这一地区。为保证军队的统一调度与领导，吐蕃专派大臣统摄东线战场。最早担负这一重任的即是禄东赞之子赞婆，史载“钦陵专国久，常居中制事，诸弟皆领方面兵，而赞婆专东境几三十年，为边患”，[③]一

① （日）藤枝晃《吐蕃支配期の敦煌》，《東方學報》第31册，京都：京都大学人文科学研究所，1961年，第199—292页。山口瑞凤《吐蕃の敦煌支配期间》，《講座敦煌2·敦煌の歴史》，东京：大东出版社，1980年，第197—232页。

② 杨铭《吐蕃统治敦煌研究》，第12—13页。

③ 《新唐书》卷二一六，第6080页。

度形成尾大不掉之势。噶尔家族灭门后，又有莽布之、乞力徐、元论棣郭等先后负责东线军队的统领。

安史之乱后，由于唐朝元气大伤，吐蕃入侵之势陡增，逐渐侵占河陇之地，遂有东面节度之设，最早担任这一职务的是一向率军寇边武功赫赫的尚悉结。大历三年（768）尚悉结以功高请老，尚赞磨代其位，“为东面节度使，专河、陇”，[①]P.2555《为肃州刺史刘臣壁答南蕃书》亦载“上赞摩为蕃王重臣，秉东道节度”。据杨铭考证，尚赞磨之后，又有南奔息、论莽热二人先后在此任上，这之后留守沙州的尚绮心儿于元和七年（812）任东道节度使，史载是年二月“吐蕃东道节度论诰都，宰相尚绮心儿以书遗凤翔节度使李惟简”，[②]长庆会盟后尚绮心儿又于河州“集东方节度使将帅凡百余人，看本国所署盟文，于台上高声晓读。读讫，因约束各守封界，无相侵掠”。[③]又有P.3395《宰相尚腊藏嘘律钵礼佛文》载：“建斯福会者，则为东军相令公尚绮心儿”。继其之后的东道节度尚有论三摩、论结都离、尚乞悉罗、论夷加羌以及吐蕃统治末期为洛门川讨击使论恐热所杀的最后一位不载其名的东道节度使。至于东道节度使的驻地，杨铭前引书中考证为河州，虽然P.T.1083、P.T.1089、P.T.1113等文书有吐蕃大论在陇州（long cu）召开会议并盖印发出文书的记载，考虑到陇州当时属唐关内道，吐蕃虽数次攻略但未能长期占领，因此陇州只表示大概方位，加之河陇陷蕃诸州中以河州离唐朝守界和陇山最近，则东道节度使驻于河州也是合理的。

东道节度使作为衔接吐蕃本土与占领区乃至唐朝的一级重要行政单位，其功能是多方面的。一方面，东道节度使肩负着对唐

---

① 《新唐书》卷二一六，第6091页。
② 《册府元龟》卷九八〇，外臣部，通好，第11515页。
③ 《册府元龟》卷九八一，外臣部，盟誓，第11531页。

作战、会盟的重要使命，如前述尚结息曾率军攻陷长安、奉天，尚赞磨曾进攻邠州、奉天、临洮等地，尚绮心儿致书凤翔节度使、参加长庆会盟。另一方面，东道节度使还承担了总管河陇诸节度，向下传达王命，处理占领区军政事务的职责，这些职责主要通过德论会议（bde blon vdun tsa）实现。德论会议缘于吐蕃对所陷河西走廊一带的称呼“幸运之国”（bde gams），由东道节度组织下属诸节度举行会议，通过颁布“下命书”（phrin byang）的形式，传达赞普的命令，并对诸节度上报之事做批复。[①]敦煌文书中保存了不少德论会议下发的文件和批复，如残片67是关于某龙年夏季上级官员核对沙州所纳之粮的记载：

> 龙年夏，论·拉协与尚·勒桑在德三园（Bde sum tshal）举行会议，发给尚虎级军官玛·久公（Rma gyu gong）[②]一件盖印之信。
>
> 仔细核对了龙年夏沙州（Sha cu）交来的粮食，发现许多粮驮（Khal）短缺。即使扣除以前减免部分和各种贡俸消耗，以及由部落长官（Sde rjes）以前积欠部分，和不属于康区（Khams）的那一部分，交来的粮食仍不够命令规定的数量。指示要求将短缺的粮食立即送来。至于要从沙州纳粮中拨出一部分，作为尚的贡俸一事，已给将军（Dmag phon）送去一封信，要他不再拖延龙年秋收的粮食征集……[③]

文书上有“由德论会议（Bde blon vdun tsa）发出”之印记，说明经过了东道节度使主持的德论会议的讨论。又如P.T.1083《据唐人部落禀帖批复的告牒：禁止抄掠汉户沙州女子》所载：

---

① （日）山口瑞凤《吐蕃の敦煌支配期间》，第197—232页。

② 此为托氏译法，刘忠、杨铭指出正确译法为尚·达玛久公，“达”为人名部分，而非“虎级军官”标记。参看《敦煌西域古藏文社会历史文献》，第16页注3。

③ 《敦煌西域古藏文社会历史文献》，第16页。

亥年春，大论于陇州会上用印发出之告牒：

二唐人部落头人通禀云：往昔，吐蕃，孙波与尚论牙牙长官衙署等，每以配婚为借口，前来抄掠汉地沙州女子。其实，乃佣之为奴。为此，故向上峰陈报，不准如此抢劫……并请按例准许，可如通颊之女子，可以不配予别部，而在部落内部寻择配偶，勿再令无耻之辈持手令前来择配，并允其自择配偶。

告牒如上，用印颁发。①

此文书中的“大论”即东道节度使，所谓“陇州会上”即是在陇州召开的德论会议，沙州二部落头人因吐蕃驻军抄掠女子情况严重，向上反映，东道节度使遂下发批复文书，禁止驻于敦煌一带的吐蕃、孙波各级官僚侵夺人口，文书格式正规，钤印下发。由此可一窥东道节度使对敦煌事务的管理情况。

河陇一带毕竟地域广阔，总设一东道节度使自然无法兼顾整个地区，因此，吐蕃又于其下设五个节度使分管不同区域，即青海节度使、鄯州节度使、河州节度使、凉州节度使和瓜州节度使，敦煌即隶属于瓜州节度使之下。

三、瓜州节度使

瓜州陷蕃系大历十一年（776）事，吐蕃曾一度在此设置瓜州节度使以统肃、瓜、沙诸州，其对应的藏文为kwa cu khrom。khrom一语，乌瑞将之译为military government（荣新江译文中翻译为“军镇”），②山口瑞凤译作“军团”，③王尧、陈践译作“行军

① 《敦煌吐蕃文献选》，第51—52页。

② （匈）乌瑞著，荣新江译《KHROM（军镇）：公元七至九世纪吐蕃帝国的行政单位》，《西北史地》1986年第4期，第106—113页。

③ （日）山口瑞凤《沙州漢人による吐蕃二軍団の成立とmkhartsan軍団の位置》，《東京大学大学部文化交流设施研究纪要》第4号，1980年。

衙”“将军”，[1]马德译作“节度衙/节度使（都督府/都督）”[2]，杨铭译作“节度衙”。[3]笔者以为“节度使”“节度衙”“行军衙”之译均是合理的，因为在敦煌汉文卷子中有不少相关记载可与之对应，如P.2991《莫高窟素画功德赞文》载“瓜沙境大行军都节度衙”，P.3726《杜和尚写真赞》载“释门大蕃瓜沙境大行军衙”，[4]P.2449《祈福文》载“大蕃瓜州节度”，S.542v《沙州诸寺丁仕车牛役部》载“瓜州节度”，P.3702载“瓜州大节度使”，P.4640v载“大蕃瓜州节度”，等等。

khrom之设，吐蕃本土并无先例，它是吐蕃在新占领的边境地区仿照唐制而设置的军政合一的统治机构。[5]从文书记载来看，瓜州节度衙如同东道节度使一样，通过集会商讨解决当地各类军政民事问题。据P.T.1088载：“兔年春，瓜州节度衙会议在肃州举行”，[6]可知肃州有时为瓜州节度衙的会议地点，但是否为常设会议地点不得而知。

托马斯辑释卷55，20叶为“赤勒禀呈内相大臣宇热大人”的文书，据本人称“作为吐谷浑（Va zha）下人，曾奉上多种礼品”，说明此内相供职吐谷浑。文书又称“依照瓜州索荣（Kva chu Ser sbyong）府上的气派，从大人身为内务大臣的地位说，应

①王尧、陈践《吐蕃兵制考略——军事部落联盟剖析》，《中国史研究》1986年第1期，第118—127页。

②马德《KHROM词义考》，《中国藏学》1992年第2期，第98—101页。

③ 杨铭《吐蕃统治敦煌研究》，第2—11页。

④《敦煌宝藏》第130册，台北：新文丰出版公司，1984年。

⑤ 马德《KHROM词义考》，《中国藏学》1992年第2期，第98—101页。

⑥（法）M. Lalou, *Inventaire des Manuscritstibétains de Touen-houangconservésà la BibliothequeNationale*, vol II, Paris, 1950, pp. 57.转引自《吐蕃统治敦煌研究》，第3页。

以黑马台为府第，从事公务，召开会议，军队也……”，[①]这一记载从侧面反映出当时索氏在瓜州颇有势力，府第气派，似为瓜州节度衙内从事公务之汉人官吏。但索氏绝非瓜州节度使，按吐蕃在陷蕃区所设职官均以蕃人为主、汉人为辅的原则，瓜州节度使的人选自然也来自吐蕃。如P.2449v所载“瓜州新节度使论悉殉乞里悉去罗”“瓜州节度尚论悉殉乞利塞去罗”即为吐蕃委派的一任瓜州节度使，此人在P.3172《尼患文》中亦见载：“瓜州节度［使］上□（论）悉殉乞利塞去啰”“我节度［使］上论悉殉乞里塞去罗”“我节度［使］上□（论）悉殉乞”，谓其“北摧突骑，西破胡军，出生入死而间（艰）辛。”[②]在论悉殉乞里悉去罗之前，吐蕃在瓜州节度衙已派驻了一位“留后使”，对此S.1438v号文书有载。所谓“留后使”，原为唐制，即节度使空缺时临时代理官员，职同节度。至于这位留后使是谁，是否就是后来的论悉殉乞里悉去罗，无从得知。在他之后，又有论纥颊热渴支担任该职，金滢坤已据P.3770v号文书有所考证，此不赘述。[③]

瓜州节度使作为瓜沙地区的最高军政长官，对其下属的沙州在政治领域负有直接的监管权。首先在官僚任免方面，非常典型的一份文书就是P.T.1089《吐蕃官吏呈请状》，据文书45—47行载：“今后，官员品位，若据瓜州［大行军衙］将军所作决定行之，有无过失。沙州节儿论以下，唐人官员品位，暂按此执行。瓜州［大行军衙］将军及观察使作出决定。”[④]此处的瓜州将军（dmag pon）即瓜州节度使，可见其对沙州官员的品位定级有一

① 《敦煌西域古藏文社会历史文献》，第44—45页。
② 黄征、吴伟《敦煌愿文集》，长沙：岳麓书社，1995年，第681—685页。
③ 金滢坤《吐蕃瓜州节度使初探》，《敦煌研究》2002年第2期，第20—25页。
④ 王尧、陈践《吐蕃职官考信录》，第110页。

定的决定权，或者至少如前文所引新旧卡莱城的情形那样有推荐权，管理序列经其初步审定后才向上申报。S.1438v《书仪》述及原有沙州节儿在叛乱中丧生后，“已蒙留后使差新节儿到沙州，百姓具安，各就丰（农）务”。[①]瓜州节度使对沙州官吏的任命权于此可以窥见。

此外，瓜州节度使还对沙州的行政事务和民事纠纷等负有监管权。如S.1438v《书仪》记载沙州驿户起义的氾国忠等人被抓后，“其贼七人，不漏天网。并对大德摩诃衍推问，具申衙帐，并报瓜州。昨索贼钉枷，差官铜（锢）送讫”。叛乱者在沙州被抓捕审讯后，不仅要将实情报备瓜州节度使，还要将叛乱者押解至瓜州，可见瓜州节度使对沙州重大事件负有监管职责。P.T.1078、P.T.1079则是两例瓜州节度使管理沙州民事纠纷的例子。据P.T.1078《悉董萨部落土地纠纷诉状》载，悉董萨部落百姓王安成、王贵公兄弟与窦廓庸发生土地纠纷，遂诉诸公堂，“后来于龙年夏，瓜州军帐会议之中，论结赞、论桑赞、论……等人”对此进行裁决，并令申诉人“今后不得再有争论口角，各自申言起誓”，令“税吏按指印，绮立达论赞三摩赞发出用印判文，窦与王人手一纸”。P.T.1079《比丘邦静根诉状》（图87）则记载了沙州比丘邦静根因女奴归属问题上诉一事，文中有“尚来三摩赞、论野桑、尚来桑在瓜州行营军中议会。于齐比乌集会之故，头年之冬，沙州以下，肃州以上，集中僧统所属农户，根据田地好坏，制定承担赋税标准”之语，可推此诉状即是沙州比丘写给瓜州节度使要求其对女奴归属问题进行判决。

在经济方面沙州肩负着向瓜州节度输粮纳贡的任务。S.542v《戌年六月十八日诸寺丁口车牛役簿》记载了沙州寺户向瓜州输

① 《敦煌社会经济文献真迹释录》第5辑，第319页。

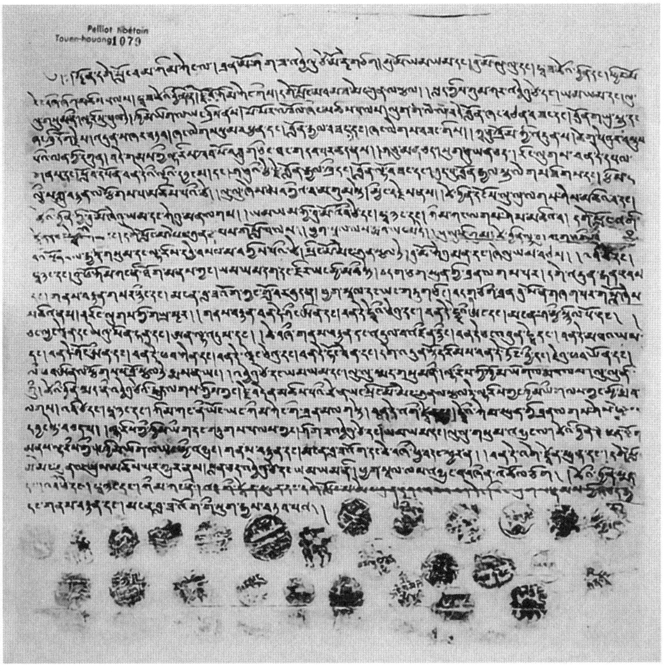

图87 P.T.1079《比丘邦静根诉状》

送粳米的情况，如“亥年瓜州送节（度）使粳米”（18行）“子年送瓜州节度使粳米”（8行）“送瓜州节度粳米”（34、79行）“送节度粳米”（47、49行）“送瓜州节（度）粳米一度”（124行），等等。前引P.2162v《寅年沙州左三将纳丑年突田历》亦载有左三将诸户向瓜州输纳粮食的情形，在册的28户均要向常乐、百尺、瓜州输送小麦。①纳粮地点中除百尺在沙州城西北外，②常乐、瓜州均在瓜州节度衙境内，当指常乐仓、瓜州仓二处，可见瓜州节度使掌管着沙州百姓的赋税。瓜州节度使亦有掠夺沙州人口的情况出现，如S.3287《吐蕃子年（808）沙州百姓氾

① 《敦煌社会经济文献真迹释录》第2辑，第405—406页。
② 李正宇《敦煌历史地理导论》，台北：新文丰出版公司，1997年。

履倩等户籍手实残卷》就载有瓜州节度使掳掠民户奴婢之事："奴紧子论悉夕将去"（22行），"婢落娘已上并论悉息将去"（23行），等等。此类举动自然会引发当地人不满，遂有P.1083号文书记载的沙州百姓向更高一级的东道节度使申诉的情况。

敦煌文书中还有瓜州节度使管理、扶持敦煌佛教发展的记载。藏文文书卷56，73—74叶记载了沙州某寺庙接受瓜州节度衙官员提供的布施为其抄写佛经之事："论杰齐（Rgyal khyi）与论东赞（Ldong brang）以瓜州城节度的名义，派人送信至僧人白吉桑波处索要一部手抄的佛经，并附以完整用具（套装）。但现在仍未收到节度衙的签名确认字据。"抄经过程中出现所需墨水、纸张等物资和写经生口粮不足的情况，负责抄经的官吏们写信请求补足，"论孔热和其他官员前来掌权，我等再次恳请发给印信，以获得……抄写藏文佛经的人员的（口粮）。"P.T.999《为普光寺墀祖德赞缮写〈无量寿经〉卷数册》（图88）载：

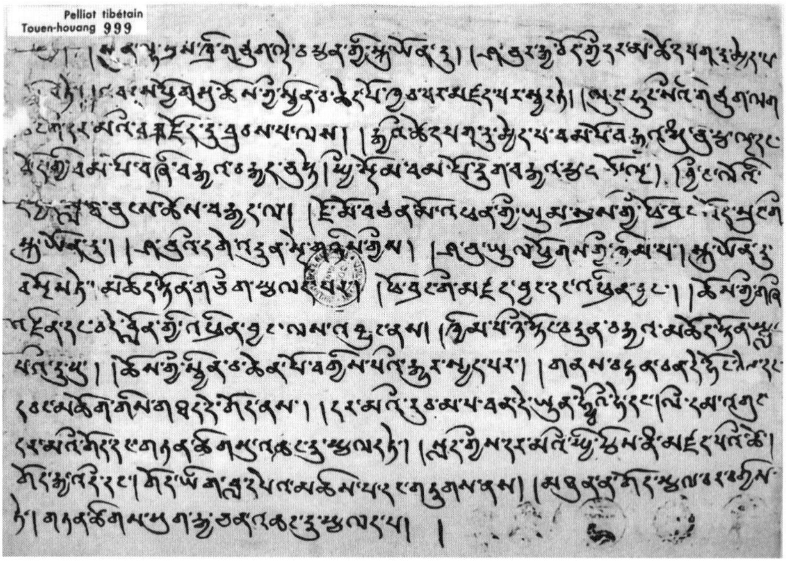

图88 P.T.999《为普光寺墀祖德赞缮写〈无量寿经〉卷数册》

“鼠年季夏（六月）八日，沙州二落僧伽，为赞磨王妃潘母子宫殿微松（光护）之功德，也为沙州地方百姓之功德举行回向供施法会。从宫廷指令及信函、教法大臣及安抚大臣之信函中得知，在2700人法会之时，教法大布施所奉献之财物，交与长老僧人洪辩和旺乔登记，并由管经僧人云海和李丹贡核对经卷记录和正式凭据付账。”[①]除了组织、参与佛教活动的公事层面以外，瓜州节度使还以个人身份参与到敦煌的礼佛活动中来。如P.2449v《祈愿文》记载了瓜州节度使论悉殉乞里悉去罗礼敬三宝、奉献贡品之事。[②]S.2449《尼患文》亦载“然我节度［使上］论乞□□□□（利悉去罗），唯仰捧金炉，俯立玉跪，一心端相，三业齐恭（斋供），摵（减）褚（储）□而建清薰，舍家财而亲三宝。”[③]考虑到墀松德赞在位之时大力弘佛，则来自吐蕃的瓜州节度使潜心向佛也就很好理解了。

① 陈楠《P.T.999号敦煌藏文写卷再研究——以往汉译本比较及相关史事补正与考辨》，《中国藏学》2008年第3期，第19—27页。
② （法）戴密微著，耿昇译《吐蕃僧诤记》，第347页。
③ 杨富学、李吉和《敦煌汉文吐蕃史料辑校》第1辑，第264—265页。

第二节　吐蕃统治时期敦煌的职官体系

图89 P.T. 1089《吐蕃官吏呈请状》

唐朝史书对陷蕃地区的记载反映出唐人对吐蕃的一些误解，如“河陇之士约五十万人，以为非族类也，无贤愚，莫敢任者，悉以为奴仆。”①翻检敦煌文书就会发现，真实情况并非如此。一方面，吐蕃入主敦煌以后即派驻本土官吏主持州内事务；另一方面，在经历了统治初期叛乱频仍、蕃官身死的逆境之后，吐蕃统治者更倾向于借助敦煌大族的社会影响力，辅助蕃官维系敦

① 《资治通鉴考异》卷一七引《建中实录》。

煌社会的稳定。因此，形成了蕃汉并行、蕃主汉辅的双轨职官制度。正是依靠这一套有序的行政系统，吐蕃实现了对敦煌长达60余年的统治。

在吐蕃统治时期的敦煌汉藏文文书中，最能完整、系统地反映敦煌职官体系的就是P.T.1089《吐蕃官吏呈请状》（图89），学界对此已有许多译释、研究成果。[①]这份文书记录了沙州各级官吏因不满当时的位阶官序而向上级提出的申诉以及上级的最终批复，上至沙州最高行政官员节儿论乞利本、下至书吏皆记录在册。据文书第47—50行载，瓜州节度使决定的敦煌职官序列为：

> 节儿论唐人乞利本、唐人乞利本悉编（万户观察使）、大都督、副节儿、小都督、唐人观察使、由吐蕃人担任千户长者、千户长僚佐由唐人担任者、小节儿、岸武库令、沙州料敌防御都使由吐蕃人担任者、唐人小千户由吐蕃人担任者、小千户助理由唐人担任者、料敌防御使由唐人担任者、唐人大税务官、乞利本之书吏。[②]

文书第77—83行又载：

> 尚赞桑、论杰札、观察使论强热、论喻札决断后，论列热其玛多与论鲁热俄赞于下盖印章。沙州节儿与官员品位今后依上述各册副本缮写。沙州官员品位已作决定，今后

① 关于P.T.1089号卷子，1955年拉露女士在《亚细亚学报》上发表了全文译解；1980年山口瑞凤发表日译文（《讲座敦煌2·吐蕃支配时代的敦煌》），1987年汶江发表汉文全译文《吐蕃官制考——敦煌藏文卷子P.T.1089号研究》（《西藏研究》1987年第3期）；王尧、陈践《吐蕃职官考信录》（《中国藏学》1989年第1期）一文根据缩微胶卷全文译出。

② 王尧、陈践《吐蕃职官考信录》，《中国藏学》1989年第1期，第102—117页。后引文不再一一注出。

依此而行："节儿论和万户长武库令、万户悉编、大都督、委任吐蕃人为千户长、副节儿、小都督、唐人之观察使、唐人被委派作助理者、吐蕃人被委任为小千户长，小节儿和岸武库令、吐蕃人被委任为沙州总防御使、委任唐人为小千户助理、唐人被委任为防御使、唐人地区总大税务官、万户长书吏。"

根据上述两段记载，敦煌蕃汉官员的设置、位序已大致清楚。本节中笔者将以该文书为基础，结合其他相关文书，对吐蕃时期的敦煌职官体系分蕃官、汉官两个系统做一勾勒。

一、吐蕃告身制度

在探讨敦煌职官制度之前，笔者以为有必要先概述一下吐蕃的告身制度，因为此时期的敦煌蕃汉官吏皆有告身，且呈一种蕃官低告身高职务、汉官高告身低职务的情形。这种情形并不特殊，吐蕃对于阗、吐谷浑上层贵族也有此政策。

"告身"，藏文为yig tshang或yig tshang drug，是吐蕃用以区分贵贱、明示等级的一种位阶制度。《贤者喜宴》载："所谓告身，最上者为金、玉两种、次为银与颇罗弥（phra men），再次为铜与铁文字告身。总为六种。告身各分大小两类。总为十二级。"其中前五种授予上至大贡论下至东本、茹本，铁文字告身授予作战勇士，又有"灰白色硬木并画以水纹的文字告身（tha shing skya chu ris kyi yi ge）授予一般属民。"[①]汉文史料对此亦有记载，《新唐书·吐蕃传》曰："其官之章饰，最上瑟瑟，金次之，金涂银又次之，银次之，最下至铜止，差大小，缀臂前以辨贵贱。"[②]

① 《贤者喜宴——吐蕃史译注》，第36页。
② 《新唐书》卷二一六，第6072页。

《册府元龟》云："大略其官章饰有五等：一谓瑟瑟，二谓金，三谓金饰银上，四谓银，五谓熟铜。各以方圆三寸褐上装之，安膊前，以别贵贱。""自号吐蕃为宝髻。爵位则以宝珠、大瑟瑟、小瑟瑟、大银、小银、大瑜石、小瑜石、大铜、小铜等为告身，以别高下。"[①]对比汉藏史料记载，最大的区别有二：一是等级数目，藏文为六，汉文为五，按drug即"六"，yig tshang drug即"六告身"，可知汉文记载有误。二是藏族史料将之定义为一种区别贵贱的等级标识制度，上至达官显贵下至战士平民都有告身，而汉文史料将其描述成一种与官位高低相关的标志，这是由于时人对吐蕃告身制度的误解造成的。

由于唐制中的告身和吐蕃的yig tshang类似，唐人在翻译时将二者对译。对比二者，唐制中的"告身"制度，乃书于纸上的授官文书或补官文凭。唐制选人，其法有四，谓之身、言、书、判，四者均可取者，又以德、才、劳考核，优者方能留下侯官。官职中五品以上不试，六品以下再反复考察后，"视品及流外，则判补。皆给以符，谓之告身。"[②]显然，吐蕃的yig tshang与唐之"告身"是不同的。究其源流，据陈楠考证，yig tshang应是吐蕃模仿唐代官吏服饰改造而来。[③]陆离更进一步提出吐蕃本就有给官员授予不同规格的金、银等质地的环状物来标示身份的做法，之后在与唐朝的不断接触交流中吸收唐朝官吏服饰制度与告身制度，逐渐形成yig tshang制度。[④]与唐朝告身仅限于官宦阶层不同，吐蕃的告身颁发范围几乎囊括了整个吐蕃社会，前引藏文

---

① 《册府元龟》卷九六一，外臣部，土风三，第11308页。

② 《新唐书》卷四五，第1172页。

③ 陈楠《吐蕃告身制度试探》，《西藏研究》1987年第1期，第59—66、109页。

④ 陆离、陆庆夫《关于吐蕃告身制度的几个问题》，《民族研究》2006年第3期，第94—102页。

史料中述及的向平民发放水纹木牌告身的情况，在敦煌文书中屡有发现。如藏文文书Ch.79.xiv.5号载有“木牌户”（khram tsan）一词，[①]即持有木牌告身的吐蕃平民。汉文文书也有“牌子”一词，如S.2729《辰年三月僧尼部落米净辩牒》载“算使论悉诺罗接谟勘牌子历”，S.3287v号文书中亦有“午年擘三部落依牌子口”，这些当与藏文文献中的木牌户是同一种情况。凡此种种，说明吐蕃统治敦煌期间给当地百姓也颁发了木牌告身。

吐蕃告身制度的高低差别，在法律权限和经济利益上显得尤为突出。在P.T.1071《狩猎伤人赔偿律》中记载了持有不同告身之人的命价差别，玉告身之上的四大尚论及其父祖命价达（银）一万两，玉告身尚论本人及其父祖命价为（银）六千两，以下依次递减，至王室民户、庸及耕奴的命价低至（银）三百两、二百两甚至五十两，差距之悬殊至此。至于告身的颁布，除了授予各级官吏、苯教巫师和佛教僧侣外，吐蕃对占领区的地方豪族亦颁给告身。如其统治于阗、吐谷浑时，对当地原有王室、豪族都授予较高的告身，但并不赋予这些权贵太多实权，如P.T.1089号载“于阗阿玛加等赐金告身和……等，位在节儿黄铜告身之下”，[②]这种位高权低的政策在敦煌也是如此。

二、敦煌蕃官体系

P.T.1089号文书第52—55行为东道节度使对敦煌吐蕃官吏的任命批复：

> 鼠年夏，大尚论巡边至陇州会议，复文：沙州唐人划为两个部落，设置机构与任命官员，任吐蕃人作沙州官吏：

---

① 《敦煌西域古藏文社会历史文献》，第317页。
② 王尧、陈践《吐蕃职官考信录》，第109页。

> 任戎波·喻贡为节儿论、琼玻·庐玛为节儿观察使、没庐·喻贡为中等节儿、末·札玛腊为小节儿及料敌防御使、派察罗帕晓为小千户长并颁红铜告身，任命塞拉马为小千户长并颁小红铜告身……①

这一记载虽为任命名单，但据此我们可以对吐蕃统治敦煌的蕃官系统有一个粗略了解，以下笔者对各级职官分别述之。

（一）节儿论唐人乞利本（rtse rje blon rgyavi khri dpon）

P.T.1089号文书开篇在“从军帐会议资悉波（审计）用印下达”之后首先提到的官职是沙州乞利本：“（对职官品位）意见分歧，沙州乞利本（一万人将）及万人悉编（观察使）于后，亦请示……”（第2—3行），后文也有多处提及，如“沙州乞利本及万人悉编（观察使）称……往昔，在沙州指派吐蕃人担任千户长以上者，相当于‘大藏’之品位”（第8行），“边鄙镇守者之乞利本、千户长、小千户长给以瑟瑟与金告身”（第25行），“并请示大尚论决定品位如下：茹本、乞利本、大料敌防御使、节儿”（第36行），“由沙州节儿派遣之官员品位如下：节儿论唐人乞利本”（第47行），等等。

乞利本，又作乞律本、乞力本，为藏文khri dpon之音译。khri意为“万人队”“万户”，dpon为长官之意，乞利本可意译为“万户长”，管辖地区称khri sde。据敦煌文书S.2736（2）《蕃汉对译语汇》载：“khri dpon（乞利本）/i ban zin dzyan（万人将）”，②则此语也可译为“万人将”。“万人将”在汉文史籍中亦有记载，如《新唐书·吐蕃传》载：“论莽热、论泣热皆万人

① 《敦煌吐蕃文献选辑》，第234页。
② 《敦煌吐蕃文书论文集》，第47页。

将，以赞普命，谢都督刺史”，[①]说明乞利本在吐蕃早已有之，而不是如同khrom一样只在占领区才有设置。究其源流，则要追溯到北方游牧民族的军政体制。众所周知，北方游牧民族如匈奴、柔然、突厥等曾采用十进制编制其民，万夫长、千夫长、百夫长之设一度盛行于这些民族政权中，[②]而同为游牧民族的吐蕃自然也吸纳了这一制度，其五茹六十一东岱即是十进制的具体实践。因此，吐蕃的万户部落（khri sde）、万户长（khri dpon）均为源自北方游牧民族十进制军政体制的设置，其级别在千户部落（stong sde）、千户长（stong dpon）之上。山口瑞凤据《贤者喜宴》指出，万户长并非千户长的顶头上司。吐蕃四个千户长上设一翼长总领，万户长只负责提供丁壮给十个千户，其地位在千户长之上翼长之下。[③]

学界对乞利本的研究主要集中于两点：一是沙州是否设有此官职，二是其与沙州节儿的关系。藤枝晃、姜伯勤曾提出吐蕃并未在敦煌设立过khri sde（万户）一级组织，吐蕃文献中出现的khri dpon应该是敦煌汉文文献中记载的节度使一职。[④]山口瑞凤提出，khri sde并非指十个千户，而是由三到五个军事区划和一个民事区划组成，khri dpon是一个民政官职。陈楠认为吐蕃在召开河西地区德论会议时对瓜、沙等地派出节儿官职以下的文官和节

---

① 《新唐书》卷二一六上，第6084页。

② 蔡鸿生《唐代九姓胡与突厥文化》，北京：中华书局，1998年，第113页。

③（日）山口瑞凤《敦煌的历史·吐蕃统治时期》，转引自杨铭《吐蕃统治敦煌与吐蕃文书研究》附录，第249—280页。

④（日）藤枝晃《吐蕃支配期の敦煌》，《東方學報》第31册，1961年；姜伯勤《唐敦煌“书仪”写本中所见的沙州玉关驿户起义》，《中华文史论丛》1981年第1辑，上海：上海古籍出版社，1981年，第163页。

儿以上的乞利本等人员。[①]王继光、郑炳林认为乞利本是吐蕃于842年前后在敦煌设立的一个临时行政官职，蕃人节儿、汉人都督为其副贰。[②]金滢坤、盛会莲认为，节儿与乞利本位序相当，由形势的需要或权力实体的规模大小及级别高低而或上或下。[③]岩尾一史通过考察吐蕃万户的种类，即吐蕃本土的象雄万户、周边地区的通颊万户、吐谷浑万户和汉人万户，指出万户是吐蕃本土的常设军政集团，而沙州、凉州这类人口稠密的绿洲镇与万户极其相似，则吐蕃在占领该地后将之编入万户是顺理成章的。具体到敦煌的情况，则铜告身节儿与万户长是同等的长官，节儿位置在上。[④]陆离指出乞利本就是沙州节儿论（rtse rje blon）、节儿（rtse rje），是沙州最高军政长官。[⑤]沙州地区设有乞利本一职毋庸置疑，这在敦煌文书中可以找到很多证据，如P.3770（4）《安伞文》载："则我沙州乞律本等，奉为当今圣神赞普，建兹宏业也。"[⑥]这两例皆表明敦煌设有乞利本一职，为当地最高的行政官员。

P.T.1089号文书同时记载有沙州节儿论一职，如："沙州之

---

① 陈楠《吐蕃对河西地区的占领与管辖》，《藏史丛考》，北京：民族出版社，1998年，第89页。

② 王继光、郑炳林《敦煌汉文吐蕃史料综述——兼论吐蕃控制河西时期的职官与统治政策》，《中国藏学》1994年第3期，第44—54页。

③ 金滢坤、盛会莲《吐蕃沙州节儿及其统治新探》，《中国边疆史地研究》2000年第3期，第12—13页。

④（日）岩尾一史《吐蕃の万户（khrisde）について》，《日本西藏学会会报》第50号，2004年5月，第3—15页。

⑤ 陆离《吐蕃敦煌乞利本考》，《中国边疆史地研究》，2007年第4期，第74—81页。

⑥《法藏敦煌西域文献》第27卷，上海：上海古籍出版社，2002年，第359页。又如S.6101《行城文》载："又我乞利本、节儿、都督等，伏愿荣班，宠后（厚）禄增。"《英藏敦煌文献》第10卷，成都：四川人民出版社，1994年，第79页。

节儿论（节度使）以下，各级僚佐以上，职官品位意见分歧，不尽和谐，后乃依原职官品秩书此名册”（第5—6行），“节儿以下，唐人官员对品位意见不协，经常争执”（第44行），“沙州节儿论以下，唐人官员品位，暂按此执行”（第46行），“由沙州节儿派遣之官员品位如下：节儿论唐人乞利本”（第47行），“给节儿论与观察使去函”（第77行），“沙州节儿与官员品位今后依上述各册副本缮写。沙州官员品位已作决定，今后依此而行：节儿论和万户长武库令（khri dpon go cu rub，也译作节儿论和万户长州内权限者）”（第78—80行），等等。这些记录很明显地表明节儿论亦为沙州最高行政长官，则它当与乞利本职位相当。其中需要注意的是“节儿论唐人乞利本”（rtse rje blon rgyavi khri dpon）和“节儿论和万户长州内权限者”（khri dpon go cu rub）两个官名，二者皆为rtse rje和khri dpon叠加在一起构成，则我们可以推断这才是这一官职的全称，由于全名过长平常只以前半部分节儿论或后半部分乞利本相称。[①]

明确了乞利本与节儿论为同一官职，就更便于我们对在任官员进行考察。在敦煌的判牒文书中屡见末尾署名为“润（闰）”者。如S.6829《戌年（806）八月氾元光施舍房舍入乾元寺牒》是沙州百姓氾元光欲在向乾元寺施舍房屋之际请求官员颁发公验凭据的一份文书，文末第11—13行为官府批复：“任施，仍为凭据，润示。”[②]再如P.3613《申年（804）正月令狐子余牒及判词》，记载了令狐子余要求官府判还其原先被判给别人的孟授渠附近土地，文书第1—8行为令狐子余的申诉，第9—11行为长官批复：“付水官与营田官同检上。润示。九日。”第13—19行为

① 陆离《吐蕃敦煌乞利本考》，《中国边疆史地研究》2007年第4期，第74—81页。

② 《敦煌社会经济文献真迹释录》第3辑，第73页。

营田副使阚和水官令狐通调查后的汇报，第20—21行又是长官批示："准状。润示。十五日。"[①]两件文书署名者笔迹相同，当为同一人。既然能够调遣水利官、营田官对民事纠纷进行核查并对结果做最终判决，则这位名叫"润"的官员应当是沙州最高行政官员节儿论唐人乞利本。由于这一职位只能由吐蕃人担任，则"润"是这位吐蕃官员的汉文名字。据P.T.1089号文书第53行载："任吐蕃人作沙州官吏：任戎波喻贡为节儿论。"戎波喻贡的姓名ro ngos po g·yu gong中第一个音节ro发音近似汉语"润""闰"，则他们极有可能就是同一人。

据陆离考证，公元816—820年间这位戎波喻贡在敦煌节儿论任上。[②]继他之后担任此职的是莽热（莽没热）。据P.2583v《申年比丘尼修德等施舍疏》载："解毒药二两，充正月一日夜燃灯法仕宋教授和上（尚）□/□药。正月七日弟子节儿论莽热谨疏。莽没热节儿为钵单布福田，施曲陈绢一疋三丈四尺。"[③]此申年陆离考证为公元828年，[④]而同时出现的宋教授在北图咸字59v《丑年诸寺请便麦牒》中曾作判词，此丑年为公元821年辛丑年，则宋教授的活动年代在此前后，论莽热亦于821年以后代替了戎波喻贡，这正好与前文推测戎波喻贡的任期下限为820年前后相符。

论莽热之后担任这一职务的是论野绮立。据P.T.1079《比丘邦静根诉状》载，"沙州节儿总管论野绮立"会同僧统沙门巴尔奈、亲教师沙门罗扬、论吐桑许布、论野札来息、财务官嘘律丹等对比丘邦静根女奴及其三女的归属做出过裁决。[⑤]文书所载未

① 《敦煌社会经济文献真迹释录》第2辑，第281—282页。
② 陆离《吐蕃敦煌乞利本考》，第74—81页。
③ 《敦煌社会经济文献真迹释录》第3辑，第66页。
④ 陆离《吐蕃敦煌乞利本考》，第74—81页。
⑤ 《敦煌吐蕃文献选》，第46—48页。

年的前一年，陆离考证为838年，则可以确定论野绮立的任职时间在9世纪30年代。

敦煌文书中还有一些言及“节儿尚论”者，如S.2146《布萨文》：“次用功德，庄严我节儿（尚）论：伏愿荣高往岁，庆益今辰。”S.2146《行城文》：“次用庄严节儿尚论爰及都督杜公：为云为雨，济枯涸于明朝。”①尚（zhang）是吐蕃王室外戚，当时有没庐（vBro）、琛（mChims）、那囊（sNanam）、蔡邦（Tshes pong）四家族，则此节儿尚论当为出自其中之一的吐蕃官吏，具体是谁尚不可考。

（二）节儿悉编（rtse rje spyan）

P.T.1089号文书中仅次于乞利本的官职就是万人悉编，对应的藏文为khri spyan，第2、8行均载“沙州乞利本及万人悉编”（sha cuvi khri dpon dang khri spyan），二者总领沙州诸官向上申诉，第48行“唐人乞利本悉编”（rgyavi khri spyan）紧接乞利本之后。“悉编”是spyan音译，意为眼、目，因此也意译作观察使。据《新唐书·吐蕃传》记载，吐蕃外相职官系统中设有spyan chen po一职：“都护一人，曰悉编掣逋。”②则该职务与唐之都护相似，为吐蕃王朝派往征服地区执行王命、处理军政要事的官员。据《唐蕃会盟碑》载：“树碑之日，观察使（spyan）为唐之御史中丞杜载与赞善大夫高□□等参与告成之礼。”③杜载参加长庆会盟碑树碑典礼之时为监察御史，则悉编与监察御史之职位相当。唐监察御史“掌分察百僚，巡按州县，狱讼、军戎、祭祀、营作、太府出纳皆莅焉；知朝堂左右厢及百司纲

① 《敦煌汉文吐蕃史料辑校》第1辑，第226、243页。
② 《新唐书》卷二一六上，第6071页。
③ 《吐蕃金石录》，第44页。

目。”[①]spyan既有眼目之意，其职能自然也有监察、巡视等内容，吐蕃本土如此，具体到敦煌地方的节儿悉编应当也大致相同，所异者只是地域、职权范围大小的区别。据文书第53—54行记载，与戎波喻贡同时被任命为节儿悉编的是吐蕃人琼波庐马（khyung po klu rma）。另一份文书S.542v《戌年（818）六月沙州诸寺丁口车牛役簿》载：“十月龙车与悉边寿昌载椽一车三日。”[②]这位“悉边”有权征用龙兴寺的车为其载木头，应该就是沙州节儿悉编。此戌年为公元818年，如前所述正是戎波喻贡担任乞利本之际，则此悉编就是与他同时期任职的琼波庐马。

敦煌汉文文书中载有“节儿监军”一职，如S.6172《布萨文》（图90）载：“次用庄严节儿监军爰及良牧杜公□□□□于明

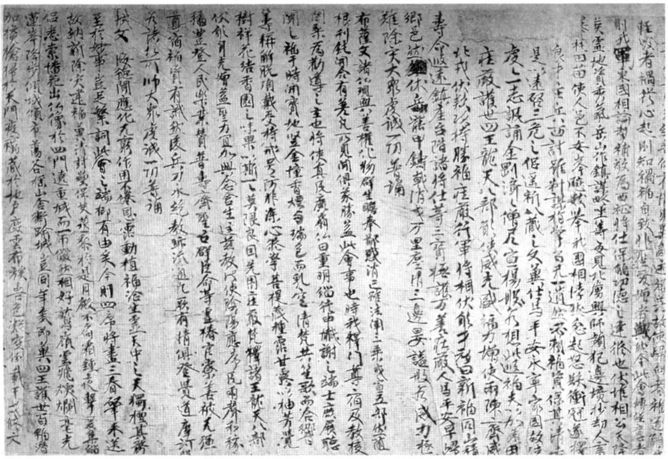

图90 S.6172《布萨文》

朝。”[③]P.3699《祈愿文》载：“节儿监军，福祚潜运，光祥大乘，荣贵日新，□声不朽。”[④]监军与悉编均有监察、监视之含

① 《新唐书》卷四八，第1239页。
② 《敦煌社会经济文献真迹释录》第2辑，第392页。
③ 《英藏敦煌文献》第10卷，成都：四川人民出版社，1994年，第138页。
④ 《法藏敦煌西域文献》第26卷，上海：上海古籍出版社，2002年，第369页。

义，且从这两份文书来看，节儿监军的地位在都督上一位，正好与P.T.1089号文书中节儿悉编的位置相对应，因此，节儿监军应当是节儿悉编的汉文称谓。[①]在此结论之下，我们便可检索出琼波庐马以外的其他节儿悉编/节儿监军，敦煌文书Д x .1462+P.3829《吐蕃论董勃藏修伽蓝功德记》所载的论董勃藏（ldong bzang）即是其中一位。文书标题载论董勃藏官职全称为“大蕃古沙州行人三部落兼防御兵马及行营留□（后）”，正文则以监军论称之：“其监军论，宗源本吐蕃国人”“既监军论字号董勃藏，名金刚，敕充沙州三部落兼防御兵马行营留后大监军使，授大鍮石告身。”[②]所谓“沙州行人三部落”当指阿骨萨、悉董萨、悉宁宗三军事部落，阿骨萨、悉董萨二部落成立系820年事，悉宁宗稍晚，成立于824年以后，则此文书写作年代亦在此之后。这时戎波喻贡或已不在乞利本任上，而由论莽热代之，则同时任命的节儿悉编琼波庐马应当也已卸任，继任者就是这位论董勃藏。文书又载其政绩曰：

> 为政也，助其国，忧其民，称其材，委其任。孳成畜聚，业绪基深；果侚临军，毅勤边守。悬泉路次，长承偃草之风；右地阳关，不假前茅之候。驱鸡驯俗，先为竹马之期；伏豹同弦，德最严凝之重。五邻劝附，三部坚亲。执虎契而论兵，案铜鱼而格俗；为仁义，依依古礼，更号令，赫赫军容。控制万人，常居便地；科驰百姓，使殖膏腴。藉田肆意于春光，断狱不违于秋杀。

① 《敦煌的吐蕃时代》，第46—47页。

② 李正宇《吐蕃论董勃藏修伽蓝功德记两残卷的发现、缀合及考证》，《敦煌吐鲁番研究》第2卷，北京：北京大学出版社，1996年，第250页。

抛开溢美之词，我们从中可以看出董勃藏的职权范围囊括全州行政、司法、军事等各项事务，“控制万人”一语也正好符合khri spyan（万人悉编/观察使）之谓。河西吐蕃写经315号《大般若经》第11页背面的藏文书信亦载董勃藏之名，其时吐蕃官员董摩敬向董勃藏和另两名吐蕃官员致信问候，并邀他们赴沙州二汉人部落访问。[①]此二汉人部落或为行人、丝绵部落，可见这时董勃藏还未出任沙州节儿监军。史书中还有他以使者身份出访唐廷的记录，如《唐会要》中就载有元和元年（806）他奉旨使唐之事：“元和元年七月，遣使论勃藏等来朝，并献方物。”[②]

（三）中等节儿（rtse rje vbring po）

这一官职只在P.T.1089号文书中有载，第54行载吐蕃人没庐喻贡（vbrog yu gong）被任命为中等节儿（rtse rje vbring po），在蕃官系统中的位置次于节儿论乞利本和节儿观察使。文书中还多次记载了“副节儿”一职，如第11—12行载“副节儿（rtse rje vog pon）之品位在大督都之下，在副都督安本义和唐悉编张悉诺律之上”，第48行瓜州节度使判定副节儿位列大、小都督之间，第81行德论会议最终判决副节儿位列小都督之前，在大都督、吐蕃人千户长之后。比对副节儿与中等节儿的位置，不难发现二者相当，因此它们当为同一官职。而在任官员没庐喻贡系出羊同贵族没庐氏，背景颇高，可见这一官员位置重要，当为节儿论副手，协助其管理州务。

（四）吐蕃人千户长和小千户长

吐蕃在敦煌设置部落以后，派吐蕃人担任千户长（或称部落使），总领一部落事务。据P.T.1089第8—10行记载：“往昔，在

---

① 黄文焕《河西吐蕃卷式写经目录并后记》，《世界宗教研究》1982年第1期，第84—102页。

② 《唐会要》卷九七，第1737页。

沙州指派吐蕃人担任千户长以上者，相当于‘大藏’之品位。去年，沙州唐人自‘桂’（军旅中）分出后，千户与小千户划分为两部落。授千户长以小黄铜告身，授小千户长以大红铜告身。”而据第48—49行记载，瓜州节度判定的吐蕃人千户长在整个敦煌职官系统排第七位，位于唐人悉编之后，在蕃官系统排第四位，位于副节儿之后；小千户长位于敦煌职官系统第十二位，蕃官系统第八位，排在吐蕃人沙州料敌防御使之后，在第80—82行所载德论会议给出的判定中，吐蕃人千户长的位置提升到敦煌职官系统第四位，仅次于大都督，在蕃官系统中排第三，次于节儿悉编，高于副节儿；小千户长排在敦煌职官系统第九位，次于唐人千户助理，在蕃官系统中排第五位，次于吐蕃副节儿。文书第54—55行还载有两位当时在任上的小千户长，一位是红铜告身的察罗帕晓(tshar lo spa sho)，一位是小红铜告身的塞拉马（ser lha rma）。

汉文文书中亦有吐蕃部落使的记载，如P.3774《丑年（821）十二月沙州僧龙藏牒》载：“宣子趁入所由印，用麦八驮，付张剑奴，驴一头与部落使乞心儿。”[①]这位乞心儿是吐蕃人，为龙藏所在部落的部落使。同件文书记载龙藏未出家时俗名齐周，曾看丝绵硙，则他很有可能是丝绵部落人，那么这位乞心儿部落使当为丝绵部落使。又已知丝绵部落于820年以后改建为悉董萨部落，所以他也有可能是悉董萨部落使。[②]另一藏文文书P.T.1094《鸡年博牛契》载有“通颊斯东巴部落千夫长贪论嘘律扎”（mthong kyab se tong pavi stong pon lho blon klu sgra vi），[③]此即通颊部落的部落使，从姓名判断为吐蕃人，鉴于通颊部落成立于824年以

---

① 《敦煌社会经济文献真迹释录》第2辑，第285页。
② 陆离《敦煌的吐蕃时代》，第59页。
③ 王尧、陈践《敦煌吐蕃文书论文集》，第29页。

后，他的任职时间也当在此后。文书还载有“悉董萨部落千夫长论剌腊卜藏”，亦为吐蕃人。

（五）小节儿（rtse rje chung）

小节儿亦只见载于P.T.1089号文书，第49行记载瓜州节度使判定小节儿在唐人千户长僚佐之后，岸武库令之前，[①]第54行记载末札玛腊（vbal dra ma legs）被任命为小节儿及料敌防御使（rtse rje chungu dang dgra blon go cu rub），第82行记载德论会议最终判定“小节儿和岸武库令”（rtse rje chungu dang mngan go cu rub，也译作小节儿与财务官州内权限者）在吐蕃人小千户长之后，吐蕃人沙州总防御使之前。担任小节儿的末札玛腊系出苏毗王族末氏，可见这一官职与中等节儿一样，由出身背景较高的吐蕃人担任。另外，从以上记载来看，小节儿一职不像中等节儿、节儿论那样只言“节儿”，而是后缀有“料敌防御使”“财务官州内权限者”，很明显这些后缀用以标明小节儿的具体职务，料敌防御使涉及军事城防，财务官州内权限者涉及财政，笔者据此推断，“小节儿”之称并非独立、具体的官职，只作标示级别之用，后缀官名才是这一官职的具体官名。前述节儿论、中等节儿均总管州内事务，小节儿则负责管理具体事务，如军事、财政等。下文将要谈到敦煌当地官吏担任农田、水利、财务等执行官吏的情况，则小节儿料敌防御使和小节儿财务官州内权限者很可能就是具体领导这些人的官职。

（六）吐蕃人沙州防御使

据P.T.1089第49行记载，瓜州节度使判定的位列小节儿及岸武库令之后的官职为“沙州料敌防御都使由吐蕃人担任者”

① 王尧、陈践译文此处将小节儿和岸武库令用顿号隔开，实际上对照藏文与第82行是一样的，都写作rtse rje cungu dang mngan go cu rub。

(sha cu spyivi dgra blon bod las bskos pav)，其位在吐蕃人小千户长之前。而第82行由德论会议给出的最终判决中，“吐蕃人被委任为沙州总防御使”的位阶略有调整，位于小节儿及岸武库令之后，唐人小千户长助理之前，由于吐蕃人小千户长被提至小节儿之前，致使防御使的序列下降一位。dgra blon一职在吐蕃本土就有设，据《广本德乌宗教源流》记载，可知其为松赞干布统一吐蕃本部后所设的七种官职之一，音译为扎论，意译为料敌防御使、守备长或先锋官。顾名思义，为负责征战防御的武职。吐蕃统治河陇西域之后在各地多有设置此职，如P.T.1089记载，吐蕃在姑臧节度衙即设有大料敌防御使（dgra blon chen po）、中料敌防御使（dgra blon vbring po）、小料敌防御使（dgra blon chun gu），其中大料敌防御使在衙署官员中位列第三，中料敌防御使位列第九，小料敌防御使位列第十一，[①]沙州有吐蕃人担任的防御使一职，在瓜州节度所判序列中位于第十，德论会议所判序列中位于第十一，相当于小料敌防御使。

（七）乞利本之书吏(khri dpon yi ge pa)

P.T.1089号所载敦煌职官系统中最末位为乞利本之书吏（khri dpon yi ge pa），或曰万户长书吏，亦作书记官。顾名思义，当为直属于沙州乞利本，是具体执行敦煌官方公文处理和人口户籍管理等事务的官员。据同件文书载，姑臧节度使衙设有“机密大书记”（gsang gi yi ge pa chen po）、“机密中书记”（gsang gi yi ge pa vbring po）、“机密小书记”（gsang gi yi ge pa chung）、“机密书记小官”（gsang gi yi ge pa phra mo）。[②]瓜州节度衙自然

① （日）山口瑞凤《沙州汉人による吐蕃二军团の成立とmKhar-tsan军团の位置》，《東京大学文学部文化交流设施研究纪要》第4号，1980年，第17页；《吐蕃统治敦煌研究》，第121页，二位先生译作大守备长、中守备长、小守备长。

② 《吐蕃统治敦煌研究》，第121页。

也有相同设置，P.T.1078《悉董萨部落土地纠纷诉状》即记载了瓜州节度衙税吏论诺热与书记官论诺三摩诺麦奉命对沙州土地纠纷案做具体的调查取证，[①]此论诺三摩诺麦为瓜州节度衙的书记官。另一文书P.T.1077《都督为女奴事诉状》载有“夕布昔之文书”（shib shes gyi yi ge ba），称：“绮布讼词谓：军中‘百官’、民户副算使、夕布昔之文书及千户未盖印，仅汝个人指印，文契无效，其指印亦无效。”[②]该文书提到丝绵部落，则夕布昔的任职期限当在丝绵部落存在的790—820年。从记载来看，奴婢买卖、转让文书需要书记官同其他相关官员盖印方可生效。同时，从以上两件文书可知，这一官职由吐蕃人担任。

三、敦煌汉官体系

首先要说明的一点是，笔者为与“蕃官体系”有所区别，将由敦煌当地大族组成的职官体系命名为“汉官体系”，但这一体系中并非只有汉人，还包含汉化程度很深的粟特后裔在内。P.T.1089号文书第55—66行记载了这一体系的官员任命情况：

> 任唐人为官吏者：“派杜悉诺结为唐人都督及吐蕃节儿僚佐，往昔已有小颇罗弥告身，重用，一致褒奖，颁大颇罗弥告身。派安本义为副都督，已有红铜告身，当重用，颁以大黄铜告身，并兼任一部落长官；派尹佩为其助理，授有小黄铜告身，虽授小黄铜告身，因重用，当面一致褒奖，颁以大黄铜告身。派张奴子为一部落之税务官兼地方财务总管。萨宝因出身都督世家后受重用，任命为地方总

① Kri yig，王尧、陈践译之为押衙，陆离认为此即khri dpon yi ge pa（万户长书吏）的简称，兹采陆说。
② 《敦煌吐蕃文书论文集》，第61页。

> 税务官，给以‘大藏’待遇之奖赏。派曹昌熙为部落水官；派李普华为地方总大农田官，品位与‘大藏’等同，器重使用，给以‘大藏’待遇之奖赏。任命张悉诺腊为水利官，兼一部落长官；派康寿谭为其助理，已授小黄铜告身，当面重用，一致褒奖，授以大黄铜告身。任命刘璜为税务官兼地方财务总管。任命安兴子为部落营田使；任命李进为地方总水监，任命张斗奴为小千户，品位虽为小红铜告身，但授与小黄铜告身，予以重用，并给以小红（黄——译者注）铜告身之待遇地位。任命樊悉诺士为度支官；任命詹拉东为度支官；又任杨律徕为水监；任命王恩为部落水监；任命赵恩为部落营田使。”

从上述记载来看，不同于吐蕃官吏掌有决策领导之权，敦煌当地官吏所掌主要为执行权，且集中在民事经济领域，涉及土地、水利、财政、税收等。这种情况十分容易理解，吐蕃时期任职蕃廷者多为敦煌当地大族和原有官吏，他们对敦煌社会的了解和影响力自然远在蕃官之上。加之在处理具体的民事、经济事务时要与当地百姓频繁打交道，蕃汉之间的语言障碍无疑为大多数不熟汉语的蕃官增加了难度。因此，只要政治领域确保蕃官的主导地位，民事、经济领域采取由当地大族管理的政策不失为一个上上之选。

（一）都督（to dog）

吐蕃统治时期敦煌当地大族所能担任的最高官职是都督，藏文音译为to dog。都督有正、副之分，或曰大、小。P.T.1089号文书第29行载沙州都督自称为“大都督节儿僚佐”（to dog ched po rtse rjevi zlar bskoste），可见其为吐蕃节儿论、节儿监军的副手。从P.T.1089号文书的记载来看，都督的品位序列经过了一番激烈争论，“唐人都督及千户长对职官品位均未和协。吐蕃人任小千户长与唐人之副都督及唐人具有黄铜告身者品位同，对此均不和协。”（第10—11行）“正副两都督与副节儿之品位如何，……请予以明示。”（第19行）沙州都督自己的申诉称：“我等被任命为大都督节儿僚佐，请赐给颇罗弥告身，品位高于节儿黄铜告身。”（第29行）最后上级做出批复，使大都督在节儿悉编之后，小都督在副节儿之后。

最早担任都督一职者，据陆离考证为P.2807《愿文》（图91）所载都督索允，任职时间约在794—799年，S.1438v《书仪》

图91 P.2807 《愿文》

的作者正是此人。[1]藏文文书卷55，20叶文书中记载有“瓜州索荣（Kva chu Ser sbyong）”，[2]汉语“允”与藏文sbyong发音相似，或为同一人。这位索都督在任之时负责管理州内政治、经济各类事务。其时适逢氾国忠等驿户起义爆发，索都督在吐蕃节儿身死叛乱之际维持了敦煌的稳定，“某走报回避，共同死生。及至天明，某出招集所由，分头下堡，收令不散，誓救诸官。比至衙门，已投烈火。遂即旋踵，设伏擒奸。其贼七人，不漏天

① 陆离《敦煌写本S.1438背〈书仪〉残卷与吐蕃占领沙州的几个问题》，《中国史研究》2010年第1期，第87—100页。

② 《敦煌西域古藏文社会历史文献》，第44—45页。

网。并对大德摩诃衍推问，具申衙帐，并报瓜州。昨索贼钉枷，差官铜（锢）送讫”。[①]又在“季秋已冷”之际，负责全州赋税缴纳，“所税布麦，诚合全输。”[②]不幸亲子被害，心灰意冷，最后辞官出家了。索都督之后继任的都督为杜氏，与他同时期的副都督为安氏。据P.T.1089号文书记载，杜悉诺结（do stag skyes）任唐人都督及吐蕃节儿僚佐，授予大颇罗弥告身，安本义（an bung yig）任副都督，授予大黄铜告身，并兼任一部落长官，还有一位名为尹佩（yem pheng）的助理。汉文文书对此亦有载，如P.2770v《愿文》（图92）称：“伏惟我牧杜公，帝乡雄望，书擗灵枝，智

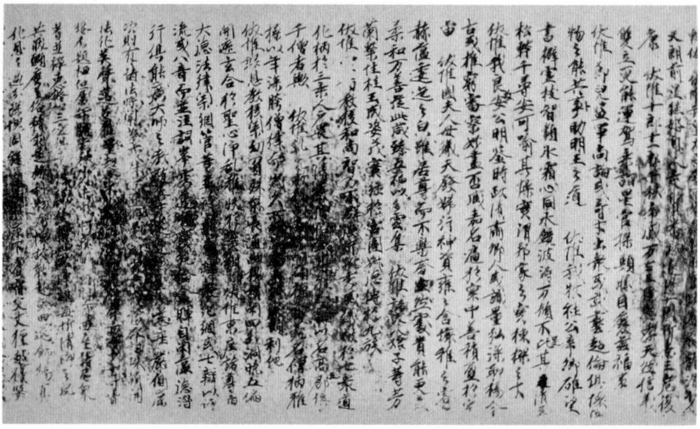

图92 P.2770v《愿文》

类冰霜，……实谓邦家之宝，栋梁之才。伏惟我良牧安公，明鉴时政，清肃乡人，或识望弘深，聊扬今古，或穷推审察，妙尽丕藏。”[③]这位杜公后来为人鸩杀，其子继任都督，P.3674v《小僧习写》载其事曰：

① 《敦煌社会经济文献真迹释录》第5辑，第318—319页。
② 《敦煌社会经济文献真迹释录》第5辑，第319页。
③ 《法藏敦煌西域文献》第18卷，上海：上海古籍出版社，2001年，第142—143页。

> 故沙州都督杜公，于赞普中（忠）赤，子父相绍肆拾伍年，……其心正直似弓，□乘佛法亦然，聪明智慧，微同□代，留名万□，传传名以后、有愚〔民?〕不自寸量。便生姤（妒）疾，以药杀之，故疑侵食（?）。[①]

据此可知，杜氏父子前后担任沙州都督一职长达45年。对于他们的任期起讫时间，郑炳林据S.2447《亥年十月一日以后诸家散施入经物历稿》所载843年杜都督尚在任上进行了推断，提出如果杜氏是最后一任都督，则其于799年已在任上，如果848年杜氏仍在任，则其任职时间始于804年。据P.3551《药师琉璃光如来赞并序》，吐蕃时期敦煌还有一位大都督张氏，据考证此人正是张议潮的父亲张谦逸。[②]如此，则杜氏不会是最后一任都督，既然843年后他已不见载，则杜氏父子的任期为799—843年无疑。张谦逸死后，按吐蕃职官父死子继的制度，张议潮继任都督之职。而与他一同起义的安景旻，应该就是前述副都督安本义的后代了。

（二）汉人悉编（rgyavi spyan）

敦煌的吐蕃官吏系统中节儿论后设一悉编（观察使），汉官体系亦与之同。P.T.1089号文书第12行载有“唐人悉编”（rgya las spyan）一职，唐人悉编张悉诺律（cang stag legs）在副都督安本义之后。第48行亦载“唐人观察使”（rgyavi spyan），经瓜州节度使判决仍列小都督之后，第81行记载德论会议的最后判决亦是如此，位居小都督之后，唐人副千户长之前。吐蕃的节儿悉编职务涉及军政各类事务，协助节儿论乞利本掌管州务，则汉人

① 《敦煌宝藏》第129册，台北：新文丰出版公司，1986年，第604页。
② 旼麟《张谦逸在吐蕃时期的任职》，《敦煌学辑刊》1993年第1期，第83页。

悉编的职责亦为协助汉人大、小都督，在汉人官吏中地位较高，处于第三级。需要指出的是，这一官职是吐蕃在敦煌成立阿骨萨、悉董萨二军事部落之后才设的，由此反映出吐蕃统治后期敦煌汉人地位的提高。

（三）部落内部各级职官

吐蕃在敦煌设立部落以管理当地百姓，并遵循十进制原则在部落内部将编民又分为百户组织（将/五十岗）、十户组织（五岗）以便于管理。每一层机构又有相应的职官设置。在敦煌汉藏文文书中，这些部落官吏留下的记载最为丰富，以下分级详述之。

1.汉人部落使

吐蕃派遣本族人担任敦煌各部落的千户长、小千户长，汉人只能担任副使，即P.T.1089号文书第48—50行记载的所谓“千户长僚佐由唐人担任者”（stong pon gyi zla rgya las bskos pavi）、“小千户助理由唐人担任者”（stong cung gi zla rgya las），二者分别位于敦煌官序中的第八位、第十三位，在敦煌汉官系统中排在第四位、第五位。汉人部落使虽为副使，但因任职者为当地大族，既有影响力又熟谙敦煌社会，因此他们是衔接吐蕃统治者与敦煌百姓的一个重要环节，所以才会有前述安副都督兼一部落使的情况出现。

吐蕃初入敦煌时，曾任阎朝为部落使，P.3481《愿文》载曰：“粤有千寻石祥，侧万龛灵塔安排，四□□一心，孰與？则我大檀越大蕃部落使，河西节度、太原阎公，惟公操列寒松，心横劲草，在官国慎，清异人知，令参远向于天朝，政化大□于道路。”[①]吐蕃对一位率众抗蕃达十年之久的敌方将领如此安置，

① 《敦煌汉文吐蕃史料辑校》第1辑，第190页。

当然是为了安抚民众而采取的权宜之计，很快他们便以“疑朝谋变”为由，置毒于阎朝靴中将之鸩杀。这一时期前后担任部落使的还有阴伯伦，据P.4640《大蕃故敦煌郡莫高窟阴处士公修功德记》载他曾任道门亲表部落大使。

吐蕃统治中期见载于文书的部落使有P.3744《丑年（821）十二月沙州僧龙藏牒》所载的龙藏之父，文书曰：“先家中无羊，为父是部落使，经东衙算赏羊卅口、马一疋、耕牛两头、牸牛一头、绯毯一。”[①]如前文所述，龙藏可能是丝绵部落人，其父亦可能是丝绵部落的副部落使。另一件文书S.542v《戌年（818）六月沙州诸寺丁口车牛役簿》载有“龙供橑笼部落使麦草两车箱”，[②]即龙兴寺向橑笼部落使供给麦草。橑笼部落使或非敦煌本地部落，而是瓜州地区部落使。

三军事部落成立后，据P.T.1089记载，尹佩（yem pheng，一译阎本）为其中一个部落的副千户长（stong zla），康寿谭（khang sevu tam，一译康塞堂）为另一个部落的副千户长，康寿谭下又设一小千户长（stong cung），由张德多（cang devu vdo）担任。《沙州文录补》中辑有一篇《康再荣建宅文》，记载康再荣为纥骨萨部落使，[③]则康再荣的任职时间在830年之后。P.2631《释门文范》在沙州二都督之后又载“三部落使和声应；百姓云集，僚吏同携，建伽蓝所，兴百日之役。”[④]所谓三部落使即阿骨萨、悉董萨、悉宁宗三个部落的汉人部落使。

汉人担任的副部落使虽然主要协助吐蕃统治者统治敦煌百

---

① 《敦煌社会经济文献真迹释录》第2辑，第283页。

② 《敦煌社会经济文献真迹释录》第2辑，第392页。

③ 罗福苌《沙州文录补》，《罗雪堂先生全集》四编第12册，台北：大通书局，1972年，第5838—5839页。

④ 《敦煌汉文吐蕃史料辑校》第1辑，第200页。

姓，但同为唐人的宗族情感也让他们有时会替当地百姓向吐蕃统治者申诉不公正待遇。如前引P.T.1083、P.T.1085号文书就记载了因不满吐蕃驻沙州节儿长官等抄掠当地女子为奴、随意增加年贡并侵夺民众果园等事，汉人部落使代表沙州民庶向吐蕃上层申诉。

2.将头/五十岗（Lnga bcu rkang）

“将头”是部落之下的百户组织将（tshan）的负责人，对应的藏文为Lnga bcu rkang（五十岗）。将头不见载于P.T.1089号文书，可见为不入品级的胥吏。但作为执行催缴赋税、管理各类民事杂务的基层负责人，将头的位置颇为重要，在敦煌文书中留下了大量记载。820年敦煌三军事部落成立前，文书中对诸将的记载如“左二将”“右三将”等，并不书将头姓名，因而无从逐一考证任职者。据P.3774号《丑年（821）十二月沙州僧龙藏牒》记载，“齐周身充将头，当户突税差科并无。官得手力一人，家中种田躯（驱）使，计功年别卅驮。从分部落午年至昨亥年，计卅年，计突课九百驮，尽在家中使用。”[①]可见将头虽不入品级，但享有免除差科突税、驱使官方手力等诸多便利。

三军事部落成立后，敦煌藏文文献中出现了以“人名+将”记载诸将的情况，这些人自然是各将将头。如Ch.73.xv.5号写卷记载的阿骨萨、悉董萨、悉宁宗三部落下辖29将之将头如下表：

阿骨萨部落	张显、张大古、张卡卓、孔宣子、氾大勒、王兴子、索格勒、郑勒赞、赵可成、索君子
悉董萨部落	令狐冬子、石宜德、吴大宝、安藏子、吉长可、氾现子、王财纳、杨可尊、令狐白穷、尹安子
悉宁宗部落	康大财、阴则勋、张马勒、张意子、氾华奴、阴亨子、赵兰子、王勒贪、李安子

① 《敦煌社会经济文献真迹释录》第2辑，第284页。

还有一些不在这29位之中者，如P.T.1208号文书载“王马郎”，P.T.1101号文书载“郭禄吉”，P.T.1119号文书载“安金刚”，等等。从将头姓名来看，很明显均为敦煌当地人，可见鉴于吐蕃人既不熟悉民情又不精通汉语，其在占领区部落内部任用胥吏奉行的是“就地选材”的策略。

既为一将之负责人，将头之职责涉及将内军政民事乃至经济的方方面面。其中，首要职责是组织所辖民众缴税服役。敦煌文书中有不少以将为单位缴纳赋税的例子，如前引P.3491《酉年左七将应征突田户纳麦粟数簿》、P.2162v《寅年沙州左三将纳丑年突田历》、BD09291《寅年八月右一至右十将欠麻夫线铁等名目牒》、BD09368《某年右一至右四将欠麻夫线等名目牒》、BD09297《某年右七至右八将麻夫线等名目牒》、BD09292《寅年七月各将麻线夫等名目牒》、BD12001《某年某将麻夫线等名目牒》、BD09335《申年十月右一将索□等牒》，等等，均反映了敦煌百姓以将为单位统一缴纳赋税的情况，负责记录这些情况的自然就是将头。此外，将头还负责监督将内百姓服各种劳役，如前引Ch.73.xv.5号文书就记载了各将头负责本将写经事宜的情况，由上级下发的写经用纸张，首先分配给各将头，再由他们具体分配任务并督促写经生完成任务。

3.十户长/五岗（Lnga rkang）

乌瑞曾指出“Lnga rkang只能是负责在规模上只有tshan十分之一的单位的官衔，在这里我们肯定地将他们视为管理十户的领导。”[①]将头都已是不入品级的胥吏，则其下一级的十户组织负责人更是末流小吏，类似于安多藏族聚居区寺院下属部落中的“干保什

---

① （匈）乌瑞著，吴玉贵译《公元九世纪前半叶吐蕃王朝之“千户”考释》，第52页。

长”和唐制中的邻保制度。S.3287v《吐蕃子年（808）沙州百姓汜履倩等户籍手实残卷》中多次出现“某某下”的记载，如“费荣下”“吴通下”等，李正宇指出这是“将”以下的居民户团组织，大约以十户的规模编组。[①]如此，则文书中记载的费荣、吴通等人正是十户长。

十户长的职责是协助将头开展各类工作，如前引Ch.73.xv.5号文书中有协助将头督办写经的属吏（vog sna），陆离指出其职与十户长地位相等、职能相同，当为同一职务。另一藏文文书P.T.1087号记载：“仙仙将由保人领至部落官吏处，即千户长与小千户长，格儿与勒堪（即五岗Lnga rkang）处”，[②]可见十户长还负有协助上级办理司法案件的职责。从前述百姓纳税服役以将为单位来看，十户长并没有独立的行政权力，只是协助将头执行具体事务的半官半民的小吏。

（四）唐人料敌防御使

与吐蕃人料敌防御使相对应，P.T.1089第50行载有“料敌防御使由唐人担任者”（dgra blon rgya las bskos pa），位在唐人小千户长助理之后，唐人大税务官之前，处于倒数第三级，与第83行所载相同。汉文文书中将这一官职称作“防城使”，据P.4640《沙州释门索法律窟铭》载：“亡兄，前任沙州防城使，讳清宁，高情直节，毓著功名；权职蕃时，升荣曩日；克勤忠烈，管辖有方；警候风（烽）烟，严更威宿。故得边方晏晏，郛郭厌厌；玉塞旁连，人称缓带。”[③]由此可以看出汉人防城使的主要

---

① 李正宇《吐蕃子年（公元808年）沙州百姓汜履倩等户籍手实残卷研究》，第198页。

② （匈）Géza Uray, “Notes on the thousand-districts of the Tibetan Empire in the first half of the ninth century”，转引自杨铭《吐蕃时期敦煌部落设置考——兼及部落的内部组织》，第39—40页。

③《敦煌社会经济文献真迹释录》第5辑，第154页。

职责是治安及防御。由于唐制中存在防城使之设，负责防守城池之务，吐蕃dgra blon与之相当，所以汉文中将之对译为防城使。

（五）收税官（khral pon）

“收税官”（khral pon）一职并不见于吐蕃本土，当为吐蕃占领河陇西域以后新设职位。吐蕃本土掌管财务粮食者称岸本（rngan dpon，mngan dpon），意为“统计官”，据《白史》的汉译者傅师仲解释，类似于“度支官”，其职责为管理粮食、金银。[①]据P.T.1089第50行记载，排在职官系统倒数第二位的即“唐人大税务官”（rgya spyivi kbral dpon ched po），只高于乞利本之书吏，第83行所载德论会议的判决仍维持原位，可见其在敦煌职官体系中地位较低，应该是由汉人担任、主要负责同基层胥吏和当地百姓打交道的执行官员。据P.T.1089记载，张奴子（cang mdo tse，一译张多子）被任命为“一部落之税务官兼地方财务总管”（sde gcig gi khral pon dang gzhi rdangsu）；另一位出身都督世家的索播公（sag pho sngon，一译萨宝）被任命为“地方总税务官”（spyivi khral pon chen po）并给以“大藏”待遇之奖赏；还有一位刘璜（livu hwang，一译刘憨）被任命为“税务官兼地方财务总管”（khral pon dang gzi rdzongs）。三人被任命为收税官系820年事，则其中官名相同的张奴子和刘璜应该是当时设立的阿骨萨、悉董萨二部落的收税官，这从张奴子官职前有“一部落”的限定可以看出，索播公系出都督世家，为更高一级的总税务官。这些汉人担任的税务官应该均隶属于前述吐蕃人担任的小节儿及财务官州内权限者。

（六）营田水利诸官

吐蕃统治敦煌期间还设有营田官（zhing pon）和水利官

---

① 《贤者喜宴——吐蕃史译注》，第35、48页。

（chu mngan）用以管理当地农田水利的具体事务，二者并未列入P.T.1089号文书所载瓜州节度和德论会议所判定的官位序列中，但在沙州唐人任命名单中有记载，如曹昌熙（tshevu cang zhi）为部落水官（chu mngan），李普华（li pu hwar）为地方总大农田官（spyivi zhing pon chen po），张悉诺腊（chang stag legs）为水利官（chu mngan），安兴子（an hing tse）为部落营田使（sdevi zhing pon），李进（li phyin）为地方总水监（spyivi chu mngan），杨律徕（yang klu legs）为水监（chu mngan），王恩（vwang an）为部落水监（sdevi chu mngan），赵恩（dza an）为部落营田使（sdevi zhing pon），等等。人数如此众多，足见吐蕃统治者对敦煌农业生产之重视。其中，李普华和李进的官职前均冠有spyivi，作地方总大农田官、地方总水监讲，当处于其他营田使和水利官之首，总领众人；安兴子、赵恩、王恩的官职前冠有sdevi，作部落营田使、部落水监讲，则其管辖范围限定在阿骨萨、悉董萨中的某一部落；其他三人曹昌熙、张悉诺腊、杨律徕皆为chu mngan，作普通水官讲，或许为具体负责某一片区域水利者。

1.营田官

吐蕃时期的营田水利诸官之设源自唐朝职官制度。南北朝、隋唐时期，中央在边境地区为保证军粮供给，推行营田制，营田大使亦多由领军将领兼任。敦煌落蕃之前也有营田，但并非军事性质。武则天统治末期，均田制日渐崩坏，民户纷纷出逃，致使田地无人耕种。当地官府为招徕民户垦田，遂宣称凡逃户之田业，由“官贷种子，付户助营”，[①]这种田地亦称为营田。唐设检校营田官与各县官吏共同负责判理改派土地、劝课农桑事宜。

① 《敦煌社会经济文献真迹释录》第2辑，第326页。

景云二年（711）藩镇兴起后，河西节度使便在凉州设置了支度营田使，各州又分设营田使。古代藏族先民兼营农业与畜牧业，其农业发展程度落后于敦煌地区，吐蕃占领敦煌后，遂选择了保留原有农田水利官系统以保证当地农业生产的有序进行。如P.2763v（2）《巳年（789）沙州仓曹杨恒谦等牒》上仍盖有“河西支度营田使印”（图93），且据《唐定兴等户残卷》记载，吐蕃占领敦煌初期亦仍沿袭唐时河西支度营田使以招募农民强户

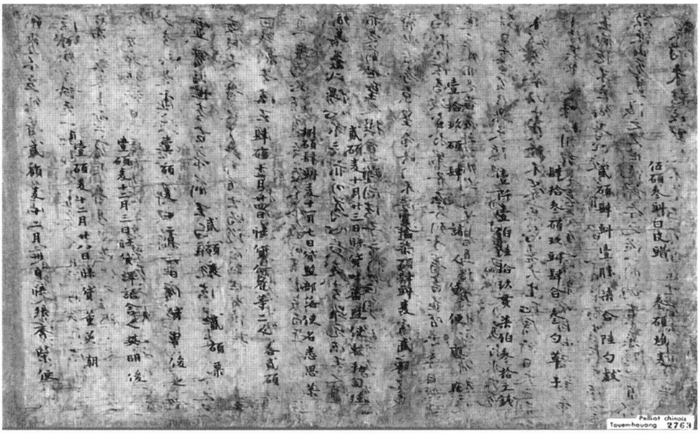

图93 P.2763v（2）《巳年（789）沙洲仓曹杨恒谦等牒》

营田，此皆营田使承袭唐制之证。①

众所周知，吐蕃占领敦煌后实行了突田制，营田官的主要职责自然是丈量土地，执行计口授田的突田制。但当时的敦煌刚刚脱离战乱，土地占有情况相当混乱，所以营田官在测量土地的同时，还要奉上级指派对民间土地纠纷进行调查取证。如前引P.3613《申年正月令狐子余牒及判词》所载，沙州乞利本润收到百姓令狐子余要求判还其被换与别人的孟授渠附近土地的申诉后，做出

① 姜伯勤《上海藏本敦煌所出河西支度营田使文书研究》，《敦煌吐鲁番文献研究论集》第2辑，北京：北京大学出版社，1983年，第337、349—352页。

批示，令水官和营田官前往实地调查。二人随后呈上一份调查报告，称令狐子余已得到所要求之土地，润即批示同意。[①]据调查报告后的署名，此营田官为营田副使阚某，及部落营田官。令狐子余属丝绵部落，则阚某为丝绵部落营田官，其任职下限即820年丝绵部落废置之时。另一文书S.2103《酉年十二月沙州灌进渠百姓李进评等请地牒并判》也是一件百姓因土地纠纷而向官府进呈的同类型牒文，文末官府批示曰："付营官寻问，实空闲无主，任修理佃种。弁示。廿三日。"[②]营官即营田官简称，这一文书述及行人部落，则此营田官有可能是行人部落营田官。此外，吐蕃时期敦煌百姓肩负营田之役，如S.542v《戌年（818）六月沙州诸寺丁口车牛役簿》所载"杨进朝，五日守囚，吴营田夫五日""安天奴，修仓五日，营田夫五日"，等等。[③]陆离据此提出，既然民户在官田上役营田，则营田官当主管此事。[④]不过，从敦煌文书中营田官的相关记载来看，营田官主管土地丈量勘测之事，暂未见直接材料说明营田官还负有管理百姓服营田役之责。

2.水利官

与营田官一样，吐蕃设置的水利官也是承袭唐制的产物。敦煌为沙漠戈壁包围，属于典型的绿洲农业区。年降水量只有几十毫米，蒸发量却高达2000多毫米，加之水源有限，农业灌溉只能依赖境内的主要河流——党河，这些因素使得水利事业在敦煌显得格外重要，自汉代开发以来就未曾间断过水利设施的建设，[⑤]水利官员的设置自然也相始终。唐朝时沙州专设有水司，司内官

---

① 《敦煌社会经济文献真迹释录》第2辑，第281—282页。
② 《敦煌社会经济文献真迹释录》第2辑，第374页。
③ 《敦煌社会经济文献真迹释录》第2辑，第385、391页。
④ 《敦煌的吐蕃时代》，第72页。
⑤ 郝二旭《唐五代敦煌农业专题研究》，第23—24页。

员有都水令、水官及辖区内各县所设平水。P.3265《报恩寺开温室浴僧记》记载了唐前期担任敦煌都水令的令狐公，称："则有至孝孤子令狐义忠，奉谓（为）考君右骁骑卫隰州双池府左果毅都尉赐紫金鱼袋上柱国敦煌都水令太原令狐公之建矣。惟公英奇超众，果敢非常，早达五五，晓之九法。厚叁半次，统以千渠，海量山怀，松贞椿茂。荣陪紫绶，抚益珠门。宁其寿尽算丹，沉形九地。"P.3559（1）《唐天宝年代（750）敦煌郡敦煌县差科簿》也提到两位寿昌县平水："平怀逸，载五十九，上骑都尉，寿昌平水。王弘策，载五十六，飞骑尉，寿昌平水。"①

这一时期的水利官除了上述P.T.1089号文书记载的任命人员外，其他如职责、事迹等的相关记载很少，前引P.3613号文书所载与营田官阚某一起调查令狐子余土地纠纷的水官令狐通算是一例。另有S.3074v《吐蕃占领敦煌时期某寺白面破历》载："廿六日，白面四斗，付龙真英，充屈水官。"②此屈水官是否为水利官、为何等级的水利官尚有待考证。

① 冯培红《唐五代敦煌的河渠水利与水司管理机构初探》，《敦煌归义军史专题研究续编》，第275—277页。
② 《敦煌社会经济文献真迹释录》第3辑，第169页。

第三节 吐蕃统治时期敦煌的军事组织

作为一个军政合一的民族政权，吐蕃拥有精锐的部队和强悍的军事力量，其武功之盛从前文唐蕃交战的概况即能看出，无怪乎唐人叹之曰："自汉魏以来，西戎之盛未之有也"。[①]究其原因，除了高原先民本身体质强壮外，吐蕃的军旅编制自有其独特之处。而随着吐蕃的不断扩张，这种军事制度逐渐向占领区渗透，并结合当地的实际情况有所变化。本节中笔者将从吐蕃在占领区的军事体系和敦煌基层军事组织两个方面入手，探讨吐蕃统治下敦煌的军事设置情况。

一、河陇地区的吐蕃军事体系

吐蕃军队总称为"军"（dmag），或称"队"（dpung），或合称军队（dmag dpung），军事首领即称将军（dmag dpon/dmag pon）。吐蕃并没有独立于行政体制以外的军队，其五茹六十一东岱的建制实质上就是一种军政合一的体制。也因此，用以编制和管理部落民众的茹（ru）和东岱（stong sde）实际上也是军事系

① 《册府元龟》卷一〇〇〇，外臣部，强盛，第11733页。

统的两级统率结构。早期，吐蕃军队最先分为四个茹，分别为伍茹（dbu ru）、腰茹（g·yo ru）、叶茹（g·yas ru）和茹拉（ru lag）。之后吐蕃吞并孙波部，便将该地区也编为一茹，称孙波茹（sum pa ru），遂成五茹。各茹的茹本为一个方面军的最高指挥官，由当地最大的氏族贵族担任。五茹平时分散在各自驻地从事农牧业生产，战时则由茹本统率出征。据《五部遗教》载，出征时各茹有自己的旗徽以示区别。

茹之下有东岱，意为“千户”，或曰“千人之队”，每一茹下辖10个东岱，包括9个禁卫军东岱和1个小东岱。东岱相对而言比较机动，可受吐蕃王廷的征发而离开茹的编伍，参加护卫和其他特殊军事行动。领导东岱的指挥官即东本（stong dpon），或曰千夫长，均由氏族显贵世袭。东岱内部的成员亦有区分，划分为“桂”（rgod）和“庸”（g·yung）两个部分。桂是参加作战的武士，即所谓“民众中之佼佼者”（vbangs kyi rab tshan）。“庸”则是随军的后勤人员，包括各种奴役工匠在内，即所谓下贱之奴（kheng和yang kheng）。换言之，吐蕃的部队由战斗人员rgod部和后勤人员g·yung部两大部分组成。[①]吐蕃在占领河陇西域一带后，这种桂、庸之别亦随之出现，在敦煌、新疆出土文书中多有记载。如米兰出土73RMF26：16号木简载“农田使官拉罗领受属桂之田一突。”（zhing pon lhas gra nod pav gco rgod gi zhing la dor gcig）[②]敦煌阿骨萨部落名称中的rgod即是“桂”。

吐蕃王朝成立之初，军事组织上还有三大“勇部”，相当于吐蕃王廷根据贵族势力的分布划分的军事卫戍范围。其中“三

---

① 王尧、陈践《吐蕃兵制考略——军事部落联盟剖析》，《中国史研究》1986年第1期，第118—127页。
② 《吐蕃简牍综录》，第28页。

勇部”（dpav bavi sde gsum）的范围“在昌达巴山（ri brang stag pa）以上，门地四柴卡（mon dbral kha bzhi）以下，由没卢氏（vbro）、琼氏（khying）、噶尔氏（mgar）、努氏（snubs）及年氏（gnyan）等所谓‘古、久等五部’（gug cog sde lnga）在此为官（dpon byas）”，并“征服了突厥”；“中勇部”（bar gyi dpav sde）的范围“在贝囊隆山（ri pe nam lung）以上、恰贡（cha skong）及佩（bas）以下，由‘十二贝佳部’（sbas rgya sde bcu gnyis）居此，并任纳雪（nags shod）之官”，“进攻而将南诏征服”；“下勇部”（smad kyi dpavi sde）的范围“在玛朋木热（rma pom ra）以下嘎塘陆茨（ka thang klut she）以上，由‘同乔九政权部’（mthong khyab srid sde dug）及吐谷浑六东岱（va zha stong sde dgu）所据”，并在战斗中使“汉军投降”。[①]很明显，三大勇部各有其战略区域，三勇部在西域，中勇部在南诏，下勇部便在唐河陇、剑南一带。

吐蕃占领河陇、西域一带后，设置了节度衙（khrom）一级军政机构，马德指出这是只设在占领边地之机构，相关内容已在前文论及，此不赘述。林冠群、朱悦梅在研究吐蕃在西域的军事建制时曾指出，吐蕃的西道节度、东鄙五道节度、北道节度、中节度、松州（南道）五节度均属于吐蕃对外扩张过程中分处不同区域战场的同一层级的建制，即一级大军区，而西道节度下辖的萨毗节度（tshal byi）、领属地区夷琼节儿节度（dbyild sung rtse khrom）、吉尔吉特节度（bru shavi yul gyi khrom）、疏勒节度（khri bshos khrom）四个节度衙则为其下设的四个军分区，为吐蕃军事力量在西域取得一定成果后，针对该地区内不同局部战场

① 《贤者喜宴——吐蕃史译注》，第35页。

而分化出来的若干路有具体军略目标的第二层级。[①]河西陇右的情况与之相同，在东道节度大军区之下，吐蕃又设青海节度、鄯州节度、河州节度、凉州节度和瓜州节度五个军分区。敦煌就处于瓜州节度之下，为更低一级的小军事区。而且，在820年改置军事部落以前，敦煌的部落皆偏民事性质；阿骨萨、悉董萨部落成立后，军事性质才有所增加。

二、吐蕃军事褒奖制度——大虫皮告身

敦煌、新疆出土的吐蕃时期汉藏文书、简牍、壁画供养人像题记中常有大虫皮、虎皮的相关记载，壁画、塑像中也有身着虎皮的武士和天王形象。这是吐蕃在虎崇拜（图94）的影响下设立的一种军事褒奖制度——大虫皮告身。吐蕃王朝对于军中有战功者常赐以虎皮衣饰以旌其勇，并授予“大虫皮”等勋号。这项制度始于松赞干布统一吐蕃后制定法律之时，约在公元7世纪左

图94　莫高窟第92窟 黑虎

① 林冠群《唐代吐蕃军事占领区建制之研究》，《中国藏学》2007年第4期，第3—17页；朱悦梅《吐蕃占领西域期间的军事建制及其特征》，《西域研究》2011年第4期，第18—26页。

右，《贤者喜宴》对此有详细的记载：

> 所谓六标志（phyag rgya drug）是：宣布命令的标志（bkav rtags kyi phyag rgya）是印匣；军队的标志（khrom rtags kyi phyag rgya）是军旗；地方的标志（yul rtags kyi phyag rgya）是宫堡；佛教的标志（chos rtags kyi phyag rgya）是寺院（lha khang）；勇者的标志（dpav rtags kyi phyag rgya）是虎皮袍；贤者的标志（mdsangs rtags kyi phyag rgya）是告身。
>
> 所谓六褒贬（rkyen drug）是：勇士褒以草豹与虎；懦夫贬义狐帽；显贵褒以佛法（lha chos）；贱民（g·yung po）贬为纺织工及本教徒；贤者褒以告身；歹徒则贬作盗贼。
>
> 所谓六勇饰（dpav mtshan drug）是：虎皮褂，虎皮裙两者；缎鞯（zar chen，即gzar chen）及马蹬缎垫（zar rgyung）两者，项巾及虎皮袍等，共为六种。
>
> ……
>
> 以上诸种即所谓“以万当十万之法”（khri rtse vbum bzher），此为六法（bkav yi khrims yig drug）之首。[①]

由此记载可知，能列入六法之首，足见吐蕃统治者对大虫皮制度的重视。六种饰品中虎皮袍规格为最高，虎皮裙和虎皮褂次之。《新唐书·吐蕃传》中亦有类似记载曰：“山多柏，坡皆丘墓，旁作屋，赭涂之，绘白虎，皆虏贵人有战功者，生衣其皮，死以旌勇。”[②]而在敦煌一带的壁画中则保留了更为形象的史料，

① 《贤者喜宴——吐蕃史译注》，第51页。
② 《新唐书》卷二一六，第6103页。

如莫高窟第231窟《吐蕃赞普出行图》中，赞普身后绘有一位身穿虎皮上衣、腰系豹皮围裙的侍从，此当为藏文史料中的虎皮褂和虎皮裙。榆林窟第15窟前壁东室北侧有一吐蕃时期的力士像，身披一张完整虎皮，以虎头为帽，两只前爪相结于胸前，两只后爪和虎尾垂于身后（图95）。莫高窟第205窟亦有一身披完整虎皮的北方天王塑像（图96），此二者当为规格最高的虎皮袍。[①]

图95　榆林窟第15窟前室北壁东侧 力士

图96　莫高窟第205窟 塑像

大虫皮告身不仅授予吐蕃勇士，占领区将士中亦有受此殊荣者。如莫高窟第144窟供养人题记载：“夫人蕃任瓜州都□（督）仓□曹参军金银间告身大虫皮康公之女修行顿悟优婆姨如祥□（弟）一心供养”[②]，这位康公为吐蕃占领时期的瓜州都督，在受颇罗弥告身的同时，还持有大虫皮告身，可见地位之尊崇。P.T.1089《吐蕃官吏呈请状》中，记载姑臧节度衙中设有“大虎皮肩饰章无职事者”（stagi zar can pa sna la ma gtogs pa）和

① 陆离《大虫皮考——兼论吐蕃、南诏虎崇拜及其影响》，《敦煌研究》2004年第1期，第35—41页。

② 敦煌研究院编《敦煌莫高窟供养人题记》，北京：文物出版社，1986年，第65页。

“小虎皮肩饰章者”（stagi zar cung pa），二者应该是持有不同等级虎皮饰品的武职人员，由此也可以看出大虫皮除了衣饰外，还可以作为职官称号。P.T.1217号文书记载了达日札夏因功被大尚论和大尚论喻寒波掣逋授予小银告身和虎皮马垫（stagi zar cen），[①]这应该就是文献记载的缎鞯。

士兵也有被授予stag（虎）这一称号者，这种情况不见载于敦煌文书，但在麻扎塔格出土文献中却屡有记载。如M.Tagh.a.iii.0016号木简载：“送远驻于阗玉姆（vo tong gyu mo）的虎兵，长草滩（gling rings）的士兵的请求信件。我们，一个巡吏（tshugs pon）和一个副吏（vog pon）都患了高山病（ri zug pas）……食物和其他储备都已用完，急切盼望尽快送来（sngar），如果在突厥啜尔（dru gu cor）没有，请将木牍送往神山（shing shan）。”[②]从其字面意思理解，即因战功被赐予虎皮衣的士兵。M.Tagh.c.iii.0043号简牍载：“致上至唐人笼（slungs），下至突厥郡（vjon）的虎武士（phur myi）们：拉通的请求，他请求将口袋（sgya vu navdi?）里的东西仔细地由一处运到（mdzed?）另一处。”[③]“虎武士”对应的藏文为phur myi，含义与虎兵相似。从上述简牍记载来看，这些持有stag（虎）称号的士兵担负着公文传递、物资运送等任务，这也从侧面体现出当时的军事设置与驿传相结合的情况。

---

① 《敦煌吐蕃文献选》，第58—59页；《敦煌藏文文献选》，第108—109页。

② （英）F.W.Thomas, *Tibetan Literary Text and Documents concerning Chinese Turkestan*, II, London, 1951, pp.202-203.这里的虎兵（stag so pa），王尧、陈践将之译为斥候，《吐蕃简牍综录》，第64页。

③ （英）F.W.Thomas, *Tibetan Literary Text and Documents concerning Chinese Turkestan*, II,pp. 276-277.

三、敦煌的基层军事组织

（一）敦煌军事职官设置

如前文职官制中所探讨的那样，敦煌设有军事相关的职官，即“沙州料敌防御都使由吐蕃人担任者”（sha cu spyivi dgra blon bod las bskos pav）和“料敌防御使由唐人担任者”（dgra blon rgya las bskos pa，汉文史料亦称“防城使”）。dgra blon作为这一系职官的总称，意为料敌防御使、守备长或先锋官，顾名思义，为负责征战防御的武职。吐蕃统治河陇西域之后，在各地节度衙中均设置此职，级别有大、中、小之分，如吐蕃在姑臧节度衙即设有大料敌防御使（dgra blon chen po）、中料敌防御使（dgra blon vbring po）、小料敌防御使（dgra blon chung）；西域的情况如米兰出土59RMF002/3、4、6号简牍记载：“木：孔索城堡（vkhong sod mkhar）的料敌官（dgra blon）。”[①] 73RMF26：17号简牍载：“格来领受：先锋官（dgra blon）之农田两突。”米兰73RMF26：21号简牍载：“班丹领受：资悉波之田地三突，军官俸田一突，茹本之新垦荒地一突，副先锋官（dgra blon chu ngu）田一突……”[②]米兰出土M.I.xxvii.7号简牍载：“召见（到达?）（小罗布）的战将（dgra blon）和四个地方官员”[③]，等等。据P.T.1089号文书记载，公元820年时“韦·塔玛腊（vbal dra ma legs），节儿小官（rtse rje chung）兼州内守备长（dgra blon go cu rub）”，则或许可以推断820年前后敦煌的守备长之职由小节儿兼任，830年调整后便分别任命吐蕃人和汉

① 《吐蕃简牍综录》，第51页。
② 《吐蕃简牍综录》，第27—28页。
③ 《吐蕃简牍综录》，第70页；《敦煌西域古藏文社会历史文献》，第296页。

人担任此职。[①]P.4640《沙州释门索法律窟铭》中记载的阴清宁即是“前任沙州防城使”[②]，其主要职责是治安及防御。

（二）敦煌的基层军事组织tshar

从军事组织形式来看，吐蕃统治时期，在瓜州节度衙这一军分区之下，敦煌当地还存在着一种基层兵制tshar，藏文文书Ch.73.xv.frag.12很好地反映了这一基层军事组织的内部人员构成和组织情况。这是一份记录组成tshar的阿骨萨部落百姓和部分寺户的名单，正面53行，第1—7行为一份名单的末尾部分，第8—53行为另一tshar的全部名单。学界前辈已对该文书进行了释读和考证，[③]兹采刘忠译释的版本，录文如下：

1 ……（前有较多残缺）
2 普光寺（Phu kvang si）寺户，吉四娘，射手（vphongs）；
3 阿骨萨（Rgod sar）部落，宋信，护持（Dgon）；
4 普光寺寺户，杨葵子，射手；
5 阿骨萨部落，范昆子，护持；
6—7 与左边中茹薛普来（Shud pu Legs）所属擎将旗手

① 陆离《吐蕃统治河陇西域时期的军事、畜牧业职官二题》，《敦煌研究》2006年第4期，第62—66页。

② 《敦煌社会经济文献真迹释录》第5辑，第154页。

③ 《敦煌西域古藏文社会历史文献》，第52—54页；（日）藤枝晃《吐蕃支配期の敦煌》，《東方學報》第31期，第228—231页；姜伯勤《唐五代敦煌寺户制度》，第45—47页；（日）北原薰《晚唐五代敦煌の寺院经济》，《讲座敦煌》第3卷，第407页；刘忠《敦煌阿骨萨部落一区编员表藏文文书译考——兼向藤枝晃、姜伯勤等先生译文质疑》，《中国史研究》1999年第1期，第80—90页。

(Dar tshan) 安再恒 (Van dze hing) 相毗连 (以上为另一区“tshar”的编员表)。

8—9 阿骨萨部落中茹薛普来 (Shud pu legs) 所属一区 (Tshar) 官 (Pon) 卒 (G-yog) 四十人之编员表:

(以上用红笔书写)

10—12 阿骨萨部落，安再恒，射手；与右小茹张家佐所属之擘将旗手范昆子相毗连；

13 阿骨萨部落，僧 (Ban de) 董同同，护持；

14 阿骨萨部落，张华华，射手；

15 阿骨萨部落，僧，钟成成，护持；

16 阿骨萨部落，张昆子，射手；

17 阿骨萨部落，张苏苏，护持；

18 阿骨萨部落，张佰德，射手；

19 阿骨萨部落，僧，段凯西，护持；

20 阿骨萨部落，白空空，射手；

21 阿骨萨部落，僧，董普满，护持；

22 阿骨萨部落，辛礼泰，射手；

23 阿骨萨部落，僧，张立勤，护持；

24 阿骨萨部落，辛光恒，射手；

25 阿骨萨部落，僧，张宝宝，护持；

26 普光寺寺户，吉才才，射手；

27 阿骨萨部落，段恒达，护持；

28 阿骨萨部落，辛菊菊，射手；

29 阿骨萨部落，石昆，护持；

30 阿骨萨部落，石康子，射手，负责人 (vdzin pa)；

31 阿骨萨部落，薛普来，护持；

32 阿骨萨部落，张成成，射手，伙夫；

33 阿骨萨部落，王国奈，护持；
34 阿骨萨部落，张桑子，射手；
35 阿骨萨部落，僧，张辣子，护持；
36 阿骨萨部落，辛恒子，射手；
37 阿骨萨部落，僧，曹盖盖，护持；
38 阿骨萨部落，张泰中，射手；
39 普光寺寺户，郝朝春，护持；
40 阿骨萨部落，王成成，射手；
41 灵图寺（Leng ho si）寺户，王昆子，射手；
42 阿骨萨部落，王正生，护持；
43 阿骨萨部落，董旺多，射手；
44 阿骨萨部落，僧，李静安，护持；
45 阿骨萨部落，石振英，射手；
46 阿骨萨部落，张在子，护持；
47 阿骨萨部落，张根子，射手；
48 阿骨萨部落，僧，昆子，护持；
49 阿骨萨部落，钟在诚，射手；
50 阿骨萨部落，钟在新，护持。

51—53 与左边之中茹中翼杨大来（Yang stag legs）的擎将旗手曹十德相毗连。

（背面两行另一手笔）此呈，卑侄宝仲书。

此外，尚有一件藏于法国国家图书馆的P.T.2218号文书与此文书极为相似。该文书共36行，第1—21行是一份名单的下半部分，第22—36行是另一份文献的上半部分。两份文书字迹相同，纸张质地、规格及行文格式也完全一样，内容也是以tshar为单位的名册，当为一份文书的两个残片。1978年麦克唐纳和今枝由郎刊布该文书时已将二者缀合。[①]武内绍人在讨论dar tshan时亦曾提到该文献，并指出其中dgon和vphongs的顺序与Ch.73.xv.frag.12号文书正好相反。[②]总体来看P.T.2218号文书的内容不出Ch.73.xv.frag.12的范围，但也可对后者内容做部分补充，苏航已将原文全文转写。[③]

关于tshar究竟是怎样一级组织，学界已有大量研究。托马斯将之译为parish，认为它是处于sde（部落）下一级的一个地方性行政组织，词源来自于阗文。在翻译英文parish的过程中国内学者又有异议，杨铭、何宁生将parish译为“教区”，苏航则指出parish还有“郡以下的行政区”之意，当取此意为妥。[④]考虑到托马斯所言“地方性行政组织”，笔者以为苏说更为合理。藤枝晃在对Ch.73.xv.frag.12进行日译时虽然误解了托马斯的原意，将vphongs和dgon的意思弄反了，但在对tshar性质的解读上基本继承了托马斯的观点，并在行文中称tshar为“队”。[⑤]乌瑞对Ch.73.xv.frag.12进行了补充和修订，纠正了托马斯的若干转写错误，并在

---

① （法） Macdonald A. et Yoshiro Imaeda, loc. cit., pls.634-635, pp.16；王尧《法藏敦煌藏文文献解题目录》，北京：民族出版社，1999年，第275页。

② （日） Tsuguhito Takeuchi, “Tshan: Subordinate Administrative Units of the Thousand-Districts in the Tibetan Empire”, *Tibetan Studies, Proceedings of the 6th Seminar of the International Association for Tibetan Studies, Fagernes* 1992, Vol. 2, Ed. by Per Kvaerne. Oslo; The Institute for Comparative Research in Human Culture, 1994, 854, 855,n.29.

③ 苏航《试析吐蕃统治敦煌时期的基层组织tshar——以Ch.73.xv.frag.12和P.T.2218为中心》，《中国藏学》2003年第2期，第43—52页。

④ 杨铭、何宁生《曹（Tshar）——吐蕃统治敦煌及西域的一级基层兵制》，《西域研究》1995年第4期，第49—54页；苏航《试析吐蕃统治敦煌时期的基层组织tshar——以Ch.73.xv.frag.12和P.T.2218为中心》，第44页。

⑤ （日）藤枝晃《吐蕃支配期の敦煌》，《東方學報》第31期，第228—231页。

第40行之后补入了托马斯漏掉的一行。他将tshar译为section，parish，并特别强调这一组织的军事特征，指出其为一种领地防卫部队，具有半军事化半行政化的特点。[①]之后山口瑞凤对Ch.73.xv.frag.12进行了新的研究，将tshar译为“团”，行文中称之为“队”，他认为ru vbring率领的tshar即中队，可能相当于“将”，为千户的下级组织，ru cung率领的小队可能是人数不足一中队的队，属于小千户的下级组织。[②]杨铭结合西域简牍中有关tshar的记载，做出了新的解读，否定了托马斯的于阗语源说，提出tshar实际语出汉语中的“曹”，二者不仅在对音上符合藏语拼写汉语的规律，性质、任务、组织特征等亦相当，因此tshar为沿袭唐朝基层兵制的产物。[③]苏航亦持tshar源于唐制说，但他认为tshar是唐制“队”的对等物。[④]

据杨铭统计，敦煌、米兰、麻扎塔格三地出土古藏文文书中载有tshar一词的共17件，其中敦煌莫高窟1件，即前述Ch.73.xv.frag.12。若羌米兰1件，即M.I.xii.3号木简，内容仅有“区长（tshar pon）：邦古将（tshan）。”[⑤]tshar的头领又为tshan的头领，说明二者在人员上有交叉，但不是同一组织。麻扎塔格15件，写卷10件，木简5件，共载有46个地名后缀tshar。如：M.Tagh.b.i.0095号载“坚列曹（jam nya tshar）”，M.Tagh.a.i.0031号载“哈班

① （匈）Géza Uray，“Notes on a Tibetan Military Document from Tun-huang”，*TLTD* II. 67-71, pp. 224.

② （日）山口瑞凤《吐蕃王国成立史研究》，东京：岩波书店，1983年，第838—841页。

③ 杨铭、何宁生《曹（Tshar）——吐蕃统治敦煌及西域的一级基层兵制》，《西域研究》1995年第4期，第49—54页。

④ 苏航《试析吐蕃统治敦煌时期的基层组织tshar——以Ch.73.xv.frag.12和P.T.2218为中心》，第44页。

⑤《敦煌西域古藏文社会历史文献》，第296页。

曹（ha ban tshar）”“卓特曹（dro tir tshar）”“罗噶列曹（nos go nya tshar）”“巴麻诺列曹（bar mo ro nya tshar）”等。而这些前面缀有于阗小地名的tshar，是与“仲巴”“雅藏”等吐蕃部落名称相间在一起的。[①]而且，与曹有关的均为于阗人，这些来自曹的于阗人和来自部落的吐蕃人一起巡逻、守卫，执行军事任务。这与敦煌的情形相似。从前引Ch.73.xv.frag.12号文书的记载来看，敦煌的曹亦全由当地人组成。因此笔者推论，既然tshar不见于吐蕃本土制度，khrom也是只设于占领区的军政机构，则tshar为与之配套的只在边境占领区设置的一级基层兵制，结合乌瑞所说的领地防卫部队，tshar应当为由占领区民众组成的自卫队性质的军事组织。

这一组织既然不见于吐蕃本土，那么一定是外来制度，tshar一词也自然是外来词汇。正如杨铭指出的那样，tshar同时出现在敦煌、鄯善、于阗三个地方的出土文书中，则其语源必须满足能够在这三个地区通行这一条件，当为一种官方语言或者至少是交际通用语言。而在唐朝中后期的河陇西域一带，满足这一条件的只有汉语和藏语。汉语中的“曹”与藏文tshar不仅在音韵对勘上比较完整，而且前者代表的军事性质也与后者相当，则tshar源于汉语“曹”这一说法颇有道理。按唐朝兵制，一镇设有镇将、镇副、录事、仓曹参军事、兵曹参军事等官职，[②]唐朝在敦煌及西域的兵制设置中均有“曹”一级，如敦煌文书中屡见的“仓曹”，楼兰、尼雅出土文书中的“仓曹”“水曹”“兵曹”等称

---

① 杨铭《唐代西北吐蕃部落述略》，陈庆英主编《中国藏族部落》，北京：中国藏学出版社，1991年，第569页。

② ［唐］李林甫等撰、陈仲夫点校《唐六典》，北京：中华书局，1992年，第755—756页。

呼均属此类。于阗的情况相同，上元二年（675）唐曾在此设置毗沙都督府，《新唐书·地理志》安西大都护府条下记载："于阗东界有兰城、坎城二守捉城。西有葱岭守捉城，有胡弩、固城、吉良三镇。东有且末镇。西南有皮山镇。"这里的镇、守捉均是一级军事机构所在地，则兵曹之设自然是有的。[①]吐蕃在攻占了这一片地区之后，沿用原有的军事名词"曹"组织当地百姓服兵役，也在情理之中。

但名称对等并不意味着二者含义的对等。据《唐六典》载："兵曹掌防人名帐，戎器、管钥，差点及土木兴造之事"，很明显，兵曹为掌管兵事的官员，前述"仓曹"亦指官员，而tshar为一级军事组织，可见二者并不对应。tshar在现代藏语中有"行列、排列"之意，[②]我们似乎可以将之引申为"队列"，前文谈到藤枝晃、山口瑞凤等人在行文中均称之为"队"，这种意译是有道理的。苏航更是从内部人数、人员设置等方面将tshar与唐制"队"进行了类比，从而得出二者相当的结论。首先，"队"作为中原王朝的基层军事组织，一直是军队管理训练、行军作战的基本单位，其正式命名始于隋朝，隋调整府兵各级名称时改"都督为队正，增置队副以贰之。"[③]唐承隋制，仍以队为府兵基层组织，通常一折冲府领20队，一队50人，而敦煌的一tshar为40人，人数上二者相当。其次，唐制一队设队正、队副领之，并设有傔旗、火长等职务，敦煌的tshar中亦有类似设置。如dar tshan，意为队伍中执旗或佩戴标志者，一tshar中有两名，各执旗于一tshar两端，这与《武经总要》前集卷二《教旗》所载"傔旗二人

① 杨铭、何宁生《曹（Tshar）——吐蕃统治敦煌及西域的一级基层兵制》，《西域研究》1995年第4期，第49—54页。
② 张怡荪主编《藏汉大辞典》，北京：民族出版社，1993年，第2262页。
③《隋书》卷二八《百官下》，第800页。

(注：认旗)”[①]的情况完全相同。傔旗所执“认旗”，即是为区别于他队之旗帜。再如vdzin pa，在现代藏语中有“擒着、掌握、执持”之意，[②]居于一tshar首领之侧，与前引《武经总要》所载唐制队中“执旗一人”相类似，执旗不同于傔旗，所执为队旗，以表明该队所属之阵，其地位重要，常居于队头之侧。敦煌一tshar中最主要的人员vphongs和dgon在唐制“队”中亦能找到对应。托马斯将vphongs和dgon译为“弓手/射手”与“弓手的随从”，或曰“护持”。但观M.Tagh.b.ii.0044号木简所载dgon的装备：“聂噶尔部落：他的著名护持者德噶·拉结（De ga Lha skyes）的装备记录牌：盔甲（或胸铠）、没柄刀、有柄刀、箭、剪刀（?）、弓弦、口袋两条、投石器、箭袋和刀鞘。”[③]与弓手装备十分接近，因而苏航推断vphongs和dgon反映的是弓手、弩手的区别。唐制队中通常有弓手、弩手，据《武经总要·教步兵》载：“又鼓一槌，诸队枪旗并亚，齐唱于声，诸队弩手齐出至前第三土河作上弩势。……又鼓一槌，齐唱于声，弓手齐出至土河，各为架箭势。”[④]还有一种推测是vphongs和dgon的区分可能反映了分曹校士的情形。曹有“偶、组”之意，唐朝常将士兵分为两曹，以比试校阅，vphongs和dgon可能都为弓手，为了区分遂标

① [宋] 曾公亮《武经总要》，《文渊阁四库全书》，台北：台湾商务印书馆股份有限公司，1986年，726册，第250页。

② 《藏汉大辞典》，第2344页。

③ 《敦煌西域古藏文社会历史文献》，第378页。王尧、陈践《吐蕃简牍综录》第121条有不同译文：“聂噶尔部落之岱噶拉吉为勤王事，交还物件记录：盾，刀，刀鞘，箭一把，弓和护腕，石袋，抛石兜，箭筒。”孰是孰非，仍需继续考证。托马斯在注释中特别注明该文献说明的是一名僧人的情况，这与敦煌tshar中有僧人参加的情况相同。

④ 《武经总要》，《文渊阁四库全书》，726册，第68页。

以不同称谓。当然这只是一种推测。如果这一推测成立，则tshar对应的汉文“曹”或许是这个意思。其他诸如此类人员设置上的对等或相似苏文中已详细列举，此不赘述。[①]

综上所述，则tshar是名称上对应汉语“曹”，组织形式上对应唐制“队”的一级基层军事组织。从Ch.73.xv.frag.12反映的情况来看，tshar是独立于部落之外的一级组织，参加人员除了部落百姓外还有诸寺寺户，很显然是兵役、劳役的组织形式之一，而非固定的地方军政管理机构。

---

① 苏航《试析吐蕃统治敦煌时期的基层组织tshar——以Ch.73.xv.frag.12和P.T.2218为中心》，第43—52页。

第四章

吐蕃统治时期敦煌的经济制度

除了政治领域的改制和调整，吐蕃占领敦煌以后，在经济领域也有一番动作。其时敦煌久罹战乱，百姓流离失所，田产、地产屡有纠纷，因此，重新检阅人口、编造户籍成为迫在眉睫的首要之事。于是，吐蕃派遣本土官员远赴敦煌，在当地汉人官吏的协助之下完成了这一工作。在建立户籍、编制部落的同时，吐蕃统治者重新分配了土地，变唐朝的均田制为具有吐蕃特色的突田制。随着新的户籍制度和土地制度的实行，百姓承担的赋税劳役也有了一系列的调整和变化。本章即从户籍制度、土地制度、赋税制度、劳役制度四个方面入手，一探吐蕃统治时期敦煌经济制度的变迁。

第一节　吐蕃统治时期敦煌的户籍制度

户籍作为政府向民众摊派赋税、征发劳役的重要依据，为历代统治者所重视，吐蕃亦不例外。吐蕃占领敦煌之初，当地已久经战乱，社会动荡不安，原有户籍早已荒废，民众在籍、出逃、死亡者无以统计，给吐蕃统治者有效管理敦煌百姓造成了困难。为了控制在籍人口和流动人口，以便敦煌地方政府重新分配土地、征发赋税劳役，吐蕃统治者派遣官员前往敦煌检阅人口，在配合部落制的前提下，吸收唐制，重新建立起敦煌的户籍制度。

一、吐蕃本土的户籍制度

吐蕃户籍制度的渐臻完善是在松赞干布逝世后禄东赞摄政之际。当时吐蕃为了加强对外扩张，需征料集以供军需，遂清查人口，登记造册，并将部落属民区分为"桂（rgod）""庸（g·yung）"。据《敦煌本吐蕃历史文书》载："及至虎年（高宗永徽五年，甲寅，公元654年），赞普驻于美尔盖……区分'桂''庸'，为大料集而始作户口清查。"[①]"桂"即武士，"庸"即

① 《敦煌本吐蕃历史文书》，第101—102页。

从事农牧业生产、缴纳赋税之平民，此二者当为吐蕃户籍中的两个等级。此外，《敦煌本吐蕃历史文书》中还有不少关于户籍制度的其他记载，兹罗列如下：

及至狗年（高宗上元元年，甲戌，公元674年）：……点验红册（禁卫军名册）。是为一年。

及至虎年（中宗嗣圣七年，太后天授元年，庚寅，公元690年）：夏，赞普驻于跋布川。大论钦陵于伍祐之擦登，开始清查“后备”之名册。冬，赞普驻于“温”之“阿噶园”。坌达延与大论钦陵于藏之“林噶园”集会议盟，立大藏之“红册”。噶尔·没陵赞藏顿与巴曹·野赞通保二人征收腰茹之地亩赋税。是为一年。

及至兔年（中宗嗣圣八年，太后天授二年，辛卯，公元691年）：赞普驻于辗噶尔。……清理土地赋税并统计绝户数字。冬，于畿曲河流域之“查玛塘”集会议盟，乃依红册征集兵丁。是为一年。

及至龙年（中宗嗣圣九年，太后长寿元年，壬辰，公元692年）：赞普驻于辗噶尔。夏，于“雄那”集会议盟，任命六大岸本。冬，于“畿”之“林仁园”集会议盟，立红册木楧。

及至鸡年（中宗景龙三年，己酉，公元709年）：……于温江岛集会议盟。统计、清查“茹拉”之红册木楧。

及至鼠年（睿宗太极元年，壬子，公元712年）：……冬季会盟由坌达延与大论乞力徐于畿查园中召集之。统计清查三个茹之红册木楧。

及至蛇年（玄宗开元五年，丁巳，公元717年）：……统计清查“岸本”所属之户口（册）。是为一年。

及至马年（玄宗开元六年，戊午，公元718年）：……夏季会盟事于卓布尔，由尚·赞咄热与论绮力心儿藏热二人召集之。定达布之红册木椟。

及至鸡年（玄宗开元九年，辛酉，公元721年）……建立“岸”及大河上下户籍大木椟。

及至虎年（玄宗开元十四年，丙寅，公元726年）……宣布岸本由八对减为四对之缩编制度。春，大论芒夏木于岛儿集会议盟。订立岸本之职权，征官廷直属户税赋。

及至猴年（玄宗天宝三年，甲申，公元744年）：……清点各地方军丁白册。……进行征兵点兵大料集，赞普下令将红册木椟［上之人名］移至黄纸册上。[①]

从上述记载可以看出，吐蕃的户籍清查总是与征大料集、征集兵丁相关联，清查结果记载在木质简牍上，造成红册、白册两种，后来又将红册内容移至黄纸册。很明显红册为吐蕃征兵时依据的名册，当为一种军籍文书，则红、白之别当与桂、庸之别有关。

上述文献还反映出，吐蕃本土的户籍清查工作由岸本（mngan dpon）负责。岸本之设，据《贤者喜宴》载，“库吏管理粮食、金银，因对（交纳人）多所申诉，故名岸本（申诉官）”，[②] 即负责征收钱粮、管理仓库的官员。《唐蕃长庆会盟碑》中列有“岸奔榼苏户属劫罗末论矩立藏名摩”（mngan dpon khab so vo chog gi bla vbal blon klu bzang myes rma）一人，陈楠考证为“国

---

① 《敦煌本吐蕃历史文书》，第104、106、107、110、111、112、117页。

② 佟锦华节译《贤者喜宴》，黄布凡、马德《敦煌藏文吐蕃史文献译注》，第383页；陈楠《藏史丛考》，北京：民族出版社，1998年，第46—48页。

库总管”，执掌征收宫廷所属居民的赋税与支付官吏俸禄赏赐之事，为岸本一系列官职中的最高一级长官。[①]据P.T.1089号文书记载，吐蕃统治敦煌时期在当地亦设有岸本一职，金滢坤指出由于其职责是征收钱粮，管理仓库，而这些工作的依据正是敦煌民户的户籍，则敦煌地区清查户口、造籍作册之事皆由岸本负责。[②]这一说法笔者将在下文加以商榷。

二、敦煌的户籍制度

敦煌文书中有一些与户籍制度相关的文献，如S.3287v《吐蕃子年（808）沙州百姓氾履倩等户籍手实》、P.3774《丑年（821）十二月沙州僧龙藏牒》、S.2729《吐蕃辰年（788）三月沙州僧尼部落米净辩牒》等，其中以S.3287v最为典型，是一份吐蕃统治敦煌中期的户籍文书，较为完整地反映了当时的户籍登记情况，李正宇、金滢坤等就此文书已做过深入研究。[③]此文书前面已全文录出，此处笔者仅从户籍制度的角度对文献内容做一梳理。

S.3287v文书是一份各民户自己书写申报的家口手实，内容涉及当户人口、年龄、死亡、婚嫁、出度、被掳等详细情况。文书现存部分包含5户人家，分别为氾履倩户（前残）、索宪忠户（全）、氾国珎户（全）、梁廷兰户（全）、□定卿户（后残）。从资料保存完整的三户来看，民众需要写明的户籍信息包括如下几

① 王尧、陈践《吐蕃金石录》，第19页；陈楠《藏史丛考》，第48页。

② 金滢坤《吐蕃统治敦煌的户籍制度初探》，《中国经济史研究》2003年第1期，第118页。

③ 李正宇《〈吐蕃子年（808）沙州百姓氾履倩等户籍手实残卷〉研究》，《1983年全国敦煌学术讨论会文集（文史·遗书编）》（上），甘肃人民出版社，1987年，第176—218页；金滢坤《吐蕃统治敦煌的户籍制度初探》，《中国经济史研究》2003年第1期，第116—124页。

个方面：

1.所属辖区和户主姓名。这几户均属于某部落左二将百姓，部落名应该在完整文书的文头已注明，故无需分户另注，每户起头均书“左二将状上”表明所属将名即可。这也说明将是当时敦煌管理户籍的最小单位，往上即为部落。表明将名之后，家口中首书户主姓名，无论在世与否都要记录在案，如氾国珎、梁廷兰二人已经去世，仍录为户主，小字注明死亡。

2.户内家口要以午年分部落为界注明“旧口”“新口”及与户主关系。所谓“旧口”，即午年分部落时已经在籍的人口；所谓“新口”，即午年以后出生或迁入的人口。每户手实中均分别记载这两类人口，并在结尾处书“右通新旧口”“右通午年擘三部落口及已后新生口”等语。如索宪忠户记载的“午年擘三部落已后新生口”中，男性奴、女担娘、女意娘、男再仫、男迁迁等为新出生人口，远远妻、迁迁妻为因婚嫁而迁入的人口。

3.需注明家口与户主之间的关系，如父、母、妻、男、女、小妇等。

4.已出离本户者亦需记录在册并注明去向。其中有出嫁者，需注明嫁与何人，如氾履倩户中，女心娘嫁与左一将吴君奴，太娘嫁与左一将张通子，索宪忠户女金娘嫁与同部落邓道等，户籍中均有载明。出家为僧为尼者亦要登记并注明，如索宪忠户女担娘、意娘，男性奴、男再仫，梁廷兰户女妃娘等皆注明“出度”。死亡人口亦需记录，如梁廷兰户手实载梁廷兰与父母、妻子、男憨憨、小妇、女儿皆已去世。此外还有被吐蕃官员掳掠而去者，如氾国珎户载奴紧子、金刚、婢落娘为论悉殉夕掠去，所掠之人均为奴婢，良民不见被掠者。

5.具结保证。每户手实末尾均做出了前述户籍记录“并皆依实，如后有人纠告，求受重罪”“求受偷人条款”之类的保证，这既是文书特定格式，也从侧面反映出吐蕃统治者对户籍核查较为重视和严格。

从S.3287v可以看出，这种民户自书的第一手户籍材料只注明人口数，这当与吐蕃在敦煌实行计口授田的“突田制”相关。李正宇通过对各户家口年龄的分析指出，吐蕃统治者在敦煌只将人口粗分为少年、成年、老年三类，13岁至59岁的成年人口可能均为征兵、课役、缴税、授田的对象，12岁以下和60岁以上者可能免除徭役。如此一来，授田人数增加，征税面扩大，更利于向当时正热衷武力扩张的吐蕃提供军事后勤保障。另据李正宇统计，这一时期平均每户的人口数为9.4，较之贞观、天宝年间的3.81，人口增加较快。这种情况无疑证明了吐蕃在敦煌的统治逐渐稳定后，社会秩序恢复，人民的生产和生活继续有序发展这一事实。

吐蕃统治者在敦煌检阅人口编造户籍并非只有一次，吐蕃初入敦煌不久便着手这一工作，这在P.3774、S.2729两份文书中均有反映。据P.3774《丑年（821）十二月沙州僧龙藏牒》记载：

> ……□□□至阎开府上，大番兵马下，身被捉将。经三个月，却走来，在家中潜藏六个月。齐周咨上下，始得散行。至佥牟使算会之日，出钿贝镜一面与梁舍人，附在僧尼脚下……
>
> ……齐周阝（附）父脚下，附作奴。后至佥牟使上析出出（衍）为户，便有差税身役；直至于今。自齐周勾当之时，突田大家输纳……①

据此条记载，则吐蕃占领敦煌初期即派遣“佥牟使”负责清查人口，登记户籍，并有“梁舍人”协助。在此过程中原附为奴

①《敦煌社会经济文献真迹释录》第2辑，第283—284页。

户的齐周被析出为良民，“便有差税身役”，缴纳突课。此次检阅人口在S.2729《吐蕃辰年（788）三月沙州僧尼部落米净辩牒》中亦有载，文书开头云“辰年三月五日，算使论悉诺罗接谟勘牌子历”，①此辰年为788年，正是吐蕃占领敦煌不足两年之际。文书记载吐蕃官吏核查敦煌龙兴、大云、莲台、灵图等十三寺僧尼人口情况，得一百三十九僧，一百七十一尼，共三百一十人，已逝之人亦记录在册，造籍可谓详备。

上述两份文书还提供给我们一个信息，即负责户籍工作的官员问题。P.3774载有“佥牟使”和“梁舍人”，S.2729云“算使论悉诺罗接谟勘牌子历”。“接谟”一语，据陈国灿研究，即“佥牟”的另一音译，②则算使论悉诺罗就是当时负责户籍工作的佥牟使。文书中还载有“赞息检”（59、60、61、62、63行）、“萨董罗检”（63、64行）、“杨舍人检”（64、65行）等语，这些应该与P.3774号文书中的“梁舍人”一样，为协助佥牟使具体执行户口核查的胥吏。至于“造牌子”“勘牌子”“牌子历”等，与吐蕃颁发给平民的木质文字告身有关。如此，则金滢坤所谓岸本负责敦煌户籍工作之说不十分全面，正如陆离指出的那样，至少在蕃占初期，来自瓜州节度衙署的佥牟使负责对敦煌地区的民户进行清查造籍。③

佥牟使出现的文书均属于吐蕃早期统治时期，可能原系吐蕃本部执行人口清查任务的官员，吐蕃占领敦煌之初因急于了解占领区的户口情况，以便编制部落和征收赋税劳役，于是直接派遣

① 《敦煌社会经济文献真迹释录》第4辑，第194—204页。

② 陈国灿《唐朝吐蕃陷落沙州城的时间问题》，《敦煌学辑刊》1985年第1期，第1—7页。

③ 陆离《关于吐蕃统治敦煌时期户籍制度的几个问题——兼谈吐蕃统治敦煌的部落设置》，《中国经济史研究》2013年第2期，第54—63页。

本土官员对占领区户籍进行清查，待局势稳定之后再由当地岸本一类的官员管理。到了吐蕃统治后期，佥牟使不再见于敦煌文书，可能是因为管理户籍的官员已有变动。P.T.1079《比丘邦静根诉状》记载了比丘邦静根的女奴洒邱子及其三个女儿盐盐、鲁鲁、华氏才井的归属争端及解决方案，文书载：

> 僧统沙门巴尔奈、亲教师沙门罗扬、沙州节儿总管论野绮立、论吐桑·许布、论野札来息，财务官嘘律丹在场时，谓："鲁鲁未死，已换姓更名，才井实为鲁鲁。……"比丘尼本训等人禀告："官册所言属实，鲁鲁已死，如才井……"①

文书所载事情发生在沙州唐人三部落成立后，属于吐蕃统治晚期。对这一事件进行判决的除了僧官、节儿论等官员外，还有沙州财务官（rtsis〔dpon〕），这一官职当与负责财务的岸本有关，文书中所言"官册"当为官方所造户籍。这里需要指出一点，即吐蕃统治时期敦煌的寺户不属于任何部落，这从Ch.73.xv.10.fr.12号文书的记载就可看出。在这份记载当时敦煌的基层军事组织tshar的编员表中，阿骨萨部落属民与寺户分别标明。既然二者不属于同一系统，则户籍上应当也是有区别的。

吐蕃统治者通过核查人口、完善户籍制度，加强了对敦煌当地人口的控制，从而保障了占领区的赋税、劳役输纳。如此，则前引S.3287v所载吐蕃官员抄掠敦煌人口的行为必不为王室所容。想必类似情形时有发生，于是吐蕃王室颁发文件明令禁止了此种行为，据P.T.1083《禁止抄掠汉地沙州女子》载，吐蕃大论在陇

---

①《敦煌吐蕃文献选》，第47页。

州军帐会议上作出决定：

> 为此，故向上峰呈报，不准如此抢劫已属赞普之臣民，并请按例准许，可如通颊之女子，可以不配予别部，而在部落内部寻择配偶，勿再令无耻之辈持手令前来择配，并允其自择配偶。[①]

之所以采取这些监管措施，主要是为了防止驻守瓜沙一带的吐蕃地方官员压良为奴，损害吐蕃王室建立的户籍制度，从而进一步影响到吐蕃的税收。

① 《敦煌吐蕃文献选》，第51—52页。

第二节 吐蕃统治时期敦煌的土地制度

伴随着部落制的推行和与之相适应的户籍制度的实施，敦煌的土地制度由原来唐朝的均田制变为具有吐蕃特色的计口授田式的土地制——突田制。

一、突田制探源——吐蕃的土地制度

吐蕃在占领河西陇右地区之后实施的土地制度并非由改造唐制而来。古代藏族先民们过着半农半牧的生活，农业发展较早，自有其独特的土地制度，此即敦煌突田制的源头。关于吐蕃王朝的社会性质，学界历来有两种不同观点：一种观点认为吐蕃时期藏族社会仍为奴隶制社会，另一种观点认为其时藏族社会已进入封建社会或正处于向封建社会的转变过程中。在影响社会性质的诸因素中，经济制度无疑是最重要的，其中又以生产资料所有制最为根本。在农耕放牧的古代社会，生产资料中最重要的莫过于土地。因此，学者从上述两种观点出发，对吐蕃时期的土地制度进行了论述。持奴隶制社会观点者认为，吐蕃的土地为奴隶主占有，一部分归王室所有，一部分为贵族、大臣私有，富裕的自由民亦有少量土地。[1]持封建制社会观点者认为，松赞干布时代土地已

---

① 黄万纶《西藏经济概论》，拉萨：西藏人民出版社，1986年，第63—64页。

收归王室所有，政府给予官吏庄田享用，官吏退职可以凭借贵族身份继续享用，但政府有权随时收回。换言之，官吏和贵族没有取得固定的庄园所有权，而只是有作为一定收入来源的土地征税权和占有权。耕种政府公田和耕种官吏及贵族庄田的农奴们只有土地使用权，并以实物地租的方式缴纳租税给国家大封建主和官吏及贵族各封建主。[①]无论是哪一种观点，皆说明吐蕃早有自己的一套土地分授方式，并据其征收赋税，这在敦煌出土的吐蕃文献中多有反映。据《大事纪年》载，653年赞普指派“达延莽布支征收农田贡赋”，687年冬“定大藏之地亩税赋”，690年“噶尔没陵赞藏顿与巴曹野赞通保二人征收腰茹之地亩赋税”，691年“清理土地赋税并统计绝户数字”，718年“征三茹之王田全部地亩赋税、草税”，719年“征集三茹王田之土地赋税、草料赋税……埃·芒夏木达则布征集大藏之王田土地贡赋”，720年“征集大藏之王田全部土地贡赋”，747年“登记农田……”，等等。[②]

吐蕃既在本土早有传统的土地分配制度，自然会将这种制度推行至占领区。相关情况在敦煌、新疆出土文献中有不少，据M.I.iv.93b号文书记载：

> 兔年夏，划小罗布（Nob chunguvi）王田为五个庄园（Bzhengs kha），按种田人数多少分配土地。头领（Dbang po）和耕种者的人数，根据权力与田作惯例，应登记于（户主）名下。任何人不得拥有地权，或围圈空地。任何一小块田产，都要按人数多少分配。（分定之后）不许荒废田业或破坏田界。此五个庄园的土地都树立界标。有违制占

① 黄奋生《藏族史略》，北京：民族出版社，1985年，第62—63页。

② 《王尧藏学文集》卷一，第193—208页。

田破坏田界或使田业荒废者，将剥夺其田业，没收其庄稼，并按情节轻重治罪，将各户种田人的人数造成总册，交到边境城堡（Mkharris）长官处，凡有阴谋叛乱、破坏水利、反抗官府、图谋侵夺等事，一律按本城旧法律治罪。大尚论·格桑和论·赞拉本等，属于首先被委任者，已返回；执行者是节儿贝桑与多贝，此事不得间断。

背面：十五日内送上具体数字。[①]

从这一记载我们可以得到一些信息。首先，吐蕃对土地分授之事十分重视，先有大尚论一级的官员督管此事，后有当地节儿亲自执行，且对不安心务农者有严厉的惩罚。其次，吐蕃的土地分配方式是“按人数多少分配”，即计口授田制，各庄园土地按口划定后树立界标以示区别。

计口授田的土地计量面积又是如何？据《贤者喜宴》记载，吐蕃在五赞王时代就“以双牛一日所耕之地为计算耕地面积的单位”，而在敦煌、新疆一带出土的古藏文文书中记载有“dor”一语，托马斯指出此即土地计量单位，意为“一犋”，当指两头耕牛一天所耕之面积[②]（图97）。王尧亦根据《格西曲札藏文辞典》和《达斯字典》做出相同解释，并指出藏族聚居

图97 榆林窟第25窟 耕牛图

① 《敦煌西域古藏文社会历史文献》，第130页。
② 《敦煌西域古藏文社会历史文献》，第284页。

区至今仍在沿用。[①]池田温进一步指出其对应的汉文正是文书中记载的“突”。[②]西域一带出土文书中有大量以“突”计算土地的实例，兹列数例如下：

……之农田一突，邦布小王（莽布支）农田一突，资悉波农田一突半，悉斯赞新垦荒地在通颊者两突，零星散地一突。

门穹俸禄田一突。

班丹领受：资悉波之田地三突，军官俸田一突，茹本之新垦荒地一突，副先锋官田一突……。

博玛（蕃人）领受：茹本达萨结之农田一突。

论玉协尔青稞田两突半。允奈青稞田三突。……阿彭青稞田……突。[③]

由此可见这种计口授田的“突田制”在吐蕃占领的西域地区得到了广泛推行，敦煌的情况自然也是如此。

二、敦煌的突田制

（一）两件敦煌突田地亩计簿

敦煌落蕃之前的土地制度为均田制（图98）。唐制规定，百姓十八岁以上的中男和丁男每人受口分田八十亩、永业田二十亩；六十岁以上的老男和残疾者受口分田四十亩；寡妻妾受口分

① 《王尧藏学文集》卷三，第161页。
② （日）池田温《丑年十二月僧龙藏牒——九世纪初敦煌分家诉讼文书介绍》，《山本博士还历纪念东洋史论丛》，东京：山川出版社，1972年，第25—38页。
③ 《王尧藏学文集》卷三，第164—166页。

图98　莫高窟148窟南壁 盛唐时期收割、挑运、打场图

田三十亩；妇女、奴婢不受田。贵族从亲王到公侯伯子男爵，受永业田从一百顷递降至五顷，官员从一品到八、九品，受永业田从六十顷递降至二顷，勋官从上柱国到云骑尉、武骑尉，受永业田从三十顷递降至六十亩。但是这个数额在各地并不能实际执行，不同地区以田地多少分为宽乡和狭乡，狭乡受田的数量远低于规定。到唐朝中期，土地兼并愈烈，农民实际受田数量愈加不足，许多农民甚至失去土地，成为官僚地主的佃户庄客，均田制受到严重破坏，敦煌的情况亦如此。敦煌陷落之后，土地便成了吐蕃的王田，吐蕃遂以“突”为计量单位，以“计口授田”的分配方式向敦煌部落百姓分配土地，摊派赋税。敦煌汉文文书中的“突田”一语也就由此而来，指“经过丈量清楚、清查登记了的土地”。[1]关于吐蕃在敦煌实施突田制的情况，S.9156、S.4491两份文书有详细的记载。这是两份按户计口授田的地亩计簿，分别残存22行、30行，兹录文如下：

①《王尧藏学文集》卷三，第161页。

1.S.9156《年代未详（公元九世纪前期）沙州诸户口数地亩计簿》：

（前缺）

1 和□□五口 ▭

2 半突三畦，宜秋西支渠二突五畦，计三突。元琮十二口宜秋东支渠五突半一亩

3 十畦，都乡东支渠一突三亩三畦，孟授渠二亩一畦，宜秋西支渠三突半六畦

4 阶和渠半突四亩三畦，员佛图渠半突六畦，计一十二突。

5 武朝副两户九口都乡渠一突一亩七畦，双树渠半突一亩一畦，宜秋西支渠

6 七突四亩十六畦，计九突一亩。令狐英彦七口麴家渠二突

7 一亩七畦，阶和渠一突半二亩四畦，员佛图渠三突二亩十四畦，计七突。

8 石元俊三口宜秋东支渠一突三亩六畦，城东灌进一突半二亩共张都督妻

9 重籍。辛兴国九口凡渠二突五畦，员佛图渠七突卅五畦，计九突。

10 白光进五口双渠二突半三亩四畦，都乡二亩一畦，宜秋东支渠二突四畦，计五突。

11 白光胤二口双树渠一突四畦，员佛图渠一突四畦，计二突。

12 陈英奴五口双树渠一突三亩六畦，员佛图渠三突九畦，阳开〔渠〕一突三口（畦），计五突三亩。

13 张华奴五口双树渠三突半七畦，员佛图渠三亩五畦，宜秋东支渠一突三畦，

14 菜田渠二亩一畦，计五突。宋大娘五口阴安渠四突十九畦，双树渠一突三·〔畦〕

15 计五突。吕兴奴七口大壤渠三突八畦，宜秋西支渠四突八畦，

计七突。

16 史皈汉五口宜秋东支渠一突半十五畦，涧渠三突半十畦，计五突。

17 周文卿五口河北渠半突二亩三畦，寺底渠二突二亩十一畦，员家渠半突四亩三畦，夏交渠一突四亩七畦，计五突二亩。

18 索子云四·〔口〕河北一突三亩八畦，神农渠二突十一畦，夏交渠半突二亩四畦，计四突。

19 苏阿建九口员佛图七突半廿八畦，念同渠一突四亩七畦，双树·〔渠〕一亩，计九突。

20 张渐进五口阶和·〔渠〕半突一亩一畦，宜秋东支·〔渠〕四突四亩十二畦，计五突。

21 侯文奴四口员佛图渠地四突廿一畦。李进益七口员佛图七十亩十三畦。

22 翟宜来四口夏交渠地四突十一畦。高茂新四口夏交渠地四突十四畦。

（后缺）①

2.S.4491《年代未详（公元九世纪前期）沙州诸户口数地亩计簿》：

（前缺）

1 ▭八突

2 ▭四十亩七畦赵渠四亩二畦小第

---

①《敦煌社会经济文献真迹释录》第2辑，第408—409页。

3 □畦双树渠五亩畦延

4 □渠十七畦赵渠六亩畦赵渠

5 □五亩共七畦解渠，三十亩十畦涧渠九十一亩共廿七畦

6 □安如岳六口三十亩共五畦千渠十五亩两畦

7 □计六十五亩。似兴晟七口七十亩。

8 □亩共十九畦孟授渠廿五亩五畦涧渠

9 □亩六畦河北廿五亩畦硙北四十亩八畦

10 □白远志四口卌五亩五畦张桃渠

11 索如玢七口卌五亩都乡东〔支〕渠共十四畦。廿七亩五畦涧渠计七十二亩。

12 樊英俊五口十八亩四畦涧渠一亩半三畦菜田渠廿九亩六畦第一渠计四八亩

13 孔含光两户十六口一顷卌五亩共四一畦涧渠卅九亩半十七畦孟授渠

14 阴买奴五口十三亩十畦孟授渠卅五亩七畦第一渠计卌八亩。

15 孔俊八口七十三亩共廿四畦涧渠十三亩共三畦双树一畦一亩菜田计八十七亩

16 唐日英十一口廿一亩六畦孟授渠卅六亩三畦涧渠五十二亩第一渠。

17 薛惟谦两户十一口卌九亩十二畦河北渠六亩五畦菜田渠六十亩九畦

18 念同渠计一顷一十五亩。孔英禄八口廿七亩七畦神农渠

19 廿五亩七畦念同廿八亩三畦千渠计八十亩。张顺顺五口十三亩二畦

20 孟授渠四十亩廿二畦千渠计五十三亩。张英鸾十三口九十一亩四十畦

21 涧渠卅四亩十一畦大壤渠五亩一畦念同渠计一顷三十亩。

22 唐二娘六口五十八亩十六畦涧渠。阮林六口一十五亩七畦宜

秋东支

23 十五亩四畦阳开渠三十亩十畦王家渠计六十亩。阮瑍七口卌八亩

24 十九畦千渠一十五亩畦夏交渠五亩四畦孟授渠计六〔十〕八亩。

25 董光顺十口六十一亩二十五畦辛渠四十亩十九畦阳开渠计一顷。

26 张庭晖四口二十亩畦孟授二十亩畦涧渠计地四十亩。

27 索日兴四口七亩两畦孟授三十亩六畦两罔渠计地三十七亩。

28 傅曷两户八口六十六亩十三畦千渠廿一亩四畦涧渠计八十七亩。

29 张大娘四口十七亩七畦涧渠二十六亩四畦忩同渠计四十三亩。

30 张俊奴七口六十三亩十六畦千渠二亩一畦菜田十亩四畦宋渠计七十五亩。

（后缺）①

杨际平据上引两件文书推算，一突等于十亩。按S.9156号文书中所记二十户中，十八户每人受田恰好一突，陈英奴户五口五突三亩，周文卿户五口五突二亩，略多一点；S.4491号文书中可计家口者二十二户中，六户恰好每人十亩，其余十六户数字略有出入，差额最大者孔含光两户十六口有地174.5亩，不过每人多出不足一亩。由此可见，在突田制下敦煌部落百姓每人可受田一突。②

（二）敦煌突田的授受方式

敦煌藏文文书P.T.1078《悉董萨部落土地纠纷状》（图99）记载的是悉董萨部落百姓间的土地纠纷事宜，略去具体案情不表，从这一文书中我们可以发现敦煌突田制授受方式的许多细节。其全文如下：

---

①《敦煌社会经济文献真迹释录》第2辑，第410—411页。

②杨际平《吐蕃时期沙州社会经济研究》，第357—366页。

往昔，水渠垓华沟地方，悉董萨部落中之王安成与王贵公兄弟……在……（宁）毗连而居，廓庸与贵公为田地之故，言语不和……意见不一之地，献于论罗热诺布赞，长期以来……后来于龙年夏，瓜州军帐会议之中，论结赞、论桑赞、论……等人，为答复瓜州萨悉之来件，朗论罗热父子，自沙州百姓编军中分出之后，王贵公兄弟向绮立达论赞三摩赞请求：往昔，我归属唐廷时，在水渠垓华沟地方，后于鼠年，沙州人江甲尔需田（未得）……而获开荒地后，一如过去所需，可继续耕种。但宁宗木地……，在我等休耕之宽阔平地下方耕种，以此为借口，霸占侵渔……（他把）这些菜地，献于论罗热诺布赞，朗氏为主（耕种），在周布杨菜地上，朗作证人而经营，于其上筑房

图99 P.T.1078《悉董萨部落土地纠纷状》

宅，植园林，近二十年，菜地如定死一样。应按照成议，由于彼等强夺（我地），因此向上申诉，我等把判决之理由及详知内情之证人上报，菜地……等务请交还我们，如此请求。

窦廓庸言……王贵公兄弟之菜地，往昔在唐廷时，地界相连，后与沙州人江甲尔之开荒地各有五突半一起记入木简，田亩册下面写明共获田地十一突。贵公兄弟所种五突半，他们实际未曾领受。领受了八突，本人并无五突半田地属实。由都督……所授田契，已核对，用丈量突之绳索量后，属我田地为三突（半）……多出七突半。王贵公之田多出三突七畦。……判决，彼等不听，言语不和，我等千户长，论千户谓："我等沙州人开荒地未曾领受属实。"其多余之地，乞立本云："如今论罗热父子已远离家乡，都督过去……我……务请给我如此请求。所言属实与否，敬乞明鉴。"

税吏与押衙二人言。税吏论诺热与押衙论诺三摩诺麦驾前，和田契相符，在水渠垓华沟，从王彬多田里领受一突二畦，窦廓庸……于田契上未写。知情证人，计算田地长老阴享文，与吉……梁和安才、沙子升、马京子诸人申誓，所言与上诉相符，后分清……是其祖辈永业与轮休地。后一个子年，沙州人江甲尔需地那年……授权与兄弟两人，可继续种这些菜地。但窦廓庸和周布扬父子，抢劫王贵公……种地，没有成功，献于论罗热诺布赞将近二十年……属实，向大理法司论赞三摩赞申诉后，但判为……有理，王氏之越界余田，王并未正式领受田地，与证人申言相符……等人，都督论嘘律桑诺悉结等人也要求判决。依民所言判……在南面（之地），给窦（廓庸）和周（布扬）父子，水渠北面所有之田，判归贵公兄弟，今后不得再有争论口角，各自申言起誓，起誓后，窦廓庸与周（布扬父子）……税吏按指印，绮立达论赞三摩赞发出用印判文，窦与王人手一纸……①

首先，从“王贵公兄弟之菜地，往昔在唐廷时，地界相连，后与沙州人江甲尔之开荒地各有五突半一起记入木简，田亩册下面写明共获田地十一突。贵公兄弟所种五突半，他们实际未曾领受。领受了八突，本人并无五突半田地属实。由都督……所授田契，已核对，用丈量突之绳索量后，属我田地为三突（半）……多出七突半”一段记载可见，吐蕃在敦煌计口授田时，先对当地田亩进行了勘测，使用的是专门用于土地丈量的类似于尺子的工具“丈量突之绳索”，执行丈量勘测工作的人为敦煌当地官吏“计算田地长老阴享文”。这次勘测土地的时间，可能就是文中所载“鼠年”（808），这也与S.3287v《吐蕃子年（808）沙州百姓氾履倩等户籍手实》的时间相同，吐蕃统治者很可能在这一年进行了检阅户籍和丈量土地的工作。丈量授田后，将百姓授田数目记入木简备案，并由都督颁发田契给百姓用以核对。

其次，文书称“税吏论诺热与押衙论诺三摩诺麦驾前，和田契相符，在水渠垓华沟，从王彬多田里领受一突二畦，窦廓庸……于田契上未写。知情证人，计算田地长老阴享文，与吉……，梁和安才、沙子升、马京子诸人申誓，所言与上诉相符，后分清……是其祖辈永业与轮休地”。说明敦煌当地百姓从祖辈继承下来的永业田、轮休地在未超出限额的情况下仍然由当户人继续耕种，有不足者从官府田地中领受。同时，百姓开荒而来的土地亦可继续耕种，并一并记入木简，如文书所载“后于鼠年，

① 《敦煌吐蕃文献选》，第44—46页。

沙州人江甲尔需田（未得）……而获开荒地后，一如过去所需，可继续耕种”“后与沙州人江甲尔之开荒地各有五突半一起记入木简”。

吐蕃似乎只在敦煌进行过一次授田，即前述S.9156、S.4491中记载的这次，以后不再见有授田举措。而且，吐蕃时期敦煌的土地仍可自由买卖，如S.2103《酉年（805?）十二月沙州灌进渠百姓李进评等请地牒并判》①所载百姓李进评等为开挖引水渠向行人部落百姓刘屯子买地一突的例子，再如S.1475《未年（827）安环清卖地契》②所载上部落百姓安环清因为无法缴纳官府赋税而将自己土地出卖与同部落武国子的例子，等等。

当然，这种计口授田制只针对敦煌的普通百姓，与吐蕃合作的敦煌上层豪族并不在此列。如P.4640《阴处士碑》记载其时敦煌大族阴氏“自赞普启关之后，左衽迁阶；及宰辅给印之初，垂祛补职。蕃朝改受得前沙州道门亲表部落大使。承基振豫，代及全安。六亲当五秉之饶，一家蠲十一之税。复旧来之井赋，乐已忘亡；利新益之圆（园）池，光流境（竟）岁。”③可见吐蕃统治时期为了拉拢敦煌上层豪族，并未将其所有土地纳入突田制之中，而是保留了其祖辈经济、政治上的诸多特权。

---

① 《敦煌社会经济文献真迹释录》第2辑，第374页。

② 《敦煌社会经济文献真迹释录》第2辑，第1页。

③ 《敦煌碑铭赞辑释（增订本）》上，第215页。

第三节 吐蕃统治时期敦煌的赋税劳役制度

从前节引《大事纪年》所载情况可知，根据户籍、土地的统计清查结果征税课役，是吐蕃王朝的重大行政事务之一，有些年份的记载除了赞普驻地、会盟外，只有清查和征赋役，足见吐蕃对此的重视程度。究其原因，除了维持王朝统治外，一个重要因素是为吐蕃的对外扩张提供保障。因此，吐蕃必然会在其占领区推行有效的赋税劳役制度，以最大限度地征集当地百姓的钱粮布帛和人力，供养驻扎当地的军队和保证官僚系统有序运行。

一、吐蕃统治时期敦煌的赋税

吐蕃占领敦煌后，在当地实行了计口授田的“突田制”，这是该时期赋税制度的基础。“突”不仅是土地计量单位，也成为征收赋税的基本单位，因此这一时期的赋税称为“突税”，缴纳赋税称为“纳突”，这种计算方式在后期西藏农奴制庄园中仍然可见。同时，吐蕃还吸收了唐朝的赋税制度。吐蕃攻占河陇之际，正值唐朝出台两税法之时。建中元年（780），唐德宗采纳宰相杨炎的建议颁行两税法，核心即征收户税和地税。所征之物主要是谷物和钱两大类，征收时又往往折成绢帛等缴纳。吐蕃统治

图100 莫高窟第231窟 木斗

时期在敦煌征收的赋税也是此二类，与唐朝两税法相似，当是受唐影响。在这样一套较为完善的赋税制度之下，吐蕃在敦煌基本维持了“百姓具安，各就生计……所税布麦，诚合全输”[①]的局面。

考虑到吐蕃官府在敦煌征收的赋税多为一定重量的粮食，我们有必要在讨论税制之前，首先明确一下吐蕃统治时期敦煌在重量上的度量衡（图100），以便于下文对税制相关文书进行统计分析。敦煌落蕃之前实行的是唐朝的度量衡，据《唐六典》载：“凡量，以秬黍中者，容一千二百黍为龠，二龠为合，十合为升，十升为斗，三斗为大斗，十斗为斛。”斛也即硕、石。吐蕃占领后，在当地推行了其本土的度量衡。吐蕃至迟在松赞干布时期已统一了度量衡，据《贤者喜宴》载：

> 升、两、合、勺、钱、分、厘、毫等等，（以上所订之度量衡）即第二法（bkav la btags pa khrims yig gnyis pa），此即所称之“十万金顶具鹿之法”（vbum gyi gser thog sha ba can）。[②]

这些计量单位之间的换算关系，据山口瑞凤研究为：

① 《敦煌社会经济文献真迹释录》第5辑，第319页。
② 《贤者喜宴——吐蕃史译注》，第52页。

1 khal（克/驮）=20bre（升）；1 bre（升）=4phul（合）；1phul（合）=4khyor（勺）；1 srang（两）=10sho（钱）；1sho（钱）=10skar ma（分）。①

而唐蕃度量衡之间的关系，杨际平指出“一驮等于二石”。②

（一）吐蕃统治时期敦煌的地税

吐蕃在敦煌征收的地税又称“地子”，在汉文文书中有不少相关记载，如S.5822《杨庆界寅年地子历》即是一份百姓缴纳地子的文书，兹录文如下：

1 杨庆界寅年地子历
2 青麦肆驮半玖斗，小麦肆拾驮贰斗，粟柒驮伍斗，
3 糜两驮，豆肆驮半伍斗，计伍拾玖驮壹斗。
4 曹兴国小贰斗。徐游岩粟贰斗。田福子小半驮贰斗。杜邕
5 小陆斗，豆壹斗，粟五斗。赵骚骚小陆斗。王光俊小半驮伍斗，青伍斗，粟半驮伍斗。
6 董元忠青贰斗，小半驮贰斗。王孝义小伍斗，豆壹斗。
7 吴琼小半驮，豆伍斗。曹进玉□
（后缺）③

此文书为记录杨庆界负责征收的地子数目，2、3行是总数，后面是各户缴纳的具体数字。文书反映出吐蕃在敦煌征收地子的几

---

①（日）山口瑞凤《讲座敦煌2·敦煌の历史》，东京：大东出版社，1980年，第207页。
② 杨际平《吐蕃时期敦煌计口授田考——兼及其时的税制和户口制度》，第97页。
③《敦煌社会经济文献真迹释录》第2辑，第407页。

个细节。首先是关于经手人杨庆界的问题。杨际平据《沙州文录补》所录《村邻结义账约》、P.3446《吐蕃巳年沙州仓曹会计牒》等文书指出，吐蕃时期的税收常先由某几个人代收，然后集中交纳。[1]陆离指出这些征税之人可能就是十户长“五岗”（Lnga rkang），[2]其实不然。据P.T.1089《于田贡使岁赋事》载，某年仲秋八月十七日“秋季岁赋贡使轮于田部落玉来当值”[3]，此岁赋贡使的任务即是输送岁赋，且并非常任，而是轮值，杨庆界应该就是这一身份。其次是关于缴纳地子的实物种类，从文书看均为粮食，有青麦、小麦、粟、糜、豆等。另一文书S.2214亦记载有地子缴纳情况：

（前缺）

1 十月十八日贷便粟四驮，入地子数内□□

2 付信通□都□粟两石三斗。

3 文，黄麻地亩数目。

4 吕判官吕安吉地子三驮，贷便半驮。氾仓曹地子一驮，贷便一驮。

5 高师两驮吕判下。田悉的力一驮，贷便一驮。

（后缺）[4]

此处吕判官、氾仓曹皆为吐蕃官府的下层官吏，仍负有地子之征，而P.3774《丑年（821）十二月沙州僧龙藏牒》记载齐周因身充将头所以“当户突税差科并无”，可见地子与突税不是同一

---

① 杨际平《吐蕃时期沙州社会经济研究》，第373—374页。

② 陆离《敦煌的吐蕃时代》，第180页。

③《敦煌吐蕃文献选》，第54页。

④《吐蕃时期沙州社会经济研究》，第374—375页。

种赋税（详见下文）。上引两件文书均未言及田亩数目，而杨际平根据S.5898、S.2215号文书的记载，推算出每突地当纳地子一石。[①]

P.2858v《酉年（829？）二月十二日索海朝租地帖》是一份部落百姓向僧人租种土地的契约书，亦涉及地子的缴纳问题，兹录文如下：

（前缺）

1 索海朝租僧善惠城西阴安渠地两突。每
2 年价麦捌汉硕，仰海朝八月末已前依数
3 填还了。如违不还，及有欠少不充，任将此
4 帖掣夺家资，用充麦直。其每年地子，三分
5 内二分亦同分付。酉年二月十二日索海朝立帖
6 身或东西不在，仰保填还。见人及保弟晟子（押）
7 见人及保兄海奴
8 见人？氏
9 见人
10 见人[②]

由此文书可知，地主将田地租给别人耕种，田亩上所征“地子”由双方共同承担，则地子即土地税无疑。

“地子”一语，本为唐制，最早为按亩计征、用以救济荒年的“义仓税”。据《唐六典》记载：“凡王公以下，每年户别据已受田及借荒等，具所种苗顷亩，造青苗簿……亩别纳粟二升，

---

① 《吐蕃时期沙州社会经济研究》，第375—377页。
② 《敦煌社会经济文献真迹释录》第2辑，第23页。

以为义仓。”[①]至唐中后期，地子逐渐演变为地税。据《唐会要》记载：“元和元年正月制……应天下州府每年所税地子数内，宜十分取二分，均充常平仓及义仓。”[②]另外唐代还有职田地子和屯田地子，前者又称职田租子，是朝廷发给官员的俸禄；后者又称营田苗子，是由国家直接控制经营土地上的收获物。[③]吐蕃占领之前的河陇一带，地子是河西节度用以供养守军的重要土地税，如P.2942《唐永泰年代（765—766）河西巡抚使判集》中《甘州地税勾征，耆寿诉称纳不济》记载：“地子勾征，俱非杂税，妄求蠲免，在法无文。马料兵粮，固支给。仓储虚竭，何计供承。”[④]吐蕃占领之后的“地子”性质应该与唐相同。

（二）吐蕃统治时期敦煌的户税

户税即按户征收的人口税，也就是吐蕃时期敦煌文书中所载的“突税”“突田”。前引P.2162v《寅年沙州左三将纳丑年突田历》是一份部落百姓缴纳突税的典型文书。此文书记载了某部落左三将29户丑年缴纳突田的情况，从中我们可以看到以下几个细节。首先，毫无疑问，这份文书中所载税收的征收方式是按户征收，而非按亩或按丁，民户缴纳的数目依每户情况有所不同。其中，有三户“不合纳”者，即张进卿“常乐一驮半二斗，小卿纳。不合纳”，张寺加“一千人斋一驮，不纳”，王什德“党顺纳常乐一驮。不合纳”；有两户有优免得以半输者，即杜太平、索蕃奴，分别缴纳9.5石、8.2石；有两户缴纳数目明显多于大多

---

① 《唐六典》卷三《仓部郎中员外郎》，第84页。
② 《唐会要》卷八八，第1615页。
③ 陈国灿《略论唐五代的各类“地子”及其演变》，《敦煌学史事新证》，兰州：甘肃教育出版社，2002年，第278—282页。
④ 《敦煌社会经济文献真迹释录》第2辑，第623页。

数，即董清、汜弁，分别交纳26.1石、22.85石；其余诸户缴纳数目均在14.5~18.8石之间，[①]即蕃制7~9驮左右。产生差异的原因，陈庆英认为吐蕃可能是按各户人口、地亩、财产状况而规定了不同数额，[②]文书中所载的纳粮品种、地点的不同可能也是差异因素之一。其次，从记载看，百姓缴纳户税的食物种类有青稞、小麦、糜、粟、面、蚕茧、布、油、苏（酥）、马䴵等。其中油、苏两种以升、合、两计量，其余都以驮、斗、升计量，而布似乎是折合成粮食驮数计算，如22行“一驮安恒纳布”。另有15行记载的“烂麦替半驮六斗”，似乎是用炒麦工值折合粮食以充纳突税的情况。

P.3774《丑年（821）十二月沙州僧龙藏牒》中亦有按户征收突税的记载：

> □□□至阎开府上，大番兵马下，身被捉将。经三个月，却走来，在家中潜藏六个月。齐周咨上下，始得散行。至佥牟使算会之日，出钿贝镜一面与梁舍人，附在僧尼脚下……
>
> 其丑年后，寅年、卯年大兄纳突，每年廿驮，计卌驮，并取大家物纳。
>
> 齐周身充将头，当户突税差科并无。官得手力一人，家中种田驱使，计功年别卅驮。从分部落午年至昨亥年，计卅年，计突课九百驮，尽在家中使用。
>
> 大兄初番和之日，齐周阝（附）父脚下，附作奴。后至佥牟使上析出出（衍）为户，便有差税身役；直至于今。自

① 杨际平《吐蕃时期沙州社会经济研究》，第380—387页。
② 陈庆英《从帐簿文书看吐蕃王朝的经济制度》，《中国藏学》特刊，1992年，第100—114页。

齐周勾当之时，突田大家输纳……①

齐周在吐蕃统治初期“附作奴”，直至吐蕃佥牟使析出之后“便有差税身役”，又因身充将头“当户突税差科并无”，说明“突税”是按户口征收的人口税，在官府执役者可免。而大兄每年要纳突20驮之多，远高于前引P.2162v号文书中一般人户的纳突数额，则这一数字有可能为大兄和宣子两户共纳之数，如此则每户10驮（20石），与P.2162v号文书所载差不多。②当然也有可能是大兄地亩、资产等较多，故交纳税额远高于其他户。另外，文书中的“突课”并非突税，而是田课，即依附农民向土地占有者缴纳的地租。③齐周担任将头，所以由官府配给一名手力为齐周种田，并向齐周缴纳地租。

以上虽然将吐蕃时期敦煌的主要税种按户税和地税做了划分，但笔者以为吐蕃在敦煌征收赋税很可能并未区分得如此细致，所谓“纳突”者，当是包含了户税和地税二者。兹举前引P.3491《酉年左七将应征突田户纳麦粟数簿》所载为例，此文书记载沙州某部落左七将48户“突田户”于酉年向官府缴纳麦粟的具体情况，平均每户要缴纳麦约17.83石，粟4.88石，多于P.2162v记载的普通民户缴纳数额，如果忽略征收户税、地税数额随年份不同有所变动的可能，则很有可能其中包含了户税和地税两部分。百姓将两部分赋税缴纳之后，官府可能从中按数额分存于不同官仓中，如S.6235号残卷记载：“……官仓，如后□师边，便粟两石，

---

① 《敦煌社会经济文献真迹释录》第2辑，第283—286页。

② 《吐蕃时期沙州社会经济研究》，第387页。

③ 姜伯勤《突地考》，《敦煌学辑刊》1984年第1期，第17—18页。

至秋四石，寺家仓三驮麦，突田仓□/□。”[①]存放纳粮的有官仓和突田仓、寺家仓，突田仓顾名思义是存放突税之所，则地税有可能即存放于官仓。而寺家仓当为存放寺院供养粮之所。我们知道吐蕃统治敦煌时期正是其国内佛教势力上升之际，吐蕃本土实施了七户养僧制度，敦煌地区似乎也有类似制度，如P.T.1111《寺庙粮食帐目清单》记载：“马年秋，沙州唐人三部落有唐人六百八十四户，每户向寺庙交供养粮二克计，共计青稞一千三百六十八克。”[②]这一部分纳粮应该就缴纳至寺家仓。

吐蕃统治时期敦煌百姓缴纳赋税的实物，除了上述文书可见的粮食外，据BD.09291、BD.09368、BD.09297、BD.09292、BD.12001号等文书记载，还有麻、棉线、铁等物品，兹举其中BD.09291《寅年八月右一至右十将欠麻夫线铁等名目牒》为例：

（前缺）

1 ▭欠名目

2 右一麻擣（?）七十斤夫卅五日线廿五两，铁十二斤入二斤

3 右二麻擣（?）五十一斤夫十五日线十三两半铁十一斤入二斤

4 右三〔麻〕〔擣〕（?）七十七斤入十斤夫五十日线十二两铁八斤入二斤

5 右四麻擣（?）十八斤夫十五日线五两铁九斤入二斤

6 右五麻擣（?）五十七斤夫卌四日线八两半铁六斤入

① 《英藏敦煌文献》第10卷，成都：四川人民出版社，1994年，第211页。

② 《敦煌吐蕃文书论文集》，第21页。

二斤

7 右七麻擣（?）八十七斤夫十五日线九两半铁九斤入二斤

8 右□麻擣（?）一百一十斤夫卅三日线十二两半铁二斤□□□

9 右八麻擣（?）五十四斤夫卌日线七两铁□□□□□

10 右九麻擣（?）廿六斤线四两半铁六斤□□□

11 右十麻擣（?）五十九斤线二两铁六斤入二斤

12 牒，件状如前，谨牒。

13 寅年八月日

孔奕牒。[①]

综上所述，吐蕃统治时期，以“突田制”为基础在敦煌建立了一整套赋税制度，征税名目包括以土地为纳税依据的“地子”（地税）和以人口为纳税依据的“突税”（户税）。由于这一时期的敦煌主要以粮食和布匹作为等价交换物，所以部落百姓所缴纳的赋税均为实物，包括粮食、布匹、草料、蚕茧、羊苏（酥）、油等，还可以用劳役折合成粮食代替部分赋税。这一时期的赋税征收是相当沉重的，很多百姓负担不起只得向官府借高利贷以按期交付，如P.T.1101《府库赋税逋欠册》所载：“五十岗头人嘘律息所辖地段之部分百姓逋欠赋税，不能及时交纳，乃从尚绮立息府中商恳高息借贷。定于狗年秋，仲秋望日（八月十五）以借一还二计息，还于府库。”[②]百姓之苦于此可见一斑。

① 郝春文《中国国家图书馆藏未刊敦煌文献研读札记》，第26—27页。

② 《敦煌吐蕃文献选》，第54—55页。

二、吐蕃统治时期敦煌的劳役

在担负沉重赋税的同时，敦煌百姓还身兼各类官府差科杂役，敦煌文书中不乏二者并举的例子，如前引P.3774《丑年(821）十二月沙州僧龙藏牒》载“突税差科”，《酉年正月奉仙等牒并荣照判辞》亦载有“及课差科，优矜至甚”[①]之语，可见突税与差科是当时敦煌百姓的两大主要负担。P.3774又载：“自齐周勾当之时，突田大家输纳。其身役知更远使，并不曾料。”其中身役、知更、远使即是当时的劳役名目。藏文文书中记载有“王差”一语，如P.T.1098《于田贡使岁赋事》载“因要送岁赋，(所承应的）内府王差无暇完成”[②]，P.T.1297《购马契约》载：“如腊赞被派支王差或不在家，照前所应诺找到中人（说合人）甲杂部落的洛宗木和彭岱苏赞。”[③]“王差”“内府王差”藏语为rje blas，意为官府差役，当为敦煌官府劳役的总称。考察吐蕃时期的敦煌文书，可见到的劳役名目有修造、守囚、运输、营田、畜牧、厅子、手力等，以下逐项叙述之。

(一）修造

S.2228《亥年修城夫丁使役簿》记载了诸部落百姓亥年六月服修城役的情况，录文已见于第二章。从文书来看，“将”是吐蕃统治者抽调百姓履行修城役的基本单位。右十将除右五将出四人外，其余均每将出五人，服役五天；左七、左八二将出六人，左九、左十二将出七人，服役五天；上部落出八人，役期不详，当与左右诸将差不多。除了修城外，还有修仓的劳役，如S.542v中记载

---

① 《敦煌社会经济文献真迹释录》第4辑，第113页。

② 《敦煌吐蕃文献选》，第54页。

③ 《敦煌吐蕃文献选》，第59页。

李加兴“六月修仓两日”。[①]

(二) 运输

运输是社会经济的重要方面，敦煌壁画中不乏成队的驼马运送物资的情景（图101）。吐蕃时期敦煌百姓承担着为官府运输物

图101　莫高窟第61窟 五代时期骆驼载物、驴驮人图

品或者自输粮食至瓜州等地的运输役。粮食运输是吐蕃统治时期敦煌的重要事务之一，运输役自然当为百姓承担的日常劳役，因此敦煌文书中保存了不少相关记载。前引P.3774号文书中记载了齐周执行的若干运输役，如“差使向柔远送粮”，所得报酬为生熟铁二百余斤、车钏七只；又“差瓜州送果物”，并购买了车、车毂、车钏等运输用的工具。由此记载可以看出，吐蕃时期执运输役者要自备牲口车具，前引Ch.73.xv.5号文书中就明确记载监督、运送写经的里正“应多少具备转运纸张的能力”。[②]《午年十

---

① 《敦煌社会经济文献真迹释录》第2辑，第384页。

② 《敦煌西域古藏文社会历史文献》，第71页。

二月宋日晟牒》是一件记载官府征用民户运输工具为其服役的文书，兹录文如下：

1 车一乘，牛一头，
2 右日晟唯有前件车牛，皆常被官使
3 不阙。其车軨见破不堪，受辐修理不得，
4 目验见存。每至临使之时，辞诉不蒙纳
5 理。且勒发遣，无虑（处）申诉。牛复
6 堪牵驾，案内定充车头，据名差发。
7 今将车头并随状呈，请处分。
8 牒状如前，谨牒。
9 　　午年十二月日百姓宋日晟牒
10 检验不虚，放本将别定。十八日日评。[①]

从文书记载来看，宋日晟所有的车、牛屡次为官府征发服役，以至车“见破不堪”，牛“复堪牵驾”，宋日晟遂向官府请求放回。官府核查后认定其申诉“检验不虚”，便放回其所在将，另择有车牛者服役。

敦煌百姓执运输役所运之物多为粮食，其中既有官府要求的赋税，也有吐蕃官员私有谷物。如P.T.1098《于田贡使岁赋事》记载岁赋贡使运送岁赋之事：

……年秋，仲秋（八月）十七日，秋季岁赋贡使轮于田部落玉来当值……恰逢玉来不在家，从悉董萨部落雇请慕恩子（代替）雇金定为青稞、麦子和绢……共十四……，先行交

①罗福苌《沙州文录补》，第500页；郝春文《中国国家图书馆藏未刊敦煌文献研读札记》，第28页。

付青稞五克，小米一克，其中青稞……项下，有绢一匹，其余雇金，青稞四克半和小米三克半，待恩子事情成办后付给。

因要送岁赋，（所承应的）内府王差无暇完成，或因岁赋没有全部送完，上峰降下任何惩罚，由恩子本人亲去申述。如恩子无暇完成内府王差或未按时送达（岁赋），或因不在家而产生纠葛，照前述契约……岁赋，找保人恩子之兄弟慕良泽，尤达二人前去申述。轮到恩子去支应内府王差，余下岁赋即交与尤达与西顺（去送）。如此商议已妥，认为可行，先付青稞七克，立即付与对方中证保人王达古、鲁泽象、梁何佩存、永安张义子、周拉登公子等，以上诸人盖印，恩子和担保中人按指印为证。[①]

据该文书可知，岁赋贡使由部落百姓轮值，其职责即运送岁赋至官府指定地点。另一件文书Ch.83.vi.5号文书则记载了敦煌部落百姓为吐蕃官员运送私粮的情形：

……沙州汉人（Rgya）悉董萨（Stong sar）和阿骨萨（Rgodsar）两千户部落（Stong sde）已受令：牛年和虎年，在瓜州（Kva cu）庄园上领取了论·玉热（Blon g·yu bzer）的谷物，经小突厥（Drug chun）的磨坊加工后，负责运回瓜州……[②]

从文书可知阿骨萨、悉董萨部落百姓运送的是吐蕃官员论玉热的私有谷物，他们需将这些谷物运去指定地点加工并带回。

① 《敦煌吐蕃文献选》，第54页。
② 《敦煌西域古藏文社会历史文献》，第32页。

（三）守囚

吐蕃时期敦煌百姓还要执守囚役，看守本地囚徒和战俘等。据藏文文书Ch.82.xii.3号文书载：

> 有关从马年春季第1个月开始的格赞（Dge brtsan）的审判工作由阁下提出进行布置：萨俄（Sab ho）负责看守监狱5天；殷子（'In tse）也负责在5天内看守监狱中证人（snya）的仆人。对……桑（bzang）的监视，在5天内由萨第本（Sa ti pung）负责；殷子（'In tse）在5天内扮做私仆；看守者之一……中人（gtehu）和一个证人在5天内由萨第本（Sa ti pung）担任。为了给姜（Jang）手上传递1件网（手铐?），需要8两（srang）；（还）要三phul（把）半的大麦。（对?）夏嘎巴（Sha ka pa）的狱中坚守也由匡兴（Kwang sheng）执行……在10天之内。①

此文书中被看守的囚犯是官府审理的某案件中的相关人员。另外据前引Ch.73.xv.5号文书记载，吐蕃政权对当时抄写佛经的写经生监管严厉，如有不从者，本人和亲属也会被送入监牢看管起来。寺户也执行守囚役，S.542v《戌年（818）六月沙州诸寺丁口车牛役簿》中记载了51人执守囚之役。所守之囚，竺沙雅章和姜伯勤认为是回鹘战俘，②杨际平则认为可能是违反戒律的寺院僧侣。③

---

①（英）F.W.Thomos, *Tibetan Literary Texts and Documents Concerning Chinese Turkestan*, Ⅱ, London,1951, pp.404.此处转引自陆离《吐蕃统治敦煌时期的官府劳役》，第181页。另可参看《敦煌西域古藏文社会历史文献》，第348页。

② 姜伯勤《唐五代敦煌寺户制度》，第99页。

③ 杨际平《吐蕃时期沙州社会经济研究》，第391页。

（四）营田

吐蕃除向百姓授予突田之外，还为官员和当地官府配有官田，包括支付官员俸禄的俸禄田和支付官府日常开支的公廨田。[①]如P.3613《申年正月令狐子余牒及判词》记载令狐子余之地被官府割占为官田："孟受索底渠地六亩。右子余上件地，先被唐清换与石英顺。其地替在南支渠，被官割种稻，即合于丝绵部落得替，望请却还本地。"[②]P.3774号文书亦载齐周曾在官田上耕作并获得报酬："齐周于官种田处种得糜，寅卯辰三年每年得糜三车。"可见这些官田的耕作由民户服役完成。S.542v号文书记载了诸寺寺户服营田役的情况，如杨进朝"吴营田夫五日"，曹贞顺"吴营田夫五日"，王海子"营田夫五日"，辛数延"营田夫五日"，安天奴"营田夫五日"，等等。[③]营田的服役时间是5天，与前述修城、守囚服役时间相同，可见吐蕃统治时期敦煌地方力役的服役时间一般为5天。

（五）厅子

官府办公的场所称为"厅事""厅"，在官厅服杂役者称为"厅子"。S.542v载有寺户服厅子之役的情况，如李加兴服"南波厅子四日"，成善友服"南波厅子四日"，宜奴服"厅子"，等等。[④]唐制中亦有"厅子"之设，据《北梦琐言》载："唐崔亚郎中典眉州，程贺以乡役差充厅子。"[⑤]此程贺以"乡役"的身份充当"厅子"，后来在中和二年（882）登进士第。由此可见唐

---

① 陆离《论吐蕃统治敦煌时期的官田与营田》，《南京师大学报》（社会科学版）2009年第3期，第77—82页。

②《敦煌社会经济文献真迹释录》第2辑，第281页。

③《敦煌社会经济文献真迹释录》第2辑，第385—386、388—389、391页。

④《敦煌社会经济文献真迹释录》第2辑，第384、390页。

⑤［五代］孙光宪撰，贾二强点校《北梦琐言》卷一一，北京：中华书局，2002年，第234页。

制的“厅子”与吐蕃统治时期敦煌的情况有所不同。唐制中“厅子”当为胥吏，而敦煌的“厅子”只是一种劳役，由地位十分低下的寺户轮值服役，可能是执官厅洒扫等杂役。

（六）手力

P.3774号文书载齐周因身充将头，“官得手力一人，家中种田驱使，计功年别卅驮。从分部落午年至昨亥年，计卅年，计突课九百驮，尽在家中使用。”此处的“手力”为官员私人仆役，为齐周家种田交租。陆离认为这是一种长役，供驱使者为部落民户，其制源于唐朝。唐朝政府曾给百官一至九品分别配予手力五至三十人不等，为官员从事营造和各类杂役。[①]吐蕃时期的敦煌文书中有关手力的记载目前只见到这一例，充手力者的身份究竟是部落民户还是奴婢还有待考证。

（七）看硙

P.3774号文书还记载有齐周服看硙役并取得报酬一事：

> 齐周去酉年看丝绵硙所得斛斗，除还外课、罗底价、买鏊一面及杂使外，余得买粟一百卅石，并入大家用。

此处“丝绵硙”当为丝绵部落的官营碾硙，由这一记载可知，齐周以将头的身份，组织本将民户轮值照看丝绵部落的碾硙，并取得了较为丰厚的报酬。

（八）远使

据P.3774号文书记载，吐蕃时期敦煌百姓负担有远使这项劳役。远使，顾名思义当是指出使外地服役的情况。据藏文文书P.T.1132

---

① 陆离《吐蕃统治敦煌的官府劳役》，《魏晋南北朝隋唐史资料》第22辑，武汉：武汉大学学报编辑部，2006年，第185页。

《堂康三向主人呈递的一封信》载：“小人之贱内，住于沙州，还有少量庄稼也种在沙州，仲秋需要收割。务请您开恩向论格桑讲情，此刻不要立即催逼将我派往瓜州。小人除了寄希望于二位之外，无处可求，小人穷困异常……”[①]这里的派往瓜州或为远使之役。

（九）知更

P.3774号文书还记载吐蕃时期敦煌百姓有知更之役。知更，即守夜巡查之役。敦煌文书S.5824v《知更人及全不知更人名簿》[②]是一份吐蕃统治时期敦煌百姓中执知更役者和免除知更役者的名单，共残存7行，因文书浸漫严重，许多人名不易辨识，但仍能从中看到敦煌百姓执知更役的具体情况。文书前3行为执知更役者，每三人一组，存十二组。每组有一组头，后跟两名组员，如第1行“头孟达（?）子，宋黑子，宋良兴”，第3行“头杨谦谨，□晟，宋君子”，可见当时百姓知更守夜时三人一组，其中一名为头人。后4行为“全不知更人名”，当为免除知更役者。

综上所述，吐蕃统治时期的劳役名目繁多，有修造、运输、守囚、营田、厅子、手力、看硙、知更、远使等，其中如修造、守囚、营田等力役的服役期一般为五天，百姓一般采取轮值方式上役。这些劳役中，修造、运输、营田一类为一般政府皆会征发的役种；守囚一类为中原所无，当是具有吐蕃特色的役种；厅子、手力等为源于唐朝的役种，但其中厅子一项与唐制明显有所不同，当为改革唐制而来。

---

① 《王尧藏学文集》卷四，第46页。

② 《英藏敦煌文献》第9卷，成都：四川人民出版社，1994年，第168页。

第五章

吐蕃统治时期敦煌的农牧业

在展开讨论之前，笔者有必要先对本章所言“农业”做一限定。众所周知，根据生产对象的不同，农业有广义和狭义之分。广义的农业包括种植业、林业、畜牧业、渔业、副业等五种产业形式；狭义的农业则单指种植业，包括粮食作物、经济作物、饲料作物等农作物的种植。本章所言“农业”取狭义农业之内涵，即种植业。畜牧业另辟专节讨论，故合称“农牧业”。敦煌虽地处河西走廊西端，四周为戈壁沙漠包围，气候又干旱少雨，但仰赖祁连山冰川融水而成的党河滋养，素以绿洲农业著称（图102、图103），畜牧业亦颇为发达。百姓在此

图102　莫高窟第33窟南壁盛唐时期耕地收割图

图103　莫高窟第156窟西坡晚唐时期收割、打场图

辛勤劳作之所得，不仅维持着当地居民的日常生活，还供应了穿梭往来的客商使者，如前引P.2942《唐永泰年代（765—766）河西巡抚使判集》中所示，直至吐蕃围城才停止了对滞留沙州的外国首领、使节的粮食供给。敦煌初陷于吐蕃之时，由于久罹战乱，已入“粮械皆竭”之境，加之陷落初期频有民众起义发生，农牧业一度十分凋敝。不过，随着吐蕃在当地的统治慢慢稳定和敦煌民众反抗情绪的逐渐平息，敦煌地区的农牧业生产逐渐开始恢复和发展。

第一节 吐蕃统治时期的敦煌水利

敦煌地处西北内陆，戈壁沙漠环绕，终年干旱少雨，只有零星绿洲适宜种植农作物。而绿洲农业的发达，在很大程度上仰赖于人工灌溉，这就凸显了水利事业在敦煌农业生产中的重要性，一如S.5894号文书开篇所言："本地，水是人血脉。"也因此，长久以来敦煌地区一直保持着兴修水利的良好传统。所幸，敦煌地区临近祁连山，高山冰雪消融而成的河流如甘泉水、苦水、独利河、都河等均流经此处，如何合理利用这些季节性融水就成为敦煌农业的头等大事。自西汉设郡伊始，历任敦煌太守都积极兴修水利，开河渠，修堤堰，引流灌溉以发展农业，人工挖掘的灌溉水渠逐渐达到上百条之多。这些河渠纵横交错，构成了敦煌地区发达的灌溉网络。

一、敦煌的水文环境

敦煌属于典型的大陆性气候，降水少，蒸发量大，据敦煌县水文资料显示，该地区年平均降水量为39.9毫米，蒸发量却高达2486毫米。[①]因此，敦煌地区的农田灌溉全赖河渠水利来维持。

---

① 敦煌市志编纂委员会编《敦煌市志》，北京：中华书局，2007年，第86页。

根据李正宇的研究，敦煌的河渠水源主要有两类：一类为自南山发源流经境内的河流，另一类为本地的泉泽湖泊。其中河流主要有三：一为甘泉水（即今党河，西汉名氐置水），其名据S.5448《敦煌实录》记载："以其沃润之功，俗号甘泉。"其水源来自东南之大雪山（今党河南山北坡及野马南山南坡）冰川冰雪消融，每年十一月中旬开始封冻，次年三月中、下旬开始融解，因此河水流量冬季最小，七、八、九月最大。[①]甘泉水经紫亭、寿昌二县境流入敦煌境内后，分流入宜秋、都乡、孟授、东河、阳开、北府六大干渠及百余条支渠、子渠，形成覆盖敦煌最大绿洲——城周绿洲的灌溉网络。二为苦水，起自瓜州东北诸泉，流跨瓜、沙二州，由鱼泉驿入敦煌，北过常乐山至阶亭驿发挥灌溉功能，灌溉区域约为悬泉乡最东部之小片狭带绿洲。P.2005《沙州都督府图经》载其"源出瓜州东北十五里，名卤涧水，直西流至瓜州城北十余里，西南流一百廿里，至瓜州常乐县南山南，号为苦水。又西行卌里，入沙州东界，故鱼泉驿南。西北流十五里，入常乐山。又北流至沙州阶亭驿南，即向西北流，至廉迁烽西北廿余里，散入沙卤。"[②]三为独利河（即今疏勒河，西汉名籍瑞水，东汉及六朝名冥水），与苦水一样流跨瓜、沙二州，起自瓜州东南雪山，主要灌溉瓜州境内，末尾流入敦煌绿洲北部，灌溉玉关乡北境。P.2005号文书载其"源出瓜州东南三百里，流至沙州敦煌县东南界，雨多即流，无雨竭涸。"[③]三者中以甘泉

① 敦煌市志编纂委员会编《敦煌市志》，第90—93页。

②《敦煌社会经济文献真迹释录》第1辑，第3页。

③《敦煌社会经济文献真迹释录》第1辑，第3页，李正宇指出"流至沙州敦煌县东南界"当为"东北界"之误，李正宇《唐宋时代敦煌县河渠泉泽简志（二）——附〈唐宋时代敦煌县诸乡位置及渠系分布示意图〉》，《敦煌研究》1989年第1期，第62页。

水为最大水源。此外，敦煌地区还有不少湖泊大泽点缀在纵横交错的河渠之间，起到调节水位的功能。这些泉泽又可分为两类：一类为淡水泉、湖，可供人、畜饮用及农田灌溉，如宕泉、分流泉、沙井（月牙泉）、悬泉、玉女泉等。其中宕泉、玉女泉还延伸为河流灌溉流经地段。另一类为盐碱泽泊，除生成食盐、芒硝外，仅可供野生耐碱植物生长用水，如东盐池、北盐池、东泉泽、大井泽、四十里泽等。[①]敦煌地区的水利事业就是在充分利用上述这些河流泉泽的基础上，经由历朝历代逐渐开发而来的。

二、蕃占之前敦煌水利建设沿革

正是由于特殊的地理、气候因素，使得如何利用珍贵的季节性积雪融水成为敦煌历代地方郡守的重要政务，因此敦煌地区自汉以来一直保持着兴修水利的传统。西汉在此地建郡以后，许多太守都积极致力于水利事业，开渠修堤，引流灌溉，造福了当地百姓，许多水渠也因此以主持兴修者的姓氏来命名。

两汉时期修建的重要水利工程，首推汉武帝元鼎六年（前111）建造的马圈口堰。马圈口位于甘泉水上游，是一个重要的水利枢纽，西汉时期敦煌人民注意到甘泉水流经马圈山下，便选取最佳地势和位置修筑了此堰。至五凉时期，经甘泉水长期冲击，马圈山已不复存在，代之以一派水渠纵横密布的平原。P.2005号文书更是记载了唐前期这一堤堰的盛况：

> （甘泉水）又东北流八十里，百姓造大堰，号为马圈口。其堰南北一百五十步，阔廿步，高二丈，总开五门分水以

① 李正宇《唐宋时代敦煌县河渠泉泽简志（一）——附〈唐宋时代敦煌县诸乡位置及渠系分布示意图〉》，第89—97页。

> 灌田园。荷锸成云，决渠降雨，其腴如泾，其浊如河。加以节气少雨，山谷多雪，立夏之后，山暖雪消，雪水入河，朝减夕涨。其水又东北流卌里至沙州城，分派灌溉。北流者名北府；东流者名东河；水东南流者二道：一名神农渠，一名阳开渠；州西北又分一渠，北名都乡渠；又从马圈口分一渠，于州西北流，名宜秋渠。州城四面水渠，侧流觞曲水，花草果园，豪族士流，家家自足。土不生棘，鸟则无鸮。五谷皆饶，唯无稻黍。其水溉田即尽，更无流派。[①]

汉代敦煌另一水利工程是由西汉昭帝时的破羌将军辛武贤主持修建的。其时辛武贤西征昆弥，路经敦煌，欲以敦煌为基地，积谷屯兵，进军西域。遂“遣使者案行表，穿卑鞮侯井以西，欲通渠转谷，积居庐仓以讨之”，[②]修凿了大井渠。当然，两汉时期的敦煌水利仍处在初级阶段，裴松之谓之曰：“初，敦煌不甚晓田，常灌溉滀水，使极濡洽，然后乃耕。又不晓作耕犁，用水，及种，人牛功力既费，而收谷更少。（皇甫）隆到，教作耧犁，又教衍溉，岁终率计，其所省庸力过半，得谷加五。”[③]可见两汉及曹魏前期敦煌水利并不发达，皇甫隆到任后方教导民众以“衍溉”之法，即过水漫灌，农业产量大为提高。

五凉时期是敦煌水利事业获得大发展的时期，可以说当时所修渠堰斗门为敦煌水利事业奠定了基础和框架。其时虽然北方政权纷争，战火不断，民不聊生，但河西境内先后割据自立的五凉政权却采取保境安民之策，注重农业，兴修水利，唐宋时期敦煌

---

① 《敦煌社会经济文献真迹释录》第1辑，第2—3页。

② 《汉书》卷九六下《西域传下》。

③ 《三国志》卷一六《魏书·仓慈传》裴松之注。

地区的主干渠道大多修于此时。如前凉时所开阳开渠、北府渠、阴安渠，后凉时所开孟授渠，北凉时所开高三丈、阔三丈五尺的“一所故堤”等。这一时期的敦煌太守也多有积极致力于兴修水利者，故如阳开渠、阴安渠、孟授渠者，命名皆取其姓氏以示纪念。①

到了唐代前期，一方面，国家承平，经济发达，中央和地方政府有了雄厚的财力来兴修水利工程；另一方面，统治者极其重视水利事业，不仅对河渠堤堰的修建、灌溉用水制度、疏浚掏拓差科等有严格的规定，还设置专门的管理机构和官员负责管理，普通百姓则结为渠社负担水利相关差役。在这样的大环境之下，敦煌的水利事业也获得了较大发展，在沿用晋代旧渠的基础上，继续疏浚河道，广开河渠，修筑堤堰，建造斗门，敦煌的农业得到了很大发展。

唐前期设置了专门的水利管理机构和官员后，水利的好坏、农田的丰歉成为水利官员和地方官员考课的标准，构成决定他们仕途升迁的重要因素。因此，官员们十分重视水利事业的发展，敦煌地区也不例外，P.3560v《沙州敦煌县行用水施行细则》即是当地官员重视水利的直接体现（图104）。这份文书记载的是敦

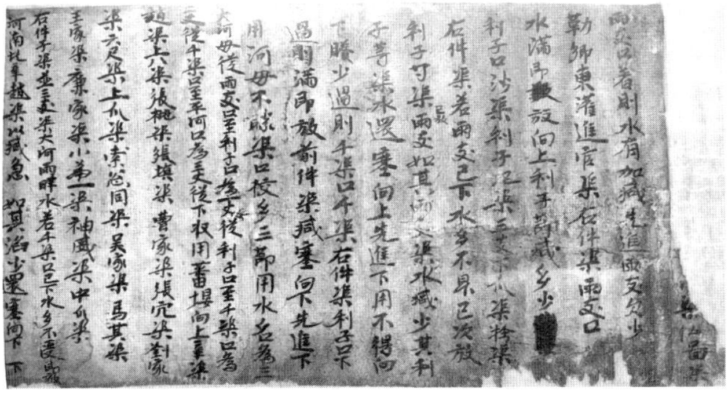

图104　P. 3560v《沙州敦煌县行用水施行细则》

① 冯培红《唐五代敦煌的河渠水利与水司管理机构初探》，《敦煌学辑刊》1997年第2期，第69页。

煌地区灌溉农田的行水制度，对敦煌地区所有河流、主干渠、支渠、子渠的溉田行水做了严格详细的规定。这一制度“承前已来，古老相传，用为法则”，可以说是敦煌人民集体智慧的结晶。按照文书的记载，敦煌水渠的行水是有一定顺序的，先从河流或大河母引水入诸干渠，再导入各支渠、子渠，并按地域远近、地势高低“依次收用”，前件渠满“水多不受”时再“依次放后件渠”。这样做是为了让境内农田都能得到灌溉，保证均平。同时，文书还对当地的行水时间做了规定。每年行水的时间规定从春分前十五日开始，秋分前三日最后一遍行水结束。行水期间共有六次放水时间，分别为春分前十五日、立夏前十五日、秋分前三日以及夏秋之间的三次重灌行水。另一文书P.2507《唐开元二十五年（737）水部式残卷》（图105）亦有类似记载：

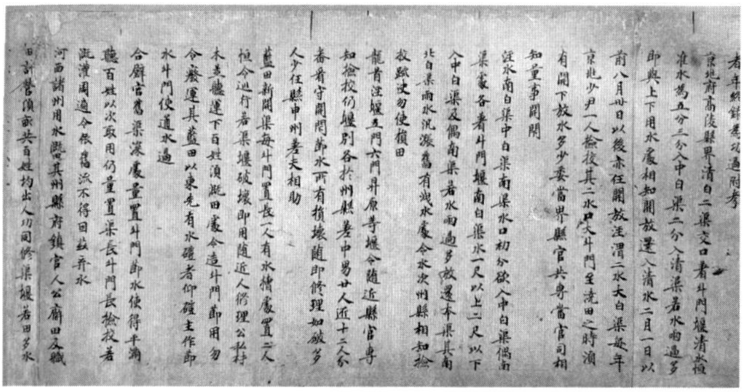

图105　P.2507《唐开元二十五年（737）水部式残卷》

“沙州用水浇地，令县官检校。仍置前官四人，三月以后，九月以前行水时，前官各借官马一匹。”每年三月至九月为敦煌地区的行水时间，这不仅是中央和地方政府的规定，也是符合敦煌地区的地理、气候条件的。

这一时期敦煌的主要河渠干道，据P.2005号文书记载，有“七所渠”，即宜秋渠、孟授渠、阳开渠、都乡渠、北府渠、三丈渠、阴安渠。冯培红根据一组唐前期敦煌县诸乡籍文书，梳理出自武则天时期起到唐代宗大历四年（769）灌溉田地的流经水渠，得出敦煌县下属龙勒、效谷、平康、慈惠、悬泉、莫高、神沙诸乡境内流经的灌溉水渠有：无穷渠、乡东渠、两支渠、平渠、阴安渠、八尺渠、塞门渠、宜秋渠、西支渠、千渠、平都渠、忩同渠、第一渠、瓜渠、官渠、沙渠、赵渠、灌津渠、阳开渠、大让渠、王使渠、夏交渠、三支渠、长酋渠、高渠、白土渠、胡渠、孟授渠、蒲桃渠、河北渠、武都渠、员（有些文书写作“圆”）佛图渠、神龙渠。[①]Φ.366《唐天宝十载（751?）前后沙州敦煌县退田簿》中除上述诸渠外还载有：抱辟渠、忧渠、菜田渠、神农渠、东支渠、两罔渠、多农渠、灌进渠、北府渠、宜秋西支渠、宋渠、利子渠、泉水渠、梨子渠等。[②]另有P.3560v《沙州敦煌县行用水施行细则》辑录了敦煌县境内全部河渠，虽然文书前部已经残缺，残存部分仍载有八十条水渠，其中不见于他卷者二十一条。[③]另据P.5034《沙州地志》记载，沙州辖下的寿昌县尚有大渠、长支渠“二所渠”。据李正宇前引文统计，当时敦煌地区有主干渠6条，所出干、支、子渠116条，人工水渠总长可能达700里，唐前期敦煌水利工程之规模于此可见一斑。

三、吐蕃统治时期的敦煌水利

吐蕃占领敦煌以后，虽然将原有的乡里制改为部落制以便于统治，但所设汉人部落均偏重于民事性质，且从当时的社会经济文书来看，敦煌民众仍以农业为主，兼营畜牧业，一如前代。而要保证绿洲农业生产的有序进行，则水利事业自然不可或缺。如前

---

① 冯培红《唐五代敦煌的河渠水利与水司管理机构初探》，第70页。

② 《敦煌社会经济文献真迹释录》第2辑，第334—368页。

③ 郑炳林《敦煌地理文书汇辑校注》，第94页。

所述，敦煌的水利事业发展至唐前期已经具有相当的规模，吐蕃时期“毋徙他境”的本土居民自然会继续沿用前朝已有的河渠堤堰，遵守古老相传的行水规则，以灌溉田亩。以下笔者将从吐蕃时期的汉藏文书中爬梳相关资料若干，一窥这一时期的敦煌水利情况。

吐蕃时期的敦煌文书中有不少关于河渠水利的侧面记载，从中我们可以窥见当时敦煌地区的河渠堤堰仍然纵横交错于敦煌全境，如P.4638《右军卫十将使孔公浮图功德铭并序》所载：“厥有从兄厶甲，专心产业，务本农桑。灌园得其浮沉，凿井行歌而自逸。”①至于当地享有声望的大族，因其掌握着管理当地事务的权力，更是“饮渥水之分流，声添骥响；畎平河之溉济，蚕赋马鸣。”②

具体到当时的各支河渠水系名称，这一时期的文书中亦有不少相关记载。如P.3677《刘金霞和尚迁神志铭并序》（图106）记载有阳开渠：“蕃中辛巳岁五月一日葬于南沙阳开渠北（南）原之礼也。”③据郑炳林考证，辛巳岁即贞元十七年（801）。南沙为

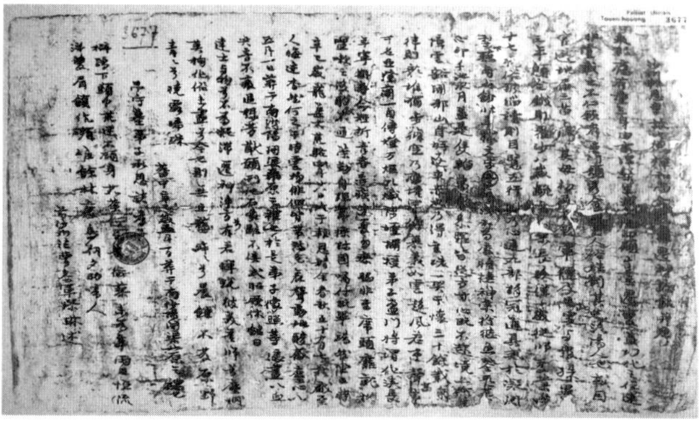

图106　P.3677《刘金霞和尚迁神志铭并序》

① 《敦煌碑铭赞辑释（增订本）》中，第613页。“丁亥”蒋斧、王仁峻定为687年，陈祚龙定为807年，郑炳林以陈说为是。
② 《敦煌碑铭赞辑释（增订本）》上，第215页。
③ 《敦煌碑铭赞辑释（增订本）》上，第70页。

庄名，属神沙乡。阳开渠据P.2005号文书记载，“长一十五里。右源在州南十里，引甘泉水，旧名中渠。据《西凉录》刺史杨宣移向上流造五石斗门，堰水溉田，人赖其利，因以为号。”另据P.3560号文书及P.3384号文书，阳开渠下分北支、南支两渠，其方位据P.2684号文书记载为“城南七里阳开渠”，灌溉神沙、莫高二乡境。

前引P.4638号文书中还记载有涧渠和孟授渠：“岁次丁亥正月朔，葬于玉关乡界涧渠东源白沙路西侧，礼也……谨选得敦煌郡南三里孟受（授）渠界，负郭良畴，厥田上上。凭原施砌，揆日开基。树仙果百株，建浮图一所。”[①]据陈祚龙考证，孔周之父含光，卒于元和二年（807），碑文撰于元和五年（810）之后的元和六年或次年。[②]其中，涧渠又名东涧渠，属东河水系，为东河下游两支渠之子渠，其位置约在州城东北玉关乡境，据S.4491、S.9156两卷推测，蕃占初期此渠浇地621亩。[③]孟授渠，据P.2005号文书记载，“长廿里。右据西凉录，敦煌太守赵郡孟敏于州西南十八里，于甘泉都乡斗门上开渠溉田，百姓蒙赖，因以为号。”[④]

S.1475v（5）《未年安环清买地契》记载有宜秋西支渠：“宜秋十里西支地壹段，共柒畦拾亩。”[⑤]宜秋渠据P.2005号文书记载“长廿里。右源在州西南廿五里，引甘泉水，两岸修堰十

---

① 《敦煌碑铭赞辑释（增订本）》中，第613页。

② 陈祚龙《敦煌写本〈右军卫十将使孔公浮图功德铭并序〉之我见》，《大陆杂志》第20卷第5期，1960年，第15页，后收入《敦煌资料考屑》上册，台北：商务印书馆，第3页。

③ 李正宇《唐宋时代敦煌县河渠泉泽简志（二）——附〈唐宋时代敦煌县诸乡位置及渠系分布示意图〉》，第57页。

④ 《敦煌社会经济文献真迹释录》第1辑，第4页。

⑤ 《敦煌社会经济文献真迹释录》第2辑，第1页。吐蕃统治敦煌时期有五个未年，即：791年辛未，803年癸未，815年乙未，827年丁未，839年己未。唐耕耦、陆宏基断为827年。

里，高一丈，下阔一丈五尺，其渠下地宜晚禾，因号为宜秋渠。”[①]其中西支渠据李正宇推断，约源自州城西七里处，灌溉龙勒、洪润、平康三乡境，蕃占初期浇田134亩。[②]另一藏文文书P.T.1078《悉董萨部落土地纠纷诉状》中记载有名为“垓华沟”的一条水渠：“王贵公兄弟向绮立达论赞三摩赞请求：往昔，我归属唐廷时，在水渠垓华沟地方，后于鼠年，沙州人江甲尔需田（未得）……（他把）这些菜地，献于论罗热诺布赞，朗氏为主（耕种），在周布杨菜地上，朗作证人而经营，于其上筑房宅，植园林，近二十年，菜地如定死一样。”[③]文书中多次提到“菜地”，可知垓华沟附近分布有菜田。敦煌汉文文书中记载有“菜田渠”，属孟授水系，源自州城南1里孟授渠北岸分水，流向城东1里，长3里余，在州城与甘泉水之间，灌溉城东近处园田，蕃占初期浇地34.5亩。[④]垓华沟临近菜地，或许与汉文文书中的菜田渠有关。

P.3613《申年（804）正月令狐子余牒及判词》中记载有孟授索底渠、南支渠：“孟授索底渠地六亩。右子余上件地，先被唐朝换与石英顺。其地替在南支渠，被官割种稻，即合于丝绵部落得替，望请却还本地。”[⑤]其中，索底渠在S.2174号文书中亦有载，具体起止不详，属于孟授水系；南支渠当亦为孟授渠水系中的一段。在陈述了令狐子余的土地纠纷之后，文书后半段记载了当时敦煌官员的判决：“付水官与营田官同检上。润示。”营田官与水官在实地核查之后上报称：“右件地，奉判付水官与营田官同检上者。谨依就检，其地先被唐清换与石英顺，昨寻问令胡

① 《敦煌社会经济文献真迹释录》第1辑，第4页。

② 李正宇《唐宋时代敦煌县河渠泉泽简志（一）——附〈唐宋时代敦煌县诸乡位置及渠系分布示意图〉》，第93—94页。

③ 《敦煌吐蕃文献选》，第44—46页。

④ 李正宇《唐宋时代敦煌县河渠泉泽简志（一）——附〈唐宋时代敦煌县诸乡位置及渠系分布示意图〉》，第97页。

⑤ 《敦煌社会经济文献真迹释录》第2辑，第281—282页。

子余，本口分地分付讫。谨录状上。牒件状如前，谨牒。申年正月日营田副使阚□牒，水官令狐通。”吐蕃统治时期在敦煌设立了水官，这在前一章节已有讨论，从该文书中可知，水官和营田官一起对河渠附近的田地有一定的管理权。唐前期敦煌地区所设水官有都水令、平水等，如P.3265《报恩寺开温室浴僧记》中即载有唐前期担任敦煌都水令的令狐公，P.3559（1）《唐天宝年代（750）敦煌郡敦煌县差科簿》（图107）也提到两位寿昌县平水："平怀逸，载五十九，上骑都尉，寿昌平水。王弘策，载五十六，

图107　P.3559（1）《唐天宝年代（750）敦煌郡敦煌县差科簿》

飞骑尉，寿昌平水。”[①]此文书中的这位水官具体为都水令还是平水尚不得而知，但从其名为令狐通来看，或为令狐公后人。

此外前引S.9156《年代未详（公元9世纪前期）沙州诸户口数地亩计簿》[②]、P.4491《年代未详（公元9世纪前期）沙州诸户口数地亩计簿》[③]两件文书中记载了不少灌溉沟渠，主要有：宜

① 冯培红《唐五代敦煌的河渠水利与水司管理机构初探》，《敦煌归义军史专题研究续编》，兰州：兰州大学出版社，2003年，第275—277页。
② 《敦煌社会经济文献真迹释录》第2辑，第408—409页。
③ 《敦煌社会经济文献真迹释录》第2辑，第410—411页。

秋渠（西支、东支）、都乡渠（东支）、孟授渠、阶和渠、员佛图渠、双树渠、麹家渠、灌进渠、凡渠、双渠、阳开渠、菜田渠、阴安渠、大壤渠、涧渠、河北渠、寺底渠、员家渠、夏交渠、神农渠、忩同渠、赵渠、解渠、千渠、硙北渠、张桃渠、第一渠、王家渠、辛渠、两罔渠、宋渠，等等，共计34条。由此可以看出，吐蕃统治时期敦煌的水利系统仍然继承唐前期的情况，灌溉渠堰可谓纵横交错，十分完备。两件文书中的田地皆以灌溉用渠来标定方位，可见河渠水利对蕃占时期的敦煌农业仍然是至关重要的。[①]至于行、用水规则，从下文将要探讨的碾硙加工的时间可知，其时敦煌当地人民仍然遵循着唐前期颁行的用水时间规定。

前引S.2103《酉年十二月沙州灌进渠百姓李进评等请地牒并判》是一件百姓因土地纠纷而向官府进呈的牒文，所争土地亦在河渠附近。这份文书记载了两条重要的水利相关信息。首先，文书记载了神农河母、灌进渠两条河渠，且记载了灌进口前移至五石口一事。神农河母即神农渠主干，属阳开水系，自州城西南10里甘泉水南岸五石斗门分水；灌进渠，也写作灌津、管进、灌亲，讹作欢亲，属阳开水系，原属东河水系，在平河口引水东流，蕃占前后移向上流，自州城西南10里五石斗门处引水。[②]此文书所载当系此事。其次，文书载“本无过水渠道，遂凭刘屯子边卖（买）合行人地一突用水”，可知吐蕃时期敦煌民众为了适应河渠的细小变化仍然在进行小范围的渠系开挖活动，文书中记载有“渠人”一语即是明证。由于水利对于敦煌民众生产、生活的重要性，长期以来，敦煌形成了诸水渠附近的百姓结成渠社负

---

① 冯培红《唐五代敦煌的河渠水利与水司管理机构初探》，第72页。

② 李正宇《唐宋时代敦煌县河渠泉泽简志（一）——附〈唐宋时代敦煌县诸乡位置及渠系分布示意图〉》，第97页；李正宇《唐宋时代敦煌县河渠泉泽简志（二）——附〈唐宋时代敦煌县诸乡位置及渠系分布示意图〉》，第54页。

责维护水渠的传统。渠社亦称渠人社，对于行水溉田、河渠修护乃至防洪抗灾都有作用，归义军晚期的敦煌文书中常常能见到相关记载。此文书中既然载有“渠人”，说明吐蕃时期这种民间组织在敦煌继续存在并发挥着作用。

吐蕃统治时期不见记载的河渠，据冯培红考证有二：一为北府渠，晋代已开凿，但常年毁坏，前凉时沙州刺史杨宣花费巨资进行维修，成为敦煌城北最主要的主干渠，长期发挥着重要的水利功用。蕃占时期的敦煌文书中没有北府渠的相关记载，可能在吐蕃入主敦煌之际，由于战争毁坏，渠道湮塞，已经废弃不用。归义军政权建立后，又新开一条北府渠，据P.4989《唐年代未详（公元9世纪后期）沙州安善进等户口田地状》记载：“又请北府新渠地一段兼舍一分。”[①]二为官渠，系由官府出资开凿之水渠统称，唐前期敦煌文书中有记载，如P.3898+P.3877《唐开元十年（722）沙州敦煌县悬泉乡籍》等。吐蕃统治期间，官渠不见于文书记载，直至归义军时期才又出现。[②]这或许从一个侧面反映出吐蕃时期敦煌水利事业主要是沿用旧有河渠，其间百姓渠社自发进行了一些修护开凿工作，但吐蕃并未有积极的水利建设举动。

① 冯培红《唐五代敦煌的河渠水利与水司管理机构初探》，第73页。

第二节　吐蕃统治时期敦煌农业概观

安史之乱爆发后，吐蕃不断入侵瓜沙一带，又围攻敦煌达十余年之久，则敦煌地区“其时户口的亡耗，水利的失修，土地的荒芜，都是意料中事”[①]，农业受创的情形可以想见。不过，吐蕃入主敦煌以后，待形势稍安便着手编造户籍，颁行突田制，积极恢复当地农业生产，从而使得敦煌的农业得以恢复和发展（图108），并因吐蕃人的食性等因素而在作物种植上呈现出一些新的特点。

图108　莫高窟第159窟北壁 吐蕃人耕地图

① 杨际平《吐蕃时期沙州社会经济研究》，第396页。

一、农业恢复发展的背景

古代藏族先民在农业上发迹较早，至迟到公元2至3世纪的布德贡甲时代已有所发展。据《贤者喜宴》载，其时有七贤臣之首的如莱杰（ru las skres）“烧木为炭；炼矿石而为金、银、铜、铁；钻木为孔，制作犁及牛轭；开垦土地，引溪水灌溉；犁地耦耕；垦草原平滩而为田亩；于不能渡过的河上建造桥梁；由耕种而得谷物即始于此时。”[①]因此，唐人“蕃人旧日不耕犁，相学如今种禾黍”[②]的说法是失之偏颇的。不过，由于地处高原，气候寒冷，吐蕃的农业发展相对受限，作物品种也比较单一，《旧唐书》载:“其地气候大寒，不生秔稻，有青稞麦、褁豆、小麦、荞麦。”[③]

图109　莫高窟第186窟北坡东侧 端簸箕扬场图

① 《贤者喜宴——吐蕃史译注》，第10页。
② ［唐］王建《凉州行》，《全唐诗》，北京：中华书局，1960年，第3374页。
③ 《旧唐书》卷一九六，第5220页。

中唐时期，吐蕃热衷于对外武力扩张，正是开赴前线的庞大军队需要粮资给养之际。而对于农业生产相对落后的吐蕃而言，向以农耕为主的河陇唐人地区无疑成为其重要的农业区。因此，吐蕃在占领这一广大地区后，很大程度上保持了当地的农业生产方式，汉族百姓仍以土地耕作为业（图109）。如唐沈下贤《对贤良方正直言极谏策》中就记载道："自瀚海以东，神乌、敦煌、张掖、酒泉，东至于金城、会宁，东南至于上封、清水，凡五十郡、六镇十五军，皆唐人子孙，生为戎奴婢，田牧种作，或聚居城落之间，或散处野泽之中。"[①]又据《新唐书》记载，长庆二年（822）刘元鼎出使吐蕃时沿途所见："元鼎逾成纪、武川，抵河广武梁，故时城郭未隳，兰州地皆粳稻，桃李榆柳岑蔚。"[②]长庆二年这些地区已陷蕃日久，仍然维持粳稻遍地、桃李成荫的局面，可见当地人民的农业生产并未因统治者的改换受到太大影响。如此，则以"勿徙他境"被和平占领的敦煌，其农业生产

图110　莫高窟第202窟 打场、拉运图

① ［唐］沈亚之《沈下贤文集》卷一〇，上海：上海古籍出版社，1994年，第66—67页。
② 《新唐书》卷二一六，第6102页。

更是最大限度地得以保全。古代农业生产领域的变化通常是十分缓慢的，因为一地的地理气候条件、人们在经年累月中形成的生产方式等都很难在短时间内更改。因此，吐蕃统治时期敦煌的农业生产在继承和延续汉唐以来敦煌农业生产方式的基础上缓慢向前发展（图110）。

二、农业生产工具与技术

吐蕃统治初期，敦煌曾一度出现了农业生产工具严重短缺的情况。这或许是因为长期围困导致“粮械皆竭”，抑或是因为“屡犯王化”导致有可能作为武器的金属器物被吐蕃统治者收缴。据S.1438v《书仪》记载，其时“农器之间，苦无钢铁”，时任汉人都督的索允“先具申请，未有支分”。[①]后来吐蕃方面回复了这一申请，拨发了耕稼所需铁器：“沙州官吏百姓，特沐赞普鸿恩……更蒙支铁，远送敦煌，耕农具既多，耕（田）自广。”[②]可见吐蕃为了保障敦煌的农业生产，最终提供了生产工具方面的支持。

吐蕃时期的敦煌文书中保存了不少当时的农业生产工具名目。如P.2685《年代未详（828?）沙州善护遂恩兄弟分家契》载“铧壹孔”“镰两张”“锹壹张”“䦆壹具”“种金壹付”，[③]P.3410《年代未详（840）沙州僧崇恩处分遗物凭据》载“铧各一孔，镰各一张”，[④]P.3774《丑年（821）十二月沙州僧龙藏牒》载“犁铧锹䦆，车乘钏锏”，[⑤]等等。其中既有用于刨土的锹、䦆，又有用于耕种的犁铧、种金，还有用于收割的镰刀。吐蕃时期的莫高

① 《敦煌社会经济文献真迹释录》第5辑，第319页。
② 《敦煌社会经济文献真迹释录》第5辑，第322页。
③ 《敦煌社会经济文献真迹释录》第2辑，第142—143页。
④ 《敦煌社会经济文献真迹释录》第2辑，第150页。
⑤ 《敦煌社会经济文献真迹释录》第2辑，第283—285页。

图111 莫高窟第454窟东坡 五代时期三脚耧犁播种图

图112 莫高窟第205窟 盛唐时期连枷打场图

图113 莫高窟第61窟 五代时期磨铡刀图

窟壁画中亦绘有当时的农业生产工具，如耧犁（如第159、222、238窟）、连枷、叉、锨（如第240窟）等，与吐蕃统治前后各时期壁画中的情景并无二致（图111、图112、图113）。

（一）播种工具

敦煌地区的播种技术，根据作物的不同可分为撒播和耧播两种。其中撒播较为原始，但操作灵活简便，节约种子，且相对固定的行距亦利于田间管理，因此非常适用于如豆类等种子较大的作物。从吐蕃时期的敦煌文书看，当时曾广泛种植豆类（详见下文），这些豆类应当就是采取了撒播的方式进行种植的。

耧播顾名思义即借助耧犁进行耕种的技术。耧犁又称耧、耧车，早在西汉时期已在中原出现，在敦煌地区的使用较中原略晚，始于三国时期，到唐代已是当地的主要播种工具。敦煌地区最重要的两类农作物粟和小麦，均采取耧播的方式种植。吐蕃时期此二类作物亦有普遍种植，尤其小麦种植最广，则耧播技术在当时仍然是最主要的播种方式，这从该时期的敦煌文书中保留了不少耧犁的相关记载可以看出。如P.3410《沙州僧崇恩析产遗嘱》（图114）载有“车一乘，楼一具，种一副，粟楼一具”，楼

图114　P.3410《沙州僧崇恩析产遗嘱》

图115　莫高窟第454窟南坡 五代时期三脚耧犁播种图

即耧犁，种为种金，又称劐，是装在耧脚上用于破土开沟的金属部件。这份文书还反映出一个问题，即当时敦煌存在着“楼”和“粟楼”两种耧犁。“粟楼”即粟耧，当为专用于播种粟的工具。这应该是缘于小麦和粟在耧播方式上的差别。小麦的播种主要使用三脚耧犁（图115），这种耧犁的播种行距和深度非常适于小麦生长。但这一行距对于粟来说略窄，不利于粟的后期生长，因此古人便调整了耧犁的播种行距，制成了专门播种粟的“粟耧”。[①]

（二）生产时间

在农业生产活动的时间问题上，敦煌受地理气候条件的限制，作物一年一熟，春播秋收，吐蕃时期的年粮、种子粮借贷文书中留下了不少相关记载。如P.3444v号文书记载的借贷豆种时间是四月五日；S.6829v（4）号文书记载的借贷麦种时间是四月一日；S.1475v（4）号文书记载的借贷豆种时间是三月一日；北咸59v号文书记载的借贷麦种时间是二月十三、十四、十七日；S.1475v（14）号文书记载的借贷麦种、糜种的时间是二月十一日；P.3422v号文书记载的借贷麦种时间是正月十九日；S.1475v（12）号文书记载的借贷麦种的时间是三月二十七日；P.2686号文书记载的借贷麦种时间是二月六日；S.1291号文书记载的借贷麦种、豆种时间为三月一日，等等。由此可见，播种时间主要集中在二月至四月。收获时间一般在七月至八月，如S.5998号文书记载的小麦收获时间就在七月；P.2964《巳年二月十日令狐善奴便刈麦价契稿》亦载“限至秋七月内刈麦一十亩”；[②]S.5998v《悉宁宗部落百姓贺胡子预取刈价契》、S.5998《悉宁宗部落百姓王晟子预取刈价契》载“其刈麦限至秋七月已前须刈了”，[③]等等。

① 郝二旭《唐五代敦煌农业专题研究》，第22页。
② 《敦煌社会经济文献真迹释录》第2辑，第94页。
③ 沙知《敦煌契约文书辑校》，第244、246页。

另外前引借贷契约文书中的归还时间均在七月至八月，这也从侧面说明了七月至八月正是敦煌的收获时节。

（三）收割工具

收割以后就进入打捆、晾晒、脱粒等流程，脱粒又分为打场、扬场、扫场等步骤。打场即使用外力令谷粒与外皮脱离，常用工具是连枷，《释名疏证补》谓："枷，加也，加杖于柄头以挝穗，而出其谷也。"[①]扬场则使用锹、叉、簸箕等工具进行。这一农业生产环节在文书中记载虽少，但在吐蕃时期的莫高窟、榆林窟壁画中绘有不少相关的劳动场面。如莫高窟第191窟东壁南侧《弥勒经变》中绘有打场的情形；第200窟北壁东侧屏风《弥勒经变》中绘有男女二人扬场的画面；第231窟北壁下部屏风《弥勒经变》中绘有捆粮、打场、扬场的画面；第240窟佛龛西壁北侧《弥勒经变》中绘有打场、扬场、扫场的画面；第360窟南壁下部屏风《弥勒经变》中绘有打场、扬场、扫场的画面；第361窟北壁《弥勒经变》中绘有捆田、扬场的画面；等等。其中

图116　榆林窟第25窟 扬场、扫场图

① [汉]刘熙撰，[清]毕沅疏证，[清]王先谦补《释名疏证补》，北京：中华书局，2008年，第222页。

以第240窟最为典型，图中一男子持连枷在收获物上轮打，另两名男子一人持叉、一人持锹扬场，一女子持簸箕在旁簸扬。[①]另榆林窟第25窟亦绘有扬场、扫场的劳动场面，图中男子持叉将谷物扬起，女子持扫帚与男子相对扫场（图116）。此外，其他劳动场面在莫高窟壁画中亦有反映。如莫高窟第154窟南壁《弥勒经变》、第159窟北壁《弥勒经变》、第222窟南壁《弥勒经变》、第237南壁《法华经变》、南壁屏风《弥勒经变》、第238窟南壁下屏风《弥勒经变》及前述诸洞窟中绘有牛耕、撒种、锄地、收割等画面，可谓十分珍贵而生动的图像资料。[②]

三、吐蕃文书中所见敦煌农作物种类及其变化

（一）主要作物种类

从敦煌汉简的记载和相关考古资料来看，敦煌自汉代以来的主要农作物有粟、小麦、大麦、豆等，这些作物在吐蕃统治时期自然是继续种植的。不过，吐蕃时期敦煌的作物种类虽然没有什么太大的变化，但一些作物的种植比例却因为吐蕃统治者的饮食习惯而发生了变化。郝二旭曾就唐五代时期敦煌地区的农作物种类做过专题研究，[③]以下笔者参考其成果，结合吐蕃时期的敦煌文书，专就这一时期敦煌的作物种类做一介绍，并探究其变化的几个显著特点。

P.3446v《巳年（789?）沙州仓曹会计牒》是一份仓曹勾检沙州州仓库存粮食的牒文（图117），从中我们可以一览当时大部分

---

①王进玉《敦煌壁画中的粮食脱粒及扬场工具》，《农业考古》1994年第1期，第264—267页。

② 王进玉、王喆《敦煌石窟吐蕃时期壁画“农作图”及其有关的问题》，樊锦诗主编《敦煌吐蕃统治时期石窟与藏传佛教艺术研究》，兰州：甘肃教育出版社，2012年，第505—507页。

③ 郝二旭《唐五代敦煌农业专题研究》，第43—50页。

作物种类，兹录文如下：

图117 P.3446v《巳年（789?）沙州仓曹会计牒》

同　　　　　　　　同

1 叁胜玖合伍勺麸，贰拾玖硕壹斗豆䜴，

同　　　　　　　　　　　　同

2 贰硕伍斗贰胜叁合伍勺麦䜴，伍硕叁斗白皮䜴，

同　　　　同

3 叁硕燋麦，贰硕肆斗壹胜柒合陆勺豉，

同

4 肆拾叁硕玖斗肆胜肆合叁勺草子，

同

5 壹阡壹伯陆拾玖贯柒伯叁拾文钱。

计同，谦。

6 伍阡叁拾捌硕捌斗肆胜贰合 新 加 附：

同

7 贰阡伍伯叁拾陆硕玖斗玖胜麦，

同　　　　　　　　　　　同

8 壹拾捌硕柒斗捌胜大麦，　玖硕壹斗豆，

同

9 壹伯伍拾玖硕贰　斗壹胜粟，

同

10 柒硕捌斗捌胜　荜　豆，
同　　　　　　　　　　同
11 叁拾玖硕肆斗玖胜麫，壹拾肆硕壹斗米，
同　　　　　　同
12 壹硕叁斗红蓝，肆拾玖硕肆斗床，
同　　　　　　同
13 柒拾玖硕白面，　壹阡贰拾玖硕壹斗叁胜杂面，
14 壹硕壹斗伍胜豉面，壹拾捌硕柒斗贰胜伍合麸，
同　　　　　　　　　　同
15 壹阡叁拾肆硕伍斗草子，贰拾壹硕叁斗油，
同
16 壹拾捌硕柒斗捌胜柒合豆麦面。□
会案同，谦
17 壹阡叁拾叁硕伍斗草子毛璘张□下打得纳。
会案历同，谦
18 壹阡伍伯叁拾叁硕伍斗贰胜青麦，正月十三日瓜州般到纳附：
会案同
19 壹阡肆伯柒拾肆硕柒斗捌胜李清下，
会历同
20 伍拾捌硕柒斗肆胜李庭兴下。
会历同，谦　卌九石三斗四升，三月十四日。八石三斗，五月十五日。一石一斗，六月十五日。
21 壹硕草子，百姓折欠马踖纳。
同　　　　　同　　　　　同
22 张元晖伍胜。宋朝俊贰斗。朱重俊肆斗。
同
23 贺进朝叁斗。
24 贰伯肆拾硕陆斗贰胜覆剩斛斗附：
同　　　　　　　同
25 伍拾贰硕肆胜麦，壹拾肆硕陆斗捌胜大麦，
同　　　　　　　　　　同

26 壹伯肆拾伍硕叁斗叁胜粟，玖硕壹斗豆，

同　　　　　　　同

27 陆硕肆斗叁胜荜豆，壹硕叁斗肆胜□

同

28 壹拾壹硕柒斗□伍胜油，

（后缺）①

类似的勾检牒文还有P.2763v（3）《午年（790）三月沙州仓曹杨恒谦等牒》②、P.2763v（4）《午年（790?）仓曹某某等牒》③等。其中P.2763v（3）号文书记载了官仓的几笔粮食支出，兹将其主要内容列简表如下：

支出项目	支出总数	各类作物斛斗数
辰年十二月已前给宴设厨造酒斛斗	卌二石二斗四升	一石米，一十八石青麦，三石麴，三石四斗七升面，三石二斗麸，三石五斗七升粟。
九月八日牒支	三石八斗	一石米，一石麦，三斗面，四斗麸，一石一斗麴。
十月二日牒支	六石九斗七升	二石麦，六斗面，八斗麸，二石五斗七升粟。
十月五日牒支	八石六斗五升	五石麦，一石麸，七斗五升面，一石九斗麴。
十二月八日牒支	六石七斗五升	五石麦，一石麸，七斗五升面。
十二月十日牒支	六石七升	五石麦，一石七升面（内七斗五升本色，三斗二升折麸一石）。

① 《敦煌社会经济文献真迹释录》第1辑，第493—494页。其中第24行第二个“贰”字有朱抹。

② 《敦煌社会经济文献真迹释录》第1辑，第488—489页。

③ 《敦煌社会经济文献真迹释录》第1辑，第490页。

P.2763v（4）号文书残存“巳年正月一日已后，至六月卅日以前，管新旧斛斗钱惣”中的一部分斛斗数，其中包括：麦四千七百五十六硕五斗八胜，大麦一百一十六硕六斗七胜，粟二百四十九硕六斗七胜七合，荜豆八十四硕一斗四胜，豌豆七十二硕三斗五胜，胡枣一斗八胜，荞麦二斗九胜，黄麻一百四十四硕四斗三胜，黑豆一硕七斗，红蓝一百九十六硕六斗二胜五合，麻子二十硕六斗九胜，白面八十硕二斗八胜，麨四十硕五斗五胜，油二十六硕二斗七胜，麦饭三硕三斗。根据以上记载，我们将吐蕃统治时期敦煌的主要作物罗列介绍如下：

1.小麦

吐蕃统治时期小麦成为敦煌地区种植面积最大的作物，文献中的相关记载最为丰富。当时敦煌最主要的食物原料即小麦研磨而成的面粉，如上述文书中的面、麨等。

2.粟

粟是发源于黄河流域的最古老的农作物之一，在吐蕃占领之前一直是敦煌地区种植量最大的作物。吐蕃统治时期其主粮地位虽然为小麦所取代，但作为敦煌人民早已习惯食用的谷物，其种植量依然可观。

3.青稞

青稞在敦煌文书中亦作“青麦”，敦煌汉简中有“穬麦”之载，即指青稞，唐前期已在敦煌有一定的种植规模。吐蕃地势高寒，适宜种植青稞，因而青稞是吐蕃人的主要口粮之一。因此，吐蕃占领河陇后，这一地区的青稞种植量明显增加，敦煌也不例外。

4.稻

敦煌地处西北内陆，其地理气候条件本不适宜种植水稻；吐蕃之地更是“气候大寒，不生粳稻”。但有趣的是吐蕃时期敦煌的水稻种植记录却明显增加了，不仅如上述三件文书那样在官府仓库中存有稻米，一些贡奉、布施文书中也屡见稻米的相关记载，另外一些服役文书中亦可见诸如刈稻、舂稻、搬稻等生产活动。但总体来看稻米在当时仍属于高档食品，官营者居多，享用者也以官员、僧尼为主。

5.荞麦

荞麦在敦煌文书中也写作“燋麦”“乔麦”，其产量较低，食用价值也不高，但具有生长期短的优点，在其他作物播种失时或遭灾后可补种以救荒。敦煌地区的荞麦相关记载主要集中在吐蕃时期，如P.2763va、P.2763vb、P.2763vd、P.2654等文书中均有记录。究其原因，当与吐蕃人的种植、饮食习惯有关，荞麦生长期短的特点，正好适宜青藏高原的高海拔和严寒气候。

6.大麦

大麦在敦煌的种植历史可追溯到汉代，这在敦煌汉简和考古资料中均有反映。[①]唐五代时期敦煌文献中大麦的相关记载集中在吐蕃时期，见于P.2763v、P.2654、P.3446v、Дx.2683、Дx.11074等文书中。

7.糜

糜即穄，北方又称“穄子”，是我国最古老的农作物之一。糜的适应性较强，颇耐瘠薄，很适合在自然条件相对艰苦的西北地区种植。在敦煌，其种植历史亦可追溯到汉代。吐蕃统治时期亦有种植，如上引P.3446v号文书第12行即有载，但从其在总数中所占的比例来看，当时的种植规模不是很大。

8.豆

豆类作物不仅种子较大适用简单易行的撒播技术进行播种，而且种植豆类可以有效地改善土地肥力，是像敦煌这种土地相对

---

① 甘肃省博物馆、敦煌县文化馆《敦煌马圈湾汉代烽燧遗址发掘简报》，《文物》1981年第10期，第1—8页。

贫瘠的农业地区能够长期普遍种植的作物之一。据郝二旭统计，唐五代时期敦煌地区种植的豆类品种主要有豌豆、荜豆、黑豆、大豆、豇豆、雁豆、绿豆等，其中除了雁豆和绿豆外，其他豆类均在吐蕃时期的敦煌文书中有记载，如P.2654、P.2763v两件文书中载有豌豆、荜豆、黑豆，S.6061号文书中载有豌豆，P.3446v号文书中载有荜豆，S.6061号文书中载有大豆，S.6233号文书中载有豇豆，等等。按敦煌文书的记载，豆子往往被碾碎成豆䜺以食用，此外也有用于喂养马匹的“马䜺”。

9.麻

敦煌文书中有不少关于麻的记载，如“黄麻”“麻”“油麻”“麻子”等。上引P.2763v（4）号文书中即载有“黄麻”“麻子”，既然分开记录，说明二者并非同一事物。学者对此已有研究，指出“黄麻”即胡麻，是当时敦煌地区主要的油料作物，[①]如藏文文书P.T.1097《薪俸支出粮食清册》中即载有“油料胡麻”[②]。而“麻子”“麻”应该为当时在中原地区也广泛种植的“大麻”，是用来提取麻纤维以纺织布料的作物。吐蕃统治时期敦煌的麻纺织业继续发展，因此麻的种植当是较为普遍的。

10.红蓝

红蓝即红花，是当时用作染料的经济作物，吐蕃时期的敦煌地区仍在种植，如上引P.3446v号文书、P.2763v（4）号文书中均有记载，从数量所占比例来看，并不是大面积普遍种植之物。

① 高启安《唐五代敦煌饮食文化研究》，北京：民族出版社，2004年，第28页；徐晓卉《唐五代宋初敦煌地区麻的种植品种试析》，《敦煌研究》2004年第2期，第87—91页。
② 《敦煌吐蕃文献选》，第52页。

11.蔬菜

郑炳林《晚唐五代敦煌园囿经济研究》[①]一文对晚唐五代敦煌地区的蔬菜生产已有研究，吐蕃统治时期的情形当与此相差不多。吐蕃时期的文书中保留有与蔬菜相关的零星记载，如S.6064《未年正月十六日报恩寺诸色入破历计会》中载“廿九石麦租韭价附”[②]，S.6061《某寺诸色斛斗入破历算会牒残卷》中载“廿二石韭”[③]，可见韭菜是当时较为普遍的一种蔬菜；P.4640《阴处士碑》载有“瓠颗篱头，馈饮逍遥之客”[④]之语，说明当时葫芦也有种植；S.1267v（1）《年代不明（公元九世纪）四月卅日上座因佛事配物谘》载“十八人，人各面二斗五升、米一升、麦一斗、柴一束、油一升、生菜萝蔔菜各一斗、椒薑各少多”[⑤]，说明青菜、萝卜、椒姜等在当时均有种植。另外，前引P.4491号文书中还载有“菜田渠”，说明当时的敦煌有专门开辟的菜田，并配备了灌溉水渠，蔬菜种植的发展程度可见不低。

12.瓜果

敦煌向以瓜果甜美著称，这得益于当地充足的日照和巨大的昼夜温差。吐蕃占领敦煌后，吐蕃统治者尤其青睐敦煌出产的冬梨，这一时期的敦煌文书中留下了不少敦煌向吐蕃官员乃至王庭贡奉冬梨的记载。如S.542v号文书记载了寺户“光子车差般犁两日”，这也说明当时的寺院拥有果园。P.T.1085号文书则记载了

---

① 郑炳林《晚唐五代敦煌园囿经济研究》，《敦煌学辑刊》1997年第1期，第24—37页。

② 《敦煌社会经济文献真迹释录》第3辑，第296—297页。

③ 《敦煌社会经济文献真迹释录》第3辑，第302页。

④ 《敦煌碑铭赞辑释（增订本）》上，第216页。

⑤ 《敦煌社会经济文献真迹释录》第3辑，第248页。此文书中所载人名“荣照”亦出现在吐蕃时期的《支刚刚等施入疏》中，故此文书当为吐蕃时期文书。

敦煌的冬梨进贡给吐蕃王庭的情况："沙州每年定期向宫廷及大行军衙交纳年贡礼品'冬梨'一次，王庭虽已拥有果园多处，但仍要增加（年贡）。以往，蒙圣神王臣之恩典，我等蛮貊边鄙之民户，每户修筑一座果园。"[①]另一藏文文书P.T.1205记载向上级官员进献"水果冬梨九万筐"，数量颇大。除了冬梨外，文书中尚能见到其他水果，如P.4640号文书载阴氏家族有"桑杏万株"，[②]上引P.2763v（4）号文书还载有"胡枣一斗八胜"。由此可见，吐蕃时期敦煌地区的果园经济继续发展，瓜果种植作为民户家庭副业的情况十分普遍。

（二）吐蕃统治时期作物种植的变化

以上吐蕃时期敦煌文书中可见的主要作物名目，与唐前期的情况相比没有太大变化，种类齐全，可见吐蕃时期敦煌一地的农业生产得到了很好的恢复与发展。不过，吐蕃人饮食习惯不同于敦煌，吐蕃统治者必然会按照自己的饮食喜好对敦煌地区的农作物种植加以引导或限制。因此，这一时期敦煌的农作物在种植比例上发生了一些变化，表现出了不同于唐前期的时代特点。

1.麦、粟种植比例的变化

郝二旭对唐前期敦煌州仓、豆卢军军仓收纳、和籴粮食中的麦、粟比例和吐蕃时期突课、公私库存粮食中的麦、粟比例进行了量化分析和比较研究，[③]笔者将其所绘两图表合并成如下对比图：

---

① 王尧、陈践《吐蕃占有敦煌时期的民族关系探索——敦煌藏文写卷P.T.1083、1085号研究》，《历史研究》1984年第5期，第171—178页。

② 《敦煌碑铭赞辑释（增订本）》上，第216页。

③ 郝二旭《唐五代敦煌农业专题研究》，表3—5、3—6，第63—64页。

唐前期敦煌州仓、豆卢军军仓收纳、和籴粮食中的麦粟比例			吐蕃时期突课、公私库存麦粟比例		
时间	麦粟比例	文书出处	时间	麦粟比例	文书出处
735	1:8.73	P.3481v	789	23.16:1	P.3446v
744 夏	1:20.35	P.3348v	790	19.05:1	P.2763
744 冬	1:71.12	P.3348v	9 世纪	7.06:1	S.4191
745	1:38.29	P.3348v	吐蕃时期	3.66:1	P.3491
747	1:37.67	P.3348v	9 世纪前期	36.11:1	S.6064
750	1:23.16	P.2803	9 世纪前期	13.95:1	S.6061

库存粮食虽不能直接反映麦、粟的种植量，但毫无疑问能在一定程度上反映出麦、粟产量的比例。由上图两个时期的麦、粟比例对比我们可以看出，吐蕃统治敦煌以后，小麦迅速成为最主要的粮食作物，粟的产量则明显减少了。按理古代农作物的种植量不易在短时间内更改，敦煌的麦粟种植比例却在短短数十年间发生如此大的变化，究其原因，最主要的因素自然是吐蕃的统治。吐蕃的主要农作物是青稞、小麦、荞麦等，并无种植、食用粟的传统，这也是由青藏高原的地理气候条件不适宜于粟的种植所决定的。吐蕃人民最喜爱的粮食当数青稞，小麦次之；而敦煌人民习惯食用小麦和粟。如此，二者共同习惯的粮食为小麦。加之小麦产量高于粟和青稞，遂成为吐蕃时期敦煌地区首选的粮食作物。同时，这一种植比例的变化也推动了以小麦面粉为原料制

作的面食成为敦煌民众的主食。[①]

2.水稻种植的发展

上文已经提及，敦煌的地理气候条件并不适于种植水稻。地处内陆，陷于戈壁沙漠的包围之中，水资源严重缺乏，且降水量小，无霜期短，凡此种种，均是水稻种植的不利条件。因此，敦煌在很长一段历史时期里并无水稻种植。据成书于唐高宗上元三年（676）至武周证圣元年（695）之间的P.2005《沙州都督府图经》记载："……州城四面水渠侧，流觞曲水，花草果园，豪族士流，家家自足。土不生棘，鸟则无鸮。五谷皆饶，唯无稻黍。"[②]可见迟至7世纪后半期敦煌仍无水稻种植。

到了开元年间，情况似乎开始有所变化。属于这一时期的文书P.3841《唐开元廿三年沙州会计历》[③]中出现了米，如第36行载"一斗八升米，北庭粮，殷节等欠，折纳粟三斗三合，附州仓冬季帐"，第37行载"二升米，张奇迁折纳粟三升三合"，第50行载"三十四硕七斗九升五合五勺米"。虽有米的记载，但明显

---

① 郝二旭《唐五代敦煌农业专题研究》，第65页。郝二旭还提出人口锐减和饮食习惯变化也是吐蕃统治时期麦粟比例变化的原因。唐前期敦煌人口超过3万，耕地开垦面积已趋极限，灌溉水源非常紧张。为保证粮食产量，敦煌民众选择大量种植灌溉用水量相对较小的粟。吐蕃统治时期，敦煌久经动乱人口锐减，人均耕地面积增加，灌溉水源不再短缺，遂种植产量更高的小麦。但笔者以为即便人均耕地面积增加，总耕地面积不会发生太大变化，灌溉用水量当也不会有太大变化。而饮食习惯上面食成为敦煌民众的主食一项，笔者以为这是小麦普及的结果而非原因，故此二项原因还有待商榷。

② 《敦煌社会经济文献真迹释录》第1辑，第3页。（日）池田温《沙州图经略考》（《榎博士还历纪念东洋史论丛》，东京：山川出版社，1975年，第31—101页）和李正宇《古本敦煌乡土志八种笺证》（台北：新文丰出版公司，1998年，第11页）考其成书年代为唐高宗上元三年至武周证圣元年。

③ 《敦煌社会经济文献真迹释录》第1辑，第415—420页。

数量很少，并常折合成粟缴纳，因此无法断定这些米究竟产自敦煌还是来自外地。即便为敦煌本地所产，从数量不多的情形来看，当时敦煌的水稻种植仍十分稀少。另一份载有米的文书P.2942《唐永泰年代河西巡抚使判集》成书于765—766年间，文书第131行载“关东兵马使请加米”，①考虑到其时吐蕃已陷凉州并切断了敦煌地区与中原的交通，成为飞地的敦煌不太可能从别处运送稻米，则所请之米当为本地出产，可见此时敦煌确有水稻种植。从这些文书来看唐前期的稻米多为军粮，P.2862《唐天宝年代敦煌郡会计牒》第51—52行亦载：“合同前月日见在使料米面，总二百九十五硕，羊一十五口。二十五硕米，每戍伍硕。”②“戍”者，守边之谓，这二十五硕米被分配给五戍士兵食用，确为军粮无疑。

到了吐蕃统治时期，敦煌的水稻种植记录明显增加。如P.3613《申年（804）正月令狐子余牒及判词》记载令狐子余的土地被官府割占用于种植水稻：“孟授索底渠地六亩。右子余上件地，先被唐朝换与石英顺，其地替在南支渠，被官割种稻。”③反映寺户服役情况的S.542v号文书亦记载寺户们服各种与稻米加工、运输相关的劳役，④现根据文书整理如下表：

① 《敦煌社会经济文献真迹释录》第2辑，第626页。
② 《敦煌社会经济文献真迹释录》第1辑，第472页。
③ 《敦煌社会经济文献真迹释录》第2辑，第281页。
④ 《敦煌社会经济文献真迹释录》第2辑，第381—393页。

S.542v 行数	服役寺户	服役内容
4	张进国	差回造粳米三日稻壹驮半；回造稻谷两驮
6	曹进玉	送瓜州节度粳米
8	史朝朝	回造稻两驮
9	朱进兴	差春稻两驮
10	张光子	回造米粟壹驮半
12	张光进	差春稻两驮
13	薛咤奴	差春稻两驮
18	李王子	亥年瓜州送节使粳米
19	成意奴	差春稻两驮
27	张国子	差春稻两驮
30	张像尼	差春稻两驮
34	曹进进	送瓜州节度粳米
42	李日兴	回造粳米三日壹驮半稻
47	王进兴	修仓送节度粳米
48	刘孝仙	回造米粟一驮半
49	李加兴	送节度粳米；差春稻两驮
50	安俗德	差春稻两驮
51	安满奴	差春稻两驮
54	史兴进	回造稻两驮
60	成善友	差春稻两驮

S.542v 行数	服役寺户	服役内容
79	张奴子	送瓜州节度粳米
85	王和国	艾稻三日
88	张担奴	回造粳米稻三驮
91	李俊俊	回造粳米稻三驮
115	索满奴	回造米粟一驮半
122	侯喜喜	守囚五日折回造粳米壹驮半
124	史奉仙	送瓜州节度粳米一度
145	索进国	回造米三日壹驮半
151	辛演	艾稻三日
160	王卿朝	守囚五日折回造米壹驮半
161	李金刚	艾稻三日
176	石抱玉	回造粳米壹驮半
179	成悉堵	艾稻三日
180	安黑奴	守囚五日折回造粳米壹驮半
195	灵图寺/车两乘	搬稻谷入城

从文书记载来看，这些寺户刈稻、舂稻、运输粳米稻谷皆是为官府和寺庙服役，则这些水稻均为官营、寺营性质。敦煌水稻种植的最大问题是灌溉水源，普通民众无法保证水源，自然无法大面积种植。官府则不然，他们掌有用水权，因而喜食稻米的吐蕃上层官员便能够通过官营模式种植数量相对较多的水稻。

这一时期敦煌地区种植的水稻主要用于贡奉、布施、发放俸禄、供养僧人等。如P.T.1205《玉莽赞向内相杰波赞桑呈递的禀帖》记载有敦煌官员向吐蕃内相贡献当地所产稻米一事："我等商妥，献上的礼品有当地出产的大米四百克及水果冬梨九万筐，已交与赞心儿门（转），奉请诸位大爷笑纳。"[①]布施给寺庙的稻米则在诸寺施舍历状上有明确记载，如P.2567v《癸酉年（793）二月沙州莲台寺诸家散施历状》（图118）载：

图118 P.2567v《癸酉年(793)二月沙州莲台寺诸家散施历状》

从癸酉年正月三日起首戒忏，至二月八日以前，中间所有诸家散施斛斗银器绢帛布纸衣袄材木等，一一抄数如后：麦三十三硕六斗，粟二十一硕二斗，面十硕五斗五升，米四硕一斗，黄麻三硕七斗，红蓝七硕三斗，已前斛斗都计八十硕四斗五升。[②]

这些稻米是百姓自愿散施的，说明敦煌百姓也有种植水稻，但数量显然很少，布施量十分有限。敦煌文书中甚至有只施一盘米

① 《敦煌吐蕃文献选》，第58页。

② 《敦煌社会经济文献真迹释录》第3辑，第71页。

者，如P.2837v《辰年支刚刚等输入疏》记载："米一盘施入修造。右所施意者，合家愿报平安，今头（投）道场，请为念诵。"①

稻米有时还用于发放官员俸禄，如藏文文书P.T.1097《薪俸支出粮食清册》记载："二十八日，支付长官会供粮磨面麦子四十蕃斗，油料胡麻四蕃斗，大米三大蕃斗，交与长史陈文君。"②此外，寺庙僧人在劳动、节日时常食用稻米，如S.6233《诸色斛斗破历》所载吐蕃时期敦煌某寺二十二天粮油支出情况中，支出稻米五次，每次用量从两升到两斗不等。③其他如S.6829v《丙戌年正月十一日已后缘修造破用斛斗布等历》④、S.3074《吐蕃占领敦煌时期某寺白面破历》⑤、S.1733《年代不明（公元九世纪前期）诸色斛斗入破历算会稿》⑥等文书均记载了僧人食用稻米的情况。

综上可见，吐蕃时期敦煌地区的稻米种植，经营主体是官府和寺庙，主要享用者亦为官员和僧侣。普通百姓苦于无法保障水源，只有少量种植。收获既少，又要上交州仓，又要布施寺庙，如此，留给自己享用的稻米就很少了。

3.青稞种植量的增加

青稞在唐前期的敦煌已有相当的种植规模。据天宝年间文书P.3348《唐天宝四载（745）河西豆卢军和籴会计牒》记载，744—745年豆卢军三次和籴的粮食中，青稞总量仅次于小麦和粟，已是当地一种重要的粮食作物。⑦据中国历史博物馆藏《唐

---

①《敦煌社会经济文献真迹释录》第3辑，第61页。
②《敦煌吐蕃文献选》，第53页。
③《敦煌社会经济文献真迹释录》第3辑，第172页。
④《敦煌社会经济文献真迹释录》第3辑，第147页。
⑤《敦煌社会经济文献真迹释录》第3辑，第170页。
⑥《敦煌社会经济文献真迹释录》第3辑，第299页。
⑦《敦煌社会经济文献真迹释录》第1辑，第426—434页。

年代未详（八世纪中期）河西支度营田使户口给谷簿计会（?）》记载，在册27户民户的口粮中，青稞麦所占比例已经达到18%。①青稞又是吐蕃本土最主要的粮食作物，因此吐蕃占领时期敦煌的青稞种植量大大增加也是情理之中的事了。

关于青稞种植量的增加，我们可以在很多敦煌文书中找到翔实有力的数据佐证。如前引P.3446v号文书所载，789年敦煌州仓共收入粮食5038.84硕，其中小麦2539.99硕，青稞1533.52硕，粟则只有159.21硕，青稞已是当地仅次于小麦的主要粮食作物。其他诸如P.2162v《寅年沙州左三将纳丑年突田历》、S.5822《杨庆界寅年地子历》等文书中亦有类似记载。当时敦煌地区甚至有只以青稞一项计算敦煌三军事部落缴纳给寺庙之供养粮的情况，如P.T.1111《寺庙粮食帐目清单》记载："马年秋，沙州唐人三部落（东岱）有唐人六百八十四户，每户向寺庙交供养粮二蕃斗计，共计青稞一千三百六十八蕃斗。"此文书又载："军粮与寺粮二者之粮帐，与猴年春所造之粮食保管清册核对，沙州唐人应交军粮数，依马年春所造册簿留存粟米八千三百六十八蕃斗十蕃升，用去小麦、青稞三百二十蕃斗。"②可见青稞亦是当地百姓缴纳军粮的主要作物之一。此外，P.2763v《午年（790）三月沙州仓曹杨恒谦等牒》③、P.2912《丑年正月已后入破历稿》④、S.1475《某年僧义英便麦契》⑤等文书还记载了敦煌居民把青稞用于造酒、借贷等的情况。凡此种种，皆说明吐蕃时期青稞在敦煌地区的种

---

①《敦煌社会经济文献真迹释录》第1辑，第479—485页；郝二旭《唐五代敦煌农业专题研究》，第44页。

②《王尧藏学文集》卷四，第50页。

③《敦煌社会经济文献真迹释录》第1辑，第488—489页。

④《敦煌社会经济文献真迹释录》第3辑，第55—57页。

⑤《敦煌社会经济文献真迹释录》第2辑，第88页。

植普及程度之高和产量之大。

4.农作物产量的恢复

唐前期河西走廊地区的粮食产量，据李并成研究为平均亩产1.5石左右。[①]那么吐蕃统治时期敦煌地区的粮食产量又是如何呢？杨际平通过对P.3774号文书的研究得出了较为精确的结论。据P.3774号文书记载，“去丙寅年至昨午年卅年间，伯伯私种田卅亩，年别收斛斗卅驮。已上并寄放，合计一千驮，尽是大哥收掌。”[②]若按此30亩土地质量居中计算，平均每亩产量可达1驮，即2石，“就旱土作物而论，其单位面积产量应可属全国先进水平。”[③]相较于唐前期平均亩产1.5石的情形，吐蕃时期的农作物产量明显有所上升，除了社会渐趋安定和生产日渐恢复的原因外，此时大量种植产量相对较高的小麦或许也是一个原因。但无论出于何种原因，产量的恢复和上升都是这一时期农业生产恢复发展的最直观证明。

---

① 李并成《唐代前期河西走廊的农业开发》，《中国农史》1990年第1期，第12—19页。

② 《敦煌社会经济文献真迹释录》第2辑，第283页。

③ 杨际平《吐蕃时期沙州社会经济研究》，第396页。

第三节　吐蕃统治时期敦煌农业人口

农业生产中一个十分重要的因素便是农业人口，通过对农业人口数量、结构、处境的统计和分析，我们可以更加直观地了解一个时期的农业生产情况。纵观敦煌地区历代农业人口的情况，汉代以前当地聚居的多为月氏、乌孙、匈奴等游牧民族，汉武帝时中央政府经过征战，方控制了河西走廊一带。为了加强对这一地区的统治，从而更好地经营西域，元鼎六年（前111）汉武帝始“分武威、酒泉地，置张掖、敦煌郡，徙民以实之”。[①]这些以农业生产为主业的内地人口的迁入，无疑增加了敦煌的农业人口。据《汉书》记载，其时敦煌郡下辖六县，户数达到了一万一千二百，口数达到了三万八千三百三十五。这种繁荣景象到了东汉末年发生了变化，频繁的战乱导致河西地区的人户开始减少。据齐陈骏推断，曹魏时期敦煌仅剩一万余人口，西晋时期虽增至两万五千左右，仍不及西汉。[②]十六国时期敦煌先后为前凉、前秦、西凉、北凉等政权统治，虽然前凉、前秦时期敦煌人口有所

① 《汉书》，第1614页。

② 齐陈骏《敦煌沿革与人口》，《敦煌学辑刊》第1集，1980年，第32—40页。

增加，但经过北凉沮渠蒙逊的屠杀之后又损失大半。北魏灭北凉之后，又将凉州三万余家居民迁徙内地，敦煌人口较之西汉时期已经十不存一了。所幸此后河西渐趋安定，人口逐渐回升，至隋代，敦煌下辖三县，有户七千七百七十九，人口约三万。

一、唐前期敦煌农业人口概观

唐贞观以后，为了经营西域，中央政府开始重视河西地区的开发，人口数量呈回升之势。据《旧唐书》记载，沙州“旧领县二，户四千二百六十五，口一万六千二百五十”①。到了开元年间，据《元和郡县图志》记载：“开元户六千四百六十六，乡十三”②。及至天宝年间，据《通典》记载，沙州“户六千三百九十五，口三万二千二百三十四”。③可见初唐以来直至盛唐，敦煌的在册人口翻了一番。

上述唐前期敦煌地区的农业人口，从性别结构上来看，呈现出男少女多的特点，这在当时的户籍类文书中均有反映。如P.3557、P.3669《武则天大足元年沙州敦煌县效谷乡籍》、P.3877《唐开元四年沙州敦煌县慈惠乡籍》、P.3898、P.3877《唐开元十年沙州敦煌县悬泉乡籍》、P.2684《唐开元十年沙州敦煌县莫高乡籍》、P.2719《唐天宝三载敦煌郡敦煌县神沙乡弘远里籍》、S.4583《唐天宝六载敦煌郡敦煌县效谷乡□□里籍》、P.2592、S.3354、S.2547v、S.3907、罗振玉旧藏《唐天宝六载敦煌郡敦煌

① 《旧唐书》卷四〇，第1644页；冻国栋《中国人口史》第二卷，上海：复旦大学出版社，2002年，第22—23页。

② ［唐］李吉甫撰，贺次君点校《元和郡县图志》，第1025页。

③ ［唐］杜佑撰，王文锦等点校《通典》，北京：中华书局，1998年，第4566页；冻国栋《唐代人口问题研究》，武汉：武汉大学出版社，1993年，第1—7页；齐陈骏《敦煌沿革与人口（续）》，《敦煌学辑刊》第2集，1981年，第59—72页。

县龙勒乡都乡里籍》、S.514《唐大历四年沙州敦煌县悬泉乡宜禾里手实》等。郝二旭通过对上述除S.514号文书以外的其余8件文书所做的统计，分析出在信息较为完整的31户民户中，有口218，其中男口69，女口149，男女比例约为1:2.2。这种男少女多的情形并不是初唐以来就有的，722年以前的男女比例尚维持在1:1.3，722年至747年突然发生了剧烈变化，男女比例一度达到1:2.6，部分家庭甚至高达1:5，处于严重失衡的状态。[①]其中的原因，中外学者多有论述，主要观点集中在为逃避赋役隐匿不报、男丁服兵役造成的损耗、女子出家而户籍未除等几个方面。[②]但可以肯定的一点是，各家观点一致认为文书所载并非当时的真实情况。众所周知，唐前期授田和征收赋役的主要对象是丁口，一个家庭中丁口越多，意味着授田越多，赋役也越重。在当时的敦煌地区，授田普遍不足，并无多余的耕地授予新增丁口。如此，则增丁不一定增田，却必定增加赋役。所以，隐蔽丁口就成了逃避赋役的一种有效手段，户籍文书中经常见载的“漏附”人口就是这样产生的，比如P.3354号文书记载的琼璋和琼玉都是漏附人口，直至其父去世后方被编入户籍。郝二旭同时对上述8件文书中反映出来的年龄结构也进行了分析，218口人中，老口计21人，约占10%，丁、中口计133人，约占61%，小、黄口计64人，约占29%，丁、中口明显多于老幼。丁、中口是农业生产的主要劳

① 郝二旭《唐五代敦煌农业专题研究》，第112页。

②（日）仁井田陞《敦煌等发现唐宋の户籍研究》，《国家学会杂志》48—7,1934年；（日）铃木俊《唐代の户籍と税制と关系について》，《东亚》7—9、8—4；（日）古贺登《敦煌户籍の一男十女について》，《史学杂志》71—12，1962年；（日）堀敏一《均田制の研究》，岩波书店，1975年，第206—207页；郑学檬《七世纪后期至八世纪后期敦煌县人口结构试析读敦煌户籍资料札记》，《敦煌学辑刊》1984年第1期，第19—27页；杨际平《关于唐天宝敦煌差科簿的几个问题》，《敦煌吐鲁番出土经济文书研究》，第129—161页。

力，可见唐前期的人口年龄结构是有利于当时的农业生产的，但小、黄口偏低反映出后备力量略显不足。[①]

二、蕃占时期敦煌的农业人口

（一）陷蕃前后的人口流失

吐蕃是在订立了“勿徙他境”的城下之盟以后和平入主敦煌的，S.1438v号《书仪》所载“伏赖宰相守信，使无涂炭之忧；大国好生，庶免垒囚之苦”[②]，也证明了吐蕃确实遵守了约定，并没有杀戮、驱赶当地民众，人们的生活、生产基本得以维持原状。在这种情况下，吐蕃占领初期敦煌的人口有无增减？对此，目前学界的看法主要有二：一种观点认为敦煌的人口数量在陷蕃前后基本一致，变化不大；[③]另一种观点则认为陷蕃前后敦煌的人口有一定数量的增加。[④]从文书记载的情况来看，前者似乎更为合理。

诚然，一方面，敦煌在陷蕃前曾一度成为河西节度使的驻地。河西节度使徙镇敦煌之时，带来了凉州的行政人员和宁寇、赤亭等军余部，之后又有甘州陷落后撤退的建康军余部，这无疑给敦煌增加了不少外来人口。但另一方面，还应考虑到陷蕃之时

① 郝二旭《唐五代敦煌农业专题研究》，第112—115页。

② 《敦煌社会经济文献真迹释录》第5辑，第314—325页。

③（日）前田正名著，陈俊谋译《河西历史地理学研究》，北京：中国藏学出版社，1993年，第264—265页；齐陈骏《敦煌沿革与人口（续）》，《敦煌学辑刊》第二集，第59—72页；杨铭《吐蕃统治敦煌研究》，台北：新文丰出版公司，1997年；郑炳林《晚唐五代敦煌地区人口变化研究》，《敦煌归义军专题研究三编》，兰州：兰州大学出版社，2005年，第462—465页。

④ 汪永臻《从人口变化看唐代河陇地区农业经济的发展》，《西北人口》2009年第1期，第90—93页；苏莹辉《论敦煌县在河西诸州中陷蕃最晚的原因》，《敦煌论集续编》，台北：台湾学生书局，1983年，第173—180页。

敦煌已经久罹战乱，其间人口的逃亡迁徙自然不少。吐蕃对于唐人东逃之事似也不予阻拦，据唐人沈亚之《西边患对》记载："闻其始下凉城时，围兵厚百里，伺其城既窘，乃令通唐言者告曰：'吾所欲城耳，城中无少长即能东，吾亦谨兵，无令有伤去者。'城中争号曰：'能解围即东。'其后取他城尽如凉州之事。"[①]可见吐蕃进攻河西之时，当地居民有相当一部分愿意东奔回唐朝内地，吐蕃为了减少抵抗也提供了相应的保障。凉州如此，敦煌的情况当也类似。

蕃占时期的敦煌文书中有不少关于居民东奔的记载。如P.2942《唐永泰年代（765—766）河西巡抚使判集》中《朱都护请放家口向西并勒男及女婿送》一则就记载了吐蕃入侵之前河西守将送家人逃离的情况："人惟邦本，本固邦宁，时属艰难，所在防捍；稍有动摇，谁不流离。朱都护久典军州，饱谙边务。何自封植，挠紊纪纲。进退由衷，是非在我。老亲少女，或任迁居；爱婿令男，无凭弃职。"[②]P.2259v《龙勒乡部落管见在及向东人户田亩历》记载了敦煌龙勒乡百姓逃亡的情况："龙勒乡部落，合当部落管见在及向东人户总二百十（?）五户。九十二全家向东，□廿八有田。"[③]该乡总共二百余户，其中九十二户百姓举家向东迁徙，足见人口流失之严重。S.5812《丑年八月女妇令狐大娘牒》中亦记载纠纷一方张鸾的女婿"吴诠向东"，从文书得知吴诠在敦煌时还有些权力，当是本地官吏。而且据此文书可知，敦煌陷蕃后，吐蕃官吏"论悉诺息来日，百姓论宅舍不定，遂留方印，已后现住为主，不许再论者。又论莽罗新将方印

① [清] 董诰等编《全唐文》，北京：中华书局，1983年，第7610页。
② 《敦煌社会经济文献真迹释录》第2辑，第628—629页。
③ 《法藏敦煌西域文献》第10卷，上海：上海古籍出版社，1999年，第215页。

来，于亭子处分，百姓田园宅舍依旧，亦不许侵夺论理。”为何会发生争夺田舍之事？文书中亦给出了答案：“住舍半分尊严舍总是东行人舍收得者为主居住，两家总无凭据。”[①]很明显，在吐蕃入主之前，有一部分当地百姓东奔逃走，所留田舍为后来人收为已用，但由于没有凭据而发生争执，最终吐蕃统治者采取了“现住为主”的政策解决此事。这就从一个侧面反映了吐蕃占领之初，敦煌人口由于战乱导致的迁徙而有所减少。

不过，从S.514号文书记载的情况来看，陷蕃前从敦煌出逃的多为妇女和老幼，丁口的逃亡人数并不多。该文书所载悬泉乡宜禾里的23户居民中，3户已经死绝，4户有1—2名女口，且年逾六十，无逃亡能力。剩余16户中，有7户家中有人逃走，最少者2人，最多者6人，共逃走23人。逃亡者中女口达17人，占大多数；男口仅有6人，其中4人已年逾六十，1人年仅十五，只有1名中男。由此可见，当时敦煌官员对丁口控制严格，是不允许逃亡的。[②]

（二）农业人口的回升

沙州陷蕃以后，河西地区大的战争暂时告一段落。此时的吐蕃已经不再奉行昔日那种所过之处焚烧庐舍、掳掠人口的旧政，而是积极调整策略，在颁行本土制度的同时吸收唐制，从而实现长期性的统治。随着吐蕃在敦煌的统治逐渐稳定下来，敦煌的农业人口呈现出回升趋势，究其原因有三：出逃人口回归、军事人口转农以及吐蕃移民迁入。

敦煌的形势渐趋稳定之后，一部分外逃人员开始回归故里。前引S.5812号文书中百姓之间发生的田舍纠纷，一部分因为如前

---

① 《敦煌社会经济文献真迹释录》第2辑，第287—288页。

② 郝二旭《唐五代敦煌农业专题研究》，第120页。

所述双方均为外来人口没有凭证，一部分可能是田舍旧主回归，然而田舍已为他人所占，新旧主人遂发生冲突。同时，吐蕃入主后，吐蕃移民开始迁入敦煌地区。不过从敦煌文献的记载来看，吐蕃统治期间迁入敦煌的吐蕃人口数量十分有限，其身份主要有二：一是吐蕃僧侣，二是吐蕃官员及其家属。[①]这可能是因为当时敦煌人稠地狭，不及河西其他地区有大量荒田可耕。因此，在甘、凉、瓜、肃等州，“独有沙州一郡，人物风华，一同内地”[②]。

众所周知，唐前期敦煌作为河西走廊的咽喉要地，曾长期驻扎着豆卢军的四千多人马。安史之乱爆发后，唐中央抽调河西大批兵马回中原平叛，豆卢军自然也在其中。如此，则吐蕃进入敦煌之际当时的军事人口中有相当一部分应当是当地农业人口转化而来的。敦煌陷蕃后，吐蕃本土的擘三部落等进入当地，承担管理和戍守之役，而敦煌本地的军事人口则被瓦解，如S.1438v《书仪》记载，陷蕃初期敦煌的铁器都被收缴，以至于耕作都成问题，当地官员不得不上报吐蕃王室申请下拨。吐蕃这样做的理由，一方面是为了防止敦煌民众不服统治进行反抗，另一方面当时吐蕃已经攻下了河西、西域的大片领土，战略重心在东部边界和西域地区，敦煌作为占领区域内的一个小城，战略地位一落千丈，无需重兵把守。到吐蕃统治后期，当地虽有军事基层组织tshar，但如前面章节讨论的那样，组成人员均为部落百姓，并非职业军队。因此，守城时期的军事人口在局势稳定后转而从事农业生产，这无疑增加了敦煌地区农业人口的数量。

① 郑炳林《晚唐五代敦煌地区的吐蕃居民初探》，《中国藏学》2005年第2期，第40—45页。

② 黄征、张涌泉校注《敦煌变文校注》，北京：中华书局，1997年，第192页。

三、蕃占时期敦煌的奴隶问题

吐蕃占领敦煌之际，其社会仍处于奴隶社会，早已进入封建社会的敦煌地区汉、胡诸族的普通百姓在吐蕃的统治下处于何种地位与处境？前人每每论及，多引唐人沈下贤《对贤良方正直言极谏策》所言："自瀚海以东，神乌、敦煌、张掖、酒泉，东至于金城、会宁，东南至于上封、清水，凡五十郡、六镇、十五军，皆唐人子孙，生为戎奴婢，田牧种作，或聚居城落之间，或散处野泽之中"①，言唐人多沦为吐蕃奴隶。也有学者如杨铭等指出沈下贤这一记述具有很大的片面性和夸张成分，并不完全符合当时的历史实际，"生为戎奴婢"的只是部分战俘和汉人奴婢、杂户，大多数汉、胡民众仍基本上保持了封建小生产者的地位。②

敦煌的奴隶并不是吐蕃时期才有的，据唐前期文书的记载，除了均田制下的农民外，敦煌地区有少量奴婢的存在，他们多为私人所有，不能像普通平民一样分得土地。如S.514《唐大历四年（769）沙州敦煌县悬泉乡宜禾里手实》中索思礼一户有三奴一婢，《年代未详（八世纪中期）河西支度营田使户口给谷簿计会》记载的29户中亦有4户有奴婢。吐蕃攻占时敦煌原有的奴婢、杂户数量并不多，从敦煌所发现的户口籍帐来看，敦煌地区较之相邻的西州地区而言奴婢数量本就较少，这些文书多为中唐或中唐以后的籍帐，奴婢数量较少也正反映了中唐以后奴婢大量减少的一般历史进程。③另就吐蕃本土来看，此时吐蕃的奴隶制

---

① ［唐］沈亚之《沈下贤文集》卷一〇，上海：上海古籍出版社，1994年，第66—67页。

② 杨铭《试论吐蕃统治下汉人的地位》，《民族研究》1988年第4期，第93—97页。

③ 李军《唐代私奴婢初探》，《敦煌学辑刊》1984年第2期，第112—131页。

业已进入“衰落由至终于瓦解的时期”[①]，在此背景下将军事占领区敦煌的大多数民众变为奴隶似不可能，因此我们可以认为，吐蕃统治时期敦煌地区的奴隶数量是十分有限的。

但是，即便数量并不十分庞大，奴隶作为当时敦煌地区下层劳动者中的一个重要组成部分，仍有其研究价值和旨趣。前辈学者如托马斯、王尧、陈践、武内绍人等先生已将大部分蕃占时期与奴隶相关的出土文书整理刊布，杨铭、陆离等先生在探讨吐蕃统治河陇史相关问题时亦已探讨了吐蕃统治下的奴婢处境和吐蕃统治者对奴婢买卖的监管等问题。以下笔者将在前辈学者研究的基础之上，就蕃占时期敦煌奴隶的来源、归属、监管等几个方面进行探讨。

（一）奴隶的来源

蕃占时期敦煌地区的奴隶来源主要有二。其一是在唐蕃战争中被吐蕃虏获的唐朝战俘以及在军事占领区被抄掠为奴的普通百姓。对于奴隶社会而言，战俘是奴隶的重要来源之一，因而吐蕃在攻占河陇地区之后掳掠当地汉人及吐谷浑、党项、粟特等其他各族民众为奴是不足为奇的。汉、藏文史料中保存了很多关于吐蕃王朝对被征服地区的百姓实行举部迁徙、悉数押解入蕃为奴的记载，如公元787年，吐蕃攻占汧阳、华亭（今甘肃华亭一带）时，掳掠“男女万人以畀羌、浑，将出塞，令东向辞国，众恸哭，投堑谷死者千数”。[②]《资治通鉴》中亦有类似记载：“吐蕃既得河、湟之地……得河、陇之地约五十万人，以为非族类也，无贤愚，莫敢任者，悉以为奴仆，故其人苦之。”[③]当然，

---

① 乔政《吐蕃奴隶制社会经济初探》，《中国藏学》1994年第1期，第69—80页。
② 《新唐书》卷二一六，第6097页。
③ 《资治通鉴》卷二二六，第7280页。

在敦煌地区并不存在这种无论贤愚悉数没为奴隶的情况。事实上整个河陇地区人口并不充裕，河陇失守不仅与安禄山起兵后边军内调直接有关，与人户稀少关系尤大。[①]虽然敦煌一度在丝绸之路上扮演着“华戎所交一都会”的重要角色，但毕竟地处河陇，人口与中原繁盛之地自不可同日而语，《敦煌实录》中就有“敦煌空虚，不是福地”的记载。在此背景之下，吐蕃统治者为了在敦煌地区稳固其地位，不仅接受了阎朝提出的“勿徙他境”的投降条件，还利用敦煌当地的世家大族进行统治，因此在敦煌不存在大批民众被掳为奴隶举家迁徙入蕃的情况，大多数处于吐蕃统治下的汉、胡诸族百姓仍旧保持了封建小生产者的独立身份，只有一部分“其无所能者，使充所在役使，辄黥其面”[②]。

虽然当时敦煌的汉人平民大多保持了封建小生产者的身份，但作为被征服者，其地位终究是很低的，因而当时吐蕃统治者抄掠普通百姓为奴的事件时有发生。据S.3287v《吐蕃子年（808）沙州百姓汜履倩等户籍手实残卷》记载：“户汜国珎，死。妻张念念，在……奴紧子，论殉夕将去。奴金刚□婢落娘，以上并论悉殉夕将去。”[③]P.T.1083《禁止抄掠汉户沙州女子牒》亦载：“往昔，吐蕃、孙波与尚论牙牙长官衙署等，每以配婚为借口，前来抄掠汉地沙州女子。其实，乃佣之为奴……勿再令无耻之辈持手令前来择配，并允其自择配偶。”[④]这些文献说明，在吐蕃统治敦煌时期，尤其是初期，平民百姓被抄掠为奴的现象并不少见，这类抄掠事件引发了当地百姓对吐蕃的不满和抗议，

---

① 王忠《新唐书吐蕃传笺证》，第87页。
② ［唐］赵璘《因话录》卷四《角部》，上海：上海古籍出版社，1979年，第97页。
③（日）池田温《中国古代籍帐研究》，第519—522页。
④ 王尧、陈践《敦煌吐蕃文献选》，第51—52页。

并一度得到统治者的重视，甚至在军帐会议上发牒明令禁止。[1]

民间人口买卖是此时产生奴隶的另一重要来源。其时，有一些家境贫困者将自己的亲属典卖为奴，或因无力偿还债务以家人抵债。P. T. 1077《都督为女奴事诉状》就记载了这样一起官司诉讼。据该文书记载，一名叫作朗绮布的男子因无力偿还某都督的债务，将一名退浑（即吐谷浑）女奴抵债给他，之后又用一名丝绵部落的女子将退浑女奴换走。丝绵部落女子后被原部落人带走，这位都督人财两空，遂提出上诉，请求官判。而朗绮布申诉说此退浑女奴实乃其妻，并非自愿抵债，乃是都督逼债强行夺走的。[2]而典卖亲属为奴的文书较此类抵债为奴的文书更为普遍，此处举VP1282《子年王皋皋买妾书》一例加以说明，全文如下：

1　在鼠年冬季

1—2　王皋皋（wang ke' u ke' u）之妾，诺当（nog dang），她是尤岗·邱斗（yo gang cho to）和索丹（so brtan）之妹，接受如下决定：

2　一致认定这一买妾交易成交之后（gnyen tshongs），不得对其再有任何争议和干涉，

2—4　又一致认定如果有其他人声称是［她的］主人或者［如果她］偷偷逃走，［卖主］必须立即偿还［买主］买妾所付七srang的dmar的两倍钱款，或者是［买妾的钱款和

① 杨铭先生认为，吐蕃在敦煌地区的抄掠行动，不像是针对大多数汉族百姓的。从S.3287v文书所记的四户百姓来看，被吐蕃官吏抄掠的只有氾国珎一户，而且被掠之人都不是家庭成员，仅是那些原来就属于奴婢身份的人，P. T. 1083号文书中的沙州女子应该也是奴婢身份。参看杨铭《论吐蕃统治下汉人的地位》。

② 王尧、陈践《敦煌吐蕃文书论文集》，汉文第60—61页。

一个］体貌相当的［妇人］；

4 除此以外，又一致决定必须咨询有关［卖主将］给以［买主该女子生活的］必需品的法律。

4—5 “手写界限”或相关人士（即买主）的私印、僧人益西（ye shes）、娄潘甘（lo phan kvan）、僧人瓦（‘ba’，空格）和宋（song，空格）等的证人之印就此画出或盖上。

6a （混乱不清）尤岗·邱都悉诺（yo gang cho to stag）的手写界限。

6b （混乱不清）尤岗·索丹（yo gang so brtan）的手写界限。①

上述文书是两名胡人将自己的妹妹卖给汉人王皋皋为妾（即私属奴婢）的一份契约文书，像这类典卖亲属、奴婢的文书在敦煌及新疆米兰、麻扎塔格等地的出土文书中并不少见。此外，吐蕃法律十分严苛，还曾发生过因纠纷诉讼沦为奴隶的情况。如英藏Ch.82.xii.3号文书记载：“遵照阁下的工作指示，进行对马年孟春月发生的格赞（dge brtsan）诉讼审理：孙俄守护监牢五天；殷扎也守护监牢五天，并作证人（snya）的仆人。”不过此类记载并不多见，因而不具有普遍性。

---

①（日）Tsuguhito Takeuchi, *Old Tibetan Contracts from Central Asia*，此处译文转录自陆离《吐蕃统治河陇西域的市券研究》，《敦煌吐鲁番研究》第9卷，北京：中华书局，2006年，第219—244页。在陆离之前已有杨铭译文，杨氏译文中的人名与陆氏不同。参见杨铭《四件英藏敦煌藏文文书考释》，敦煌研究院编《2000年敦煌国际学术讨论会论文集·历史文化卷》上，甘肃民族出版社，2003年，后收录于杨铭《吐蕃统治敦煌与吐蕃文书研究》，北京：中国藏学出版社，2008年，第222—223页。

（二）奴隶的归属

关于蕃占时期敦煌奴隶的归属问题，首先毫无疑问的是吐蕃官府、当地豪室占有一定数量的奴隶，毋庸赘述。此处笔者要着重加以讨论的是寺庙和军队占有奴隶的情况。

寺庙以及僧人是奴隶的一大占有者，这是敦煌当地寺院经济中的一个重要现象。唐代吐鲁番、于阗文书中存在着被称为“家人”的寺院依附人口，他们在寺院农业经营中上役，自寺院分种土地并领取春衣。在唐代，于阗寺院要向官府交纳家人应承担的税收。另外，吐鲁番及于阗地区的唐代寺院，除役使家人外还使用奴婢。由于这种隶属制度与生产力发展的矛盾与日俱增，出现了寺院奴婢的逃亡。在奴婢逃亡的冲击下，开元年间吐鲁番寺院不得不对若干奴婢除籍，这个过程在安史之乱以后西州抵抗吐蕃军队的保卫战时期加快了步伐。据编号为73TAM509：8/26的吐鲁番文书记载，762年二月伊、西、庭节度使杨志烈发布文告，将西州及西海县寺院奴婢和家人全部放良以扩大赋税交纳人口及征集保卫西州的兵员。[①]但是，吐蕃占领敦煌地区之后，随着佛教寺院势力的极度膨胀，僧尼数量和寺院数量不断增加，寺户制度在敦煌寺院中再次兴盛起来，并且具有了鲜明的吐蕃特色。寺庙所属的寺户主要来自官府和豪室，吐蕃统治者经常将俘囚作为寺户封赐给寺庙，世家大族也常将依附人口“家客”作为寺户布施给寺院，这些所谓寺户中就包含了奴隶。吐蕃甚至立法保护寺庙对于这些奴隶的所有权，立于龙年（812）的《谐拉康碑》就明确记载道：“凡献与寺庙之奴户、地土、牲畜，其他臣民上下人等盖无权干涉”[②]。

---

① 姜伯勤《唐五代敦煌寺户制度》，第334—337页。

② 王尧《吐蕃金石录》，第124—125页。

除了寺院占有奴隶之外，僧人私人占有奴隶的现象在蕃占时期的敦煌也较为普遍。英藏敦煌藏文文献Ch.75.iii号中就有“沙州比丘尼瓜氏吉玲之女奴瓜氏丹丹”的记载，[①]英藏米兰出土M. I. xliv. 7号文书也记载了一名叫格纽欧子（gnyos’ o se）的人从上仓军事千人部落（rgod tsang stod kyi sde）一名叫旺结扎西（byang cub bkra shis）的僧人手中购买仆人的事。[②]此外诸如P. T. 1080《比丘尼为养女事诉状》、P. T. 1079《比丘邦静根诉状》等文献都反映了僧尼私人占有奴婢的情况。以P. T. 1079《比丘邦静根诉状》为例，该文书记载了一起僧人与寺院之间争夺奴隶的官司。沙州节儿总管论野绮立、论吐桑许布、论野来息、财务官嘘律丹与僧统沙门巴尔奈、亲教师沙门罗扬一起核定敦煌寺户户籍，制定赋役标准，对比丘芒训、沙门玄诤兄弟之私属奴婢的归属问题进行了裁定，判定他们为寺户，归僧团所有。僧人们对这一判决结果不服，于是上诉到瓜州节度衙，由僧统大师做出了最终裁决。[③]这些材料充分反映了沙州僧人私下占有奴隶的情形。

此外，笔者要特别加以探讨的是吐蕃时期军队中存在的奴隶。我们知道，吐蕃军队由“桂”（rgod）、“庸”（g·yung）组成，“所谓桂者（rgod），即高等属民（vbangs rab tshan）从事军务者之名称（dmag gi las byed pavi ming）”，“所划分的‘雍人之部’（g·yung gi mi sde），此即称之为‘雍’或者‘更’（g·yung ngam kheng），这些是做属民事务的人员名称。此亦即所谓‘扬更’（yang kheng）、‘扬阐’（yang byan）及‘宁悠’（ny-

① 《敦煌西域古藏文社会历史文献》，第63页。
② 陆离《吐蕃统治河陇西域的市券研究》，第225—226页。
③ 王尧、陈践《敦煌吐蕃文书论文集》，汉文第1—9页。

ing g·yog）之名称是也。”“雍”即“庸”（g·yung），亦即“更”（kheng），“更”是奴隶，“扬更”是奴隶的奴隶。[①]吐蕃时期由于连年对外征战，十分尚武，“桂”作为军队作战的主力，自然身份较高；“庸”则从事农牧业生产，交纳赋税，身份低贱，包含下等庶民和奴仆。至于吐蕃军队中奴隶的来源，其一是跟随吐蕃奴隶主一同出征的私属奴隶。据《新唐书》记载：“浑末，亦曰嗢末，吐蕃奴部也。虏法，出师必发豪室，皆以奴从，平居散处耕牧。”[②]《资治通鉴》亦曰：“吐蕃每发兵，其富室多以奴从，往往一家至十数人。”[③]由此可见吐蕃本来就有发兵时豪室带奴出战的传统。此外吐蕃还将被占领地区的部分民众作为奴隶征召、雇佣入伍，英藏藏文文献M.Tagh.b.ii.001号文书记载：“我还将去祖玛（Pzhu mar）的军营（作为一个士兵?）。名单上的三位于阗人，一个已病倒，一个又懒惰，另一个已派去取他的口粮，已经（将?）回到俄尼达（Vo ni dag）。即使他满意地得到了口粮，他仍相当贫困，因为他仅作为一名仆人……”[④]这件文书反映了吐蕃占领于阗地区后以于阗人为军中奴仆的情形。而另一件英藏藏文文献M.Tagh.a.iv.0022号记载：“总计用九枚铜钱雇来的男佣，于猪年来到于阗（Vu then）城堡，塔蔡……死于来前线巡逻之时，另外五六人仍按契约服役。”[⑤]这件文书则反映了吐蕃以极其低廉的价格雇佣于阗人为其军队服役的情形，这些雇佣者的身份应该同中唐以后“具有奴

① 巴卧·祖拉陈哇著，黄颢译《〈贤者喜宴〉摘译（二）》，《西藏民族学院学报》1981年第1期，第9—11页。

② 《新唐书》卷二一六，第6108页。

③ 《资治通鉴》卷二五〇，第8101页。

④ 《敦煌西域古藏文社会历史文献》，第211页。

⑤ 《敦煌西域古藏文社会历史文献》，第162页。

婢、雇工两重属性的佣仆、典身”①一样，是身份逐渐发生变化的奴隶。笔者目前没有见到敦煌地区有相关记载，同样作为吐蕃占领区的敦煌是否有类似情况尚需更多材料佐证。

吐蕃军队中最小的战斗单位由四人组成，一人为组长，称祖本（chug pon），一人为副组长，称俄本（‘og dpon），一人为炊事兵，称贞普（byan po），另一人即为仆役，称贞嘔（byan g·yog）。②其中的仆役“贞嘔（byan g·yog）”即为奴隶。米兰出土的关于罗布地区吐蕃驻守军队的文书中有不少关于这类仆役的记载，如英藏藏文文献M.I.xiv.41号记载：“纳雪（Snog shod）部落的班长支（Rtsig）玉云玛；下阿骨藏（Rgod tshang）部落的班副尼托多库；阿骨丁（Rgod lding）部落的烧饭人昂松喜索；纳雪（Snog shod）部落的烧饭奴仆波荣嘎（巴？）。”英藏藏文文献M.I.xiv.124及M.I.xiv.129号记载：“卡卓（Kha dro）部落的班长，郎禄东；（下）阿骨藏（Rgod tshang）（部落）的守地班副禄多。纳雪（Snog shod）部落的烧饭人则通玛；卡石拉（Chasla）……之烧饭奴仆，Rgyal bon（？）玛喜。”③这些奴隶受到严格的管制，尤其是从占领区掳掠的奴隶，更是受到残酷的统治。英藏藏文文献Khad.052号即是一件关于处罚这类奴隶的文书：

> 马年孟春月初，一个名叫苏达的于阗格勒（Gleg）人，是在布乡（Vbu zhang）的约巴山（Yol ba ri）当做饭的，他曾多次惹起麻烦，现决定在于阗部队里将他处死。尽管已

① 李军《唐代私奴婢初探》，《敦煌学辑刊》1984年第2期，第112—131页。
② 王忠《新唐书吐蕃传笺证》，第166页。
③《敦煌西域古藏文社会历史文献》，第123页。

决定他必须死，但仍让他作守山哨兵，因他的伙伴，即Tshugs pon（班长）[1]人等共三伙（三方），答应付出四千五百铜子（Dong tse），作为他的赎金，第一批赎金立即……如果证实这些人搞了诡计，那么一个铸币将以两个来计算之，剥夺他们的一切，直至他们的行装，以至给其鞭笞之罚，仍令其守山放哨。此文契由班长画押切附有两个……和其余的人。”[2]

（三）奴隶的监管

吐蕃统治者对于敦煌地区的奴隶有着严格的监管制度，其手段主要有二：一是对私属奴隶进行登记。英藏藏文文献Ch.frag. 61号就记载了吐蕃统治者对封赠奴隶进行登记的情况：“在大斗军（Dang to kun），墀札、穷空和桑空三人已经分到了奴隶（Brang），并为他们领取的奴隶及其家庭，登记了各自的名字，以及如何纳税（或受惩罚，或强制服役），均写于一份共同的契约中”[3]。有些奴户还可能在吐蕃佥牟使检索户籍时被析出，成为国家所属的普通民户，如前引P. 3774号《丑年（821）十二月沙州僧龙藏牒》中记载的原本附作奴户的齐周被佥牟使析出为部落民户一事。

① 此处的“班长”即上文王氏所谓“组长”，因tshugspon与chug pon发音相近，或为王氏引用之误，对此陆离已指出。另武内绍人对该文书的译解与托氏不同，武内氏认为该文书是吐蕃军队四人小组成员中的仆役（byan g·yog）向组长（tshugspon）等其他三人赔偿铜钱4500文以赎罪的契约，参看陆离《吐蕃统治河陇西域时期制度研究》，第120页。
②《敦煌西域古藏文社会历史文献》，第216—217页。
③《敦煌西域古藏文社会历史文献》，第40页。此条杨铭在《论吐蕃统治下汉人的地位》中的译文为：“在当妥关，弃札、穹恭和桑恭三人分派奴隶，举凡他们的人名、家庭、职业及如何纳税等，分别予以登记。”

吐蕃统治者监管奴隶的另一重要手段是制定相关制度管理民间的奴婢买卖。从敦煌藏经洞和新疆米兰、麻扎塔格等地出土的文书、简牍中发现的关于奴婢买卖、雇佣的契约文书来看，吐蕃统治者监管奴婢买卖的主要手段是模仿唐朝的市券制度，给民间奴婢买卖颁发公验，即吐蕃市券。①

蕃占时期的奴婢买卖文书有一个共同点，即开头都记有吐蕃派至河陇西域等地军镇的官员姓名及召开军镇会议的地点和日期等，如上举英藏米兰出土M.I.xliv.7号文书开头即书："[羊?]年，大尚论（zhang lon chen po）论帕桑（blon dpal bzang）在小罗布（nob chu ngu）召开［萨毗（tshal byi）］军镇［会议］，格纽欧子（gnyos' o se）从上仓军事千人部落（rgod tsang stod kyi sde）一个男子处［购买］了一个男性奴仆（bran），此人从前为平民时叫阿当·萨穷（'u tang gsas chung），出家后改名为旺结·扎西（byang cub bkra shis）。"契约最后还盖有当地官员论悉诺扎（blon stag sgra）、节儿论（rtse rje blon）悉诺悉诺赞（stag stagr tsan）、论帕桑（blon dpal bzang）、都督节（儿）（[to? do]g rje）、论格息拉热赞（blon dge bzher lha 'brug brtsan）、营田官（zhing pon）悉诺桑拉毕东壬都公（stag bzang lha spe ldong preng mdo gong）等的印章。②上引P.T.1077《都督为女奴事诉状》中，当事人朗绮布申诉说因抵债契约没有吐蕃官员论措热（blon mt-sho bzhre）、军中"百官"（rgod gyi brgevu rje）、民户副算使（khab sovi mngan chung）、夕布昔之文书（shub shes gyi yu ge pa）及千户（stong pon）等人的盖印，故而无效。

由上述材料可以看出，当时的奴婢买卖是受到官方的严格监

---

① 陆离《吐蕃统治河陇西域的市券研究》，第219页。

② 陆离《吐蕃统治河陇西域的市券研究》，第225—226页。

管的。吐蕃统治下的河陇地区，民户、官吏之间进行奴婢交易要向当地节度使衙署递交申请牒状，衙署官员公验核实后则颁发契约证明文件并充当交易的证明人，证明文件上要有官府的盖章，否则无效。[①]在当时的其他吐蕃占领区也是如此，如P. T. 1081《关于吐谷浑莫贺延部落奴隶李央贝事诉状》就记载了吐蕃统治下于阗的奴婢买卖情况，张纪新于辰年从吐谷浑莫贺延部落绮立当罗索处买得男性奴隶李央贝时，买奴契约上就盖有吐谷浑及通颊长官之印，[②]说明吐谷浑和通颊部落长官对这次买奴交易也进行了监管。

此外，如上所引《禁止抄掠汉户沙州女子牒》记载，吐蕃在占领敦煌初期还颁布了有关法令禁止地方势力抄掠普通百姓为私属奴隶，“勿再令无耻之辈持手令前来择配，并允其自择配偶。”[③]之所以采取这些监管措施，主要是为了防止地方势力压良为奴，保证吐蕃政府的税收。

① 对此前辈学者持不同意见。武内绍人认为，这一开头仅为记录时间，无关政府对奴婢牛马买卖的监管。吐蕃时期采用十二年一循环的生肖纪年，官方和民间文书的具体年代容易混淆，较难确定，吐蕃王诰和由王庭发出的文书在标注时间时一般是先列出生肖纪年和季节，随后列出赞普牙帐、政治事件等，上举文书中的记录方式正与此相同，说明民间立契亦仿照官府记录格式。陆离则认为，此种记录方式并非见诸蕃占时期的所有契约文书，可见并不是记录时间的普遍格式，再则从译文来看，王尧、陈践所译“诉状之批复”较为准确，因而这是吐蕃统治者对当地奴婢牛马买卖进行监管的证明。兹采陆说。

② 王尧、陈践《敦煌吐蕃文献选》，第49—50页。

③ 王尧、陈践《敦煌吐蕃文献选》，第51—52页。

第四节 吐蕃统治时期敦煌的畜牧业

随着吐蕃统治者在政治、经济领域的一系列政策调整，久罹战乱的敦煌社会渐趋稳定，农、牧、手工诸业缓慢复苏。其中，作为当地主要经济生产方式之一的畜牧业，其经营情况尤能反映出这一时期敦煌经济的恢复与发展。

敦煌地区的放牧条件可谓得天独厚。由于降水稀少、气候干旱的自然条件适宜草类植被生长，这里存在着大片草场区域。同时，雪山消融而成的甘泉水、都河、榆林河及众多泉流交汇停聚，形成水草丰美的湖泊草泽地带。[①]秦汉以降，众多游牧民族在此逐水草聚居，开启了本地畜牧业的经营传统。另一方面，古代藏族先民的畜牧业本就比较发达，其地“畜多犛牛猪犬羊马……其人或随畜牧而不常厥居”“天鼠之皮可为裘，独峰驼日驰千里”[②]。据《汉藏史籍》记载：“（止贡赞普）次子布德贡杰

① 郑炳林《唐五代敦煌畜牧区域研究》，《敦煌学辑刊》1996年第2期，第9—25页。

②《旧唐书》卷一九六，第5220页；《新唐书》卷二一六，第6072页。

在位时，出现了第一位大贤臣，乃津氏之子久拉杰结额索。若问其方便与业绩若何，则曰：驯养黄牛、牦牛、山羊、绵羊，将草打成捆，夏天的草冬天喂用。”[①]可见至迟在布德贡杰之时吐蕃已有驯养牛羊的系统方法了。基于此，吐蕃占领河陇以后积极扶持这一带的畜牧业，使得敦煌的畜牧业有了恢复和发展，不仅官府、寺庙经营着较具规模的畜群，民间也饲养着为数不少的牲畜。

鉴于畜牧业在经济生产领域作用广泛，兼具交通、耕种、礼品、食用、出售、纺织、皮革、征税等多项用途，且吐蕃在敦煌推行的畜牧业管理制度与唐有所不同，对后来的归义军政权亦有影响，对这一时期敦煌畜牧业做一钩沉，对我们了解当时敦煌的经济状况与财政管理制度大有裨益。对此，学界已有不少成果产出，对唐五代敦煌地区畜牧区域的分布、畜牧业的经营方式、管理制度、牲畜种类、饲养状况、经营目的等都有深入系统的研究。笔者将在前贤研究基础之上，从官府经营、寺院经营、民间饲养三种模式入手，对吐蕃统治时期的敦煌畜牧业做一梳理。

一、官营畜牧业

吐蕃统治时期敦煌地区官营畜牧业的发展及管理机制的完善自有其历史基础。敦煌一带自汉朝以来就是中原王朝的畜牧基地之一，唐朝时更是苦心经营，完善了从中央到地方的畜牧机构，制定了严密的监牧制度，在陇右地区形成了“陇右都监牧使—各坊监牧使—牧监—牧尉—牧长（群头）—牧子”的体系，并以“群”为最基层单位来建立牲畜的籍帐档案制度和草料供给制度。[②]

---

① 沈卫荣《吐蕃七贤臣事迹考述》，《中国藏学》1995年第1期，第29页。
② 乜小红《唐代官营畜牧业中的监牧制度》，第120—129页。

安史之乱后，吐蕃的乘虚而入加上境内的藩镇纷争，导致苑牧畜马皆没，原监牧使与坊尽废，河陇西域一带的畜牧业管理遂代之以吐蕃制度。

根据前引P.T.1089《吐蕃官吏呈请状》记载，吐蕃占领河陇一带后，在姑臧节度使衙署就曾设置一套畜牧业管理职官系统，如“上部、下部牧地大管理长（stod smad kyi phyug mavi gzhis pon chen po）”[①]，即负责管理当地畜牧业之官员，其他畜牧业相关官职尚有“牧地管理都护（gzhis pon spyan）”“畜产大管理官（byung vtsho ched po）”“副牧地管理长（gzhis pon vog pon）”“畜产小管理官（byung vtsho chungu）”等。[②]其他地区如萨毗节度使辖区、于阗、瓜州等地也设有此类官职，如米兰出土M.I.xlii.006号简牍载有“牧马官（mchibs dpon）管·交约高”，M.Togh.a.iv.00122号文书载有“饲马官（chibs pon）下属普热贡列”[③]等。敦煌地区当然也有此类设置，敦煌文书P.3074《吐蕃占领敦煌时期某寺白面破历》载有“草宅使”一职，[④]据陆离推断，应为瓜州节度使衙署中的官员，对应上述“牧地管理长（gzhigs pon）”，负责管理瓜州节度使辖境内的畜牧业。而P.3028v《吐蕃占领敦煌时期官营牧羊算会历状》中记载的算使悉诺罗则是吐蕃统治初期派来清点畜群数量的官员。

---

① 王尧、陈践《吐蕃职官考信录》，第110页。

② 杨铭《吐蕃统治敦煌研究》，台北：新文丰出版公司，1997年，第120—121页；王尧、陈践《吐蕃职官考信录》，《中国藏学》1989年第1期，第105、110页。

③ 王尧、陈践《吐蕃简牍综录》，北京：文物出版社，1986年，第50页；[英] F.W.托马斯著，刘忠、杨铭译《敦煌西域古藏文社会历史文献》，北京：民族出版社，2003年，第356、500页。

④ 《敦煌社会经济文献真迹释录》第3辑，第169页。

这一时期官营畜牧业的管理细节，在P.3028v《吐蕃占领敦煌时期官营牧羊算会历状》（图119）中可以窥见，此文书为五个

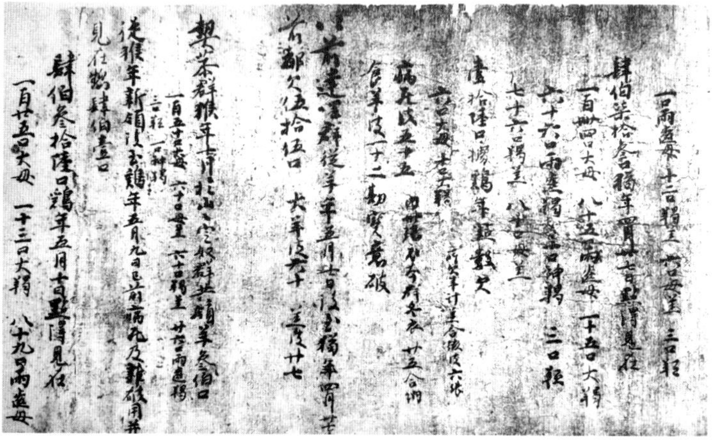

图119 P. 3028v《吐蕃占领敦煌时期官营牧羊算会历状》

官营羊群从羊年到狗年的经营记录，是一件反映吐蕃时期敦煌官营畜牧业的典型文书，兹录文如下：

（前缺）

1 一口两齿母，十二口羯羔，六口母羔，三口羝。

2 肆伯柒拾叁口，狗年四月廿七日点得见在：

3 一百卌四口大母，八十五口两齿母，一十五口大羯，

4 六十六口两齿羯，一口神羯，三口羝，

5 七十六口羯羔，八十口母羔。

6 壹拾陆口据鸡年点数欠：

7 六口大母，十口大羯。所欠羊计羔合征皮六张。

8 病死皮五十五：内卅张充本群冬衣，廿五合纳。

9 食羊皮一十二，勘宝意破。

10 以前达哩群从羊年五月七日后至狗年四月廿七日

11 前，都欠伍拾口，大羊皮六十，羔皮廿七。

12 契苾群猴年十月于山山定奴群共领羊叁伯口：

13 一百五十口大母，六十口母羔，六十口羯羔，廿六口两齿羯，三口羝，一口神羯。

14 从猴年新领后至鸡年五月九日已前病死及杂破用并

15 见在总肆伯壹口。

16 肆伯叁拾陆口，鸡年五月十日点得见在：

17 一百廿五口大母，一十三口大羯，八十九口两齿母，

18 六十七口两齿羯，一十四口四齿羯，五口神羯，三口羝，

19 六十七口母羔，五十三羯羔。羔十米。

20 柒拾柒口，据猴年数点欠：

21 卅口大母，廿七口大羯，廿口四齿羯。

22 所欠母羊计羔合征皮卅张。

23 病死皮：四十一张充本群冬衣，一十四张，勘宝意破。

24 从鸡年五月十日点后，至狗年四月二日已前点，见在

25 及病死杂破用，总伍伯贰拾玖口。

26 壹伯陆拾伍口病死及杂破用：

27 卅四口大羯，卅四口两齿母，五十八口大母，廿二口两齿羯，

28 一十一口四齿羯，三口羯羔，三口母羔。

29 叁伯陆拾肆口狗年四月二日点得见在：羔十米，

30 一百一十一大母，八十三口两齿母，卅九口两齿羯，

31 一十五口大羯，六口神羯，两口羝，五十二口羯羔，

32 五十六口母羔。

33 叁拾肆口据鸡年点欠：

34 卅四口四齿羯。

35 病死皮六十张：内卌张充本群冬衣，三张充羊年欠，一十七张

合征。一十七张勘宝意破。

36 伍口马年欠：

37 两口大母，一口两齿母，两口两齿羯。

38 皮一十八张，旧案合征，未纳。

39 以前悉诺罗从羊年五月七日后，至狗年四月廿九日

40 点前兼马年旧欠，都计壹伯捌拾贰口。

41 羔皮六十张，大羊皮卅五张。

42 拽赞猴年新领羊肆伯口：内一百卅口大母，五十九口两齿母，廿口两齿羯，九十八口羯羔，九十口母羔，三口羝。

43 从猴年领后，至鸡年五月十日点，见在及病死杂破用

44 总伍伯贰拾口。

45 陆拾柒口病死及杂破用：

46 卅二口大母，十一口两齿羯，十五口两齿母，七口四齿羯，

47 两口四齿母。

48 肆伯伍拾叁口，鸡年五月十日点得见在：

49 一百卌九口大母，九十口两齿母，六十八口两齿羯，

50 两口大羯，九口四齿羯，一口神羯，四口羝，

51 七十二口母羔，五十八口羯羔。羔九米。

52 病死皮廿四张，充本群冬衣。

53 从鸡年五月十日后，至狗年四月二日已前点得见在及

54 病死、杂破用，总肆伯玖拾柒口。

55 壹伯贰拾玖口病死及杂破用：

56 九口大羯，五口四齿羯，六十三口两齿羯，卌二口大母，

57 十口两齿母。

58 叁伯陆拾捌口狗年四月二日点得见在：羔五米。

59 一百六十四口大母，五十七口两齿母，十七口大羯，
60 五十三口两齿羯，三口羝卅八口母羔，卅六羯羔。
61 契书群，从羊年点后，至猴年四月廿八日前点，见在
62 及病死、杂破用，总捌伯伍口。
63 壹伯叁口病死及杂破用。
64 卅一口大羯，廿五口四齿羯，一十八口大母，一十三口羯羔，
65 九口母羔，一口羝，四口两齿羯，二口两齿母。
66 柒伯贰口，猴年四月廿八日点得见在：
67 一百八十七口大母，卅二口四齿母，一口大羯，一十九口四齿羯，
68 一百廿二口两齿母，一百七口两齿羯，八口羝，两口神羯，
69 一百一十五口母羔，九十八口羯羔。羔七米。
70 伍拾口据羊年点欠：
71 一十六口大母，廿九口大羯，神羯一，九口两齿羯。
72 所欠母羊计羔合征一十六。内卅张充本群冬衣，六张合纳。
73 病死皮卅六张，内卅张充本群冬衣，六张合纳。
74 食羊皮一十五，勘宝意破。
75 从猴年四月廿八日点后，至鸡年五月九日前点，见在及
76 病死、杂破用，总柒伯肆拾叁口。
77 贰伯伍拾口病死及杂破用：
78 一百廿四口大母，卌口两齿羯，廿二口羯羔，十六口四齿羯，
79 三口大羯，卌五口两齿母。
80 肆钵玖拾叁口鸡年五月九日点见在：

81 □百五十口大母，其实三口两齿母，三口大羯，五十三口四齿□（羯），

82 ▭ 五口神羯，六口羝，七十八口母羔，

83 ▭ 羔十米。

84 ▭ □□□

85 ▭ □一十□两齿羯。

（后缺）①

此件文书反映出吐蕃时期敦煌官营畜牧业的诸多细节。首先，这些羊群颇具规模，多则800余口，少则300余口。官府对羊群的监管相当严格，定期清点各类羊见在数量、病死及破用羊、羊皮数等，时间一般在四五月。其次，这些羊群由专门的官府牧人放牧。吐蕃本土的官营畜牧业按畜种各有专门的牧人负责，据《德乌宗教源流》记载：“七牧，直属赞普或者管理政府所经营的官方牲畜者，他们得‘牧人’之称呼，共有7种：洛昂牧马人、达木巴牧牛人、惹喀牧山羊人、喀尔巴牧山羊人、桂氏牧驴人、恰氏牧狗人、俄氏养猪人。”②类似制度在敦煌可能也得以推行，P.3028号文书所载“达哩”“契茶”“山山定奴”“拽赞”“契书”等均为专事放牧的官府牧人。从这些人的姓名来看，他们并非敦煌当地汉人或粟特人，可能是从吐蕃本土随军迁来的吐蕃人，这也正应了P.3350《下女夫词》所载“汉奴专知仓库，胡奴检校牛羊”一语。另外，这些人名后均缀有“群”字，当指其负

---

①《敦煌社会经济文献真迹释录》第3辑，第580—584页。原书行数排至64、65行时因误重复。

② 恰白·次旦平措、诺章·吴坚、平措次仁著，陈庆英、格桑益西、何宗英、许德存译《西藏通史——松石宝串》，拉萨：西藏古籍出版社，1996年，第57页。

责的羊群，“达哩群”即达哩负责放牧的羊群，“契茶群”即契茶负责放牧的羊群。但很显然，每一羊群并非仅由文书所载的一人负责，文书中屡次出现破用羊皮中有一部分用来“充本群冬衣”，说明该群还有其他牧羊人。如此，则载有姓名者应该为该群牧人的领头人，相当于唐朝监牧体系中的“牧长/群头”，这样一来，“群”在此处不再仅是区分羊群的单位，也是区分牧人的单位。再次，这些羊群破用损耗非常厉害，除自然死亡、病死外，大部分为食用，可见此时的官营牧羊业主要是为了满足食用需求。

另外该文书记载悉诺罗曾于羊年五月七日清点过一次敦煌羊群，之后诸年清点者未载。前已述及，悉诺罗其人还出现在S.2729《辰年（788）三月沙州僧尼部落米净辩牒》中：“算使论悉诺罗按谟勘牌子历”[①]，从姓名看此人为吐蕃人，当是在吐蕃占领初期被派往敦煌检阅人口和清点畜群的下层官吏。距788年最近的羊年是791年，在790年敦煌分部落之后不久。据此笔者推断，吐蕃占领敦煌之初，由于当地职官体系还未完全建立起来，只能派遣吐蕃本土官员来此主持公务，位高者如大相尚绮心儿总领州事，位低者如论悉诺罗负责具体工作。论悉诺罗在788年左右先检阅户口，为790年分部落一事做准备。待部落制完全建立，敦煌百姓除寺户外均已纳为部落属民，各项经济制度也基本颁行，社会生产已步入正轨，部落属民中有一小部分人员已被指派经营官府畜牧业。随后论悉诺罗便于791年第一次清点了官府所有的羊群数目。除此二文书外，算使一职和悉诺罗其人均不见载，笔者据此推断，算使一职隶属于敦煌上级官府，可能是瓜州节度衙，也可能是吐蕃本土职官，临时赴敦煌办理公务，在清

① 《敦煌社会经济文献真迹释录》第4辑，第194页。

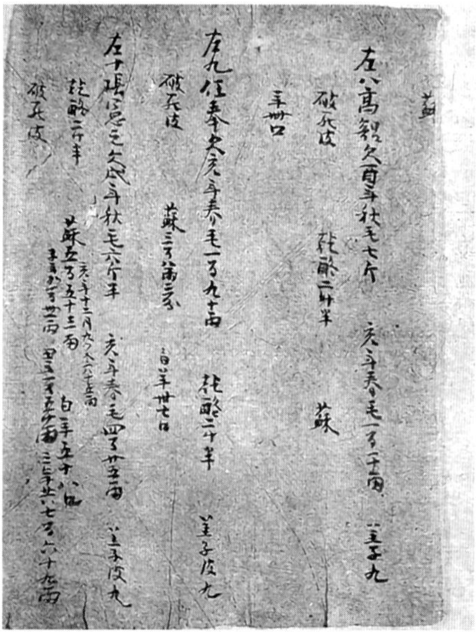

图120　S.11454D《左八至左十将牧羊人欠酉年至丑年秋毛、春毛、酥等历》

点工作完成后即被召回。之后畜牧业的管理转由当地财务官员负责，而文书中记载的其他年份的清点工作应当就是由隶属于地方财务官的下层官吏完成的，这些小吏可能就是常见载于敦煌文书的“判官”之职。

官府牧人的身份属性和赋役负担，我们可从S.11454D、S.11454E、S.11454F、S.11454G等几件文书知悉。其中，S.11454D《左八至左十将牧羊人欠酉年至丑年秋毛、春毛、酥等历》（图120）记载：

> 酥，左八高留欠酉年秋毛七斤，亥年春毛一斤一十两，羔子九，破死皮，奶酪二斤半，酥，羔四十口。左九任奉欠亥年春毛一斤九十两，奶酪一斤半，羔子皮九，破死皮，酥三斤八两三分，白羊卌七口。左十张乃思之欠戌年秋毛六斤半，亥年春毛四斤廿五两，羔子皮九，亥年十二月九日欠六十五两，奶酪一斤半，酥五斤五十三两，白羊五十八口，子年加一斤卅一两，丑年欠五十两，三年共七斤六十九两，破死皮。[1]

①《英藏敦煌文献》第13卷，成都：四川人民出版社，1995年，第283页。

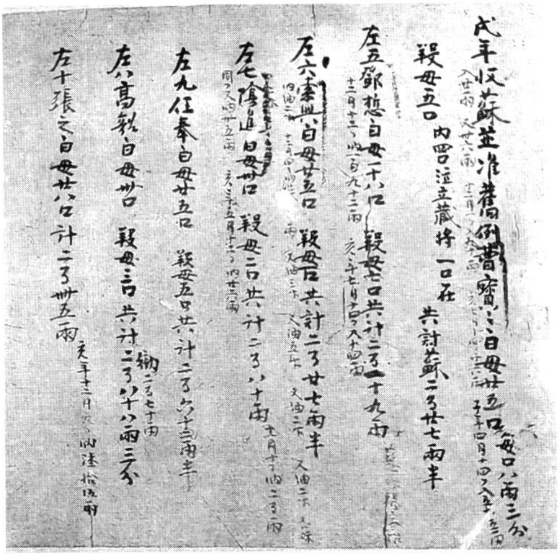

图121　S.11454E《戌年课左五至左十将牧羊人酥等历》

从上述记载可知，吐蕃时期经营官府牧羊业的均为部落下各将百姓，他们要向官府缴纳羊毛、羊酥、奶酪、羔子皮等产品，负担相当沉重。

S.11454E《戌年课左五至左十将牧羊人酥等历》（图121）亦记载了诸将百姓缴纳酥、羊油等的情况：

戌年收酥并准旧例：曹宝三白母廿五口，每口八两三分，入廿两又卅六两，十二月一日入九十两，亥七月十四斤六两，子年四月十四日入五斤五两，羖母五口，内四口泣立藏将一口在，共计酥二斤廿七两半。左五邓悊白母一十八口，羖母七口共计二斤一十九两，十二月十二日纳一百九十二两，亥年七月十四入十四两。左六索兴白母廿五口，羖母一口，共计二斤廿七两半，纳油二斤，十二月四日纳苏□□两，又油三斤，又油五斤，又油三斤，又油二斤，又酥二斤。左七阴进白母卅口，羖母二口，共计二斤八十一两，十一月十日纳二斤两，同日又纳卅五两，亥年五月十二日纳廿六两，左九任奉白母廿五口，羖母五口，共计二斤六十二两半，纳二斤七十两。左八高韶白母卅口，羖母三口，共计二斤八十八两三分，左十张之白母廿八口计二斤卌五两，亥年十二月六日纳陆拾伍两。[1]

此件文书记载的人名与S.11454D中多有重复，则两件文书记载的是同一部落左诸将缴纳畜产品的情形。

S.11454F《戌、亥等年左五至左十将供羊历》（图122）中也有高韶、泣立藏等人名，文书记载吐蕃官府从牧羊人所放羊群中征调羊只，一部分供给丝绵监军、殿下、都督、上使等吐蕃官员享用，一部分用作祭祀神灵的供品。从文书中写有“同”字来看，负责勾检的判官还对数目进行了核验。[2]

S.11454G《酉年至亥年左三将曹宝宝等羊籍》（图123）则

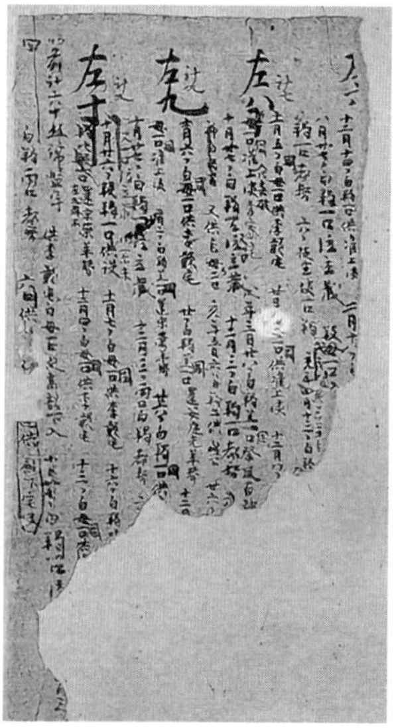

图122 S.11454F《戌、亥等年左五至左十将供羊历》

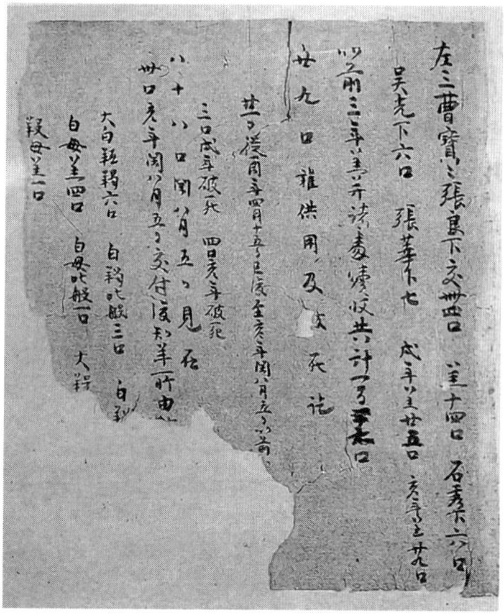

图123 S.11454G《酉年至亥年左三将曹宝宝等羊籍》

① 《英藏敦煌文献》第13卷，第283页。
② 《英藏敦煌文献》第13卷，第284页。

记载了左三将牧羊人曹宝宝、张良、石秀等所放牧羊群的供用破死羊口及新生羊羔的情况，登记了存栏数量。①这几件文书所载人名多有重复，当为同一部落。据陆离考证，左诸将属于行人部落，②S.11454F号文书中又载有“丝绵监军”，按吐蕃在敦煌划分行人部落为790年事，弃置丝绵部落为820年事，则这一组文书的年代在790—820年之间无疑。另外，前引S.5824《经坊供菜关系牒》中所载行人部落的供菜人名单中有“判罗悉鸡”，丝绵部落的供菜人名单中有“屈罗悉鸡”，“罗悉鸡”即藏语“牧羊人”的音译，这进一步证明官府牧人的身份属于部落百姓无疑。

从这一组文书我们或可推测，吐蕃统治敦煌中期所设的行人部落百姓承担着当地官府的畜牧业经营生产，这可能才是S.5824《经坊供菜关系牒》中记载的行人部落对写经生的供菜量少于丝绵部落的真正原因，而不是因为行人部落的性质是负责征战防御的军事部落，所以在赋税劳役上享有优待。③笔者已在前文中引用大量文书探讨过行人部落百姓的主业与丝绵部落一样仍是农业生产的事实，两部落均为民事性质部落。

牧羊业之外，敦煌文书中也有牧马、牧驴的相关记载（图124）。如P.T.1096《亡失马匹纠纷之诉状》就记载了敦煌一带笼区的牧马人李阿索梁放牧马匹的情况。笼区是吐蕃的驿传机构，笼区的牧马人主要负责放牧驿站所属马匹和驿使征用的民间马匹。④另一文书P.T.2204《没收叛乱者粮食支出帐》中载有马夫

---

①《英藏敦煌文献》第13卷，第284页。

②陆离《吐蕃统治敦煌时期的“行人”、“行人部落”》，《民族研究》2009年第4期，第85—94页。

③ 陆离《吐蕃统治敦煌时期的“行人”、“行人部落”》，第91页。

④ 王尧、陈践《敦煌吐蕃文书论文集》，成都：四川民族出版社，1987年，第174—175页。

图124 莫高窟第154窟 嘶鸣的鞍马

张达子和驴夫卦索，二人为官府放养马驴,提供畜力和皮、乳等产品；相应地，官府则为他们提供口粮。陆离认为，该文书应该是驻节河州的吐蕃东道节度使衙府文书，并由此推断沙州官府中应当也存在着服役内容、管理方式相同的牧人。[①]不过，就饲养规模而言，其他畜群远不及牧羊业，可见牧羊业在当时的官营畜牧业中是大宗，这应该与敦煌地区的植被环境和羊易于饲养、实用价值高等养殖特点有关。这一时期官府所有的羊群具有相当规模，由专门指派的部落百姓负责放牧。其他诸如马、牛、驴等较大牲畜的养殖，多由百姓自己饲养，下文将会谈到。

二、寺营畜牧业

由于中国僧人禁食荤腥，畜养牲畜本为内律所禁。但因田产经营以及日常运输、骑乘等均需要畜力，寺庙也会畜养马牛驼驴等较大牲畜。唐宋之际，随着农禅思想的发展，寺院饲养大牲畜

① 陆离《吐蕃统治敦煌时期的官府牧人》，第12页。

更是愈加普遍，吐蕃时期的敦煌寺院就经营着一定数量的畜群。

寺院经营畜群的来源，除一部分为自己饲养外，大部分来自当地官府与民众施舍。官府施舍数量一般较大，如S.542v号文书记载“丑年七月官施羊：大白羯一口，大母白羊三十九口”[①]，一次就施入40只羊。官员大族亦多有施舍，如P.2583《申年施入疏》记载吐蕃官员“宰相上乞心儿及论勃颊藏福田八头牛”[②]，P.3410《年代未详（840）沙州僧崇恩处分遗物凭据》记载僧崇恩施入净土寺五岁草驴一头、四岁父驴一头、草马一匹。[③]普通百姓的施入量则相对有限，如P.2863《李吉子等施入疏》载唐英振“羖羊三口，施入铸钟”[④]，S.2447《亥年（831?）十一月一日以后诸家散施入经物历稿》载僧伯明“施三岁特子一头”[⑤]等。牲畜不足时，寺院也会从民间购买，如S.6233《寅年（822）报恩寺寺主僧某某易牛契》记载，报恩寺常住因无牛驱使，寺主“将青草驴一头七岁，怗细布一匹”，博买某民户[⑥]。

这一时期寺院畜牧业的经营状况，在S.542v第1—5号文书中有详细的记载，这是一组敦煌寺院羊群的点算牒状，详细记载了丑年十二月莲台寺、金光明寺、普光寺、灵修寺、大乘寺五个寺院向都司上报点算羊群的相关情况。其中，S.542v（1）《丑年（809或821）十二月廿五日莲台寺寺卿某某于报恩寺请得福田羊牒》记载了莲台寺请福田羊的情形：

---

① 《敦煌社会经济文献真迹释录》第3辑，第574页。
② 《敦煌社会经济文献真迹释录》第3辑，第64页。
③ 《敦煌社会经济文献真迹释录》第2辑，第151页。
④ 《敦煌社会经济文献真迹释录》第3辑，第80页。
⑤ 《敦煌社会经济文献真迹释录》第3辑，第74页。
⑥ 《敦煌社会经济文献真迹释录》第2辑，第35页。

1 莲台寺状上。

2 丑年十二月廿五日·〔于〕报恩寺暖堂点算请得福田羊：

3 大白羯柒口，大白母叁拾捌，子年欠羖羯壹口，

4 羖母叁口，合丑年纳壹？限不纳，限寅年纳。

5 右通如前，请处分。

6 牒件状如前，谨牒。

7 丑年十二月日寺卿□牒。[1]

S.542v（2）《丑年（809或821）十二月二十一日金光明寺寺卿张点算史太平羊群见在数牒》（图125）记载了金光明寺点算羊群的情形：

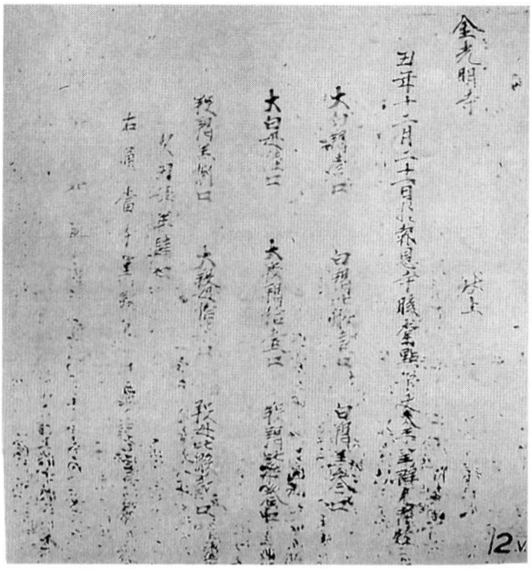

图125 S.542v（2）《丑年（809或821）十二月二十一日金光明寺寺卿张点算史太平羊群见在数牒》

① 《敦煌社会经济文献真迹释录》第3辑，第570页。

1 金光明寺状上

2 丑年十二月二十一日，于报恩寺暖堂点算史太平羊群见在数：

3 大白羯壹口，白羯叱般壹口，白羯羔叁口，

4 大白母陆口，大羖羯拾壹口，羖羯叱般叁口，

5 羖羯羔捌口，大羖母拾柒口，羖母叱般贰口。已上计伍拾贰口。

6 欠丑年羊肆口。

7 右通当寺数具件如前，请处分。

8 牒件如前，谨牒。

9 丑年十二月 日寺卿张▭牒

10 寺主惠寂（?）[①]

S.542v（3）《丑年（809或821）七月普光寺寺卿索岫请得佛羊牒》（图126）记载了普光寺请佛羊的情形：

1 普光寺状上

2 丑年七月于乾元寺请得佛羊卌口：

3 大白羯四口，大白母卅六口。子年已前欠白羯六口，

4 羖母一口，白羯见（?）在二口，羖叱般一口，限寅年算日纳。

5 右通当寺羊具录如前，请处分。

6 牒件状如前，谨牒。

7 丑年十二月 日寺卿索岫牒。[②]

---

① 《敦煌社会经济文献真迹释录》第3辑，第571页。

② 《敦煌社会经济文献真迹释录》第3辑，第572页。

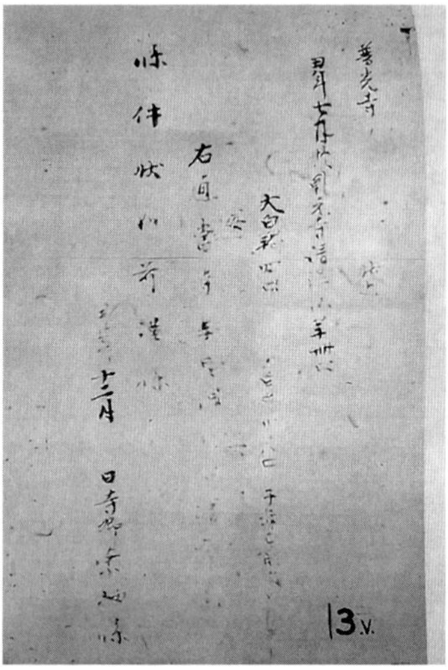

图126 S. 542v（3）《丑年（809或821）七月普光寺寺卿索岫请得佛羊牒》

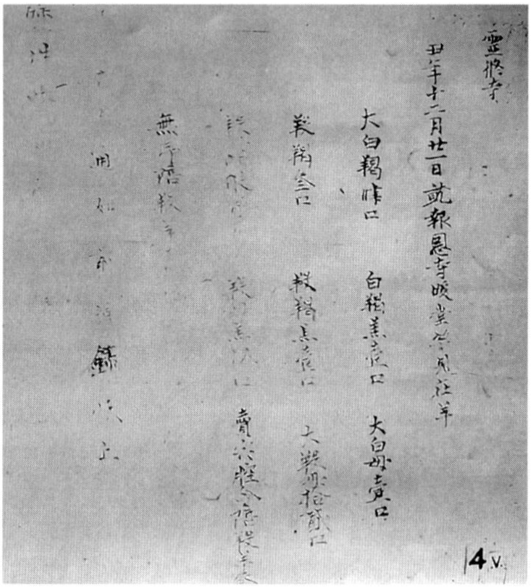

图127 S.542v（4）《丑年（809或821）十二月二十一日灵修寺寺卿薛惟谦算见在羊牒》

S.542v（4）《丑年（809或821）十二月二十一日灵修寺寺卿薛惟谦算见在羊牒》（图127）记载了灵修寺点算羊群的情形：

1 灵修寺状上
2 丑年十二月廿一日，就报恩寺暖堂算见在羊：
3 大白羯肆口，白羯羔壹口，大白母壹口，
4 羖羯叁口，羖羯羔壹口，大羖母拾壹口，
5 羖母叱般贰口，羖母羔伍口。卖肉腔令陪羖羊叁口，
6 无印陪羖羊壹口，限寅年算羊时陪。
7 右见通如前，谨录状上。
8 牒件状如前谨牒。
9 　　　　丑年十二月　日寺卿薛惟谦牒。[①]

---

①《敦煌社会经济文献真迹释录》第3辑，第573页。

S.542v（5）《丑年（809或821）十二月大乘寺寺卿唐千进点算见在及欠羊牒》（图128）记载了大乘寺点算羊群的情形：

1 大乘寺状上。
2 丑年十二月于报恩寺众堂点算见在及欠羊总九十五口。
3 一十七口欠，合寅年点羊所纳，
4 见在羊总七十八口。
5 大白羯壹口，大羖羯陆口，羖羯叱般叁口，羖羯
6 羔贰口，大羖母拾陆口，羖母四齿肆口，羖母羔贰口，
7 羖羯四齿肆口。
8 丑年七月官施羊：大白羯壹口，大母白羊叁拾玖口。
9 右通羊数具件如前，请处分。

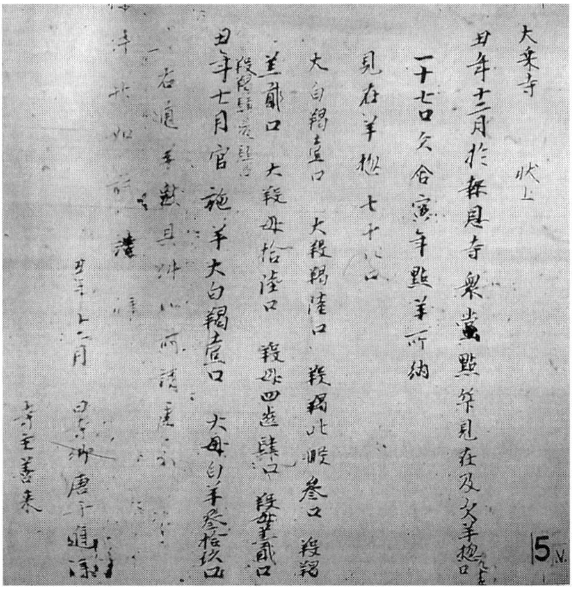

图128 S.542v（5）《丑年（809或821）十二月大乘寺寺卿唐千进点算见在及欠羊牒》

10 牒件状如前，谨牒。

11 丑年十二月　日寺卿唐千进牒

12 寺主善来[①]

上述五件文书反映出吐蕃时期敦煌寺营畜牧业的一些经营细节。首先，寺院畜牧业由当寺寺卿具体负责。寺卿是由俗人担任的下层僧官，主要负责督察、协理当寺各类寺务，寺院的佛羊、福田羊每年年终由各寺寺卿及寺主点算后向都司汇报。其次，点算之羊多为福田羊、佛羊，当是从都司处请领而来，点算时间除了第三件文书的请佛羊时间为七月外，其他四件点算、请羊均在十二月，可见这一时期寺营畜牧业的清算时间基本都在年底进行。点算地点除第三件记载的普光寺请佛羊是在乾元寺进行、点算地未记录外，其余四件均载有“于报恩寺暖堂点算”之语。之所以集中在报恩寺点算，当与吐蕃时期敦煌的僧官制度有关。吐蕃时期敦煌僧团的最高首领是都教授，位列其他寺教授之上，总领敦煌佛教事务，诸寺寺卿请羊、点算时要前往都教授所在处请示。报恩寺曾有一位李惠因教授后来升任了都教授，故诸寺要在报恩寺汇报。据S.6604《四分戒本疏》末尾题记载：“亥年（819）十月廿三日起首，于报恩寺李教授阇梨讲说此疏，随听随写，十一月二日。”[②]据此题记可知，这位李教授亥年（819）还是报恩寺寺教授，升任敦煌都教授当在此后。另一件文书P.4640亦载有其事迹：“敦煌都教授兼摄三学法主陇西李教授阇梨写真赞，释门都法律兼副教授苾刍洪辩述。”[③]此时他已荣升敦煌都教授之职。

---

① 《敦煌社会经济文献真迹释录》第3辑，第574页。

② （日）池田温《中国古代写本识语集录》，东京大学东洋文化研究所报告，1990年，第399页。

③ 《敦煌碑铭赞辑释》，第214页。

由此也可推知，上述文书所载“丑年”当为821年。第三，从各寺点算羊群数量来看，规模最大者95口，最小者33口，各寺合计282口，每寺平均为56口，[①]可见寺院牧群的规模并不大。第四，寺院对羊群监管十分严格，对违规牧羊人施以一定处罚。如S.542v（4）记载，灵修寺点算时“卖肉腔令陪羖羊叁口”，肉腔即掏去内脏没有头部的羊身，寺方对私自出售肉腔者要求赔付羖羊三口，处罚颇为严厉，可见牧羊人无权任意处理死损羊只，更不得私自售卖。

既然寺院经营着畜牧业，则寺院畜牧业的牧人当由寺户充任。吐蕃时期，寺院拥有大量依附性劳动人口，称为寺户或常住百姓。寺户所执畜牧役的性质，姜伯勤认为多为临时看管性的放牧，都司在接受官私施羊之后、分配至各寺之前，差使寺户对羊群进行看管放牧及经办各种收领手续。[②]苏金花则进一步指出，寺户在所在寺院作为牧人放牧并非临时性的，而是长期的。[③]寺

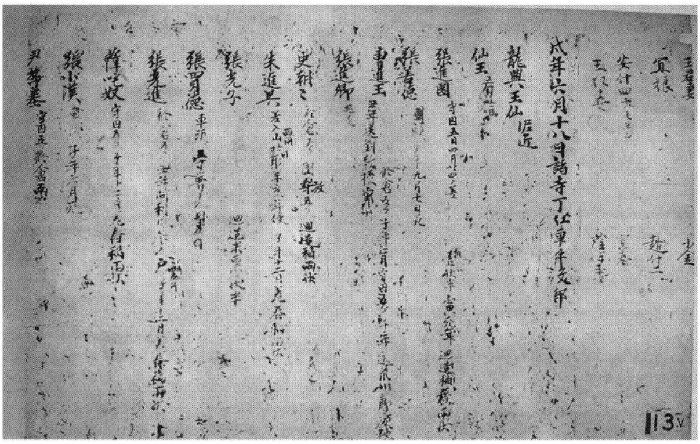

图129　S.542v《戌年（818）六月沙州诸寺丁口车牛役簿》

① 苏金花《试论唐五代敦煌寺院畜牧业的特点》，第25页。
② 姜伯勤《唐五代敦煌寺户制度》，第102、76页。
③ 苏金花《试论唐五代敦煌寺院畜牧业的特点》，第26页。

户执役的内容在S.542v《戌年（818）六月沙州诸寺丁口车牛役簿》[①]（图129）中有详细记载，包括请羊、取羊、放羊、放驼、贴羊、贴驼、贴马等，兹根据该文书记载列表如下：

<table>
<tr><th>寺院</th><th>寺户</th><th>畜牧役</th><th>寺院</th><th>寺户</th><th>畜牧役</th></tr>
<tr><td rowspan="12">龙兴寺</td><td>朱进兴</td><td>取羊</td><td rowspan="2">大云寺</td><td>成善信</td><td>贴羊</td></tr>
<tr><td>张进朝</td><td>放羊</td><td>成善德</td><td>放羊</td></tr>
<tr><td>曹进兴</td><td>放驼</td><td>莲台寺</td><td>滔奴</td><td>放羊</td></tr>
<tr><td>索再晟</td><td>贴驼群五日</td><td>安国寺</td><td>康伏逝</td><td>放羊</td></tr>
<tr><td>史昇朝</td><td>放羊;贴驼群五日</td><td rowspan="2">乾元寺</td><td>张胡子</td><td>放羊</td></tr>
<tr><td>李君君</td><td>九月阿利川请羊</td><td>李仙光</td><td>贴羊</td></tr>
<tr><td>段周德</td><td>阿利川请羊</td><td rowspan="2">灵图寺</td><td>史伯合</td><td>贴羊</td></tr>
<tr><td>曹进进</td><td>阿利川请羊；卯年历梨请羊</td><td>史通子</td><td>放羊</td></tr>
<tr><td>张荣荣</td><td>阿利川请羊</td><td>金光明寺</td><td>安胡胡</td><td>放羊</td></tr>
<tr><td>兴国</td><td>贴马群五日</td><td>报恩寺</td><td>赵留子</td><td>放羊</td></tr>
<tr><td>赵卿卿</td><td>贴马群五日</td><td rowspan="2">大乘寺</td><td>石玉奴</td><td>放羊</td></tr>
<tr><td>阎先章</td><td>放羊</td><td>石进玉</td><td>贴羊</td></tr>
</table>

同卷《戌年（818）沙州诸寺寺户妻女放毛簿》还记载了这些寺户的妻女纺织羊毛的情况。[②]当时各寺执畜牧役的寺户人数不多，从另一个侧面说明寺院畜牧业规模并不大。

寺院牧人的雇价常常以粮食支付。如P.4957《申年（?）某寺诸色入破历算会牒残卷》载："面陆斗、油贰胜，充羊裙

① 《敦煌社会经济文献真迹释录》第2辑，第381—393页。
② 《敦煌社会经济文献真迹释录》第2辑，第394—400页。

（群）头看羊破用。……白面伍升，充放羊人食用。麻查陆饼，充未年羊蹅用。”①其他与畜牧业相关的手工业者也以粮食雇佣，如P.4957记载“白面贰斗，充箭（剪）羊毛食用”；S.3074《吐蕃占领敦煌时期某寺白面破历》亦载“出白面陆斗，付金縈，充剪羊博士食”②。剪羊博士即专门剪羊毛的手工业者。

综上所述，从点算历、寺户执役情况、寺庙支出酬劳情况来看，寺院经营畜牧业仍以牧羊业为主，兼营牧马、牧驼等，这与当时官营畜牧业的情形是一致的。

三、民间饲养

在当时自给自足分散经营的自然经济条件下，敦煌地区私家饲养牲畜是较为普遍的（图130）。虽然民间经营畜牧业的资料没有官府、寺院那么丰富，并无籍帐文书记载数目、经营状况等细

图130　莫高窟第237窟 有草庐的马厩

① 《敦煌社会经济文献真迹释录》第3辑，第317页。
② 《敦煌社会经济文献真迹释录》第3辑，第169—171页。

节，但从其他社会经济文书中我们仍可窥其一二。

民间经营畜牧业按饲主身份不同，可分为官员大族和普通民众两种情形。吐蕃统治者对敦煌当地世家大族实行优待，因而上层社会的官员大族仍然拥有雄厚的经济实力，持有的牲畜数量一般都较可观。如P.4640《阴处士碑》载阴氏家族“畎平河之溉济，蚕赋马鸣”，其家窟中所绘壁画亦是“穴地多骍角之群，叱石畜仙羊跪乳”[①]。又如P.3410号文书中所载僧崇恩饲养的牲畜数量也不少，除了施入寺庙的部分，尚有“□岁草马一疋，充卖〔买〕寺南宅一躯四口并院落”；又有牸牛大小五头，留给优婆夷清净意使用；耕牛一头，留给数年来为自己“内外知家事”的僧人文信。再如P.3774《丑年（821）十二月沙州僧龙藏牒》记载的齐周家族也经营着规模不小的畜群：

> 先家中无羊，为　父是部落使，经东衙算赏羊卌口、马一匹、耕牛两头，牸牛一头，绯毯一。齐周自出牧子、放经十年。后群牧成，始雇吐浑牧放。至丑年羊满三百，小牛驴共卌头，已上耕牛十头，尽被贼将。残牛一头，驴一头。
>
> 其时大哥身著箭，宣子病卧。贼去后，齐周请得知己亲情百姓，遮得羊一百卌口、牛驴共十一头。又知己亲情与耕牛：安都督一头、赵再兴一头、张英玉一头、安恒处二齿牛二。博得大牛两头，人上得牛五头。
>
> 未得牛中间，亲情知己借得牛八具，种涧朵地至毕功。
>
> 宣子趁入所由印，用麦八驮，付张剑奴，驴一头与部落使乞心儿。[②]

---

① 《敦煌碑铭赞辑释（增订本）》上，第215页。

② 《敦煌社会经济文献真迹释录》第2辑，第283—286页。

图131　莫高窟第238窟西龛内南壁 群牛图

由此文书记载可知，齐周家中本无牲畜饲养，因其父为部落使，始得吐蕃官府拨给羊、马、牛等。齐周雇佣“牧子”经营十年后，牲畜数量大大增加，羊群数量甚至翻了十倍。这些牲畜后来大部分为贼所掠，齐周又很快从“知己亲情百姓”处请来不少牛、驴、羊，民间饲养牲畜之普遍可见一斑（图131）。

图132　莫高窟第61窟南壁 五代时期清扫马厩图

图133 莫高窟第85窟 晚唐时期的马圈

图134 莫高窟第65窟南壁 晚唐时期分为前后院的马厩

普通百姓虽不像豪族那样成群饲养牲畜，但也普遍饲养牛、马、驴等较大家畜，一般圈养在家中庑舍（图132、图133、图134、图135、图136、图137），如P.5812《丑年令狐大娘牒》所载令狐大娘就有“庑舍着畜生”以备平时农耕、运输之用。百姓的牲畜持有情况往往在分家契中有所反映，如P.2685《年代未详（828?）沙州善护遂恩兄弟分家契》记载善护、遂恩兄弟二人分家时，家中有黑牸牛一头，兄弟二人共同拥有，另外一匹草马则归大兄所有。[①] S.2174《天复九年（909）董加盈兄弟三人分家契》记载董加盈兄弟三人分家时，家里九岁梓牛归加盈与弟怀子二人共有，另外一头三岁黄草驴归弟怀盈所有。[②]

图135 莫高窟第360窟南壁 白牛

除了分家契外，我们还可以从买卖牲畜的契约中一窥当时民间饲养的情况。这

① 《敦煌社会经济文献真迹释录》第2辑，第143页。
② 《敦煌社会经济文献真迹释录》第2辑，第148—149页。

一时期常有百姓为了应急而将家畜出售的情况，事实上，笔者目前所见关于普通百姓饲养业的资料主要就集中在买卖牛马的契约中。如P.T.1027(3)《购马契约》就记载了羊年春僧人张本嘉以五两银子向蔡多部落百姓甲杂腊赞购买马匹一事：

图136　榆林窟第25窟北壁 白马

> 羊年春，尚腊桑与尚……等在将军衙署……比丘和尚张本嘉从蔡多部落甲杂腊赞处购马一匹，毛色、纹理为：儿马，白额，马身有叶状与骰点斑纹。……如此交易，若被认可，向售马人交付成色足（银）五两。①

P.T.1094《鼠年博牛契》则记载了悉董萨部落百姓李玉赉主仆从通颊斯东巴部落千夫长贪论噓律扎之奴安鲍迪手中以三两纯银购买黄牛之事，所买之牛的毛色、角形在文书中有详细记载：“毛色红而有光泽，犄角直立，脸部有斑纹。”②

① 《敦煌吐蕃文献选》，第59页。
② 《敦煌吐蕃文书论文集》，第29页。

图137 榆林窟第25窟 耕牛图

上述两件藏文文书中，买牛所用均为纯银，而敦煌汉文文书中所载的牛、驴出卖情况与此不同，皆以粮食、布匹等实物交付。如S.5820+S.5826《未年（803）尼僧明相卖牛契》就记载了尼姑明相因为没有粮食又身负债务，而将自己所养黑犍牛出卖他人以换取粮食一事：

> 黑犍牛一头，三岁，并无印记。未年润十月廿五日，尼明相为无粮食及有债负，今将前件牛出卖于张抱玉。准作汉斗麦壹拾贰硕、粟贰硕。[①]

同样的情形在其他文书中亦有反映，如S.1475v(6)《寅年(822)令狐宠宠卖牛契》(图138)记载，令狐宠宠因无年粮种子，便将一头无印记的六岁紫犍牛卖于同部落武光辉，“断作麦汉斗壹拾玖硕”[②]；S.6233《寅年(822)报恩寺寺主僧某某易牛契》记

① 《敦煌社会经济文献真迹释录》第2辑，第33页。
② 《敦煌社会经济文献真迹释录》第2辑，第34页。

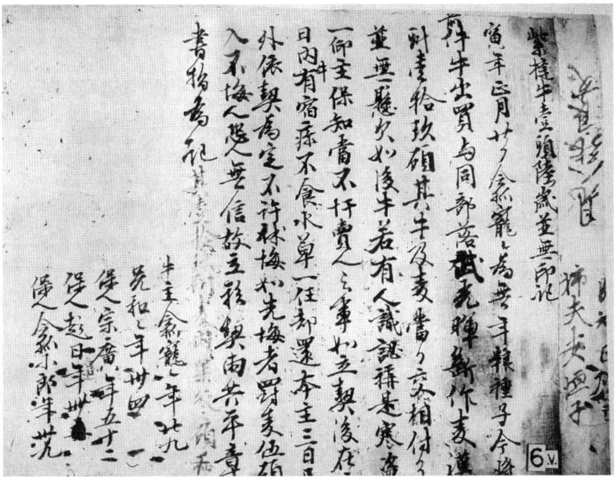

图138 S.1475v(6)《寅年(822)令狐宠宠卖牛契》

载，报恩寺寺主将一头七岁的青草驴“怗细布一匹”[①]；P.2583《申年比丘尼修德等施舍疏》记载：“牛三头折得上牛两头，共计十三石。”[②]这些都反映出民间养牛的普遍。根据这些记录，杨际平推算出敦煌当地一头牛的价格“大约相当于一匹绢或五石粮，比起内地，无疑要便宜得多”[③]，这从侧面反映出敦煌当地畜牧业的发展程度较高。此外，前引P.4957号文书还载有“麦两硕贰斗充取丑娘雇驴及人粮用”，说明百姓的牲畜不但用于贸易交换，也用于出雇。由于私人畜牧业在吐蕃时期资料很少，还看不出其在整个敦煌畜牧业中所占的比重，但到了归义军时期，私营畜牧业一跃成为当地畜牧业的主体。[④]

---

① 《敦煌社会经济文献真迹释录》第2辑，第35页。

② 《敦煌社会经济文献真迹释录》第3辑，第64页。

③ 杨际平《吐蕃时期沙州社会经济研究》，载《敦煌吐鲁番出土经济文书研究》，厦门：厦门大学出版社，1986年，第397页。

④ 张亚萍、郑炳林《晚唐五代敦煌畜牧业研究》，第425—427页。

需要注意的一点是，这几件文书专门将“无印记”注明，可见当时敦煌地区私家牲畜烙印普遍存在，说明吐蕃统治时期敦煌当地流行畜印制度。畜印制度即根据牲畜的品种、性别、岁齿、良驽等登记入籍后，分别次第，再将不同印记烙于牲畜的不同部位，形成显著而持久的标志。不仅官畜烙有印记，寺院、私家牲畜皆带有某种印记，表明牲畜的归属，使放养、繁育和管理不至发生混乱，也能防止被盗或在丢失后便于寻找，牲畜死亡时亦可起到鉴别身份之用。前引S.542v（4）号文书所载“无印陪羖羊壹口”即是指此，印记成为清点核对羊数的根据，没有印记则说明羊有丢失、死亡等情况，必须由牧羊人赔偿畜群。畜印制度是与畜籍制度相配合的，上述几件牲畜买卖文书，大都清楚地标明了交易牲畜的外形特征，如P.T.1027（3）详细记载所购马匹的毛色、纹理（儿马，白额，马身有叶状与鹘点斑纹），P.T.1094记载所购之牛的毛色、角形（毛色红而有光泽，犄角直立，脸部有斑纹），这就相当于建立了畜籍。

综上所述，敦煌当地得天独厚的放牧环境、良好的畜牧业经营基础加上吐蕃重视畜牧业的民族传统，保证了吐蕃入主敦煌以后当地畜牧业的恢复与发展。这一时期畜牧业的经营模式主要包括官府经营、寺庙经营、民间经营三种。其中，虽然寺庙畜牧业的规模相较官营为小，但二者在管理制度上有诸多相似。首先，都受相应机构的严格监管，并定期清点畜群。官营畜牧业受到上自瓜州节度衙署畜牧官、下至敦煌当地财政官吏的监管，由官府于每年四五月对畜群进行清点；寺庙畜牧业则由寺卿具体负责监管，于每年十二月清点畜群并向都司汇报。其次，官营畜牧业由部落百姓充任牧人，执行放牧劳役，并按期缴纳羊毛、酥、乳酪等畜产品；寺庙经营畜牧业则由寺户充任牧人，其妻女还要承担羊毛纺织等畜产品加工劳役。再次，就畜群种类而言，二者均蓄养有羊、牛、马、驼、驴等，但牧羊业规模最盛。民间亦普遍饲养牲畜，按饲主身份不同可划分为官员大族和普通民众两种情形。身处上层社会的官员大族拥有雄厚的经济实力，持有牲畜量较为可观；普通百姓则只在自家庑舍圈养一二头较大牲畜以备耕作、交通等畜力。无论哪种模式，官府对畜牧业都采取了畜籍制度和畜印制度相配合的管理方式，以便确认牲畜的归属，防止放养、繁育和管理中发生混乱。多元的经营模式，可观的畜群数量，以及较为完备的管理制度，都是畜牧业发展的表现，也从一个侧面反映出吐蕃统治下敦煌经济的缓慢复苏，这些都为归义军时期畜牧业乃至整个社会经济的繁荣埋下了伏笔。

第六章

吐蕃统治时期敦煌的手工业

在我国古代以自然经济为主体的封建社会中，手工业无疑是仅次于农牧业的第二大经济领域。它与广大民众的日常生活息息相关，能够生动而形象地反映出一个地区某一时期民众生活的具体面貌。因此，对吐蕃统治时期敦煌地区的手工业情况进行细化研究，有助于我们了解当时敦煌民众的社会生产和生活状况。

从总体上来看，敦煌虽地处西北边陲，距中原经济发达地区路途遥远，但自汉以来便是中西交通的咽喉之地，商业贸易一度十分繁荣。东来西往的商人、使节和僧侣们，从中原和西域带来了琳琅满目的手工业产品，这在一定程度上促进了敦煌的手工业发展（图139、图140、图141）。然而，这种局面随着吐蕃的入主发生了改

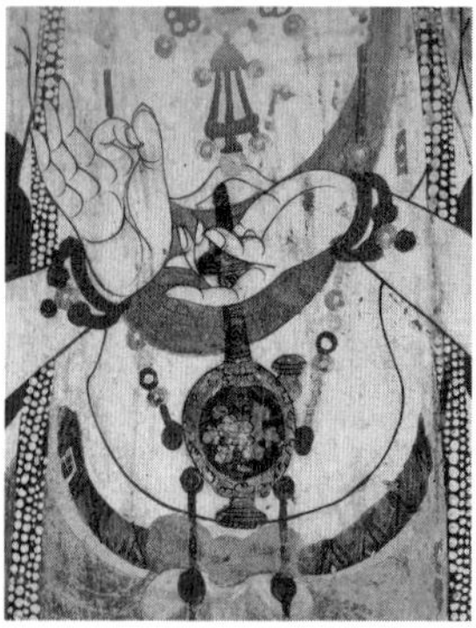

图139 莫高窟第44窟 有装饰图案的瓶

图140 莫高窟第225窟南壁龛西侧 观音菩萨净瓶

图141 莫高窟第158窟南壁东侧 宝石瓶

变。吐蕃在河陇西域的武力征伐使得丝绸之路受到严重干扰，致使敦煌的商业出现明显萎缩，一个最直观的表现就是流通领域由原来的货币贸易与实物贸易并行倒退回完全的“以物易物”。吐蕃占领期间，敦煌“没有任何文献提及货币。在唐朝收复敦煌后，货币才羞怯地重新露面，但只是扮演次要的角色。甚至很久以后，谷物仍是一种特殊的流通手段。直至最晚的写卷记录（10世纪末），交易还是以食物或织物进行的。货币的活力似乎已十分微弱，唐初的活跃

情景已一去不复返了”。[1]毫无疑问，商业上的倒退对手工业也产生了一定影响。

吐蕃时期敦煌手工业研究的主要难点在于文书中关于手工业生产的直接记载寥寥无几，笔者只能从诸如籍帐、契约、点检历等经济文书中记录的手工业产品名目入手，来推断当时的手工业生产情况。而作为东西交通的枢纽之地，文书中见载的手工业品自然并非全部产自敦煌本土，其中相当一部分为外来之物，如何区分亦需费一番功夫。当然，与农业生产一样，手工业生产也有其延续性，因此笔者更倾向于从恢复、延续唐前期手工业生产的视角出发，一窥吐蕃统治时期的敦煌手工业（图 142、图 143）。

图142 莫高窟第159窟西壁 玻璃盘

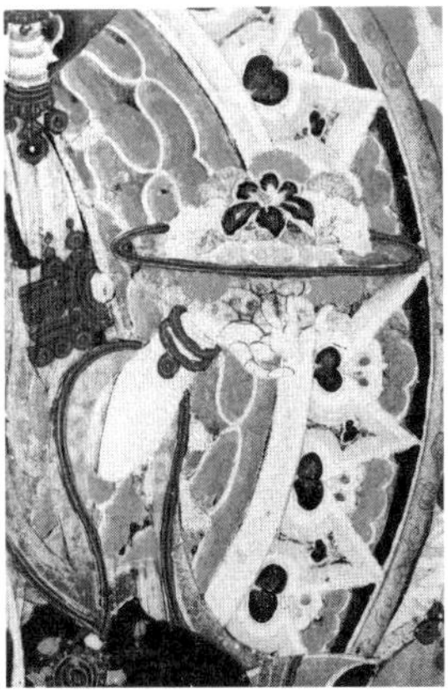

图143 莫高窟第159窟西壁 玻璃盘细节

---

① （法）童丕著，余欣、陈建伟译《敦煌的借贷：中国中古时代的物质生活与社会》，北京：中华书局，2003年，第17页。P.T.1094《鸡年博牛契》、P.T.1279《购马契约》、VP.1435《某部落尼帕都卖牛契》、VP.1282《子年王皋皋买妾书》载有以dmar作为货币购买人口、牛马的情况，王尧、陈践及杨铭诸位先生将此dmar译为“白银”，吐蕃时期汉文文书中亦有关于金银的记载，但这些金银并未见作为货币广泛应用于流通领域，属于个别现象，因此笔者以为童丕先生之论点合乎实际。

第一节 金属铸造业

一、统治初期的凋敝

陇右河西地区自古就不是富产金属矿藏之地。张泽咸统计的唐前期全国十道矿藏分布图中，陇右道只有金矿4处、银矿3处、铜矿1处、铁矿1处，与其他诸道相比数量十分有限。[①]但敦煌地区的金属制造业也并非全无发展。据S.788《沙州图经》记载，唐贞观年间敦煌有一“玉女泉”，位于“县西北七十里，绞（蛟）龙曾沉此也。唐贞观刺史张孝养铸铁烧潜之龙口。”[②]P.3721《瓜沙两郡大事记并序残卷》亦论及此事，载张孝嵩“税铜铁百万余斤……将军遂置炉治（冶）六所，销铜铁汁灌入泉中。”[③]抛开这一故事的迷信色彩不谈，从“置炉治（冶）六所”“税铜

① 张泽咸《唐代工商业》，北京：中国社会科学出版社，1995年，第13页。

② 郑炳林《敦煌地理文书汇辑校注》，兰州：甘肃教育出版社，1989年，第56页。据郑注，此处“张孝养”为“张孝嵩”之误。《敦煌社会经济文献真迹释录》录为“张孝恭铸铁潜之，龙乃飞出。”见《敦煌社会经济文献真迹释录》第1辑，第42页。S.5448号文书记载该事发生在“神龙中”。

③《敦煌社会经济文献真迹释录》第1辑，第81页。

铁百万余斤”等记载来看，其时敦煌的金属铸造业已颇有发展。

吐蕃占领敦煌初期，抑或是因为十余年围城导致的“粮械皆竭”，抑或是因为“屡犯王化”招来的器械收缴，致使敦煌当地连用于稼穑的铁制农具都成问题，“农器之间，苦无钢铁”①。在沙州汉人都督向吐蕃提出申请后，最终得到吐蕃方面的批复，“更蒙支铁，远送敦煌，耕农具既多，耕田自广”②。吐蕃统治之初敦煌金属铸造业之萧条于此可见。

二、铜铁器制造

随着敦煌社会的日渐稳定，金属铸造业开始复苏，这从吐蕃时期敦煌文书中保留的名目繁多的铜铁器物就能看出。这一时期文书中能够见到的铜铁器物主要有铛、釜、锅、铧、镰、镫、锹、剪、钩、钁、钵、鏊、镜、钏、锏、锁、剑、鉴、铃、铁索、指环、佛具等，涵盖了民众生产、生活的各个方面。虽不排除其中有外来品，但如此多的铜铁器具，尤其是其中还有大量生产工具，敦煌本地生产者当占多数。以下笔者以表格的形式列举数例吐蕃时期敦煌文书所载的铜铁器物，以供参考：

文书编号	文书名称	所载铜铁器物
S.1291③	某年三月一日曹清奴便豆麦契	铛一口
P.2686④	巳年二月六日普光寺人户李和和等便麦契	贰斗铛一口

① 《敦煌社会经济文献真迹释录》第5辑，第319页。
② 《敦煌社会经济文献真迹释录》第5辑，第322页。
③ 《敦煌社会经济文献真迹释录》第2辑，第95页。
④ 《敦煌社会经济文献真迹释录》第2辑，第96页。

续表

文书编号	文书名称	所载铜铁器物
P.2685①	年代未详(828？)沙州善护遂恩兄弟分家契	釜壹受玖斗，壹斗五胜锅，壹胜半龙头铛子壹，铧壹孔，镰两张，鞍两具，镫壹具，剪刀壹，灯壹，锹壹张，马钩壹，钁壹具，铛壹口，鏊子壹面，铜钵壹，龙头铛子壹，种金壹付，镰壹张，大釿壹，铜灌子壹，钁□壹具。
P.3410②	年代未详(840)沙州僧崇恩处分遗物凭据	铧各一孔，镰各一张，铛釦各一口。
P.3774③	丑年(821)十二月沙州僧龙藏牒	钿贝镜一面，釜一口，车钏七只，八斗釜一口，鏊一面，犁铧锹钁，车乘钏锏。
P.3730④	寅年正月尼惠性牒并洪辩判辞	铛一口，镫三只，锁两具，剑一口。
S.2899v(1)⑤	未年三月廿五日上座志心依北仓领得麦粟历	独厥鍮鑑⑥

① 《敦煌社会经济文献真迹释录》第2辑，第142—143页。
② 《敦煌社会经济文献真迹释录》第2辑，第150页。
③ 《敦煌社会经济文献真迹释录》第2辑，第283—285页。
④ 《敦煌社会经济文献真迹释录》第4辑，第111—112页。
⑤ 《敦煌社会经济文献真迹释录》第3辑，第113页。
⑥ “鍮鑑”指唐代经由贸易传入我国境内的西方系带柄镜，最迟在盛唐时期已为中原上层社会使用。在敦煌，作为日常用品，其价格适中。参看朱笛《敦煌写本“鍮鑑”初探》，《中国国家博物馆馆刊》2015年第4期，第90—98、161页。

续表

文书编号	文书名称	所载铜铁器物
P.3043[①]	吐蕃占领敦煌时期乾元寺科香帖	镜两面，铜瓶一，铜盆二。
P.3410[②]	年代未详(840)沙州僧崇恩处分遗物凭据	铜椀一,铜叠子一,坠铜盘子一,铜匙箸一,方耳铛壹口,坠铜尺五面。
P.2706[③]	年代不明某寺常住什物交割点检历	胡锁一具,大供养铃二,铜钵一,铜椀一,铜香宝子并盖陆,铜叉子四只,熟铃子一十，生铜佛印子一,转明铁一,小螺钉四十四枚,铜螺钉五,铜指环一。
P.2837[④]	辰年支刚刚等施入疏	镜一面
P.3432[⑤]	龙兴寺卿赵石老脚下依蕃籍所附佛像供养具并经目录等数点检历	铜叠子一十四枚，汉小镜一,小镜一,金铜香炉一,钟一口,舍利塔相轮上金铜火珠一，铁索四条,铜铃二伯枚,一十三两铜钵盂二。

① 《敦煌社会经济文献真迹释录》第2辑，第401页。
② 《敦煌社会经济文献真迹释录》第2辑，第150—152页。
③ 《敦煌社会经济文献真迹释录》第3辑，第7页。
④ 《敦煌社会经济文献真迹释录》第3辑，第60页。
⑤ 《敦煌社会经济文献真迹释录》第3辑，第2—6页。

还有一些文书记载有吐蕃时期敦煌百姓购买生、熟铁用以加工的情形。如S.6829v《丙戌年（806）正月十一日已后缘修造破用斛斗布等历》载有买铁用以制钉一事："出麦一硕四斗、粟三斗五胜，买铁四斤打钉。"①P.3774《丑年（821）十二月沙州僧龙藏牒》记载"齐周差使向柔远送粮却回得生铁熟铁二百斤"用于家中什物加工，"写得八斗釜一口，手工麦十石"。②此处"写"即"泻"，意为铸造，在敦煌文书中，从事用生铁铸造釜、鏊、钟、铧等铁器的工匠就称为"泻匠"，又作写匠、泻博士等，归义军时期文书中亦有作"生铁匠"者。③

综上可见，吐蕃统治时期敦煌民众的日常生产、生活中，对各种铜铁质地的工具、器皿等有较大的需求量。加之，此期间吐蕃又正与回纥等交战，兵器自然也有一定的需求量。因此，这一时期敦煌的铜铁冶铸业与唐前期相比，当不会有太大倒退，并逐渐从战后的凋敝中复苏。遗憾的是这一时期的冶铸业生产情况不像后来晚唐、宋代那样在壁画中有直观的反映（图144、图145）。

图144 莫高窟第196窟西壁 晚唐时期皮囊鼓风图

图145 榆林窟第3窟东壁 宋代风箱与冶铁图

① 《敦煌社会经济文献真迹释录》第3辑，第146页。

② 《敦煌社会经济文献真迹释录》第2辑，第283—285页。

③ 郑炳林《唐五代敦煌手工业研究》，《敦煌学辑刊》1996年第1期，第20—38页。

三、金银器制造

图146 青海都兰热水墓群出土金器

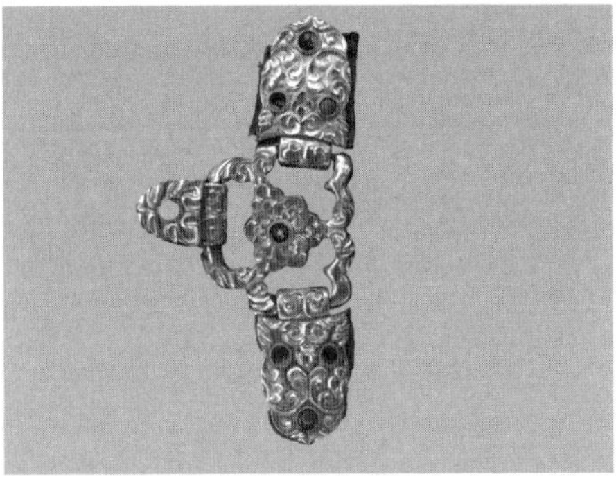
图147 青海都兰热水墓群出土金器

敦煌并非出产金银之地，但吐蕃却颇富金银，《新唐书·吐蕃传》载“其宝，金、银、锡、铜”[①]。吐蕃工匠亦十分善于制作金银器物，如贞观十四年（640）吐蕃即“遣使献黄金器千斤以求婚”[②]；贞观二十年（646）吐蕃又派遣禄东赞奉金鹅入唐朝贡，“其鹅黄金铸成，高七尺，中可实酒三斛”[③]，制作工艺可谓精湛。正如E.H.谢弗所言，“从吐蕃给唐朝贡物与礼物的一些记载来看，这些记载一再列举出大量的金器，而这些金器均以其漂亮、珍贵和精湛的手工艺而著称，吐蕃

① 《新唐书》卷二一六，第6072页。M.Tagh.b.i.002号文书中就有运输队运送“白银九百两；黄金六百两”的记载，这些金银应该是来自文书后面所载的“桑霍尔（Bzang-Hor）部落，被运往神山（shing-shan）。神山这一地名在麻札塔格文书中提及三十余次，据托氏考证，此地在和阗河畔，据和阗城北约一百公里，斯坦因在那里发现和发掘了一个吐蕃人的堡塞及其他遗址。此地名在其他地方出土的文书中绝少发现，斯坦因在《亚洲腹地》中认为神山就是麻扎塔克地方的正式名称。参看《敦煌西域古藏文社会历史文献》，第332、173页。

② 《旧唐书》卷三，第52页。

③ 《册府元龟》卷九七〇，外臣部，朝贡三，第11400页。

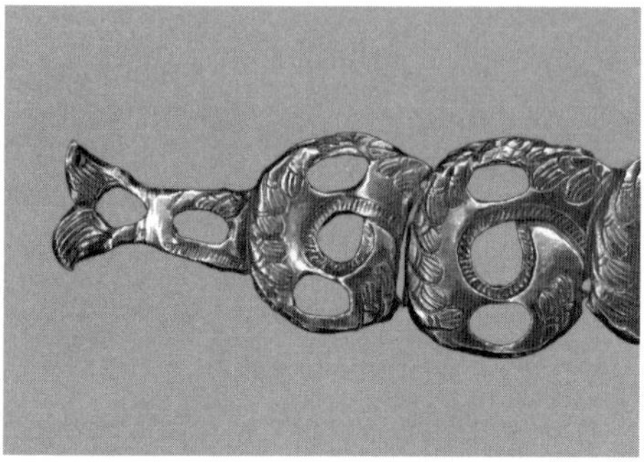

图148 青海都兰热水墓群出土金器

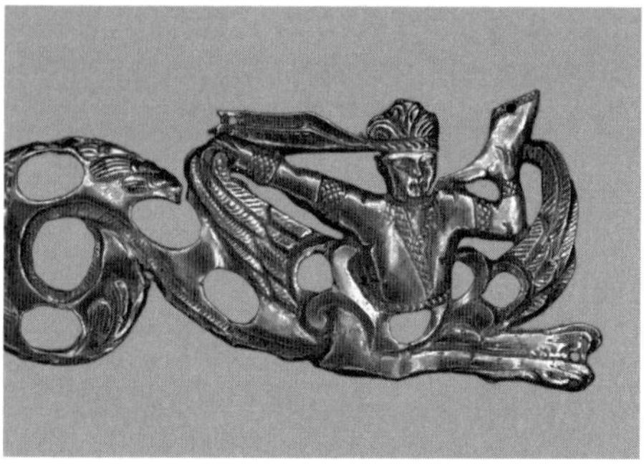

图149 青海都兰热水墓群出土金器

的金匠实在是中世纪世界的奇才。”[①]（图146、图147、图148、图149）如此，则吐蕃占领敦煌以后，本土金银器物和金银冶铸工艺自然会流向敦煌。

吐蕃时期的敦煌文书中记录了不少金银器物，这些金银制品多集中于佛教寺庙和僧侣手中。究其原因，当时吐蕃国内正值佛教上升时期，笃信佛教的吐蕃官员将来自本土的金银器皿施舍于敦煌佛寺自是情理之中的事情。如P.3410《年代未详（840）沙州僧崇恩处分遗物凭据》所载崇恩遗物中，有“十五两金银间腰带一”“银椀一枚”“十五两银椀一”“七两银盏一”等物；[②]P.2706《年代不明某寺常住什物交割点检历》载有“生银半两”“银珠子二”；[③]P.2583《申年比丘尼修德等施舍疏》载有“金五两”“宰相上乞心儿福田入僧金十五两”“金

① （美）E.H.谢弗《撒马尔干的金桃：唐朝舶来品的研究》，伯克利，1963年，第253—254页。转引自（美）贝克·威思著、关学君译《西藏与欧亚早期中世纪繁荣》，《西藏民族学院学报》1983年第4期，第60—71页。

② 《敦煌社会经济文献真迹释录》第2辑，第150—152页。

③ 《敦煌社会经济文献真迹释录》第3辑，第7页。

花·（银）……”“十两银瓶一”“宰相上讫结罗福田施僧十五两”“金花银盏一”“十两银盘一”“七两银盘一”；[①]P.2912《某年四月八日康秀华写经施入疏》载有“施银盘子三枚，共卅五两”。[②]另一方面，敦煌民众日常生活中极少出现金银。S.1475v（5）《未年（827）安环清买地契》中载有“已后若恩敕，安清罚金伍两纳入官”[③]一事，此类以金银为罚金的事例在吐蕃时期十分少见。

至于吐蕃时期敦煌金银匠活动的相关记载，笔者目前没有见到，但是我们可以从承袭了吐蕃诸多旧制的归义军时期的情况中做一推断。归义军时期的敦煌文书中有许多关于金银匠的记载，如P.2641《丁未年宴设司帐目》载“金银匠阴苟子等二人”；S.6452《辛巳年十二月十三日周僧政于常住贷油面物历》载“壬午年正月三日，酒壹瓮，打银碗博士吃用”；S.6045号文书载“金银匠赤日之便粟肆硕”；S.1366号文书载“十一日衙内造作金银匠七人”“赏金银匠胡饼一百枚”“去四月廿九日从衙内造作金银匠五人”；P.2049《长兴二年净土寺入破算会稿牒》载“粟柒斗，造菩萨头冠，从廿日至廿九日中间供金银匠及伞骨阇梨兼打镤博士等用”“粟肆斗，金银匠设斋解劳用”；P.4640号文书载“十六日，奉判支与金银匠王神神妻亡助葬粗纸两贴”，等等。[④]由此可知，归义军时期敦煌有金银匠活动，主要是为寺庙、官府服务，吐蕃时期的情形当与之类似。

蓬勃发展的敦煌佛教无疑对金属冶铸业有着一定的推动作用。当时许多精美的金属器物均为佛具，如P.3432号文书就记载

---

① 《敦煌社会经济文献真迹释录》第3辑，第64页。
② 《敦煌社会经济文献真迹释录》第3辑，第58页。
③ 《敦煌社会经济文献真迹释录》第2辑，第1页。
④ 郑炳林《唐五代敦煌手工业研究》，第28页。

了名目繁多的金属质地佛像、佛具，诸如“佛帐内当阳脱空金渡像”“金渡铜花并白镴花三面画垂额”“佛头上铁伞子”“少许金渡座上铁菩提树”“金铜阿弥陀像”“药师琉璃金铜像”“金铜阿弥陀像”“金铜菩萨”“金铜声闻像”“药师琉璃金铜像”“周鼎佛堂内铁莲花树”“佛头观铜渡金七宝钿”“金铜杏叶一十五”“金花陆两盏银盏一拂临样”“金铜莲花”“大铜金渡叕四脚香炉”“长柄铜香炉”，等等。但必须指出的是，这些金属手工艺品有不少是来自西域的，如上举拂临样银盏即是一例。P.2576号文书还载有“金八薄”“银环子”“十两金花银瓶子”“八两银胡禄带”“银火铁”“银靴带”“银盘子”“拾两银瓶”“金花银盘”“七两银瓶”等，P.T.1047《占卜文书》亦载有数量不详的金盘，这些工艺品均来自粟特。[①]

① 杨铭《唐代吐蕃与粟特关系考述》，《西藏研究》2008年第2期，第5—14页。

第二节 纺织印染业

吐蕃统治时期敦煌地区纺织品的用量是相当大的，因为除了日常衣物、口袋等生活什物的制作外，由于金属货币在流通领域的萎缩，织物还广泛充当着实物货币的角色。虽然我国古代就有“氓之蚩蚩，抱布贸丝”[①]的传统，但吐蕃统治敦煌后这种以布为币的程度无疑大大加深了，以至于布匹一度上升为与粮食并列的实物货币之一，并且这种影响一直延续到归义军时期。同时，布匹在这一时期不仅用于民间贸易往来，还用于布施寺院。如P.2912《丑年正月已后入破历稿》载“丑年正月已后，大众及私偏儭施布入”[②]；P.2837《辰年支刚刚等施入疏》载有信众施入“白布裙一腰”“布一丈”[③]；P.2583《申年比丘尼修德等施舍疏》载宰相尚绮心儿布施“上锦两张”[④]，等等。另外，敦煌民众进行吊孝、结社、赈济等社交活动时亦用到布，如S.1475v（3）《申年五月社人王奴子等牒》记载：“社人置条件：社内至亲兄

① 《毛诗注疏》卷三《国风·氓》，上海：上海古籍出版社，2013年。
② 《敦煌社会经济文献真迹释录》第3辑，第55页。
③ 《敦煌社会经济文献真迹释录》第3辑，第59页。
④ 《敦煌社会经济文献真迹释录》第3辑，第64页。

弟姊妹男女远行回及亡逝，人各助借布一匹吊问。”[①]如此大的使用量必然会推动敦煌纺织业继续发展。从敦煌出土的相关文书来看，这一时期敦煌丝、棉、麻、毛四类织物一应俱全，印染业也有一定发展。

一、丝织业

吐蕃时期敦煌文书中记录了花色繁多的丝织品，其归属与金银器一样，集中在寺院、僧官、政府官员、当地大族等僧俗界上层手中。如P.3410《年代未详（840）沙州僧崇恩处分遗物凭据》所载敦煌高僧崇恩的遗物中，就包含有大量丝织品。其中有紫绫夹裙衫、紫绫缦、紫绫履、紫绫袈裟、紫绫庐山帽、紫绫壮襖子、紫罗庐山帽、绫襖子、赤黄绫夹袴、绯绫被、白绫韈等绫制品，有绿绢兰、白练汗衫、白练里草绿交缘、长绢裈等绢制品，有红紬缦、青绮来长袖等丝绸制品，有将八窠上锦、红锦襖子、赤黄绵壮袴等锦制品。[②]再如P.3774《丑年（821）十二月沙州僧龙藏牒》载龙藏妻阴二娘有绿禄罗裙、红锦袴、碧罗被子、皂绫襖子等，其后母遗物中有绿缬罗裙、白锦袴、罗衫子、罗被子等，[③]均为丝织品。龙藏曾身充将头，后出家为僧，龙藏的父亲亦曾是部落使，均为敦煌僧、俗界上层人物。与普通百姓生活相关的文书中则几乎不见丝织品的使用记录。

寺庙拥有的丝织品主要为佛衣和礼佛物品。如P.3432《龙兴寺卿赵石老脚下依蕃籍所附佛像供养具并经目录等数点检历》中记录了大量丝织品制成的佛衣佛物，兹按行选录如下：

---

① 《敦煌社会经济文献真迹释录》第1辑，第299页。
② 《敦煌社会经济文献真迹释录》第2辑，第150—152页。
③ 《敦煌社会经济文献真迹释录》第2辑，第283页。

10—11 集圣绢像壹，白练画色绢缘，长壹丈柒尺，阔长壹丈壹尺伍寸。

13—14 绣像壹片，方圆伍尺。生绢阿弥陀像壹，长肆尺，阔叁尺壹寸。绣阿弥陀像壹，长叁箭，阔两箭，带色绢。

15—16 四天王绢像肆，色绢里，长壹箭半，阔贰尺。

57—58 锦绣骈带陆，长两箭肆指，阔叁寸。

59—65 故佛衣大像袈裟，表杂色绢，并贴金铜花庄严绵紬里，锦缘周园拾箭，壹。又佛衣，绵紬里，锦缘金水庄严，周园陆箭，故。故菩萨绯绫披，并有绣花色绢里锦缘及锦绢带，周园陆箭，真珠庄严，壹。又菩萨披，锦表，绢里，高梨锦并紫绢缘，长陆尺伍寸，阔肆尺，壹，故。又菩萨衣壹，绫锦表，色绢里，高离锦及真珠柒宝缘，色绢带，长肆箭，阔两箭。故阿难袈裟一，草绿地，麴尘叶相，长柒尺，阔陆尺。又迦叶袈裟壹，黄绢地，紫纯叶相，长柒尺，阔陆尺。故墨绿绢褊衫壹并带。

66—67 阿难裙，杂锦绣并杂绢补方，并贴金花庄严，番锦缘，及锦绢沥水，长肆箭，阔两箭，贰。迦叶故绢褊衫一，并带，其绢色像似删纳。

68—72 金刚裙二，故绯绫表，色绢里，紫绢缘，长肆箭半伍，阔两箭。故四福锦绢幢壹，罗锦绣者舌。又四福故幢二，杂色罗表，色绢里，高梨锦屋并者舌锦绣罗带木火珠。又故汉幢壹，杂色罗表，色绢里，锦屋罗锦绢者舌带。又肆福罗表、绢里、高离锦屋幢壹，锦绣者舌并带。

73—75 祈高离锦表色绢里伞壹，红绢裙并丝悬针线袋罗网并金铜杏叶庄严周圆柒箭，故小白绫伞贰，色绢者舌，周圆壹箭半。故生绢画幡贰拾肆口，长柒尺，并有连提。

76—77 金渡紫绢佛帐额，长壹箭半，阔壹尺，肆条。故绯绣罗额长壹箭半。白绣罗额两段，壹箭半。

78 故高离锦经巾壹，色绢里，四方各长壹箭半。

82—83 拾捌窠锦□一张。

87—89 杂色绢路袋壹，方圆壹箭。圣僧座绣褥壹，青绢里，高离锦□（缘）方圆壹箭，故。又故圣僧座叁，绢表布里。①

从记载看，既有丝织品制成的袈裟、坐垫等僧侣用品，也有画像、伞幢等礼佛用品，满目绫罗绸缎，蔚为可观。文书中记载有一些“不堪受用”者，说明部分丝织品是保存下来的故旧物品，不一定为吐蕃时期生产。另外，这些物品是否皆为当时当地所产也存疑问。S.1438v《书仪》中，索允谈及所进奉的绣像时称：“右臣州居极边，素无物产……前件功德等皆自远而来，非当土所有……虽年月稍深，然巧妙稀世。”②那么，寺庙文书中这些精美的丝织品佛物必然有不少外来者，如文书中的“胡锦”“毛锦”“番锦”等称谓即是最直观的反映。按P.3432号文书的记载，此类番锦多作为丝织物品的缘饰，如“阿难裙，杂锦绣并杂绢补方，并贴金花庄严，番锦缘及锦绢沥水”，S.6276号文书中亦载“大红锦伞壹，番锦缘”，说明此时敦煌当地流行的番锦数量较少，价格昂贵。

关于唐朝时河西有无桑蚕业，学界曾有争议。丝织业最初盛于中原，至唐宋时期又有江南、西蜀两地的丝织业兴起，与中原并为三大蚕丝基地。从气候来看，三地皆为夏季炎热且生长期

① 《敦煌社会经济文献真迹释录》第3辑，第2—6页。
② 《敦煌社会经济文献真迹释录》第5辑，第318页。

长，桑蚕一年数熟。而河西之地苦寒干燥，不利于发展桑蚕业，因而汪篯据《通典》《食货典》《唐六典》《元和郡县图志》等古籍指出陇右道并非丝产地。[①]王永兴《试论唐代丝纺织业的地区分布》一文则指出，唐后期凉州曾以白绫为贡，西州以丝为贡。[②]既然以丝织品为贡物，则河陇地区必有丝织业无疑。敦煌的气候条件与凉州、西州相似，丝织业当亦有一定程度的发展。[③]据《大唐西域记·瞿萨旦那国》载："瞿萨旦那国……工纺绩絁紬，……多衣絁紬白氎。"[④]絁即自蚕茧缫制而得的白丝或蚕丝织成的织物，紬即绸，可见唐初蚕种已传入西域。敦煌地处中西交通要冲，当地的丝织业自然会受到影响而有所发展。吐蕃占领之前的敦煌文书中，就有一些丝织业的相关记载。如大谷2836《长安三年（703）三月敦煌县录事董文彻牒》载："其桑麻累年劝种，百姓并足自供。"[⑤]既然"累年劝种"，说明敦煌栽桑养蚕、发展丝织业早已有之。唐开元、天宝年间的敦煌文书中亦有许多关于"绵""大绵""小绵"的记载，[⑥]绵是丝纺织的原料，说明唐前期敦煌的丝织业已有发展。当然，敦煌的丝织业发展与中原地区相比是十分有限的，因而敦煌丝织物中的大宗还是来自中原地区，唐前期文书中常见丝织品前缀有地名的情形即是证明，如益州小练（如P.3841v第7、12、65行）、河南府生絁（如P.3841v第63

---

① 汪篯《汪篯隋唐史论稿》，北京：中国社会科学出版社，1981年。

② 王永兴《试论唐代丝纺织业的地区分布》，《魏晋隋唐史论集》第2辑，北京：中国社会科学出版社，1983年。

③ 刘惠琴《从敦煌文书中看沙州纺织业》，《敦煌学辑刊》1995年第2期，第49—54页。

④［唐］玄奘、辩机著，季羡林等校注《大唐西域记校注》（下），北京：中华书局，2000年，第1001页。

⑤《敦煌社会经济文献真迹释录》第2辑，第328页。

⑥ 如P.3841v第22、43行，P.3348v（2）第3行，P.3841v第26、66行，P.3841v第29、62、128行，P.3348v（2）第9、25行等。

行，P.3348v（2）第6、19行）、陕郡绝（如P.3348v（2）第10行）、杂州小练（如P.3841v第25、29、32、60、116行）等。

吐蕃占领敦煌以后，由当时的文书来看，敦煌的桑蚕业在继续缓慢发展。P.4638《大番故敦煌郡莫高窟阴处士公修功德记》载阴氏家族“更有山庄四所，桑杏万株”，[①]万株虽有夸张之嫌，但足见这一时期敦煌的桑树种植相当普遍。P.2162v《寅年沙州左三将纳丑年突田历》中还记载了部落百姓向蚕坊缴纳赋税的情况，如文书第10行载索子京“蚕半驮四斗”，第13行载刘满子“侯升蚕坊纳小一驮”，第18行载李延奴“十二日蚕坊小一驮”，“蚕坊李受青一驮”，第19行杜太平一条末尾残留一“蚕”字，当也如前文所示为蚕坊纳突记载。[②]这些蚕坊当为官营性质，且规模不小，则吐蕃时期敦煌的丝织业以官营为主。在西域，据M.Tagh.b.i.002号文书记载，有运输队曾运送“丝绢一千匹”[③]，这一数量并不算小，说明西域河陇一带的丝织业是在继续发展的。

二、棉纺织业

在敦煌汉文文献中记有“緤”“氎”等语。其中“氎”是细棉布，“緤”是木棉的别称，在文献中指緤布，又称白叠布，是以棉花织成的棉布。此物为西州盛产，在吐鲁番文书中常有记载，敦煌文书中所载不多，如前引P.3432号文书中记载的“緤画观世音像”“緤绣伞”等用緤制成的礼佛物品等，大部分可能自西州流入。P.2706《年代不明某寺常住什物交割点检历》中还载有“緤氍”[④]，其中氍是毛织物，緤氍或为棉毛混织物。

---

① 《敦煌碑铭赞辑释》，第240页。

② 《敦煌社会经济文献真迹释录》第2辑，第405—406页。

③ 《敦煌西域古藏文社会历史文献》，第322页。

④ 《敦煌社会经济文献真迹释录》第3辑，第7页。

棉花的种植与纺织在西北有着悠久的历史，敦煌的近邻西州就曾以棉纺织品氎布闻名于唐朝。用来纺织氎布的棉花是草棉，又叫小棉，棉铃小，产量低，纤维质也较差，但优点是成熟早，适宜于新疆、河西等生长期短的地区，因此直至清末，这种草棉仍种植于新疆、河西一带。[①]据《梁书·高昌传》载："多草木，草实如茧、茧中丝如细纑，名为叠子，国人取织以为布，布甚软白，交市用焉。"靠近西州的敦煌地理气候条件与之相似，当也有小棉种植。

吐蕃统治时期的敦煌文书中有一些棉纺织业的相关记载，如Ch.86.ii号背所载部落百姓借棉花和棉织品的情况：

> 鸡年春，军士（Rgod）令狐林六之妻宋三娘，在受雇于白五香时，向令狐什德之女佣借得四只杯子、三枚记帐牌（Deb tse）和半斤（甲马，Rgya ma）棉织品……再者，三斤半棉花。[②]

另有将棉布作为礼品向吐蕃官员进奉的情况，如Ch.86.ii号文书记载，当地官员向吐蕃官员囊论多赞等上贡，"礼品为水果（或米〈vbras〉）半驮，汉地棉布一捆。"[③]既然能作为贡品，说明这些棉布质地上乘，可能就是产自西州的氎布。

三、麻纺织业

敦煌种麻始于何时虽无确考，但可以确定的是，从有移民在

① 沙比提《从考古发掘资料看新疆古代的棉花种植和纺织》，《文物》1972年第10期，第48—51页。

② 《敦煌西域古藏文社会历史文献》，第35页。

③ 《敦煌西域古藏文社会历史文献》，第297页。

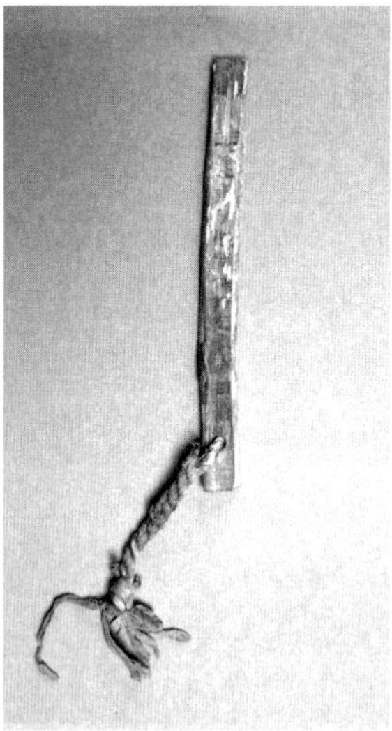

图150 穿有麻绳的敦煌汉简

此垦田耕作之时就已开始种植麻了，在距今3800年的敦煌火烧沟文化遗存中，即发现了麻的相关遗物。在汉代的考古遗迹中也有不少相关发现，如敦煌的汉代烽燧遗址中发掘出不少捆扎用的麻绳遗物（图150）；[①]在吐火罗泉北及西南T.s、T.6a-d、T.6b汉代烽燧遗址中，出土有麻鞋；斯坦因亦曾在小方盘城北约80米处发掘出一些残麻，[②]可见敦煌人民在汉代时已将麻纤维编织成麻绳、麻布、麻鞋等用于日常生活了。到了唐代，敦煌人民对麻纤维的利用已转变为以纺绩织布为主，主要的麻织品即麻布，是用麻秆加工后剥离下来的纤维纺织而成的布料，敦煌汉文文书中一般记之为布。布是当时民间用度最广的、最为普通的织物，为普通百姓日常穿着用料的大宗。

麻布也是普通民众向寺院布施的主要物品之一，如P.2837v《辰年支刚刚等施入疏》载百姓因为身患疾病而向寺庙布施祈福的物品中有“白布裙一”“布一丈”等。[③]P.2583《申年比丘尼修德等施舍疏》中还详载有不同种类的麻布，如“十综布”“八综布”“七综半布”“七综布”“细布”等。[④]“综”是用来表示麻布精细程度的单位，亦作“纵”，纺织麻布时八十缕为一升，也称一纵。据《礼记·间传》载：“布从三升、四升依次至十五升”，则麻布有从三升至十五升等粗细不一的等级。其中，

① 甘肃考古队《敦煌马圈湾汉代烽燧遗址的发掘简报》，《文物》1981年第10期，第1—8页。

② 林梅村、李均明《疏勒河流域出土汉简》，北京：文物出版社，1984年。

③《敦煌社会经济文献真迹释录》第3辑，第59页。

④《敦煌社会经济文献真迹释录》第3辑，第64—69页。

三至六升布相当粗糙，一般用于丧服；七升布也比较粗糙，汉代曾定其为刑徒和奴婢的制衣用料；[①]敦煌文书中的细布则当指升数较高者。从记载来看，所施之布均在七综以上直至十综，说明敦煌的麻纺织技术在当时已经较为娴熟。除了纺织麻布外，敦煌民众还将麻纤维搓成细绳再制成麻履。如P.2567v《癸酉年（793）二月沙州莲台寺诸家散施历状》载有“麻履一量”[②]；P.3047《吐蕃占领敦煌时期康喜奴等施入历》载有“麻履子一”“麻履子一量”[③]等语，可见编制麻履也是当时敦煌民众麻纺织业中的一个重要方面。

敦煌本就不是金、银、铜等矿藏富庶之地，当地货币皆输自中原。吐蕃占领后，敦煌与中原交通断绝，金属货币几乎消失，麻布遂成为与粮食并举的实物货币之一。如S.6829v《丙戌年（806）正月十一日已后缘修造破用斛斗布等历》载：“廿三日，买康家木价，付布肆匹”“二月十一日，付翟朝木价，布壹匹肆拾伍尺”“八月二日，出布陆拾尺，与道恽修佛坐赏物。同日，出布陆拾柒尺，付灵图金光佛充杜邕木价”[④]；S.2447《亥年（831?）十月一日以后诸家散施入经物历稿》载：“杜都督施红单绢裙壹并腰带，出唱得布壹佰叁拾尺”[⑤]；北图372：8462v《丑年—未年某寺得付麦油布历》载：“（丑年）三月五日使牛具种两日，折麦一石，又布壹匹”“巳年张山海画幡价领得物七综布壹匹”[⑥]，等等。可见吐蕃时期敦煌的官府、寺庙、民众常以

① 宋杰《吐鲁番文书所反映的高昌物价与货币问题》，《北京师院学报》1990年第2期，第67—76页。

② 《敦煌社会经济文献真迹释录》第3辑，第72页。

③ 《敦煌社会经济文献真迹释录》第3辑，第77页。

④ 《敦煌社会经济文献真迹释录》第3辑，第146—147页。

⑤ 《敦煌社会经济文献真迹释录》第3辑，第74页。

⑥ 《敦煌社会经济文献真迹释录》第3辑，第110—111页。

麻布进行布施礼佛、贸易往来、支付报酬等，此外还有用麻布制作佛物的记载。

四、毛纺织业

气候苦寒和畜牧业发达使得毛纺织业在敦煌手工业领域中占有重要的一隅。如前文所述，吐蕃统治时期敦煌的畜牧业有进一步的发展，在敦煌文书中有不少养羊的记载，这无疑为毛纺织业的发展提供了充足的原料。难得的是，与前述丝、棉、麻纺织业并无直接的生产记录、只能凭见载名物进行推测的情况不同，敦煌文书中保存有毛纺织业生产活动的记录。S.542v《〔戌年？〕（818？）沙州诸寺寺户妻女放毛簿》[①]记载了敦煌寺户及其妻女为寺院和僧官“放毛”之事，兹将具体情况以图表列出：

文书行数	寺庙	寺户	放毛记载
14	不详	曹仙妻安	与教授放毛半斤
15		毛玭妻宋	放毛半斤
29	大云寺	赵郎郎	放毛半斤
34	报恩寺	梁什七	放毛半斤
35		李什一	放毛半斤
39	灵修寺	安什二	放毛半斤
40		自宽妻	放毛半斤
48	莲台寺	宠娘	放毛半斤
57	灵图寺	梁什一	放毛半斤
60		何大云妻	放毛半斤
61	金光明寺	张光妻	放毛半斤
64		翟要娘	放毛半斤
75	普光寺	卿朝姑王什六	放毛半斤

① 《敦煌社会经济文献真迹释录》第2辑，第394—400页。

续表

文书行数	寺庙	寺户	放毛记载
84	开元寺	马什一	放毛半斤
91	乾元寺	张什二	放毛半斤
94		安大娘	放毛半斤
101	永安寺	范顺妻	放毛半斤
102		令狐什六	放毛半斤
108	大乘寺	王子英妻	放毛半斤
111		安什四	放毛半斤

“放毛”即纺毛，很明显这是当时寺户家属承担的一种劳役。其中除了曹仙妻安氏是为都教授纺毛外，其他均未作说明，应该是为各自所属寺院服役。从记录来看这些寺户妻女承担的纺毛任务均为半斤，则“半斤”或为当时寺营毛纺织业的一个服役单位。

吐蕃时期敦煌文献中可见的毛纺织品有褐、毡、毛锦、氎等。其中，褐在我国古代本多指麻织的粗布或粗布衣物，但在敦煌一带却指毛织物，并细分为斜褐、昌褐、生褐、细褐、粗褐、直褐、番褐等，分类标准当为不同织法、质地、来源等，可见褐的纺织在敦煌极为普及。此外，毛织物还用来制作口袋等日用什物，如Ch.73.xiii.8号文书记载：“骆驼毛（drnga）的口袋一条；山羊毛口袋一条。每条口袋有扣环（khe te）一个，绳子四根。”①S.1733《年代不明（公元九世纪前期）诸色斛斗入破历算会稿》记载：“粗面五斗五升，麸一斗，充织褐袋及上泥人食用。”②

另一种重要的毛织物为毡，从事毛毡制作的工匠称为擀毡博士，如S.3074《吐蕃占领敦煌时期某寺白面破历》记载：“六月一日，出白面八硕，付金縈充擀毡博士食。……廿日，出白面两

① 《敦煌西域古藏文社会历史文献》，第329页。
② 《敦煌社会经济文献真迹释录》第3辑，第299—300页。

硕，付金綮充起毡博士食。”[①]敦煌当地的毛毡因织法质地不同而有不同分类，如S.5878《子年领得常住什物历》载有“白羊毛毡”“骨力毛毡”，[②]前引P.3410号文书中载有“白方毡”，等等。氍，据《天工开物》“褐毡”条载：“其氍毹、氆氇等名称，皆华夷各方语所命。”可知氍即褐毡，也叫氆氇。氆氇（phru）产生于7世纪的吐蕃时期，是藏族特有的一种羊毛织品，既可以做衣服、床毯，也可以在举行各种仪式时作为礼物赠送他人。据《西藏记·生育》载：“女子则教识戥称，作买卖，纺毛线，织氆氇。”唐人称之为“拂庐”，为phru的音译，可见随着唐蕃经济文化交流的展开，这种毛纺织品早已传至中原，河陇西域一带的中西交通孔道自不待言。随着吐蕃的武力扩张，其文化名物必然以更快的速度传入占领区，如M.Tagh.b.i.002号文书C行即载有“氆

图151 莫高窟第156窟《张议潮统军出行图》(局部)

① 《敦煌社会经济文献真迹释录》第3辑，第169—171页。
② 《敦煌社会经济文献真迹释录》第3辑，第1页。

氇”一词。[①]敦煌《莫高窟的壁画》和雕塑中也有不少氆氇制成的衣物，如第156窟《张议潮统军出行图》中战士的战袍（图151），第159窟《吐蕃赞普礼佛图》中长官的官服（图152），第240

图152 莫高窟第159窟东壁 《吐蕃赞普礼佛图》(局部)

窟男女吐蕃舞姬的艺装，第220窟吐蕃男装供养人仪式礼服，第238窟供养人家常的便服，等等。[②]

五、印染业

吐蕃时期的敦煌文书中还有关于“红蓝”的记载。晋人崔豹《古今注·草木》载：“燕支叶似蓟，花似蒲公，出西方，土人以染，名为燕支，中国亦谓红蓝。以染粉为妇人色，谓之燕支粉。”[③]《北堂书钞》卷一三五引用晋人习凿齿《与燕王书》曰：

---

① 《敦煌西域古藏文社会历史文献》，第322页。

② 王尧《吐蕃饮馔与服饰》，《王尧藏学文集》卷一，第467页。原载《中亚学刊》第2辑，中华书局，1987年。

③ ［晋］崔豹《古今注》卷下“草木第六”，沈阳：辽宁教育出版社，1998年。

“此下有红蓝花，足下先知之否？北方人採红蓝，取其华，染绯黄，採取其英鲜者作烟支，妇人粉时为颜色。”[①]据此可知，红蓝为一种西传的植物染料，种植于北方，取果实精华可用于漂染布帛，又择其中英鲜者可制成胭脂。

据S.6064《未年正月十六日报恩寺诸色入破历算会稿》载，从午年至未年，报恩寺应收纳诸色斛斗总共一千六百六十石四斗三升，其中“一石五斗红蓝”，与麦（一千五百廿石五斗五升）、豆（六十八石三斗八升）、面（廿五石一斗）、粟（卌二石八斗）的收纳数毫无可比性，但与黄麻（二石一斗）、油（一斗四升）的收纳数处于同一量级。[②]从收纳数的比例来看，红蓝在敦煌的种植面积并不大，作为印染原料的经济作物，自然是不能与粮食作物相提并论的。P.2763v（4）《午年？（790?）仓曹某某等牒》所载某仓巳年所持斛斗中有“壹伯玖拾陆硕陆斗贰胜伍合红蓝”[③]，P.2654《巳年？（789?）沙州仓曹会计牒》载有“壹伯玖拾伍硕叁斗贰胜伍合红蓝”[④]，P.3446v《巳年（?）（789?）沙州仓曹会计牒》又载官仓新入“壹硕叁斗红蓝”，[⑤]可见官仓中的红蓝藏量还是较大的。民众布施入寺院的供养品中也有染料，如P.2567《癸酉年（793）二月沙州莲台寺诸家散施历状》载诸家散施入寺之物中就有“红蓝七硕三斗”。[⑥]

---

① ［唐］虞世南《北堂书钞》卷一三五“胭脂六十三”，北京：学苑出版社，1998年。

② 《敦煌社会经济文献真迹释录》第3辑，第297页。

③ 《敦煌社会经济文献真迹释录》第1辑，第490页。

④ 《敦煌社会经济文献真迹释录》第1辑，第491页。

⑤ 《敦煌社会经济文献真迹释录》第1辑，第493页。

⑥ 《敦煌社会经济文献真迹释录》第3辑，第71页。

第三节 粮食加工业

在农业社会中，粮食加工业无疑是与民众生活最为息息相关的手工业生产部门（图153）。百姓从土地上收割的麦、粟等谷物需要进一步研磨成粉，方能更好地炊制食品；胡麻等油料作物亦需要加工提取，方能制成食用油。同时，在粮食有盈余的情况下官府、民户还会将其中一部分酿制成酒，用于节庆宴饮等（图154）。此处笔者即从碾硙业、酿酒业和榨油业三个方面入手，对吐蕃统治时期敦煌的粮食加工业做一研究。

图153 莫高窟第61窟西壁 五代时期二人踏碓

一、碾硙业

碾硙业是粮食加工业中最基本的组成部分，对这一问题的研究既有助于从农业的角度一探时人的粮食生产情况，又有助于从手工业的视角一窥粮食加工技术的发展。学界对于敦煌一地的碾

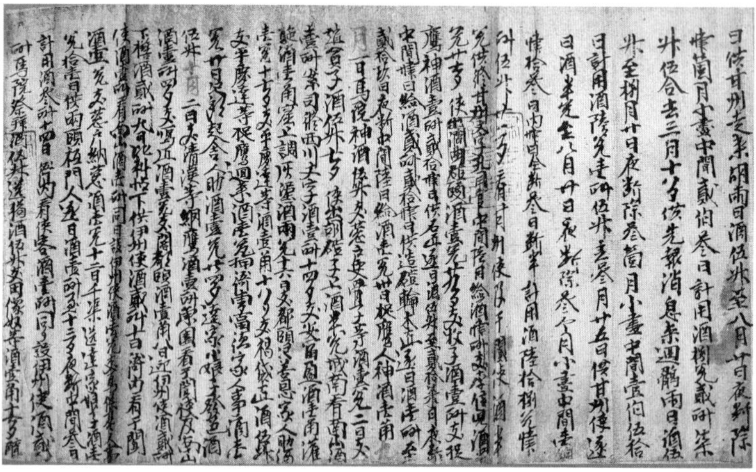

图154 P. 2629《归义军酒破历》

硙业已有深入研究，且视角各有不同。以劳役视角切入者，如姜伯勤《唐五代敦煌寺户制度》在论述吐蕃时期敦煌寺户这一特定人群的劳役种类时将“看硙”纳入加工业劳役，并从S. 542v《戌年六月十八日诸寺丁口车牛役部》中辑出各寺寺户看硙、怗看硙相关资料若干；[①]陆离《吐蕃统治敦煌时期的官府劳役》又将考量范围扩至部落属民的官府劳役，从P.3774《丑年（821）十二月沙州僧龙藏牒》一例描述了齐周组织本将民户轮流为丝绵部落看硙并获得丰厚报酬的情况。[②]以寺院经济视角切入者，如日本学者那波利贞《中晚唐时代敦煌地方佛教寺院之碾硙经营》[③]、法国学者谢和奈《中国五—十世纪的寺院经济》[④]、姜

① 姜伯勤《唐五代敦煌寺户制度》，第86、91页。

② 陆离《吐蕃统治敦煌时期的官府劳役》，《魏晋南北朝隋唐史资料》第22辑，武汉：武汉大学学报编辑部，2007年，第177—189页。

③（日）那波利贞《中晚唐时代における敦煌地方佛教寺院の碾硙经营に就きて》，《东亚经济论丛》第一卷第三、四号，第二卷第二号。

④（法）谢和耐著，耿升译《中国五—十世纪的寺院经济》，兰州：甘肃人民出版社，1987年。

伯勤《敦煌寺院碾硙经营的两种形式》[①]、唐耕耦《关于敦煌寺院水硙研究中的几个问题》[②]、刘小平《唐代寺院的水碾硙经营》[③]等对敦煌寺营碾硙业的经营、获利情况及硙户的身份地位进行了细致的研究。以手工业视角切入者，如郑炳林《唐五代敦煌手工业研究》[④]论及从事碾硙业的手工业者“碨匠”“碨博士”，郝二旭《唐五代敦煌农业专题研究》[⑤]对敦煌碾硙业的加工工具、经营管理以及对饮食结构和农业生产的影响进行了深入研究。

（一）敦煌文书所见吐蕃时期之碾硙经营

碾硙即石磨。碾者，服虔《通俗文》谓：“碾，石碢轹谷。”硙者，许慎《说文》谓：“硙（碨），□也。古者公孙班作硙。”刘熙《释名》：“硙，磨也。”唐代用碾硙加工粮食广为流行，经营模式主要有官营、私营、寺庙经营三种，具体的加工类型又可根据动力不同区分为人力推磨、畜力推磨、水力推磨三种形式。其中政府官营、王公权贵私营、寺庙经营的较大型碾硙多为水硙，寻常百姓家则多用人力、畜力推磨。吐蕃占领下的敦煌的生产方式仍同中原，并无太大变化，因此其碾硙业的发展与蕃占前的情形大致相同。

首先从经营模式来看，吐蕃统治时期敦煌的碾硙业经营与唐时一样，官营、私营、寺庙经营三种模式一应俱全。官营碾硙

① 姜伯勤《敦煌寺院碾硙经营的两种形式》，《历史论丛》1983年第3辑。
② 唐耕耦《关于敦煌寺院水硙研究中的几个问题》，《文献》1988年第1期，第178—197页。
③ 刘小平《唐代寺院的水碾硙经营》，《中国农史》2005年第4期，第44—50页。
④ 郑炳林《唐五代敦煌手工业研究》，《敦煌学辑刊》1996年第1期，第20—38页。
⑤ 郝二旭《唐五代敦煌农业专题研究》，兰州大学博士学位论文，2011年。

者，如P.3774《丑年（821）十二月沙州僧龙藏牒》所载："齐周去酉年看丝绵硙所得斛斗，除还外，课罗底价、买鏊一面及杂使外，余得麦粟一百卅石，并入大家用。"[①]此处齐周所看的"丝绵硙"自然是官营性质，属丝绵部落所有。由此，我们或可推测当时敦煌各部落有官营碾硙存在，这些碾硙应是承袭了唐时原有之物。

敦煌文书中吐蕃时期寺庙经营碾硙的记录相较于官营则更为丰富。吐蕃统治敦煌时期正是其本土佛教获得极大发展之际，吐蕃统治者对敦煌寺院颇多优待，寺院经济有一定程度的发展，经营碾硙即是其中一例。中原地区的僧人经营俗业向来有之，唐高祖时就曾下诏指责寺观"嗜欲无厌，营求不息"[②]，睿宗景云元年（710）《诫励风俗敕》曰："寺观广占田地及水碾硙，侵损百姓。"[③]可见经营碾硙一直是寺院经济中的一个重要方面，敦煌亦不例外。而吐蕃时期敦煌寺院拥有的众多寺户，正是寺营碾硙业的生产主力。如S.542v《戌年（818）六月沙州诸寺丁口车牛役簿》就记载了龙兴寺寺户仙玉，大云寺寺户史加进、刘孝忠，灵图寺寺户张进光，金光明寺寺户安朝朝，报恩寺寺户刘保奇等执"看硙"之役，龙兴寺寺户张清清执"怗看硙"之役。[④]"看硙"即执掌管碾硙役，"怗看硙"即兼充或辅佐看硙。[⑤]另一份文书S.4782《寅年乾元寺堂斋修造两司都师文谦诸色斛斗入破历算会牒残卷》[⑥]记载了吐蕃时期敦煌乾元寺的碾硙管理和维

① 《敦煌社会经济文献真迹释录》第2辑，第284—286页。
② 《旧唐书》卷一，第16页。
③ 《唐大诏令集》卷一一〇。
④ 《敦煌社会经济文献真迹释录》第2辑，第381—393页。
⑤ 《唐五代敦煌寺户制度》，第91页。
⑥ 《敦煌社会经济文献真迹释录》第3辑，第309—312页。

修等事项，具有一定的典型意义，故此处笔者先将相关内容（不包含硙课）按行摘出再逐一进行探讨：

32—33行　白面五斗，油二升，粟九斗，麦二斗，以上充众僧行硙日食用。

37行　面三斗五升，油一升，麦七斗，充两日修硙食用。

43—53行　白面两硕二斗，粟一硕一斗，油一升，麦一斗五升，以上充打硙轮博士及解木人食用。油六升，充段昇子手功直用。粟两硕五斗，缘当寺硙不行，硙直用。布二丈五尺，充赏段昇子用。面一硕五升，油二升，粟一硕三斗，以上充硙轮了日设博士破用。面一硕六斗，油三升，粟六斗，充修硙食用。面一硕六斗，粟一硕四斗，已上充安硙轮日食用。面二斗，充书硙契日食用。面两硕三斗，油八升，粟一硕起硙轮设博士破用。

65—68行　麦一硕，充买硙辋用。油七升，买硙辋用。麦一硕四斗，买硙辋用。面一斗，油一升，充安都师修硙门用。

69—70行　麦一斗，解木人食用。麦一硕充修硙功直用。

此件文书反映了寺院经营碾硙的诸多方面。首先，文书开头写有“乾元寺堂斋修造两司都师文谦状”，68行亦记有“充安都师修硙门用”，由此可知寺院经营的碾硙是归修造司的都师管理的。修造司是吐蕃时期敦煌寺院都司（全称应是都教授司或都僧统司）的下属机构，[①]而都师则是各司中负责具体事务的低级僧

① 谢重光《吐蕃占领期与归义军时期的敦煌僧官制度》，《敦煌研究》1991年第3期，第52—61页。

官。[①]具体到乾元寺，则是由安都师具体负责碾硙的维修等事宜，至于安都师与“都师文谦”是否为同一人尚不可知。

其次，文书中提到碾硙的许多零部件，如硙轮、硙辋、硙门等。“硙轮”是利用水的冲力以启动水磨的轮盘，“硙辋”则是硙轮的外框，二者都是水硙的部件，[②]则乾元寺的碾硙为水硙无疑。吐蕃时期敦煌汉文文书中虽未见到水硙相关记载，但在蕃占前和归义军时期文书中均记有水硙。如敦煌市博物馆藏《天宝年间地志残卷》载“安西……水硙三”，S.1947v《唐咸通四年癸未岁（863）敦煌所管十六寺和三所禅窟以及抄录再成毡数目》载“东河水硙一轮”。而S.3873《唐咸通某年（860—874）索淇舍施水硙园田等入报恩寺请求判评状》则明确记载“上代水硙三所”[③]，此“上代”当身处吐蕃统治时期。

这一时期的藏文文书中记有水磨，如P.T.1118《水磨费等杂据》载：

> 猴年孟夏四月十四日，神殿安国寺水磨，由张龚子、周林林二人看守。先后向安国寺之张法律交付水磨费，粮数为：仲夏五月初青稞三硕又两升，交付张法律。户差青稞

---

① 关于“都师”一职，学界有不同观点。姜伯勤、湛如认为是寺院三纲之一都维那的别称（姜伯勤《敦煌社会文书导论》，湛如《论敦煌寺院兰若的组织及其他》）；田德新认为是寺院中的低级僧官（《敦煌寺院中的都师》），郑炳林、邢艳红的观点与田氏相似，并更加细化，认为是寺院中负责仓库储物的保管和僧众伙食的管理者。与“直岁”职责相同，称谓亦可互换（《晚唐五代宋初敦煌文献所见都师考》）。从文中所举文书可见都师负责碾硙、修造等具体的寺院经济事务，则其为低级僧官无疑，故笔者以为后两种说法更为可靠。

② 杜朝晖《敦煌文献名物研究》，浙江大学博士学位论文，2006年，第200页。

③《敦煌社会经济文献真迹释录》第3辑，第83页。

六汉升，交付东归之张师。众比丘在安保沟油房榨油应付费青稞四汉升，比丘们已交，水磨费结清，交付保沟。[①]

这一记载说明安国寺设有水硙，派有专人看守且征收水磨费。事实上，对于水硙的安装使用，敦煌地区有着得天独厚的条件。这里属于典型的绿洲农业区，流经其中的党河和遍布各处的灌渠组成了一个发达的灌溉网系，加上地势由西南向东北倾斜所产生的落差，十分有利于安装水硙。[②]

第三，由于经营碾硙可获利丰厚，寺院对于碾硙业十分重视。文书32—33记载了“众僧行硙日”这天需用的食材，说明“行硙日”寺院有法会一类的活动。据那波利贞研究，唐代寺院每年十二月末会举行对于碾硙的法会，称为“假磨斋”，文书中的“行硙日”可能就是类似的活动。类似的情况如归义军时期文书S.4373《癸酉年（913或973）六月一日硙户董流达园硙所用抄录》中记有硙首日、入硙轮日、修大闸日都要举行相应的“赛神”活动。这种宗教仪式的举行或许是为了给水硙增加许多神秘色彩，从而更加有利于寺院对碾硙的垄断。[③]此外文书还记载有“面二斗，充书硙契日食用”，说明寺院碾硙经营中还要订立相关契约，寺院还拨出专款用于书写契约之日的费用。

第四，寺院碾硙的修造支出主要有购买硙辋、请人打造硙轮、修理硙门等，所依赖者为专门的手工工匠，即文书中所记“打硙轮博士”段昇子、“解木人”等。碾硙一般为石材制成，则打造硙轮的工匠所持有的主要应是石匠手艺。

吐蕃时期私营碾硙的情况在敦煌文书中亦有所反映。私营碾

① 《敦煌吐蕃文献选》，第56页。
② 郝二旭《唐五代敦煌农业专题研究》，第35页。
③ 郝二旭《唐五代敦煌农业专题研究》，第38页。

硙主要可分为两种：豪族大户所营和普通百姓自用。在中原地区，由于碾硙业的可观利润，终唐一代王公权贵、富商大贾私营碾硙的记载不绝于史，如唐初富商大贾即“竞造碾硙”，太平公主亦曾“与僧寺争碾硙”[①]。到玄宗朝“诸王公权要之家，皆缘渠立硙”[②]，玄宗宠宦高力士甚至“于京城西北截沣水作碾，并转五轮，日碾麦三百斛”[③]，等等。关中以外地方亦多私碾，如“著作郎路敬淳庄在济源，有水硙”[④]，河西肃州（酒泉）刺史王方翼在多乐水上“出私财造水碾硙，税其利以养饥馁”[⑤]，等等。其中有些私营碾硙甚至一度妨害农田水利，于是一些有识之士奏请朝廷将之拆毁，如李栖筠等就曾“奏请拆京城北白渠上王公寺观碾硙七十余所，以广水田之利”。[⑥]朝廷亦颁布法令“凡官人不得与部内请射田地及造碾硙与人争利”[⑦]，但实难推行，收效甚微。敦煌地区的世家大族在陷蕃前自然也不例外，陷蕃后得益于吐蕃统治者的笼络政策，其利益在很大程度上亦得以保留，正如敦煌文书所言：“六亲当五秉之饶，一家蠲十一之税。复旧来之井赋，乐已忘亡；利新益之园池，光流竟岁。”[⑧]上举S.3873号文书中的索淇即属敦煌大族索氏，按文书所言，其上代拥有水硙若干，索氏如此，其他诸如张氏、曹氏、氾氏等大族亦当与之同。

普通僧俗百姓家亦有碾硙用于加工粮食，一般为人力、畜力

① 《资治通鉴》卷二〇八，神龙二年，第6606—6607页。
② 《旧唐书》卷九八，第3073页。
③ 《旧唐书》卷一八四，第4758页。
④ 《太平广记》卷一四三，北京：中华书局，1961年，第1025页。
⑤ 《旧唐书》卷一八五上，第4802页。
⑥ 《唐会要》卷八九，第1622页。
⑦ 《唐六典》卷三〇《户曹司户参军》。
⑧ 《敦煌碑铭赞辑释（增订本）》中，第622页。

推磨（图155、图156）。如P.2685《年代未详（828?）沙州善护遂恩兄弟分家契》记载，家产中有“院落并硙捨（舍）子”[①]，“硙舍子”即安放碾硙的磨坊。P.3744《年代未详（840）沙州僧张月光兄弟分书》亦载有“步硙一合了”[②]，“步硙”就是“人或畜力作动力石磨”[③]。

图155 莫高窟第321窟 磨面　图156 莫高窟第61窟西壁 五代时期二人推磨

（二）吐蕃统治时期敦煌的硙课

敦煌文书P.T.1088《吐蕃占领敦煌时期硙课麦粟历》[④]详细记录了吐蕃时期敦煌百姓用碾硙加工粮食并缴纳硙课的情况，对于我们了解当时的硙课十分有益，现将其中的相关内容制成下表以便参阅对比。其中有些民户的硙课记录虽然由于残损已不可见，但还记有加工时间可供参考，因此亦列入表中。另外，“课率”一栏笔者按罗麦、乾麦、粟加工分别计算，因此有两项合并缴纳者不做计算。

---

① 《敦煌社会经济文献真迹释录》第2辑，第143页。
② 《敦煌社会经济文献真迹释录》第2辑，第145页。
③ 黑维强《敦煌吐鲁番社会经济文献词汇研究》，北京：民族出版社，2010年，第24页；《敦煌文献名物研究》，第201页。
④ 《敦煌社会经济文献真迹释录》第2辑，第414—420页。

姓名	加工时间	麦加工				粟加工		
		罗麦	乾麦	课麦	课率	粟	课粟	课率
阳荀子	9 月 27 日	4 石	5 石	1 石 5 斗				
氾保德	9 月 27 日	3 石	2 石	9 斗 5 升		3 石 5 斗	7 斗	20%
刘三子	9 月	4 石	3 石	1 石 3 斗				
安善子	8 月					6 斗		
□骨崙	8 月	3 石？斗		1 石 2 斗				
王保藏	9 月	6 石	6 石	1 石 8 斗				
佚名	8 月	5 石		1 石 2 斗 5 升	25%			
	4 月					3 石	6 斗	20%
	5 月	1 驮		2 斗				
佚名	8 月	3 石	3 石	1 石				
阴国进	9 月	10 石	17 石	4 石 2 斗				
宋德子	9 月	4 石	3 石	1 石 3 斗				
□神宝	9 月	5 石	2 石	1 石 4 斗				
阴云子	9 月	5 石		1 石 2 斗	24%			
范白择	9 月	5 石		1 石 2 斗	24%	10 石	2 石	20%
氾第第	9 月	5 石	3 石	1 石 5 斗		3 石	6 斗	20%

续表

姓名	加工时间	麦加工				粟加工		
		罗麦	乾麦	课麦	课率	粟	课粟	课率
乾意奴	9 月	7 石	5 石	2 石 3 斗				
王颛颛		2 石	3 石	8 斗				
任老子	9 月	6 石	3 石	1 石 8 斗				
李调顺	9 月	4 石	5 石	1 石 5 斗				
李佛奴	9 月	6 石	6 石	1 石 8 斗				
董奴子	9 月	3 石	3 石	1 石				
佚名	9 月	8 石	4 石	2 石 4 斗		3 石	6 斗	20%
□□了	9 月	5 石	8 石			7 石	3 石 4 斗（合计）	
马曹五	9 月	4 石	7 石	1 石 7 斗				
佚名	9 月 24 日					8 石	1 石 6 斗	20%
□仓曹	5 月 2 日	6 石	5 石	2 石		6 石	1 石 2 斗	20%
	8 月 12 日	13 石		3 石 2 斗	24.6%	7 石	1 石 4 斗	20%
索卖奴	5 月 17 日		2 石	2 斗	10%	2 石	4 斗	20%
	7 月 27 日	7 石	8 石	2 石 5 斗		2 石 5 斗	5 斗	20%
□朋子	5 月 15 日	2 石		5 斗	25%			
索再安	5 月 20 日		1 驮			5 石	1 石 1 斗（合计）	
	9 月 2 日	6 石	6 石	2 石 1 斗				

续表

姓名	加工时间	麦加工				粟加工		
		罗麦	乾麦	课麦	课率	粟	课粟	课率
□金刚	6 月	2 石	3 石	8 斗		4 石	8 斗	20%
索黑黑	7 月 12 日		1 驮	3 斗（合计）		1 石		
	8 月 7 日	12 石		3 石	25%			
			4 驮	4 斗	10%			
□二娘	7 月 25 日	7 石	5 石	2 石 3 斗				
	7 月 29 日					2 石 5 斗	5 斗	20%
□晟子	7 月 30 日	5 石 5 斗	1 石	1 石 5 斗				
阴辛洪	7 月 29 日	10 石	2 石 5 斗					
张顺子	8 月 5 日	2 石		5 斗	25%			
	8 月 25 日	2 石		5 斗	25%			
张超进	8 月 7 日	7 石 5 斗		1 石 9 斗	25.3%			
氾顺	8 月 7 日		12 石	1 石 2 斗	10%			
僧法云	4 月	2 石	2 石	7 斗		1 驮 2 斗		
阴君君	4 月	3 石	5 石	1 石 3 斗 5 升				
	8 月	6 石	6 石	2 石 1 斗				
阴金刚	4 月	2 石 5 斗	2 石	8 斗		2 石	4 斗	20%
	9 月	6 石	6 石	2 石 1 斗				

续表

姓名	加工时间	麦加工				粟加工		
		罗麦	乾麦	课麦	课率	粟	课粟	课率
张奴奴	3月	1石2斗	1驮	4斗				
张再荣	4月	2石5斗		6斗	24%	5石	1石	20%
宋还子	4月	2石5斗		6斗	24%			
□□达	5月	4石		1石	25%			
	7月	1驮		2斗				
	9月	5石	2石	1石 4斗 5升				
□黑黑	6月	8石	3石	2石 3斗		7石	1石4斗	20%
张要要	7月	1石		2斗	20%			
	9月	1石5斗		4斗	26.7%			
佚名	7月	1驮		3斗				
	9月	1石5斗	2石 5斗	5斗 5升		3石	6斗	20%
佚名	7月	1石2斗		3斗	25%			
令狐胡子	7月	2石	2石	7斗				
			6石	1石?斗				
?子	7月	6石	5石	2石				
	9月					3石	6斗	20%
佚名	8月							

续表

姓名	加工时间	麦加工				粟加工		
		罗麦	乾麦	课麦	课率	粟	课粟	课率
佚名			2 驮	4 斗				
	3 月			3 石 3 斗		8 石	1 石 6 斗	20%
	4 月	3 石						
	7 月		2 石	2 斗				
	8 月	10 石	12 石					
	9 月					14 石	2 石 8 斗	20%
佚名	3 月	1 驮	1 驮			1 驮	5 斗（合计）	
	4 月 1 日	4 硕	3 石	1 硕 3 斗		3 硕	6 斗	20%
	9 月	10 石		2 石 5 斗	25%			
王通子	3 月	1 驮		2 斗				
	4 月	2 石 5 斗	3 石	1 石		5 石	1 石	20%
邓道道	3 月	1 硕 2 斗		3 斗	25%	3 斗		
	7 月 10 日	3 石 5 斗						
索买奴	3 月		2 驮	2 斗	10%	5 石	1 石	20%
	7 月	8 石	8 石	2 石 8 斗		5 石	1 石	20%
□再再	4 月	1 石	2 石	4 斗 5 升		3 斗?		
	9 月 14 日	3 石 5 斗	3 石?					
索国清	4 月	2 石	1 石	6 斗		16 石	3 石 2 斗	20%
	4 月 18 日	10 石	12 石	3 石 7 斗				

续表

姓名	加工时间	麦加工				粟加工		
		罗麦	乾麦	课麦	课率	粟	课粟	课率
张奴奴	4 月		6 石	6 斗	10%	3 石	6 斗	20%
	8 月 24 日	7 石 5 斗	8 石	2 石 6 斗				
□再兴	4 月	1 驮	1 驮	3 斗				
	5 月 9 日	3 石	2 石	9 斗 5 升				
佚名	4 月	2 石	5 石	1 石		2 石	4 斗	20%
		2 石	4 石	9 斗				
	4 月	2 石		5 斗	25%			
佚名		2 石 5 斗	6 斗					
	6 月	1 石 2 斗		3 斗	25%			
	7 月 15 日							
	？ 月 7 日	3 石		7 斗 5 升	25%			

所谓硙课，有两种含义：一指硙户向硙主缴纳的租硙费用，即硙租，二指麦粟磨面的人向硙户缴纳的磨面加工费。文书残卷A（二）第24行记有“卯年硙课麦一石八斗、粟一石二斗。巳年十月硙课麦两石一斗，粟一石”，再结合全卷内容考察，此处“硙课”显然是指加工费，则此文书为百姓向硙户缴纳的加工费收入帐目，而非课役文书。[①]而能够承担这么多加工任务的碾硙，必然是水硙无疑。从上表罗麦及课麦、乾麦及课麦、粟及课粟的几项计算可知，乾麦的硙课征收率为10%，粟的硙课征收率为

① 唐耕耦《吐蕃时期敦煌课麦粟文书补》，《中国社会经济史研究》1987年第4期，第98—99页。

20%，罗麦的硙课征收率稍有出入，但以25%为主，杂以24%、24.6%、25.3%、26.7%等几种围绕25%上下波动的情况。唐耕耦曾指出，在计算硙课时，有时尾数五升不算，有时尾数五升进位为一斗，这种波动或由此致。用已经确定的乾麦课率10%、粟课率20%代入上表推算，如第一行阳苟子罗麦4石、乾麦5石，共课麦1石5斗，除去5石乾麦的课麦5斗，则4石罗麦课麦1石，课率为25%；第二行氾保德罗麦3石，乾麦2石，共课麦9斗5升，除去2石乾麦的课麦2斗，则3石罗麦课麦7斗5升，课率为25%，第三行刘三子亦如此。因此，我们可以确信罗麦的标准课率是25%。据郝二旭研究，唐前期的敦煌文书中出现的全部是用于非营利性加工的步硙，有关面粉和面食的记录不仅少见且数量不大，说明当时敦煌地区的面粉加工业仍处于萌芽阶段。到了吐蕃统治时期，文书中和水硙相关的内容开始出现，这意味着当时的面粉加工能力大大提高，面粉加工已经从非营利性加工转变为营利性加工。不过，从上述如此高额的硙课来看，当时的水硙数量应该比较少，面粉加工业只是初具规模。进入归义军时期后，和水硙相关的记载大量增加，硙课征收比例也随之下降，专门从事面粉加工的硙户也开始出现。①

表中出现的计量单位“硕”即“石”，“驮”应该指吐蕃计量单位“蕃驮”。需要指出的是，“驮”在折算时并非一个恒定值，需视不同情况而定。上表中索黑黑七月十二日粟一石、乾麦一驮课三斗，粟的课率为20%，则粟课二斗，乾麦一驮课一斗，乾麦的课率为10%，可知乾麦一驮为十斗，即一石。又八月七日乾麦四驮课四斗，亦可证明乾麦一驮即十斗。表中52行载罗麦一驮、乾麦一驮、粟一驮共课5斗，59行“□再兴”罗麦一驮、乾

① 《唐五代敦煌寺户制度》，第226—245页。

麦一驮课3斗，两条记录结合起来可推算出粟一驮课2斗，按粟课率为20%，则粟一驮亦为10斗。罗麦的情况有所不同，表中7行、43行、53行、59行均载罗麦一驮课2斗（46行罗麦一驮课3斗为孤例），按罗麦课率为25%，则罗麦一驮为8斗。唐耕耦据此文书推算罗麦一驮为二十斗，[①]当是没有将罗麦的课率与乾麦的课率加以区分，而统一视作10%的缘故。

表中还详记了加工时间，我们从中可以看出当时敦煌地区碾硙业的经营时间主要集中在三月至九月。表中有时间可考的麦粟加工，三月6笔，四月16笔，五月7笔，六月3笔，七月16笔，八月1笔，九月28笔。虽然敦煌文书中尚未见到吐蕃统治时期统治者对水硙的运行时间加以严格限定的记载，但由上述统计可以看出，在灌溉繁忙的季节水硙经营还是要为农业生产让步的。据P.2507唐代《水部式》残卷记载，唐制规定水硙“每年八月卅日以后，正月一日以前，听动用。自余之月，仰所管官司于用硙斗门下，着锁封印。仍去却硙石，先尽百姓灌溉，若天雨水足，不须浇田，任听动用。”[②]《唐六典》卷七《水部郎中》亦有类似条目。敦煌的情况与中原相似，不同之处在于敦煌河流的水源主要来自高山冰雪融水，每年的十月至次年二月为枯水期，水硙无法运行，其余时间河流水量均可为水硙提供足够的动力，这就是表中大量碾硙加工记录集中在九月的原因。这从一个侧面也反映出吐蕃统治敦煌以后并未过多干涉当地百姓的生产，而是吸收唐制，一任民众保持了有利于农业生产的中原传统。

在翻检文书的过程中笔者还看到一条有趣的记载，即Ch.83.vi.5号文书：

---

① 唐耕耦《吐蕃时期敦煌课麦粟文书介绍》，《中国社会经济史研究》1986年第3期，第125—126、130页。

② 《敦煌社会经济文献真迹释录》第2辑，第579—581页。

> ……沙州汉人（Rgya）悉董热（Stong sar）和阿骨萨（Rgod sar）两千户部落（Stong sde），已受令：牛年和虎年，在瓜州（Kva cu）庄园上领取了论·玉热的谷物，经小突厥（Drug chun）的磨坊加工后，负责运回瓜州。[①]

此处的“小突厥”据托马斯考证，临近吐谷浑、沙州、瓜州等地，大概位于卡克里克的狩猎山区。[②]据此可知，吐蕃统治时期还存在着敦煌百姓从瓜州领取谷物，然后运至敦煌以外其他地区的磨坊进行加工的情况。至于为何不直接运至敦煌进行加工，还需进一步探讨。

综上所述，我们对于吐蕃统治时期敦煌的碾硙业可以得出如下几个结论：

第一，吐蕃时期敦煌当地的碾硙主要有两种：一种是以水力推磨的水硙，另一种是以人力、畜力推磨的步硙。从经营者来看，有官营、寺营、私营三种模式，私营中又分豪族大户所营和普通百姓自给两类。其中官营、寺营、豪族大户私营的碾硙一般为水硙，而普通百姓多用人力、畜力拉拽的步硙用于自家的粮食加工。

第二，这一时期敦煌的硙课征收比例颇高，罗麦硙课课率达25%，乾麦课率达10%，粟课率达20%，这正反映了此时敦煌的水硙处于发展阶段的历史事实。

第三，这一时期敦煌碾硙业的加工时间分布于三月至九月，其中尤以九月最为集中，反映了敦煌一地的碾硙业在农田灌溉时

---

① 《敦煌西域古藏文社会历史文献》，第32页。

② 《敦煌西域古藏文社会历史文献》，第238页。

节为农业生产让步的情况，这也在一定程度上反映了吐蕃统治者并不过多干预敦煌百姓的生产领域，相反地，允许敦煌民众保持有利于生产的唐制传统，反映出对唐朝先进文化的接受与吸收。

二、造酒业

敦煌气候寒冷，自古饮酒成风，而同样来自高寒地区的吐蕃人民更是嗜好饮酒。吐蕃人主敦煌后，双方这种民风民俗可谓一拍即合，这在客观上为敦煌酿酒业的发展创造了良好的背景条件。对敦煌酿酒业的研究，学界已有很多成果，如施萍婷、姜伯勤、郑炳林、童丕（Eric Trombrt）、冯培红、高启安、陆离等均有文章发表了高见。[①]其中前几位先生的研究均侧重归义军时期的敦煌酿酒业，陆离则深入探讨了吐蕃时期敦煌的酿酒业。

吐蕃人的酿酒历史较为久远，据《新唐书·吐蕃传》记载："其器屈木而韦底，或氈为盘，凝麨为盌，实羹酪并食之，手捧酒浆以饮。"[②]可见吐蕃人很早就开始饮酒。吐蕃君臣集会议事之时，亦常举行宴饮活动，如《册府元龟》卷九一六《外臣部·土风三》载："其臣与君自为友，号曰共命人，其数不过五人。君

① 施萍婷《本所藏〈酒帐〉研究》，《敦煌研究》1983年创刊号，第142—155页；姜伯勤《唐五代敦煌寺户制度》，中华书局，1987年，第298—309页；郑炳林《唐五代敦煌酿酒业研究》，《敦煌吐鲁番文献研究》，兰州大学出版社，1995年，第575—594页；童丕《酒与佛教——八至十世纪敦煌寺院的酒类消费》，戴仁主编《远东亚洲丛刊》第11卷"纪念法国远东学院创立一百周年敦煌学新研"专号；冯培红《唐五代敦煌的酒行、酒户和酒司》，《青海社会科学》2001年第3期，第82—87页；高启安《唐五代敦煌饮食生活研究》，兰州大学博士学位论文，2003年，第145—166、167—192页；陆离《吐蕃统治时期敦煌酿酒业简论》，《青海民族学院学报》（社会科学版），2004年第1期，第12—18页。

② 《新唐书》卷二一六，第6072页。

死之日，共命人皆日夜纵酒。”[①]《吐蕃历史文书·赞普传记》载松赞干布时期，老臣韦邦多日义邀松赞干布至于家中，“以半克青稞煮酒，捧献饮宴。”[②]韦氏此举意在与赞普盟誓保其子孙勋位。如此大事煮酒以献，足见饮酒在吐蕃人生活中的地位之高。《敦煌本吐蕃历史文书·大事纪年》还有将供奉酒浆之事专书于大事纪年的例子：“及至马年（唐高宗永淳元年，壬午，公元682年），赞普驻于辗噶尔，大论赞聂于局然木集会议盟……仲巴·洛没陵波、野松色至辗噶尔贡奉酒浆，是为一年。”[③]西藏林芝地区的《第穆萨摩崖刻石》据王尧研究为墀松德赞继位不久应工布小邦王子的家臣们祈请而颁诏勒石的，为8世纪末9世纪初的文献，碑文记载了工布噶波小王向吐蕃赞普贡奉酿酒粮食之事：

> 工布噶波小王之奴隶、土地、牧场迩后决不减少，亦不摊派官府差役，不科赋税，不征馈遗，在其境内所产之物中以酿酒粮食、青稞、大米任何一种（奉献）均可。[④]

由上述记载可以看出，吐蕃本土很早就有了酿酒工艺，酿酒原料以青稞为主。此外，吐蕃的酿酒业当也受到了唐朝的影响。据《新唐书·吐蕃传》记载，唐两次赐予吐蕃酿酒工匠传授酿造技艺，一次是高宗即位之初，松赞干布致书“又请蚕种、酒人与碾硙等诸工，诏许”。另一次是中宗朝金城公主和亲之时，“帝念主幼，赐锦缯别数万，杂伎诸工悉从，给龟兹乐”。

---

① 苏晋仁、萧錬子《〈册府元龟〉吐蕃史料校证》，成都：四川民族出版社，1981年，第5页。

② 王尧《敦煌古藏文历史文书》，青海民族学院铅印本，1979年，第47—48页。

③《敦煌古藏文历史文书》，第6—7页。

④《吐蕃金石录》，第100—101页。

从文献记载来看，吐蕃统治时期敦煌的酿酒原料多为麦、青稞、粟等。如P.2763v（3）《午年沙州仓曹典赵琼璋上宴设厨造酒斛斗勾历牒》所载，仓曹支给宴设厨造酒用的粮食中就有麦、粟等，兹录文如下：

> 辰年十二月已前给宴设厨造酒斛斗卌二石二斗四升：一石米，十八石青麦，三石麴，三石四斗七升面，三石二斗麸，三石五斗七升粟折米二石。三石八斗九月八日牒支：一石米，一石麦，三斗面，四斗麸，一石一斗麴。六石九斗七升十月二日牒支：二石麦，六斗面，八斗麸，二石五斗七升粟折米二石。八石六斗五升十月五日牒支：五石麦，一石麸，七斗五升面，一石九斗麴。六石七斗五升十二月八日牒支：五石麦，一石麸，七斗五升面。六石七升十二月十日牒支：五石麦，一石七升面。内七斗五升本色。三斗二升折麸一石。右件斛斗先入帐都收数讫，今具牒支月日如前。牒件状如前谨牒。
>
> 午年三月　日典赵琼璋牒
>
> 仓曹杨恒谦[1]

P.T.1097《薪俸支出粮食清册》则记载官仓支付的酒粮中有青稞："从所管库内，将小米、青稞……支付官方酬酢。"

吐蕃时期敦煌所酿酒浆应该仍为低度酒。安西榆林窟西夏第3窟东壁画有一幅宋代酿酒图（图157），据何丙郁、李约瑟在《中世纪早期中国炼丹家的实验设备》中考证，图中所绘酿酒器物应属酿造高浓度烧酒的蒸馏器。[2]另据S.3836《天成四年（929）都僧

① 《敦煌社会经济文献真迹释录》第1辑，第488—489页。

② 《敦煌学大辞典》，上海：上海辞书出版社，1998年，第195页。

图157 榆林窟第3窟 宋代酿酒图

统龙辩海晏榜》和S.2575《普光寺置方等道场牒》等文书记载，归义军时期的敦煌存在一种名为“醇醪”的烈性白酒，[1]说明敦煌在归义军时期已有高度烈酒。但吐蕃时期的文书中尚未见到高度烈酒的相关记载，因此陆离推断其时敦煌可能尚未酿造出高浓度烧酒，所酿之酒仍是低度甜酒，与中原所产酒类基本相同。[2]

吐蕃时期敦煌酿酒业的经营模式有官营、寺营和私营三种。官营酿酒业由官府中的宴设厨负责。如前引P.2763v（3）号文书所载，沙州仓曹将一定数量的粮食和酒曲交宴设厨造酒供应官方宴饮，陆离据此认为仓曹和宴设厨共同负责酿酒事宜。但笔者以为这并不能说明仓曹参与了酿酒业的管理，仓曹只负责管理粮食，官营造酒业需要的酿酒粮食从他手下支出，仅此而已。从其他粮食支出文书可以看出，各类官府事务用粮皆由仓曹支出，并非独管酿酒一业。

宴设厨之设缘于唐制，本为唐朝官制中负责供应官方宴饮的部门。唐代在节度使和地方州郡官署中设置宴设厨，负责官员称宴设使，地位不高，正史记载较少。吐蕃占领之前敦煌一地曾设

① 郑炳林《唐五代敦煌酿酒业研究》，《敦煌吐鲁番文献研究》，兰州：兰州大学出版社，1995年，第575—594页；高启安《唐五代敦煌饮食生活研究》，兰州大学博士学位论文，2003年，第167—192页。

② 陆离《吐蕃统治时期敦煌酿酒业简论》，《青海民族学院学报》（社会科学版），2004年第1期，第12—18页。

有此职，如P.2862v+P.2626v《唐天宝年代敦煌郡会计牒》记载："宴设厨合同前合月日应在及见在，总壹伯仟文钱，干姜壹斤，伍口铛釜，壹伯仟文本钱，准旨差官典迴易，随月收利，应在：壹斤干姜、伍口铛釜见在：壹斤干姜，贰口铛：各受贰斗伍胜，叁口釜：壹受捌斗，壹受陆斗，壹受伍斗。"①P.2942《永泰年代（765—766）河西巡抚使判集》亦载："官内仓库宴设给纳馆递樽节事""俭约之资，公家所尚；给用之费，文簿须明。"②吐蕃占领敦煌后，当是考虑到保障酿酒业而保留了宴设厨这一部门，以负责官方宴饮，长官称厨官。前引S.11344Av号文书第一行即载有"厨官效□□"③。

官营酿酒业的主要生产者为官府所辖官酒户。前引P.T.1097《薪俸支出粮食清册》即记载了官仓支付酒粮给酒户的情况，现将相关部分节录如下：

> ……（龙）年孟春上旬，司俸禄之岸（本）由张文安……和宋锷三人，从所管库内，将小米、青稞……支付官方酬酢及食用糌粑、油料胡麻，由（尚论）牙牙盖印，确定付给人员，点名填造清册如下：
>
> 七日，支出俸禄酒粮小米三十克，付与安锷、华梁森与酿酒人张汉（汉）、石毕秋诸人。
>
> ……
>
> （十日）又同日，水渠渠头竣工敬神支出酒料小米十克，交与酿酒人张汉汉、康辛辛，石毕秋诸人。

① 《敦煌社会经济文献真迹释录》第1辑，第475页。
② 《敦煌社会经济文献真迹释录》第2辑，第620页。
③ 《英藏敦煌文献》第13册，成都：四川人民出版社，1995年，第231页。陆离《吐蕃统治时期敦煌酿酒业简论》，第13页。

又同日，支付张黑子酒粮小米五克，交其本人。

十七日，支付官用酬酢酒粮小米三十克，交与安锷、华梁森和酿酒人张汉汉、石毕秋诸人。

……

又此日，支付张黑子酒粮小米五克，付其本人。

（二十八日）又此日，支出官用酬酢粮小米三十克，交与安锷、华梁森和酿酒人张汉汉、毕秋诸人。

……

又此日，支给……酒粮小米……克，交与他们本人。[①]

文书中所载张汉汉、康辛辛、石毕秋、张黑子等即专门为官府酿酒的官酒户，这一做法与唐朝相似。据《唐六典》卷一五《光禄寺·良酝署》记载，良酝署有掌酝二十人，酒匠三十人。这些酒匠，就是与敦煌官酒户地位相类似的手工业者。

敦煌的私营酿酒业由来已久，据P.4979《天宝十载（751?）二月敦煌郡（?）酒行安胡到芬牒》记载，唐天宝年间敦煌即存在由粟特人私营的酒行，并向官府有偿提供用酒。[②]唐朝前期和中期时官营、私营酿酒业同时存在。广德二年（764）政府在全国范围内征收酒税时，“赖天下州各量定酤酒户，随月纳税，除此外不问官私，一切禁断。大历六年（771）二月，量定三等，随月税钱。”[③]中唐以后实行榷酒，只许官府酿酒向民间出售，私酿遂被禁止，德宗朝“建中三年（782），初榷酒，天下悉令官酿，斛收直三千，米虽贱，不得减二千，委州县综领，醨薄私酿，罪有差。”[④]但此时的敦煌正被吐蕃围困，早已与中原断绝，

① 《敦煌吐蕃文献选》，第52—53页。

② 《敦煌社会经济文献真迹释录》第3辑，第626页。

③ 《通典》卷一一，第246页。

④ 《旧唐书》卷四九，第2130页。

唐令自然不达，私营酿酒业也就未受禁令影响。吐蕃时期文书P.3744《丑年（821）沙州僧龙藏牒》记载了龙藏未出家前曾自营酒店之事："先家中种田不得丰饶，齐周自开酒店，自雇人，并出本糜粟卅石造酒，其年除吃用外，得利割价七十亩，柴十车，麦一百卅石。"[①]从获利丰厚的情况来看，当时敦煌饮酒之风颇盛。

私营酿酒者也有为官府服役者，如P.T.1104号文书所载部落内部手工业者为官方酿酒一事：

> 在狗年秋季的第一个月初，当节度使衙的观察使（dmag dpon spyan）论·达石（blon stag zigs）来到［敦煌］之时，由于从［千户］部落民户中收集来的［酿］酒粮食太少，［他们］从寺院所有的谷物中借得十克（khal）粟米；悉宁宗（Snying tshoms）［千户］部落的张荣逸（?）（Cang weng yir）和悉董萨（Stong sar）［千户］部落的李进达（?）（Li dzin dar）领走了［这些粟米］，一致认定［这些粟米］将在今年秋季最后一个月十五号之前归还寺产仓库。一致认定如果［借粮者］不能按时归还，将要使［谷物数量加倍偿还］，借粮者家中任何［财产］都可被拿去偿债；［借粮者］就此盖上私印为记。[②]

与此同时，吐蕃官员也从寺院借粮酿酒来招待这位论达石：

> 在秋季第一个月三十日的午时，论东赞（blon ldong

① 《敦煌社会经济文献真迹释录》第2辑，第284页。

② （日）Tsuguhito Takeuchi, *Old Tibetan Contracts from central Asia*, pp.74–75；《敦煌吐蕃文书论文集》，第27页。

> bzang）从寺院所有的谷物中借得十克（khal）粟米，尚论（zhang blon）的奴仆热格·列格聪（Dru gu legs cung）和石猊猊（Sheg ne ne）领走谷物时说："[谷物] 将作为论·达石（blon stag zigs）来 [此] 视察时的 [酿] 酒物。"一致决定 [谷物] 将在今年秋季第二个月三十号之前偿还寺产仓库。一致认定如果 [借粮者] 不能按时归还，将要使 [谷物数量加倍偿还]，列格聪（legs cung）等借粮者家中任何 [财产] 都可被拿去偿债；就此盖上私印为记。①

从上述记载可见，敦煌地方官府用酒量相当大，除由官府所属酒户专门供给外，还要征调部落民户和私营酒户供酒。其中第一条记载中，悉宁宗部落的张荣逸和悉董萨部落的李进达被官府征调酿酒，以供来沙州巡视的吐蕃瓜州节度衙官员论达石享用。这两位都有所属部落，其身份当然是部落百姓，他们有可能是私营酿酒户。

吐蕃统治时期敦煌酿酒业中的一大特色是僧人饮酒之风兴起，寺院随之在官府的监管下享有了酿酒权，这一风气一直延续到唐五代宋初。P.T.1111《寺院粮食帐目清单》明确记载了寺院每年都要消耗一定粮食用以酿酒的事实：

> 马年与羊年从沙州寺庙支出：用于做佛事功德设斋之财物消耗，以及沙州方面驻锡僧伽之饭食和酒浆耗费，后又添部分（器皿），其消耗麦子、青稞一千二百六十一克一升二掬，粟米八百零六克半，荞麦、豌豆九百三十七克半，

① （日）Tsuguhito Takeuchi, *Old Tibetan Contracts from central Asia*, pp.75–76；《敦煌吐蕃文书论文集》，第27页。

均归入支出之中。……马年和羊年，从沙州大小寺庙中取作补充佛事顺缘及设斋，驻锡沙州僧伽消耗之口粮、酒浆……与粮食清册最初所载不符。其短缺部分，由大尚论批准算作损耗。……此项粮食于猴年春后，告各粮官登记入册，清册之抄本盖印，交与论腊藏（zla bzang）和论嘘律卜藏（klu bzang）驾前校对。此帐为甘赉赞（kam lengs btsan）听记（记录）。

此处的大尚论即总管河陇地区军政事务的东道节度使，沙州寺院酒浆用粮专门要其核查批准，数量应当不小。从文书记载来看，吐蕃时期寺院依附人口寺户中有专为寺院酿酒的酒户，其他寺户也有为寺院煮酒的劳役。如S.542v《戌年（818）六月沙州诸寺丁口车牛役簿》记载的沙州各寺户为沙州都僧统司上役的情况中，就有与酿酒相关的内容，如“安保德煮酒一日”“何伏颠守囚五日酒户”[①]。安保德是普通寺户，煮酒只是临时上役，而何伏颠是专职酒户，但从这条记载看也服守囚之类的其他劳役。安、何二人与前引石毕秋、康辛辛、安锷等从姓氏看均为粟特后裔，这也正合于天宝年间粟特人经营酒行的事实。另外，该文书记载的与酿酒相关的信息仅此两条，可见寺营酿酒业规模不大，所属酒户人数很少。

寺院酿酒的主要用途，除了招待来寺院视察的政府官员以外，寺内僧众饮用也是一个大宗。吐蕃统治时期敦煌僧人饮酒的记录很多，如S.381《龙兴寺田比沙门天王灵验记》记载：“大蕃岁次辛巳润（闰）二月十五日寒食……当家人在外吃酒。”[②]这种情况在当时的西域僧人中也存在，如米兰出土简牍载：“二十

① 《敦煌社会经济文献真迹释录》第2辑，第383—389页。
② 《英藏敦煌文献》第1卷，成都：四川人民出版社，1990年，第166页。

一名僧人每人平均酒三‘土’半，放置中间。酒浆……罗给二十四名年青服侍人，平均每人头遍酒十满斛，合计酒一百‘土’……”[①]考虑到吐蕃时期敦煌的佛教获得很大发展，僧尼人数大幅增加，则当地寺院的用酒量应该是相当大的。但如前所述，寺营酿酒业的规模并不可观，则吐蕃时期敦煌寺院应该与后来的归义军时期一样，用粮食向当地私营酒户买酒，或将粮食交给他们酿酒。[②]如P.T.1104号文书记录寺院消费和借出谷物的情况时称："［当］清理甲弥登（Ja me ting）的谷仓之时，发现八克去皮粟米；其中两克可以看上去可以用来［造］酒，它们被移交给了酿酒人（chang pha）。（剩下的）六克去皮不干净，交给看库人。”[③]这位酿酒人很可能就是寺院之外的私营酒户。

三、榨油业

如前节农业中所述，敦煌种植的麻分为用以纺绩织布的大麻和用以榨油的胡麻。其中胡麻在敦煌文书中又记作“黄麻”“油麻”等，是当时敦煌地区主要的油料作物。古代的制油方法，主要有舂捣法、水煮法、磨法、压榨法，而其中压榨法又分为杠杆式压榨法和楔式压榨法。[④]从吐蕃时期敦煌文书的相关记载来看，这一时期敦煌地区的榨油方法主要是水煮法和杠杆式压榨法。如S.6233《年代不明（公元九世纪前期）诸色斛斗破历》记载：“出面二斗煮油。……出白面四斗五升煮油。”[⑤]S.1267v

---

① 《吐蕃简牍综录》，第72—73页。
② 陆离《吐蕃统治时期敦煌酿酒业简论》，第14页。
③ （日）Tsuguhito Takeuchi, *Old Tibetan Contracts from central Asia*, pp.74;《敦煌吐蕃文书论文集》，第26页。
④ 杨计国《宋代植物油的生产、贸易与在饮食中的应用》，《中国农史》2012年第2期，第62—71页。
⑤ 《敦煌社会经济文献真迹释录》第3辑，第172—173页。

(1)《年代不明（公元九世纪）四月卅日上座因佛事配物谘》记载：“煮油面七斗五升。”[1]这两件文书中记载的“煮油”即是以水煮法提炼食用油。

杠杆式压榨则是使用油樑这一工具进行食用油提炼的手工业生产。油樑，又作油梁、油担，其本义是杠杆式榨油工具的木制主梁。在吐蕃时期的敦煌文书中，油樑的相关记载多出现在寺院入破历中。如P.6002（1）《辰年某寺诸色入破历算会牒残卷》记载：

> 麦肆硕，麦柒硕回造白面入，油壹硕陆斗，粟陆硕，已上寅年油樑课入。
>
> 麦捌硕叁斗，粟叁硕柒斗，豆壹硕叁斗玖胜，黄麻壹硕伍斗折油贰斗壹胜，柽壹车折麦柒石，粟两硕叁斗，茨柴壹车折麦两硕，油樑课入。
>
> 面壹硕柒斗贰胜、油叁胜、粟玖斗柒胜，已上充众僧油樑硙用。[2]

其他文书也有类似记载，如P.4957《申年（?）某寺诸色入破历算会牒残卷》载：

> 又油贰斗充修油梁矜放。
>
> 粟叁□斗，已上充修油樑掘木及迎丑娘破用。[3]

又如S.4782《寅年乾元寺堂斋修造两司都师文谦诸色斛斗入破历算会牒残卷》载：

---

① 《敦煌社会经济文献真迹释录》第3辑，第248页。
② 《敦煌社会经济文献真迹释录》第3辑，第313—315页。
③ 《敦煌社会经济文献真迹释录》第3辑，第316—318页。

> 从丑年二月廿日于前都师神宝幢手下交入见斛斗，兼自年新附硙课油梁课直……陆拾叁硕肆斗麦粟油面丑年硙课油樑课及诸家散施新附入。……麦壹拾壹硕、粟陆硕、油壹硕陆斗油樑课入。①

又有S.5927v（1）《戊年（?）某寺诸色斛斗入破历算会残卷》记载："看樑人善信落蕃至今不回。"②看樑人即看管油樑的手工业者。由这些记载可见，吐蕃时期油樑课是寺院收入中仅次于硙课的另一重要来源，因此寺院派有专门的看樑人负责经营。其他诸如官营、私营榨油业的生产经营情况尚无充足资料考述，留待日后进一步研究。

---

①《敦煌社会经济文献真迹释录》第3辑，第309—310页。

②《敦煌社会经济文献真迹释录》第3辑，第306页。

第四节 其他手工业及官府对工匠的管理

一、造纸业

吐蕃统治时期在敦煌大兴写经事业，六百卷的《大般若经》被抄写七部以上，《大乘无量寿宗要经》抄写数更达千部之多，这无疑大大增加了敦煌地区的用纸数量。此外，官府、寺庙和民间的各类籍帐、契约、转帖、画像等也要用到大量纸张。对纸张的需求量自然会刺激敦煌造纸业的发展。

图158 莫高窟第196窟东壁北侧 晚唐时期纸匠都料何员住供养像

S.542v《戌年（818）六月沙州诸寺丁口车牛役簿》第121行载有灵图寺寺户“葵曹八，纸匠”[①]，说明当时的寺户中有专门从事造纸业的手工业者，

① 《敦煌社会经济文献真迹释录》第2辑，第388页。

从姓氏来看其人当为粟特人。像这样关于吐蕃时期造纸业和纸匠的直接记载在文书中并不多见。但据郑炳林研究，唐五代时期敦煌的造纸业相当发达（图158），有不少造纸的手工作坊生产麻纸，其中“相当多作坊是由粟特人开办的，技术父子传承，行业中设有都料一职”①。由此，或可以推断吐蕃统治时敦煌的造纸业亦有相当的发展。

至于造纸所用的原料，据藤枝晃研究，吐蕃时期的敦煌遗书用纸多为一种灰白色麻纸，应为桑麻制成，质量较差，有明显的麻条纤维，②这与唐五代时期敦煌所产纸张以麻纸为主是一样的。斯坦因曾将所获敦煌古藏文文献划分为贝叶经形、卷轴形和折叠形三种形式，其中贝叶经形的用纸质量上乘，当来自古代印度，后两种形式的用纸质量参差不齐，质地与藏经洞所出汉文文献相类似，当来自唐朝。考量吐蕃本土的造纸业，既受唐朝影响，又有其鲜明的本土特色。贞观十五年（641）文成公主远嫁松赞干布之时，唐朝的造纸、制墨业便随之传入吐蕃。吐蕃人民在学习、吸收中原技术的基础上，结合本土造纸原料进行实践，最终生产出质地不同的“藏纸”。这种纸以树皮纤维和一种名为瑞香狼毒的植物的根部纤维为原料制成，质地坚韧，经久耐用，呈灰白色或米黄色，藏族人称之为“加晓”，西藏各地遗存的前弘期和后弘期的重要佛经写本即用此种纸张写成。③敦煌的造纸

① 郑炳林《唐五代敦煌手工业研究》，第29页。“都料”一职，据郑炳林考证，为唐五代敦煌手工业中常见的一种职业。都料本是古代的建筑工程师，负责工程设计并指挥具体施工。敦煌的都料则不仅限于建筑行业，而且推行到各个手工业行业中。他们既是技术熟练的工匠，也是行业头领。参看郑炳林《唐五代敦煌手工业研究》，第22—25页。

②（法）安·克丽斯蒂娜·谢勒·肖布著，王启龙译《敦煌与塔波古藏文写本研究的方法论问题》，《法国汉学》（北京版）2000年第5期，第255页。

③ 巴桑旺堆《关于古藏文写本的研究方法的再探索》，《中国藏学》2009年第3期，第61—81页。

业有无受吐蕃本土工艺的影响尚不得而知。

此外，我们还可以从与纸张相关的其他记录中一窥当时的纸张使用和监管情况。据S.2447《亥年（831?）十月一日以后诸家散施入经物历稿》记载："僧伯明……出唱得经纸三十帖……僧灵秀施经纸五帖，计二伯四十八张。"[①]可见当时纸张可以作为偿付手段。此外千佛洞所出藏文文书中还有借贷纸张的记载："沙振兴贷出：汉麻一束（或译'大绳一条'）和短纸十卷（Yug），借与李六通。"[②]甚至在敦煌周边地区，纸张还作为礼品使用。如M.Tagh.b.i.0096号文书记载："前后送交的信件纸张和打火石镰（me rdobsar ba），已经送来，致以谢意。"M.Tagh.a.iii.0064号文书记载："我已送交林协五卷纸张，作为一份薄礼，请笑纳。"[③]M.Tagh.a.iv.00160号文书记载："现将纸张送上，作为我的礼品。"[④]这些都说明纸张在当时的河陇西域一带是比较珍贵的。而Ch.73.xv.5号文书记载的吐蕃官府在敦煌写经生中分配纸张的情形更是很好地说明了这一点。文书称：

> 当着信使达桑·泽当和于热·丹空的面统计之后，集中了纸张的领条，并分发了著名的佛经，清理了损耗的残存物和写卷碎片。有一份报告禀呈论·杰孜和都督论（To dog blon）赞热，内有详细说明，附有写经生中分配纸张的名单。为了落实责任，将这些纸张分配给各百户长（五十岗，Lnga bchu rkang）及属吏（Vog sna），他们分属于若干部落（Sde）与将（Tshan）……若所发纸张可以使用，他应立即

① 《敦煌社会经济文献真迹释录》第3辑，第74页。

② 《敦煌西域古藏文社会历史文献》，第51页。

③ 《敦煌西域古藏文社会历史文献》，第331页。

④ 《敦煌西域古藏文社会历史文献》，第332页。

妥善保存，若使用不当，或有人图谋不轨，以之（高价）出售，则将逮捕其亲属中的一员，老少不论，关进监狱，本人将被关押在交纳种福田者的处所。一旦接到分派给他们的纸张，写经生必须完成份额，其两倍于所分纸张价值的牲畜、财物等，将作为抵押存放于茹玛巴处，直到圆满完成役职方才发还。如属吏等对写经生不公平，或未收回所分配的纸张，里正（Li ceng）将按每卷（Yug）纸张鞭笞十下来惩罚他。①

接下来，从文书的B第1行到D第29行记载了每将写经生领取纸张和墨汁的详细情况。从这些记载中，我们可以看出吐蕃官府对写经用纸的管理相当严苛，不仅逐人记载分配纸张的情况，还要求领取者缴纳两倍于所获纸张价值的实物做担保，并明令禁止买卖纸张。这从侧面反映出当时纸张仍是相对珍贵的物品，因而官府尽可能做到物尽其用，避免浪费。另一份藏文文书记载："论·嘉吉与论·东赞以瓜州节度使（Kva cuvi khrom）的名义，派人到僧人白吉桑波处，索要一部手抄佛经和完整的用具（装套）。"②刘忠、杨铭指出这里成套的用具即是用来保存藏文手写卷的封皮、标签、木板等。由此可见，佛教的发展不仅推动着造纸业的发展，也带动了与造纸业相关的装裱、保存写卷等工艺的发展。另外，吐蕃人的书写用笔主要是竹子削制而成的竹笔，吐蕃时期这一书写工具也传播至敦煌，当时的文书中有不少为硬笔

① 《敦煌西域古藏文社会历史文献》，第71页。

② （英）F.W.托马斯著，刘忠、杨铭编译，董越校《有关沙州地区的藏文文书》，《敦煌研究》1997年第3期，第141—155页。

书写。

二、其他手工业

除了上述手工业行业外，吐蕃时期的敦煌文书中还记载了其他一些手工业工匠名目，兹据材料罗列如下：

（一）罗筋匠

S.4782《寅年乾元寺堂斋修造两司都师文谦诸色斛斗入破历算会牒残卷》载有“面二斗，造罗底博士食用。”[①]“造罗底博士”即罗筋匠，“是制作罗底的工匠”[②]。“罗即面罗，为食品加工工具之一；罗筋可能是指编织用纱网式箩底的非金属性材料”。[③]则造罗底博士从事的应当是编制手工业，所编制的罗在前文讨论的罗麦工序中就有使用。另据S.3074《吐蕃占领敦煌时期某寺白面破历》记载，该寺还曾“出白面三斗，付金縈，造荜罗”[④]，《玉篇》载“箄，荆竹之门也，亦作荜”，“荜罗”即用荆条竹木等编制而成的网罗工具，则这位编制荜罗的金縈也应该是罗筋匠。

（二）皮匠

如前所述，吐蕃时期敦煌的畜牧业获得了较大发展，则这一时期的皮革加工业也在发展。据P.3730《吐蕃占领敦煌时期荣清牒》记载，荣清“不幸薄福，父母併亡，债负深广，艰苦非常，食无脱粟，衣罄皮毡”。[⑤]又据P.3028《吐蕃占领敦煌时期官营牧羊算会历状》记载：“病死皮五十五：内卅张充本群冬衣”“病

---

① 《敦煌社会经济文献真迹释录》第3辑，第311页。
② 郑炳林《唐五代敦煌手工业研究》，第32页。
③ 马德《敦煌工匠史料》，兰州：甘肃人民出版社，1997年，第6页。
④ 《敦煌社会经济文献真迹释录》第3辑，第169页。
⑤ 《敦煌社会经济文献真迹释录》第4辑，第109页。

死皮：卌一张充本群冬衣”“病死皮六十张：内卌张充本群冬衣”“病死皮廿四张，充本群冬衣”“病死皮卅六张，内卅张充本群冬衣”[①]，等等。可见在气候苦寒的敦煌，百姓穿戴皮制衣物是比较普遍的。因此，负责皮革加工的手工业者继续在敦煌地区活跃，如S.3074号文书记载，该寺“出白面三斗，付惠林，缝皮裘吐蕃食”，又“出恪面陆斗，付金縈，充缝皮裘及押油人食”[②]，说明当时有缝制皮裘的工匠活动。另据S.1733《年代不明（公元九世纪前期）诸色斛斗入破历算会稿》记载：“充缝皮鞋博士及屈（掘）井押油人粮用。”[③]由此可知还有加工皮鞋的工匠活动。

图159 莫高窟第98窟北壁屏风 五代时期泥匠建佛塔图

（三）泥匠

泥匠相当于今天的泥水匠、瓦工，是专门从事垒墙筑壁的建筑工匠（图159）。S.542v号文书中载有“王仙，泥匠”[④]，是为寺户充当泥匠的例子。又据S.6829v《丙戌年（806）正月十一日已后缘修造破用斛斗布等历》记载：“出粟七硕，付荣清等充仰泥手功。同日，出粟三硕、麦一硕五斗，与王庶子仰泥手功……出粟四硕，麦一硕五斗，与王庶子仰泥手功。”[⑤]可

① 《敦煌社会经济文献真迹释录》第3辑，第580—584页。
② 《敦煌社会经济文献真迹释录》第3辑，第169—171页。
③ 《敦煌社会经济文献真迹释录》第3辑，第299页。
④ 《敦煌社会经济文献真迹释录》第2辑，第381页。
⑤ 《敦煌社会经济文献真迹释录》第3辑，第146—147页。

见泥匠的手工劳动多以麦、粟为偿付手段。北图咸59号《寅年(822)氾英振承造佛堂契》记载了悉董萨部落百姓充当泥匠的情形：

> 寅年八月七日，僧慈灯于东河庄造佛堂一所，为无博士，遂共悉东萨部落百姓氾英振平章造前佛堂，断作麦捌汉硕。其佛堂外面壹丈肆尺，一仰氾英振壘，并细泥一遍。[1]

文书末尾载“博士氾英振”，此“博士”即泥博士，亦即泥匠。氾英振的身份是悉董萨部落百姓，因欠僧人慈灯债务，便以泥匠手工偿还。他的工作内容就是垒筑佛堂外墙并细泥一遍。藏文文书中也有泥匠的记载，如英藏Ch. 73. xiii. 18号文书中即载有“泥水匠(zha myi)”[2]一语。

图160 莫高窟第465窟 石匠凿磨图

（四）石匠

前述粮食加工业中碾硙的零部件制作和修缮均要由石匠来完成，莫高窟的开凿亦是由石匠进行的（图160）。另外敦煌文书中有一些精致的石器，如P.2706《年代不明某寺常住什物交割点检历》记载有“石珠子”“小石珠子一片”[3]

---

① 《敦煌社会经济文献真迹释录》第2辑，第54页。

② （英）F.W.Thomas, *Tibetan Literary Texts and Documents Concerning Chinese Turkestan*, II, London, 1951, pp. 405.

③ 《敦煌社会经济文献真迹释录》第3辑，第7页。

等，这些小的石制器物应当也是由石匠制作的。

（五）玉匠

吐蕃时期的敦煌文书中并未见玉匠的相关记载，但有玉器的记录，如P.3410《年代未详（840）沙州僧崇恩处分遗物凭据》载“录石枕一枚”[①]，P.2706《年代不明某寺常住什物交割点检历》载“玉钏子一截子”“瑟瑟一”[②]，P.3047《来俄斯难芝施入疏》载“阿郭为来俄老施瑟瑟花入行像”[③]，等等。敦煌一带本是产玉之地，如S.0367《唐光启元年（885）书写沙州伊州地志残卷》记载：“石城镇，东去沙州一千五百八十里……地沙卤少田，出玉……上元二年改为石城镇，隶沙州。”[④]吐蕃之后的归义军时期，敦煌地区有不少玉匠活动的记录，[⑤]则吐蕃时期当与之相似。

图161 莫高窟第454窟 宋代木工缔构精舍图

（六）木匠

木匠是一项应用范围比较广的行业，在建筑业、生产工具制作、交通工具制作、生活用品制作方面均有需要，因此，“在古代敦煌的工匠队伍中，木匠队伍是最庞大的，也是最活

① 《敦煌社会经济文献真迹释录》第2辑，第151页。
② 《敦煌社会经济文献真迹释录》第3辑，第7页。
③ 《敦煌社会经济文献真迹释录》第3辑，第75页。
④ 《敦煌社会经济文献真迹释录》第1辑，第39页。
⑤ 如S.1366记载“支玉匠二人一日食”，P.2641记载“支玉匠平庆子等二人，共面柒斗”，等等。参看郑炳林《唐五代敦煌手工业研究》，第32页。

跃的”[①]（图161）。吐蕃时期的敦煌文书中也有木匠的相关记载，如S.6233《年代不明（公元九世纪前期）诸色斛斗破历》载：“出白面五升，供木匠任珪一日食。”[②]S.542v号文书记载：“史英俊，木匠，修安国五日，造革桉凡两日。”[③]S.1733《年代不明（公元九世纪前期）诸色斛斗入破历算会稿》记载：“白面四石六斗四升，粗面一石，油五升，已上充设贺归满等乞木日设及载木截木人等用。”[④]另外S.3074《吐蕃占领敦煌时期某寺白面破历》记有旋椀博士：“出白面两硕，付金萦，充旋椀博士食。”[⑤]“椀”字从“木”，即木碗，则旋椀博士是制作木碗的木匠。

（七）画匠

画匠即从事绘画行业的工匠（图162）。吐蕃统治时期敦煌的开窟

图162 莫高窟第129窟南壁 绘画手供养像

① 马德《敦煌工匠史料》，第6页。
② 《敦煌社会经济文献真迹释录》第3辑，第173页。
③ 《敦煌社会经济文献真迹释录》第2辑，第382页。
④ 《敦煌社会经济文献真迹释录》第3辑，第299—300页。
⑤ 《敦煌社会经济文献真迹释录》第3辑，第169—171页。

造像活动继续发展，窟内壁画绘制自然需要大量画匠来完成（图163）。此外，其他工艺品的制作也需要画匠的参与（图164），如P.T.1096《鸡年制匾契》记载的牌匾制作中就交由画匠完成："鸡年夏季四月十七日，府中需做十五幅银质匾，交与画匠赵相如和康净文（干办）他二人按指印，窦汉古作保盖章。"①

图163 莫高窟第72窟 临摹佛像图

图164 莫高窟第465窟 绘图

三、吐蕃官府对敦煌工匠的管理

据藏族史料记载，吐蕃本土有从事手工业生产的"六匠人"："六匠者，管理手工业的负责人（首领），共有六种：噶尤为铁匠，噶茹为鞍匠，娑为弓匠，惹夏为剑匠，恰巴为铠甲师，充牧为天师（神师）。"②前已述及，吐蕃的部落属民被划分为"桂"

① 王尧、陈践《敦煌吐蕃文书论文集》，汉文30页，藏文63页。
② 恰白·次旦平措、诺章·吴坚、平措次仁著，陈庆英、格桑益希、何宗英、许德存译《西藏通史——松石宝串》，西藏社会科学院、《中国西藏》杂志社、西藏古籍出版社，1996年，第57—58页。

（rgod）、“庸”（g·yung）两个部分。“桂”即武士，为作战主力，在吐蕃这样一个崇尚武力又军政合一的政权中处于高等属民的地位，而“庸”则为从事农牧业生产的下等庶民和奴隶。从事手工业生产的“六匠人”即属于庸人之列，地位较低。吐蕃统治下敦煌地区的工匠身份当与本土类似（图165）。

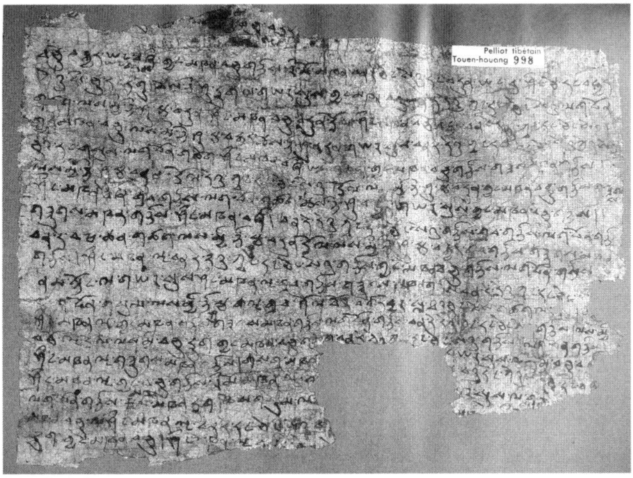

图165 P.T. 998《工匠表》

从上引P.T.1096号文书来看，敦煌地区的民间工匠为官府制作器物时要承担相应责任，需保人担保，订立契约，如果不能按时完成并保证质量，很可能还要受到惩罚。类似的情况在Ch. 73.xiii.18号文书中亦有反映，据该文书记载：

> “……命令打15记汉式皮鞭”。惩罚还没有完毕，并且所做之工与所花费钱款不相当，惩罚大大加重。（由于）这一命令并未得到服从，一致决定涂抹了灰泥（za la）的地方的惩罚是3两（sran）黄金和3驮（khal）蔬菜，并且每人要打15记汉式皮鞭；一致决定在涂抹灰泥的地方得到改进后提供一只宰杀好的绵羊作为宴席。

…（标记）| 泥水匠（zha myi），唐子（Tan tse），（指印）

……泥水匠（zha myi），安信（’An sin），（指印）

泥水匠工头（zha co?）| 曹萨（Dzehu sam），曹舍（Dzehi ? i），（指印）

泥水匠李腊斗（Li Lha sto），（指印）| 阴泽儿（Yim dzihi），（指印）

…… | 何十德（Ha ? ib tig），（指印）

翁介子（Dbyun Ju tse），（指印）| 区崇八（Ho Khrom pa），（指印）①

这是一份修造工程中对泥水匠进行监管的契约文书，由泥水匠人数众多、惩罚带有强制性质来看，施工主体当为官府。由文书的记载可以看出，工匠们在劳作过程中受到严格的监督管理，如果工匠没有达到预期标准，不仅会被处以体罚（鞭刑），还要罚没财物（3两黄金和3驮蔬菜）。

唐朝对民间工匠的管理采取和雇制度，官府向征用的工匠提供饭食，支付一定报酬。和雇制度早在唐之前问世，经过发展，大约在玄宗朝正式趋于普遍化，两税法时期，更是相当广泛。和雇制是仿效战国以来反映于民间的农业、手工业甚至家庭仆役中的雇佣制，并在此基础上对劳役征用形式进行改革的一种制度。唐朝政府屡次下文要求保证和雇制的实施，中宗神龙三年（707）二月发布敕文："顷者户口逃亡，良由差科繁剧。非军国切要

① （英）F.W.Thomas, *Tibetan Literary Texts and Documents Concerning Chinese Turkestan*, II, London, 1951, pp. 405-406.

者，并量事停减。若要和市、和雇，先依时价付钱。”[①]宣宗大中元年敕曰：“自今已后，所在州县，如要修理者，任和雇诸色人役使，仍需据时价给钱。”[②]从以上所述的工匠服役的强制性质和严格监管来看，吐蕃时期敦煌手工业者的身份及管理方式与唐制不同。

需要指出的一点是，正如S.542V号文书中所反映的那样，吐蕃统治时期敦煌地区寺院手工业的一个显著特点在于寺户匠役的盛行。这些寺户并非专业的手工业者，还承担着其他各种杂役。而大量手工业劳动交由他们以“上役”的形式完成，而非专业手工业雇工，反映出“吐蕃占领时期寺院自然经济的封闭性有了新的回升”[③]。寺院手工业如此，官营和民间的手工业必然也会受影响。唐五代时期敦煌文书中保留了大量各类专业工匠从事手工业生产的记载，而吐蕃统治时期的记录相较而言要少得多，这或许可以视作当时敦煌地区的手工业在某些方面略有倒退的表现。另外，据前引S.3074号文书记载：“廿一日出白面壹硕壹斗贰胜，付吐蕃，充持羊皮价……廿三日，出白面三斗，付惠林，缝皮裘吐蕃食。”这些贩卖羊皮和缝制皮裘之人均为吐蕃人，说明在吐蕃军队进驻敦煌后，吐蕃的普通百姓也来到这里从事手工业活动，从而为敦煌当地的手工业注入了新的元素。

---

① ［宋］宋敏求《唐大诏令集》卷二，北京：商务印书馆，1959年，第7页；［宋］李昉等《文苑英华》卷四六三，中华书局影印本，1966年，第2364—2365页；《全唐文》卷一七，第208页。

② 《文苑英华》卷四三〇，2179页，《全唐文》卷八二，858页。

③ 姜伯勤《唐五代敦煌寺户制度》，第90页。

结　语

纵观吐蕃统治敦煌的历史，冲突与融合并行不悖。一方面，敦煌当地民众在坚守原有传统和被外来文化潜移默化的矛盾挣扎中，逐渐适应了新的统治秩序；另一方面，吐蕃统治者也在不断吸收着敦煌地区的当地文化制度以调整统治方式，维持当地的社会安定。因此，回望吐蕃统治下的敦煌社会，我们既能看到上层制度领域大刀阔斧的改制，也能发现社会生产领域对唐文化的继承和延续。而且，即便是制度领域的改制，也并非完全推翻原有体制重新来过，而是建立在对唐制大量吸收和借鉴的基础之上。

一、新统治秩序的形成

（一）管理方式的变化：从乡里到部落

吐蕃与汉族地区在社会组织形式上的一个重大差异就是行政建制。吐蕃推行军政合一的部落制，而敦煌陷蕃前推行的则是唐“县—乡—里”的行政建制。为了在敦煌推行其本土的军政组织形式，以便适应吐蕃统治者的管理办法，吐蕃在敦煌逐步推行了部落制。这一改制并非一蹴而就，而是前后经历了三个阶段。吐蕃占领初期，刚刚经历过长期战乱的敦煌人口流离，户籍混乱，无法编制部落，吐蕃统治者遂采用了“蕃名唐制”的权宜之计，对世俗人口仍以原有诸乡为单位编成“乡部落”，对宗教人口按释、道二教分立“僧尼部落”和“道门亲表部落”。同时，吐蕃统治者以这些部落为单位检阅人口、编造户籍。这一工作完成后，吐蕃便废除了这些临时性质的部落，设置了行人、丝绵等真正意义上的部落。单就部落名称的字面意思而言，行人部落为“军士部落”，丝绵部落为“绢户部落”，似乎一为军事部落，一为民事部落。但事实上从敦煌文书的记载来看，二部落百姓均为以农业生产为主的民事部落。此外敦煌地区尚有来自吐蕃本土的擘三部落，下辖上、下两个小部落。而文书中所见其他部落如“中元部落”“橑笼部落”等均记载甚少，尚需更多文献资料支撑。到了统治后期，敦煌社会已趋稳定，吐蕃遂重置阿骨萨、悉董萨、悉宁宗三军事部落，以提高敦煌民众的社会地位。从阿骨萨部落一区编员表反映的情况来看，这一时期的部落属民身负兵役，确实有了一定的军事色彩。但从其他文书来看，农业生产仍是部落百姓的主业。此外，这一时期吐蕃还在敦煌设立了一个用于巡逻卫戍的通颊军事部落。部落之下，又有百户组织和十户组织两级行政建制。百户组织即“将”（tshan），为编制户籍、分配土地、征收赋税的基本单位，兼具军事、民政双重职能。十户组织即藏文文书中的“五岗/勒堪”（Lnga rkang），其头领的职能主要是协助将头执行具体事务。

（二）自上而下的统治体系

吐蕃占领敦煌的同时即确立了一套自上而下的统治体系。吐蕃王庭并未因敦煌偏远而完全假手当地官员，而是亲自过问一些当地事务，并设置东道节度使，派驻中央官员进行监管。东道节度使之下辖五节度，敦煌隶属于其中的瓜州节度衙。在敦煌本地，吐蕃统治者一面派遣本土官员，一面拉拢当地豪族，形成了蕃汉并行、蕃主汉辅的双轨职官制度。蕃官方面，设置了节儿论唐人乞利本、节儿悉编、中等节儿、吐蕃人千户长和小千户长、小节儿、吐蕃人沙州防御使、乞利本之书吏等一系列职官。汉官方面，则设置了都督、汉人悉编、汉人部落官、唐人料敌防御使、收税官、营田水利诸官等一系列职官。基层兵制方面，吐蕃在敦煌设置有一种基层军事组织tshar。这一组织从语音上而言，对应汉语的“曹”，从组织形式上而言，对应唐制的“队”，从组织性质上而言，应当为兵役、劳役的组织形式之一，而非固定的地方军事机构。如此，吐蕃统治敦煌的军政体系自上而下可以概括为“吐蕃王室——东道节度——瓜州节度——沙州地方官与部落诸官”这样一套自上而下的管理体系。

二、社会生产的逐渐恢复

（一）新经济制度的颁行

配合着政治领域的部落改制，吐蕃统治者在经济领域也颁行了一系列新制度。户籍制度方面，吐蕃占领敦煌后即着手重新检阅人口、编造户籍，配合部落制重新建立起户籍制度，加强了对敦煌当地人口的控制，从而保障了占领区的赋税、劳役输纳。土地制度方面，将原来唐朝的均田制变为具有吐蕃特色的计口授田式土地制——突田制，以每口一突（即十亩）的标准授田。赋税劳役制度方面，以突田制为基础，官府征收的赋税内容变为地税、户税两个部分，以粮食、布匹等实物缴纳。同时，这一时期百姓负担着名目繁多的差科杂役，主要有修造、守囚、运输、营田、畜牧、厅子、手力、抄经、畜牧、知更、远使等，可谓繁重。

（二）农牧工各行业生产的恢复

与政治、经济制度等上层建筑方面发生巨大变化不同，吐蕃统治时期敦煌的社会生产领域以继承和恢复前代生产情况为主。在农业生产方面，继承了原有生产工具和技术、水利灌溉系统，农作物种植由于吐蕃统治者的饮食喜好种类而发生了一些变化，农作物产量相较于前代亦有所恢复和增加。首先是麦、粟种植比例发生变化，小麦上升为第一农作物，而原来处于主要地位的粟种植量大减。其次水稻的种植有了很大发展，经营主体为官府和寺庙，享用者也以官员和僧侣为主。再次这一时期敦煌青稞的种植量增加，这与吐蕃人喜食青稞有很大关系。畜牧业方面，吐蕃占领河陇西域以后，积极扶持这一地区的畜牧业发展，敦煌的畜牧业也因此有了进一步发展，不仅官府、寺庙经营着规模较大的畜群，民间饲养牛马等也进一步发展。其中官营、寺营畜牧业以牧羊业为主，马、牛、驴等较大牲畜的养殖，则多由百姓自己饲养，以备平时农耕、运输之用。手工业方面，虽然丝路贸易的中断使得吐蕃时期敦煌的手工业有所萎缩，但仍有缓慢发展，金属铸造业，丝、棉、麻、毛纺织业，碾硙、酿酒、榨油等粮食加工业，造纸业等均有不同程度的发展。此外，这一时期的敦煌文书中还能见到罗筋匠、皮匠、泥匠、木匠、画匠等各类手工业者的相关记载。

三、吐蕃统治下的敦煌社会：坚守与默化

吐蕃统治敦煌达六十余年，不算太长但也绝不能说短暂。如果按S.3287v《吐蕃子年（808）沙州百姓氾履倩等户籍手实残卷》中记载的婚嫁年龄，午年（790）以后出生的人口在子年（808）已有不少嫁娶者，如索宪忠一户出嫁的女儿担娘，迎娶的新妇远远妻、迁迁妻；梁廷兰一户迎娶的新妇定国妻、金刚妻

等。如此，则这些男女的嫁娶年龄最大不过18岁。此件户籍手实反映的情况当然不会是个案，当时敦煌的平均嫁娶年龄大概与此相当。如果按照这个年龄计算，则62年的时间已足以孕育3—4代人了。从唐朝统治下过渡而来的“遗老”们可能对于唐朝的制度与文化尚持有一定程度的保守性，新生人口则已经自然而然地与吐蕃文化产生了千丝万缕的联系。

毋庸置疑，半农半牧的古代藏族先民与以农耕经济为主的敦煌民众在社会形态、生产生活方式上存在着较大差异。这种差异导致了吐蕃统治敦煌时期——至少在统治初期——双方在政治、经济、文化等领域的常态是在碰撞中融合。吐蕃作为获得军事胜利的一方，自然要在当地推行自己的制度和文化。在吐蕃的民族融合政策之下，敦煌民众也只能是“熊罴爱子，拆襁褓以文身，鸳鸯夫妻，解鬟钿而辫发”，只在每岁祭祀祖先时才“衣中国之服，号恸而藏之”。而与吐蕃合作出仕的敦煌豪族，一边还在慨叹“岂图恩移旧日，长辞万代之君；事遇此年，屈膝两朝之主”，一边已经“复旧来之井赋，乐已忘亡”了。另一方面，敦煌地区长久以来形成的根深蒂固的传统文化和当地民众对大唐故土的怀念之情，使得吐蕃的统治在最初并不顺利。敦煌军民面对吐蕃的围攻，曾坚守长达十一年之久。在粮械皆竭之后，仍提出了“勿徙他境”的投降条件。虽然吐蕃统治者在占领敦煌之后很快就鸩杀了守城领导者阎朝，但这似乎仍未能褪尽敦煌民众的反抗意识，一如索允在S.1438v《书仪》中所述，“唯此沙州，屡犯王化”“未经两稔，咸荷再苏”，爆发了氾国忠等驿户起义，一度逼得沙州吐蕃节儿投火自杀。此时吐蕃正锐意开疆进取，在河西陇右一带与唐争土，保障占领区的稳定变得更为重要。吐蕃统治者遂改变策略，转而寻求与敦煌豪族合作，并在推行蕃制的同时吸收一系列唐朝的典章制度。

因此，吐蕃统治下的敦煌社会是一个“坚守”与“默化”并存的矛盾体。一方面，对传统文化的“坚守”使得吐蕃时期的敦煌在甘、凉、瓜、肃诸州“衣著岂忘于左衽”的情形下，仍能做到“独有沙洲一郡，人物风华，一同内地”。另一方面，在吐蕃统治之下，敦煌社会也逐渐开始了“蕃化”。甚至由于历史发展的惯性，在吐蕃统治结束后的一个多世纪里，敦煌地区的蕃化影响依然存在，藏语文一度作为河西地区的官方通用语言之一被继续使用就是一例明证。乌瑞在《吐蕃统治结束后甘州和于阗官府中使用藏语的情况》[①]一文中，通过检索18件吐蕃势力退出敦煌后仍用藏文书写的官方文书，得出吐蕃势力退出河西后藏语文仍被甘州和于阗一带广泛使用的结论，他指出：“由于历史原因，藏文作为当时这一地区的外交和贸易关系中的工具。”王尧也在研究P.T.1188《登里回鹘可汗告牒》时指出：

> 我们回顾敦煌和河西乃至西域的历史，可以知道吐蕃人占有整个河西走廊、西域垂百余年之久，设府置官，驻军戍守，抚辑流亡，编定部落，农业、手工业、牧业、商业、宗教、文化、民事、社会极为繁复。当时，藏文得到广泛的使用，敦煌遗书中吐蕃文献之多亦可证明。当地通晓藏语的僧侣、文士当不在少数，而且，吐蕃本地迁来的随军部落亦与汉、胡各族杂处，具备了使用藏语文的基础。所以，尽管作为统治者的吐蕃官吏和行政机构、军事堡垒早

①（匈）乌瑞著、耿昇译《吐蕃统治结束后甘州和于阗官府中使用藏语的情况》，《敦煌译丛》第1期，1985年，第212—220页。原载《亚细亚学报》第269卷1—2期，1981年。

> 已烟消云散，但是，文化的因素却长久地存在，不是一下子能消除的。君不见，直到西夏人占领河西后，仁宗乾祐七年（1176年）的张掖所树的黑水桥上，还用藏汉两种文字对照刻下一道圣旨：《告黑水河诸神敕》。①

一言以蔽之，正如马德指出的那样，在吐蕃势力退出河陇之后的9世纪中期至10世纪后期，敦煌地区还经历了一个所谓的“后吐蕃时代”。但也正是在这样的历史进程中，汉藏人民相互交融，相互影响，共同促进了敦煌地区的繁荣与发展，最终造就了华光璀璨的敦煌文化。②

---

① 王尧、陈践《P.T.1188号〈登里回鹘可汗告牒〉译释》，原载《西藏民族学院学报》1987年第2期，此处转自《王尧藏学文集》卷四，第130页。
② 马德《从敦煌史料看唐代陇右地区的后吐蕃时代》，《丝绸之路民族古文字与文化学术讨论会会议文集》，西安：三秦出版社，2007年，第341—352页。

参考文献

一、史籍

[1][唐]杜佑《通典》，北京：中华书局，2007年。

[2][唐]段成式《酉阳杂俎》，北京：中华书局，1981年。

[3][唐]李德裕《李卫公别集》，影印《文渊阁四库全书》集部别集类，上海：上海古籍出版社，2003年。

[4][唐]李吉甫《元和郡县图志》，北京：中华书局，1983年。

[5][唐]李林甫等《唐六典》，北京：中华书局，1992年。

[6][唐]李肇《唐国史补》，上海：上海古籍出版社，1979年。

[7][唐]刘餗等《隋唐嘉话》，北京：中华书局，1979年。

[8][唐]沈亚之《沈下贤文集》，上海：上海古籍出版社，1994年。

[9][唐]玄奘、辩机著，季羡林等校注《大唐西域记校注》，北京：中华书局，2000年。

[10][唐]赵璘《因话录》，上海：上海古籍出版社，1979年。

[11][唐]魏征《隋书》，北京：中华书局，1973年。

[12][唐]吴兢《贞观政要》，上海：上海古籍出版社，1978年。

[13][唐]元稹《元氏长庆集》，上海：上海古籍出版社，2003年。

[14][唐]长孙无忌等《唐律疏议》，北京：中华书局，1983年。

[15][后晋]刘昫等《旧唐书》，北京：中华书局，1975年。

[16][宋]李昉等《太平广记》，北京：中华书局，1961年。

[17][宋]李昉等《文苑英华》，北京：中华书局，1982年。

[18][宋]欧阳修《新五代史》，北京：中华书局，1974年。

[19][宋]欧阳修等《新唐书》，北京：中华书局，1975年。

[20][宋]司马光等《资治通鉴》，北京：中华书局，1956年。

[21][宋]宋敏求《唐大诏令集》，北京：商务印书馆，1959年。

[22][宋]孙光宪《北梦琐言》，上海：上海古籍出版社，1981年。

[23][宋]王溥《唐会要》，上海：上海古籍出版社，2006年。

[24][宋]王钦若等《册府元龟》，南京：凤凰出版社，2006年。

[25][宋]王谠《唐语林》，上海：上海古籍出版社，1978年。

[26][元]布顿大师著，郭和卿译《佛教史大宝藏论》，北京：民族出版社，1986年。

[27][元]达仓巴·班觉桑布著，陈庆英译《汉藏史集》，拉萨：西藏人民出版社，1986年。

[28][元]萨迦·索南坚赞著，王沂暖译《西藏王统记》，北京：商务印书馆，1953年。

[29][元]萨迦·索南坚赞著，刘立千译《西藏王统记》，北京：民族出版社。2000年。

[30][明]巴卧·祖拉陈哇著，黄颢译《〈贤者喜宴〉摘译（一至十九）》，《〈贤者喜宴〉译注（一至六）》，《西藏民族学院学报》1980—1987年。

[31][明]巴卧·祖拉陈瓦著，黄颢、周润年译注《贤者喜宴——吐蕃史译注》，北京：中央民族大学出版社，2010年。

[32][清]曹寅、彭定求《全唐诗》，北京：中华书局，1960年。

[33][清]董诰等编《全唐文》，北京：中华书局，1983年。

[34][清]五世达赖喇嘛著，郭和卿译《西藏王臣记》，民族出版社，1982年。

[35][清]五世达赖喇嘛著，刘立千译《西藏王臣记》，民族出版社，2000年。

[36][清]松巴堪布著，蒲文成、才让译《如意宝树史》，兰州：甘肃民族出版社，1994年。

[37][清]吴廷燮《唐方镇年表》，北京：中华书局，1980年。

[38][清]徐松《西域水道记（外二种）》，北京：中华书局，2005年。

二、出土文献

[1]俄罗斯科学院东方研究所等《俄藏敦煌文献》，17册，上海：上海古籍出版社，俄罗斯科学出版社东方文学部，1992—2001年。

[2]法国国家图书馆等《法藏敦煌西域文献》，34册，上海：上海古籍出版社，1995—2005年。

[3]黄永武《敦煌宝藏》，140册，台北：新文丰出版公司，1981—1986年。

[4]任继愈主编《国家图书馆藏敦煌遗书》，146册，北京：北京图书馆出

版社，2005—2012年。

[5]唐耕耦、陆宏基《敦煌社会经济文献真迹释录》第1辑，北京：书目文献出版社，1982年；第2—5辑，北京：全国图书馆文献缩微复制中心，1990年。

[6]西北民族大学、上海古籍出版社、法国国家图书馆编《法国国家图书馆藏敦煌藏文文献》，35册，上海：上海古籍出版社，2006—2020年。

[7]西北民族大学、上海古籍出版社、英国国家图书馆编《英国国家图书馆藏敦煌西域藏文文献》，17册，上海：上海古籍出版社，2011—2022年。

[8]中国社会科学院历史研究所等《英藏敦煌文献〈汉文佛经以外部分〉》，14卷，成都：四川人民出版社，1990—2009年。

[9]中国文物研究所、新疆维吾尔自治区博物馆、武汉大学历史系《吐鲁番出土文书》第5、6、9册，北京：文物出版社，1983、1985、1990年。

三、中文著作

[1]安应民《吐蕃史》，银川：宁夏人民出版社，1989年。

[2]才让《吐蕃史稿》，兰州：甘肃人民出版社，2010年。

[3]蔡鸿生《唐代九姓胡与突厥文化》，北京：中华书局，1998年。

[4]岑仲勉《隋唐史》，北京：中华书局，1982年。

[5]陈光国《青海藏族史》，西宁：青海民族出版社，1997年。

[6]陈国灿《敦煌学史事新证》，兰州：甘肃教育出版社，2002年。

[7]陈楠《藏史丛考》，北京：民族出版社，1998年。

[8]陈庆英、高淑芬主编《西藏通史》，郑州：中州古籍出版社，2003年。

[9]东噶·洛桑赤列著，陈庆英译《论西藏政教合一制度》，北京：民族出版社，1985年。

[10]冻国栋《唐代人口问题研究》，武汉：武汉大学出版社，1993年。

[11]冻国栋《中国中古经济与社会史论稿》，武汉：湖北教育出版社，2005年。

[12]段文杰《段文杰敦煌艺术论文集》，兰州：甘肃人民出版社，1994年。

[13]敦煌文物研究所编《中国石窟·敦煌莫高窟》，北京：文物出版社，1982—1984年。

[14]敦煌研究院《莫高窟供养人题记》，北京：文物出版社，1986年。

[15]敦煌研究院《敦煌石窟内容总录》，北京：文物出版社，1996年。

[16]敦煌研究院《中国石窟·安西榆林窟》，北京：文物出版社，1997年。

[17]敦煌研究院编《敦煌石窟全集》，香港：商务印书馆，2005年。

[18]敦煌市志编纂委员会编《敦煌市志》，北京：中华书局，2007年。

[19]多杰才旦主编《西藏封建农奴制社会形态》，北京：中国藏学出版社，1996年。

[20]范学宗、王纯洁《全唐文全唐诗吐蕃史料》，拉萨：西藏人民出版社，1988年。

[21]高启安《唐五代敦煌饮食文化研究》，北京：民族出版社，2004年。

[22]郭峰《斯坦因第三次中亚探险所获甘肃新疆出土汉文文书》，兰州：甘肃人民出版社，1993年。

[23]郝春文《唐后期五代宋初敦煌僧尼的社会生活》，北京：中国社会科学出版社，1998年。

[24]黑维强《敦煌吐鲁番社会经济文献词汇研究》，北京：民族出版社，2010年。

[25]黄布凡、马德《敦煌藏文吐蕃史文献译注》，兰州：甘肃教育出版社，2000年。

[26]黄万纶《西藏经济概论》，拉萨：西藏人民出版社，1986年。

[27]黄奋生《藏族史略》，北京：民族出版社，1985年。

[28]黄征、吴伟《敦煌愿文集》，长沙：岳麓书社，1995年。

[29]黄征、张涌泉校注《敦煌变文校注》，北京：中华书局，1997年。

[30]季羡林主编《敦煌学大辞典》，上海：上海辞书出版社，1998年。

[31]姜伯勤《敦煌社会文书导论》，台北：新文丰出版公司，1992年。

[32]姜伯勤《唐五代敦煌寺户制度》，北京：中华书局，1987年。

[33]姜伯勤《敦煌吐鲁番文书与丝绸之路》，北京：文物出版社，1994年。

[34]金荣华主编《敦煌俗字索引》，《中国西北文献丛书续编·敦煌文献卷》第3册，兰州：甘肃文化出版社，1999年。

[35] 雷绍锋《归义军赋役制度初探》，台北：洪业文化事业有限公司，2000年。

[36]李锦绣《唐代财政史稿》上卷，第一分册，北京：北京大学出版社，1995年。

[37]李正宇《敦煌历史地理导论》，台北：新文丰出版公司，1997年。

[38]李正宇《古本敦煌乡土志八种笺证》，兰州：甘肃人民出版社，2007年。

[39]林冠群《唐代吐蕃史论集》，北京：中国藏学出版社，2006年。

[40]林梅村《丝绸之路考古十五讲》，北京：北京大学出版社，2006年。

[41]陆离《敦煌的吐蕃时代》，兰州：甘肃教育出版社，2013年。

[42]罗福苌《沙州文录补》，《中国西北文献丛书续编·敦煌文献卷》第18册，兰州：甘肃文化出版社，1999年。

[43]马德《敦煌工匠史料》，兰州：甘肃人民出版社，1997年。
[44]马德主编《甘肃藏敦煌藏文文献叙录》，兰州：甘肃民族出版社，2011年。
[45]青海社会科学院藏学研究所《中国藏族部落》，北京：中国藏学出版社，1991年。
[46]恰白·次旦平措、诺章·吴坚、平措次仁著，陈庆英、格桑益西、何宗英、许德存译《西藏通史——松石宝串》，拉萨：西藏古籍出版社，1996年。
[47]荣新江《英国图书馆藏敦煌汉文非佛教文献残卷目录（S. 6981—13624)》，台北：新文丰出版公司，1994年。
[48]荣新江《归义军史研究——唐宋时代敦煌历史考索》，上海：上海古籍出版社，1996年。
[49]荣新江《海外敦煌吐鲁番文献知见录》，南昌：江西人民出版社，1996年。
[50]宋家钰、刘忠主编《英国收藏敦煌汉藏文献研究》，北京：中国社会科学出版社，2000年。
[51]苏晋仁、萧錬子《〈册府元龟〉吐蕃史料校证》，成都：四川民族出版社，1981年。
[52]苏晋仁《〈通鉴〉吐蕃史料》，拉萨：西藏人民出版社，1982年。
[53]沙知《敦煌契约文书辑校》，南京：江苏古籍出版社，1999年。
[54]沙武田《吐蕃统治时期敦煌石窟研究》，北京：中国社会科学出版社，2013年。
[55]邵文实《敦煌边塞文学研究》，兰州：甘肃教育出版社，2007年。
[56]石硕《吐蕃政教关系史》，成都：四川人民出版社，2000年。
[57]石硕《藏族族源与藏东古文明》，成都：四川人民出版社，2001年。
[58]苏晋仁《通鉴吐蕃史料》，拉萨：西藏人民出版社，1982年。
[59]唐长孺《魏晋南北朝隋唐史三轮》，武汉：武汉大学出版社，1996年。
[60]（法）童丕著，余欣、陈建伟译《敦煌的借贷：中国中古时代的物质生活与社会》，北京：中华书局，2003年。
[61]汪篯《汪篯隋唐史论稿》，北京：中国社会科学出版社，1981年。
[62]王小甫《唐、吐蕃、大食政治关系史》，北京：北京大学出版社，1995年。
[63]王尧《吐蕃金石录》，北京：文物出版社，1982年。
[64]王尧、陈践《敦煌吐蕃文献选》，成都：四川民族出版社，1983年。
[65]王尧、陈践《敦煌藏文文献选》，成都：四川民族出版社，1985年。
[66]王尧、陈践《吐蕃简牍综录》，北京：文物出版社，1986年。
[67]王尧、陈践《敦煌吐蕃文书论文集》，成都：四川民族出版社，1988年。
[68]王尧、陈践《敦煌本吐蕃历史文书》，北京：民族出版社，1990年。

[69]王尧主编《法藏敦煌藏文文书解题目录》，北京：民族出版社，1999年。

[70]王尧、陈践《敦煌古藏文文献探索集》，上海：上海古籍出版社，2008年。

[71]王尧《王尧藏学文集》（5卷），北京：中国藏学出版社，2012年。

[72]王忠《新唐书吐蕃传笺证》，北京：科学出版社，1958年。

[73]王锺翰主编《中国民族史》，北京：中国社会科学出版社，1994年。

[74]向达《唐代长安与西域文明》，石家庄：河北教育出版社，2001年。

[75]谢重光、白文固《中国僧官制度史》，西宁：青海人民出版社，1990年。

[76]谢重光《中古佛教僧官制度和社会生活》，北京：商务印书馆，2009年。

[77]（法）谢和奈著，耿昇译《五至十世纪中国寺院经济》，兰州：甘肃人民出版社，1987年。

[78]星全成、马连龙《藏族社会制度研究》，西宁：青海民族出版社，2000年。

[79]许国霖编《敦煌石室写经题记与敦煌杂录》，《敦煌丛刊初集》10，台北：新文丰出版公司，1985年。

[80]徐俊《敦煌唐人诗集残卷辑考》，北京：中华书局，2000年。

[81]薛宗正《安西与北庭——唐代西陲边政研究》，哈尔滨：黑龙江教育出版社，1998年。

[82]薛宗正《吐蕃王国的兴衰》，北京：民族出版社，1998年。

[83]严耕望《唐代交通图考》（第二卷　河陇碛西区），上海：上海古籍出版社，2007年。

[84]杨富学、李吉和《敦煌汉文吐蕃史料辑校》第1辑，兰州：甘肃人民出版社，1999年。

[85]杨铭《吐蕃统治敦煌研究》，台北：新文丰出版公司，1997年。

[86]杨铭《吐蕃统治敦煌与吐蕃文书研究》，北京：中国藏学出版社，2008年。

[87]余欣《神道人心——唐宋之际敦煌民生宗教社会史研究》，北京：中华书局，2006年。

[88]张鸿勋《敦煌讲唱文学作品选注》，兰州：甘肃人民出版社，1987年。

[89]张泽咸《唐五代赋役史草》，北京：中华书局，1985年。

[90]郑炳林《敦煌地理文书汇辑校注》，兰州：甘肃教育出版社，1989年。

[91]郑炳林《敦煌碑铭赞辑释》，兰州：甘肃教育出版社，1992年。

[92]郑炳林、郑怡楠《敦煌碑铭赞辑释（增订本）》（上、中、下），上海：上海古籍出版社，2019年。

[93]郑炳林主编《敦煌归义军史专题研究》，兰州：兰州大学出版社，1997年。

[94]郑炳林主编《敦煌归义军史专题研究续编》，兰州：兰州大学出版社，

2003年。

[95]郑炳林主编《敦煌归义军史专题研究三编》，兰州：甘肃文化出版社，2005年。

[96]郑炳林主编《敦煌归义军史专题研究四编》，西安：三秦出版社，2009年。

[97]郑炳林、黄维忠编《敦煌吐蕃文献选辑》，4册，北京：民族出版社，2011—2018年。

[98]郑学檬主编《中国赋役制度史》，上海：上海人民出版社，2000年。

[99]周伟洲《吐谷浑史》，银川：宁夏人民出版社，1984年。

[100]周伟洲《唐代吐蕃与近代西藏史论稿》，北京：中国藏学出版社，2006年。

[101]周季文、谢后芳《敦煌吐蕃汉藏对音字汇》，北京：中央民族大学出版社，2006年。

[102]朱雷《敦煌吐鲁番文书论丛》，兰州：甘肃人民出版社，2000年。

[103]安世兴编著《古藏文词典》，北京：中国藏学出版社，2001年。

[104]季羡林主编《敦煌学大辞典》，上海：上海辞书出版社，1998年。

[105]张怡荪主编《藏汉大辞典》，北京：民族出版社，1993年。

[106]（英）奥雷尔·斯坦因著，巫新华等译《西域考古图记》(第3卷)，北京：中国社会科学出版社，第841页。

[107]（法）戴密微著，耿昇译《吐蕃僧诤记》，兰州：甘肃人民出版社，1984年。

[108]（英）奥雷尔·斯坦因著，姜波、秦立彦译《发现藏经洞》，南宁：广西师范大学出版社，2000年。

[109]（英）F. W. 托马斯著，刘忠、杨铭译《敦煌西域古藏文社会历史文献》，北京：民族出版社，2003年。

[110]（美）李方桂、柯蔚南著，王启龙译《古代西藏碑文研究》，北京：清华大学出版社，2007年。

[111]（日）武内绍人著，杨铭、杨公卫译，赵晓意校《敦煌西域出土的古藏文契约文书》，乌鲁木齐：新疆人民出版社，2016年。

四、中文论文

[1]安忠义《吐蕃攻陷沙州之我见》，《敦煌学辑刊》1992年第1、2期。

[2]巴桑旺堆《关于古藏文写本的研究方法的再探索》，《中国藏学》2009年第3期。

[3]巴桑旺堆《一份新发现的敦煌古藏文吐蕃兵书残卷解读》，《中国藏学》2014年第3期。

[4]鲍晓娜《唐代“地子”考释》，《社会科学战线》1987年第4期。

[5]昞麟《张谦逸在吐蕃时期的任职》，《敦煌学辑刊》1993年第1期。

[6]陈国灿《敦煌所出诸借契年代考》，《敦煌学辑刊》1984年第1期。

[7]陈国灿《唐朝吐蕃陷落沙州城的时间问题》，《敦煌学辑刊》1985年第1期。

[8]陈国灿《对敦煌吐蕃文契约文书断代的思考》，《西域研究》2016年第4期，第1—6页。

[9]陈国灿《试论吐蕃占领敦煌后期的鼠年变革——敦煌“永寿寺文书”研究》，《敦煌研究》2017年第3期。

[10]陈践《敦煌、新疆古藏文写本述略》，《甘肃民族研究》1983年第1、2期。

[11]陈践、王尧《敦煌本〈吐蕃法制文献〉译解》，《1983年全国敦煌学术讨论会文集·文史、遗书编》(上)，兰州：甘肃人民出版社，1987年。

[12]陈践《笼与笼官初探》，《藏学研究》第7辑，北京：中央民族学院出版社，1993年。

[13]陈践《敦煌藏文CH.9.Ⅱ.68号金钱神课判词解读》，《兰州大学学报》(社会科学版）2007年第3期。

[14]陈楠《吐蕃职官制度考论》，《中国藏学》1988年第2期。

[15]陈楠《吐蕃大相尚结赞考述——兼论吐蕃宰相制度变化的几个阶段》，《中国藏学》1997年第3期。

[16]陈楠《吐蕃告身制度试探》，《藏史丛考》，北京：民族出版社，1998年。

[17]陈楠《吐蕃对河西地区的占领与管辖》，《藏史丛考》，北京：民族出版社，1998年。

[18]陈楠《P.T.999号敦煌藏文写卷再研究——以往汉译本比较及相关史事补正与考辨》，《中国藏学》2008年第3期。

[19]陈楠《P.T.1047写卷卜辞与吐蕃相关史事考释》，《西北民族大学学报》(哲学社会科学版）2010年第4期。

[20]陈楠《吐蕃统辖敦煌时期之藏文抄经活动考述》，《中国藏学》2013年第S2期。

[21]陈平《从“丁公陶文”谈古东夷族的西迁》，《中国史研究》1998年第1期。

[22]陈庆英《〈斯坦因劫经录〉、〈伯希和劫经录〉所收汉文写卷中夹存的藏文写卷调查》，《敦煌学辑刊》1981年第2期。

[23]陈庆英、端智嘉《一份敦煌吐蕃驿递文书》,《社会科学》(甘肃)1981年

第2期。

[24]陈庆英《敦煌藏文写卷P. T. 999号译注》，《敦煌研究》1987年第2期。

[25]陈庆英《从敦煌藏文P. T. 999号写卷看吐蕃史的几个问题》，《藏学研究论丛》第1辑，拉萨：西藏人民出版社，1989年。

[26]陈庆英《从帐簿文书看吐蕃王朝的经济制度》，《藏学研究论丛》第3辑，拉萨：西藏人民出版社，1992年。

[27]陈庆英《西夏与藏族的历史、文化、宗教关系试探》，《藏学研究论丛》第5辑，拉萨：西藏人民出版社，1993年。

[28]陈双印《吐蕃统治敦煌时期洞窟修建经济原因初探》，《世界宗教研究》2009年第4期。

[29]陈于柱、张福慧《榆林窟第25窟"藏汉婚礼图"的再研究》，《民族研究》2014年第2期。

[30]陈英英《敦煌写本讽谏今上破鲜于叔明令狐峘等试僧尼及不许交易书考释》，《敦煌吐鲁番文献研究论集》第1辑，北京：中华书局，1982年。

[31]陈宗祥、王健民《敦煌古藏文拼写的南语卷文的释读问题》，《中国藏学》1994年第3期。

[32]褚俊杰《吐蕃苯教丧葬仪轨研究——敦煌古藏文写卷P. T. 1042解读》(一)、(续),《中国藏学》1989年第3、4期。

[33]褚俊杰《论苯教丧葬仪轨的佛教化》，《西藏研究》1990年第1期。

[34]邓文科《试论吐谷浑与吐蕃的关系》，《西北民族学院学报》（哲学社会科学版）1987年第1期。

[35]邓文宽《吐蕃占领前的敦煌历法行用问题》，《敦煌研究》2013年第3期。

[36]杜朝晖《敦煌文献名物研究》，浙江大学博士学位论文，2006年。

[37]俄军《甘肃省博物馆藏敦煌藏文文献补录》，《敦煌研究》2006年第3期。

[38]樊锦诗、赵青兰《吐蕃占领时期莫高窟洞窟的分期研究》，《敦煌研究》1994年第4期。

[39]范祥雍《唐代中印交通吐蕃一道考》，《中华文史论丛》1982年第4期。

[40]方广锠《吐蕃统治时期敦煌流行的偈颂佚号法》，《敦煌学辑刊》1990年第1期。

[41]房继荣《英藏敦煌古藏文文献述要》，《西北民族研究》2006年第2期。

[42]高永久、王国华《吐蕃统治下的于阗》，《西北民族研究》1991年第2期。

[43]冯汉镛《唐五代时剑南道的交通线路考》，《文史》总第14期，北京：中华书局，1982年。

[44]冯汉镛《唐代马湖江通吐蕃线路行程考》，《文史》总第30期，北京：

中华书局，1988年。

[45]冯培红《唐五代敦煌的河渠水利与水司管理机构初探》，《敦煌学辑刊》1997年第2期。

[46]冯培红《唐五代敦煌的酒行、酒户和酒司》，《青海社会科学》2001年第3期。

[47]冯智《滇西北吐蕃铁索桥遗址及古藏文石碑考略》，《中国藏学》1994年第4期。

[48]尕藏加《藏文文献中所见西域佛教之比较研究》，《敦煌学辑刊》1993年第2期。

[49]尕藏加《敦煌吐蕃藏文文献在藏学研究中的史料价值初探》，《中国藏学》2002年第4期。

[50]高启安《敦煌的“团”组织》，《中国藏学》2012年第2期。

[51]（日）高田时雄《有关敦煌吐蕃期写经事业的藏文资料》，《敦煌文献论集》，沈阳：辽宁人民出版社，2001年。

[52]（日）高田时雄《藏文社邑文书二三种》，《敦煌吐鲁番研究》第3卷，北京：北京大学出版社，1998年。

[53]（日）高田时雄《吐蕃期敦煌有关受戒的藏文资料》，《新世纪敦煌学论集》，成都：巴蜀书社，2003年。

[54]（日）高田时雄《敦煌识字水平与藏文的使用》，《转型期的敦煌学》，上海：上海古籍出版社，2007年。

[55]格勒《藏族本教的巫师及其巫术活动》，《中山大学学报》1984年第2期。

[56]格桑央金《敦煌藏文写卷ch.9.II.19号初探》，《中国藏学》2005年第2期。

[57]郭冠中《论西藏封建庄园的内外“差”剥削》，《西藏封建农奴制研究论文选》，北京：中国藏学出版社，1991年。

[58]郝春文《中国国家图书馆藏未刊敦煌文献研读札记》，《敦煌研究》2004年第4期。

[59]郝二旭《唐五代敦煌农业专题研究——以敦煌写本文献为中心》，兰州大学博士学位论文，2011年。

[60]何志文《吐蕃统治敦煌时期地方财政支出的一个考察——以敦煌出土汉、藏文支出帐为中心》，《中国社会经济史研究》2019年第2期。

[61]何志文《吐蕃统治敦煌时期的土地纠纷问题研究——以S.2228与P.T.1078B古藏文诉讼文书为中心》，《西藏大学学报》（社会科学版）2019年第3期。

[62]胡小鹏《吐谷浑与唐、吐蕃的关系》，《西北史地》1985年第4期。

[63]黄布凡《敦煌〈藏汉对照词语〉残卷考辨订误》，《民族语文》1984

年第5期。

［64］黄颢《唐代汉藏文化交流》，《藏学研究文集》，北京：民族出版社，1985年。

［65］黄盛璋《敦煌遗书藏文Ch. 73. Ⅳ〈凉州节度、仆射致沙州、瓜州刺史敕牒〉及其重要价值》，《蒙藏国际学术研讨会论文集》，台北：1995年。

［66］黄文焕《河西吐蕃文书简述》，《文物》1978年第12期。

［67］黄文焕《跋敦煌365窟藏文题记》，《文物》1980年第7期。

［68］黄文焕《河西吐蕃经卷目录跋》，《世界宗教研究》1981年第2期。

［69］黄文焕《河西吐蕃卷式写经目录并后记》，《世界宗教研究》1982年第1期。

［70］黄文焕《河西吐蕃文书中的“钵阐布”》，《中国民族古文字研究》，北京：中国社会科学出版社，1984年。

［71］黄文焕《吐蕃经卷里的数码研究》，《敦煌学辑刊》1986年第1期。

［72］黄维忠《国内藏敦煌藏文文献的整理与研究回顾》，《敦煌学辑刊》2010年第3期。

［73］黄维忠《关于唐代吐蕃军事占领区建制的几个问题》，《西北民族大学学报》（哲学社会科学版）2010年第4期。

［74］黄兆宏《8—9世纪吐蕃入迁河西及其影响》，《西藏研究》2008年第6期。

［75］黄振华《略述吐蕃文化对西夏的影响》，《藏族学术讨论会论文集》，拉萨：西藏人民出版社，1984年。

［76］黄正健《敦煌本吐蕃历史文书大事纪年有关唐蕃关系的译注拾遗》，《西藏研究》1985年第1期。

［77］霍旭初《高昌石窟金刚力士考略》，《吐鲁番学研究》2004年第2期。

［78］霍旭初《龟兹金刚力士图像研究》，《敦煌研究》2005年第3期。

［79］姜伯勤《敦煌文书中的唐五代“行人”》，《中国史研究》1979年第2期。

［80］姜伯勤《敦煌寺院文书中梁户的性质》，《中国史研究》1980年第3期。

［81］姜伯勤《唐敦煌“书仪”写本所见的沙州玉关驿户起义》，《中华文史论丛》1981年第1辑。

［82］姜伯勤《上海藏本敦煌所出河西支度营田使文书研究》，《敦煌吐鲁番文献研究论集》第2辑，北京：北京大学出版社，1983年。

［83］姜伯勤《敦煌寺院碾硙经营的两种形式》，《历史论丛》1983年第3辑。

［84］姜伯勤《突地考》，《敦煌学辑刊》1986年第1期。

［85］姜伯勤《沙州道门亲表部落释证》，《敦煌研究》1986年第3期。

［86］姜伯勤《敦煌本乘恩帖考证》，《敦煌艺术宗教与礼乐文明》，北京：

中国社会科学出版社，1996年。

[87]金滢坤《敦煌陷蕃年代研究综述》，《丝绸之路》1997年第1期。

[88]金滢坤《从敦煌文书看晚唐五代敦煌地区布纺织业》,《敦煌研究》1998年第2期。

[89]金滢坤《吐蕃统治敦煌的基层组织》，《中国边疆史地研究》1998年第4期。

[90]金滢坤《吐蕃统治敦煌的财政职官体系——兼论吐蕃对敦煌农业的经营》，《敦煌研究》1999年第2期。

[91]金滢坤《吐蕃沙州都督考》，《敦煌研究》1999年第3期。

[92]金滢坤《吐蕃统治敦煌时期的部落使考》，《民族研究》1999年第2期。

[93]金滢坤、盛会莲《吐蕃沙州节儿及其统治新探》，《中国边疆史地研究》2000年第3期。

[94]金滢坤《吐蕃节度使考述》，《厦门大学学报》2001年第1期。

[95]金滢坤《吐蕃瓜州节度使初探》，《敦煌研究》2002年第2期。

[96]金滢坤《吐蕃统治敦煌的户籍制度初探》，《中国经济史研究》2003年第1期。

[97]勘措吉、黎大祥《武威市博物馆藏敦煌藏文写本》，《敦煌研究》2006年第3期。

[98]劳贞一《唐五代沙州张曹两姓政权交替之史料附记》，《大陆杂志》第27期。

[99]李并成《唐代前期河西走廊的农业开发》，《中国农史》1990年第1期。

[100]李并成、侯文昌《敦煌写本吐蕃文雇工契P.T.1297探析》，《敦煌研究》2011年第5期。

[101]李健胜《河西儒学对吐蕃的影响》，《西藏研究》2011年第5期。

[102]李军《唐代私奴婢初探》，《敦煌学辑刊》1984年第2期。

[103]李其琼《论吐蕃时期的壁画艺术》，《敦煌研究》1998年第1期。

[104]李秋梅《透视与反思：敦煌文献所见吐蕃买卖契约研究——兼论唐蕃之间的文化交流》，《青海社会科学》2018年第6期。

[105]李淑萍、黄维忠《敦煌市档案局所藏藏文写经定名》，《敦煌学辑刊》2002年第2期。

[106]李玉林《敦煌遗书P.3774号的研究——从一个家庭的财产分割牒看吐蕃统治下的敦煌》，《西藏大学学报》2007年第4期。

[107]李永宁《也谈敦煌陷蕃年代》，《西北师院学报增刊·敦煌学研究》，1984年。

[108] 李正宇《吐蕃子年（公元808年）沙州百姓汜履倩等户籍手实残卷研究》，《1983年全国敦煌学术研讨会文集·文史、遗书编》，兰州：甘肃人民出版社，1987年。

[109]李正宇《唐宋时代敦煌县河渠泉泽简志——附〈唐宋时代敦煌县诸乡位置及渠系分布示意图〉》(一)、(二),《敦煌研究》1988年第4期、1989年第1期。

[110]李正宇《吐蕃论董勃藏修伽蓝功德记两残卷的发现、缀合及考证》，《敦煌吐鲁番研究》第2卷，北京：北京大学出版社，1997年。

[111]李正宇《沙州贞元四年陷蕃考》，《敦煌研究》2007年第4期。

[112]林冠群《唐代吐蕃史史料研究》，《大陆杂志》1985年第70卷第4期，收录于《中国敦煌学百年文库·民族卷》(一)，兰州：甘肃文化出版社，1999年。

[113]林冠群《唐代吐蕃对外联姻之研究》，《唐研究》第8卷，北京：北京大学出版社，2002年。

[114]林冠群《〈敦煌本吐蕃历史文书〉与唐代吐蕃史研究》，《新世纪敦煌学论集》，成都：巴蜀书社，2003年。

[115]林冠群《唐代吐蕃军事占领区建制之研究》，《中国藏学》2007年第4期。

[116]林冠群《沙州的节儿与乞利本》，《中国藏学》2018年第3期。

[117]林冠群《吐蕃职官spyan（悉编）研究——吐蕃地方职官委员制的形成与发展》，《敦煌学辑刊》2019年第2期。

[118]林裕春《敦煌等地在吐蕃时期的藏汉音乐文化交流研究》，《民族音乐》2014年第5期。

[119]刘安志《唐朝吐蕃占领沙州时期的敦煌大族》，《中国史研究》1997年第3期。

[120]刘凤强《从敦煌文献看礼在吐蕃文化中的地位》，《西藏民族大学学报》（哲学社会科学版），2015年第2期。

[121]刘惠琴《从敦煌文书中看沙州纺织业》，《敦煌学辑刊》1995年第2期。

[122]刘进宝《关于吐蕃统治经营河西地区的若干问题》，《中国边疆史地研究》1994年第1期。

[123]刘进宝《从敦煌文书谈晚唐五代的“地子”》，《历史研究》1996年第3期。

[124]刘进宝《再论晚唐五代的“地子”》，《历史研究》2003年第2期。

[125]刘进宝《归义军时期敦煌的营田及其管理系统》，《西北师大学报》（哲学社会科学版）2004年第2期。

[126]刘景云《俄藏敦煌文献概览》，《敦煌研究》1999年第3期。

[127]刘丽建《唐代吐蕃的民族统治与民族融合》，《甘肃社会科学》2001年第3期。

[128]刘雯《吐蕃及归义军时期敦煌索氏家族研究》，《敦煌学辑刊》1997年第2期。

[129]刘小平《唐代寺院的水碾硙经营》，《中国农史》2005年第4期。

[130]刘忠《敦煌阿骨萨部落一区编员表藏文文书译考——兼向藤枝晃、姜伯勤等先生译文质疑》，《中国史研究》1999年第1期。

[131]陆离《俄、法所藏敦煌文献中一件归义军时期土地纠纷案卷残卷浅识——对Дx. 02264、Дx. 08786与P. 4974号文书的缀合研究》，《敦煌学辑刊》2000年第2期。

[132]陆离《唐五代敦煌寺户制度源流辨析》，《敦煌吐鲁番研究》第6卷，北京：北京大学出版社，2002年。

[133]陆离《有关吐蕃太子的文书研究》，《敦煌学辑刊》2003年第1期。

[134]陆离《吐蕃统治敦煌基层兵制新考》，《中国史研究》2003年第4期。

[135]陆离《唐五代敦煌的司仓参军、仓曹、仓司——兼论唐五代敦煌地区的仓廪制度》，《兰州大学学报》2003年第4期。

[136]陆离《吐蕃僧官制度试探》，《华林》第3卷，北京：中华书局，2004年。

[137]陆离《大虫皮考——兼论吐蕃南诏虎崇拜及其影响》，《敦煌研究》2004年第1期。

[138]陆离《吐蕃统治时期敦煌酿酒业简论》，《青海民族学院学报》（社会科学版）2004年第1期。

[139]陆离《吐蕃三法考——兼论〈贤愚经〉传入吐蕃的时间》，《西藏研究》2004年第3期。

[140]陆离《吐蕃统治时期敦煌僧官的几个问题》，《敦煌研究》2005年第3期。

[141]陆离《吐蕃统治河陇地区司法制度初探》，《中国藏学》2006年第1期。

[142]陆离《吐蕃统治敦煌的基层组织》，《西藏研究》2006年第1期。

[143]陆离《敦煌新疆石窟中吐蕃时期着虎皮衣饰武士图像、雕塑研究》，《敦煌学辑刊》2006年第3期。

[144]陆离、陆庆夫《关于吐蕃告身制度的几个问题》，《民族研究》2006年第3期。

[145]陆离《也谈敦煌文书中的唐五代“地子、地税”》，《历史研究》2006年第4期。

[146]陆离《吐蕃统治河陇西域时期军事、畜牧业职官二题》，《敦煌研究》2006

年第4期。

[147]陆离《吐蕃统治河陇西域时期职官四题》,《西北民族研究》2006年第2期。

[148]陆离《吐蕃统治河陇西域的市券研究》,《敦煌吐鲁番研究》第9卷,北京:中华书局,2006年。

[149]陆离《吐蕃统治敦煌的官府劳役》,《魏晋南北朝隋唐史资料》第22辑,武汉:武汉大学学报编辑部,2006年。

[150]陆离《吐蕃统治敦煌时期的官府牧人》,《西藏研究》2006年第4期。

[151]陆离《敦煌吐蕃文书〈吐蕃官吏申请状〉zar can与zarcung词义考》,《兰州学刊》2006年第11期。

[152]陆离《tsong ka(宗喀)、khri ka(赤卡)、临蕃城考》,《魏晋南北朝隋唐史资料》第23辑,武汉:武汉大学学报编辑部,2007年。

[153]陆离《吐蕃敦煌乞利本考》,《中国边疆史地研究》2007年第4期。

[154]陆离《吐蕃驿传制度新探》,《中国藏学》2009年第1期。

[155]陆离、陆庆夫《吐蕃统治下的敦煌社会及其与唐朝中央政权关系管窥》,《中国边疆史地研究》2009年第1期。

[156]陆离《论吐蕃统治敦煌时期的官田与营田》,《南京师大学报》(社会科学版)2009年第3期。

[157]陆离《吐蕃统治敦煌时期的“行人”、“行人部落”》,《民族研究》2009年第4期。

[158]陆离《唱末音义考》,《敦煌研究》2010年第4期。

[159]陆离《敦煌写本S.1438背〈书仪〉残卷与吐蕃占领沙州的几个问题》,《中国史研究》2010年第1期。

[160]陆离《关于敦煌文书中的Lhobal与“南波”、“南山”》,《敦煌学辑刊》2010年第1期。

[161]陆离《吐蕃统治敦煌的监军、监使》,《中国藏学》2010年第2期。

[162]陆离《关于榆林窟第25窟壁画藏文题记释读的两个问题》,《西北民族大学学报》(哲学社会科学版)2010年第4期。

[163]陆离、陆庆夫《张议潮史迹新探》,《中国边疆史地研究》2011年第1期。

[164]陆离《敦煌吐蕃文书中的“色通(se tong)”考》,《敦煌研究》2012年第2期。

[165]陆离《敦煌文书P.3885号中记载的有关唐朝与吐蕃战事研究》,《中国藏学》2012年第2期。

[166]陆离《关于吐蕃统治敦煌时期户籍制度的几个问题——兼谈吐蕃统

治敦煌的部落设置》，《中国经济史研究》2013年第2期。

[167]陆离《吐蕃河西北道节度使考——兼论吐蕃王国对河西北部的经略》，《中国藏学》2013年第S2期。

[168]陆离《敦煌藏文P.T.1185号〈军需调拨文书〉及相关问题研究》，《西藏研究》2016年第2期。

[169]陆离《关于发放堪布土登口粮契约的几个问题——以三件英藏敦煌藏文文书为例》，《青海民族大学学报》（社会科学版）2017年第2期。

[170]陆离《关于康再荣在吐蕃时期任职的若干问题——敦煌文书〈大蕃纥骨萨部落使康再荣建宅文〉浅识》，《敦煌研究》2019年第5期。

[171]陆离《再论吐蕃统治下于阗、敦煌等地的tshan》，《西藏大学学报》（社会科学版）2021年第2期。

[172]陆离《吐蕃统治敦煌赋税制度再探——以吐蕃文rkya为中心》，《南京师大学报》（社会科学版）2021年第6期。

[173]陆庆夫《略论敦煌民族史料的价值》，《敦煌学辑刊》1991年第1期。

[174]陆庆夫《唐宋间敦煌粟特人之汉化》，《敦煌归义军史专题研究》，兰州：兰州大学出版社，2004年。

[175]陆庆夫、陆离《论吐蕃制度与突厥的关系》，《兰州大学学报》（社会科学版）2005年第4期。

[176]罗秉芬《唐代藏汉文化交流的历史见证——敦煌古藏文佛经变文研究》，《中国藏学》1989年第2期。

[177]罗秉芬《试论敦煌本古藏医文献研究的重要性》，《中国藏学》1997年第4期。

[178]罗秉芬《从三件〈赞普愿文〉看吐蕃王朝的崩溃——敦煌古藏文文书P.T.16，I.O.751，P.T.134，P.T.234初探》，《中国敦煌学百年文库·民族卷》，兰州：甘肃文化出版社，1999年。

[179]罗秉芬《敦煌本吐蕃医学文献〈长卷〉译注》上、下，《中国藏学》2002年第2、3期。

[180]罗炤《藏汉合璧〈圣胜会到彼岸功德宝集偈〉考略》，《世界宗教研究》1983年第4期。

[181]马德《沙州陷蕃年代再探》，《敦煌研究》1985年第3期。

[182]马德《吐蕃统治敦煌初期的几个问题》，《敦煌研究》1987年第1期。

[183]马德《Khrom词义考》，《中国藏学》1992年第2期。

[184]马德《从敦煌史料看唐代陇右地区的后吐蕃时代》，《丝绸之路民族古文字与文化学术讨论会会议文集》，西安：三秦出版社，2005年。

[185]马德《甘肃藏敦煌古藏文文献概述》，《敦煌研究》2006年第3期。

[186]马德《特蕃考》，《兰州大学学报》（社会科学版）2006年第5期。

[187]马德《西藏发现的〈喇蚌经〉为敦煌写经》，《敦煌研究》2009年第5期。

[188]马德《吐蕃国相尚纥心儿事迹补述——以敦煌本羽77号为中心》，《敦煌研究》2011年第4期。

[189]马俊锋、沙武田《唐蕃清水会盟在敦煌石窟中的历史遗迹——瓜州榆林窟第25窟功德主新解》，《西藏研究》2015年第3期。

[190]马林《敦煌文书P. T. 1083号藏文写卷考释》，《甘肃民族研究》1986年第4期。

[191]马雅伦、邢艳红《吐蕃统治时期敦煌的两位粟特僧官——史慈灯、石法海考》，《敦煌学辑刊》1996年第2期。

[192]马子海、徐丽《吐蕃统治下的河西走廊》，《西北师大学报》（社会科学版）1994年第5期。

[193]梅林《吐蕃和归义军时期敦煌禅僧寺籍考辨》，《敦煌研究》1992年第3期。

[194]聂鸿音《P.t.988号藏文写卷补考》，《民族研究》2005年第3期。

[195]潘重规《敦煌唐人陷蕃诗集残卷作者的新探测》，《唐代研究论集》第3辑，台北：新文丰出版公司，1992年。

[196]彭金章、沙武田《试论敦煌莫高窟北区出土的波斯银币和西夏钱币》，《文物》1998年第10期。

[197]齐陈骏《略述唐王朝与吐蕃的关系及张议潮领导的沙州人民起义》，《甘肃师大学报》1979年第4期。

[198]齐陈骏《敦煌沿革与人口》，《敦煌学辑刊》1981年第1集。

[199]恰白·次旦平措撰，郑堆、丹增译《简析新发现的吐蕃摩崖石文》，《中国藏学》1988年第1期。

[200]强俄巴·次央《试析敦煌藏文P. T. 999写卷》，《西藏研究》1990年第1期。

[201]乔政《吐蕃奴隶制社会经济初探》，《中国藏学》1994年第1期。

[202]饶宗颐《论敦煌陷于吐蕃之年代——依顿悟大乘正理决考证》，《东方文化》第9卷第1期，1971年。

[203]任树民、白自东《仕蕃汉人官职考述——P. T. 1089号卷子研究》，《西藏民族学院学报》（社会科学版）1990年第2期。

[204]荣新江《归义军及其与周边民族的关系初探》，《敦煌学辑刊》1986年第2期。

[205]荣新江《通颊考》，《文史》总第33辑，北京：中华书局，1990年。

[206]沙比提《从考古发掘资料看新疆古代的棉花种植和纺织》，《文物》1972年第10期。

[207]沙武田《吐蕃统治时期敦煌石窟供养人画像考察》，《中国藏学》2003年第2期。

[208]沙武田《莫高窟吐蕃期洞窟第359窟供养人画像研究——兼谈粟特九姓胡人对吐蕃统治敦煌的态度》，《敦煌研究》2010年第5期。

[209]邵文实《沙州节儿考及其引申出来的几个问题——八至九世纪吐蕃对敦煌汉人的统治》，《西北师大学报》（社会科学版）1992年第5期。

[210]邵文实《尚乞心儿事迹考》，《敦煌学辑刊》1993年第2期。

[211]沈卫荣《吐蕃七贤臣事迹考》，《中国藏学》1995年第1期。

[212]舒介勋《解放前西藏的差税制度》，《西藏封建农奴制研究论文选》，北京：中国藏学出版社，1991年。

[213]申新泰《关于西藏封建农奴制社会差税问题的两个藏文历史档案资料》，《西藏封建农奴制研究论文选》，北京：中国藏学出版社，1991年。

[214]施萍婷《本所藏〈酒帐〉研究》，《敦煌研究》1983年创刊号。

[215]施萍婷《本所藏敦煌唐代奴婢买卖文书介绍》，《敦煌研究文集》，兰州：甘肃民族出版社，2000年。

[216]史苇湘《河西节度使覆灭前夕——敦煌遗书伯2942号残卷的研究》，《敦煌研究》1983年创刊号。

[217]史苇湘《吐蕃管辖沙州前后——敦煌遗书S. 1438背〈书仪〉残卷的研究》，《敦煌研究》1983年创刊号。

[218]石硕《从敦煌藏文写卷P. T. 1287看囊日伦赞时代吐蕃联盟政权的扩展及其内部矛盾》，《西藏研究》1999年第2期。

[219]石硕《附国与吐蕃》，《中国藏学》2003年第3期。

[220]宋杰《吐鲁番文书所反映的高昌物价与货币问题》，《北京师范学院学报》（社会科学版）1990年第2期。

[221]苏航《试析吐蕃统治敦煌时期的基层组织tshar——以Ch.73.xv.frag.12和P.T.2218为中心》，《中国藏学》2003年第2期。

[222]苏莹辉《论唐时敦煌陷蕃的年代》，《大陆杂志》第23卷第11期，1961年。

[223]苏莹辉《论敦煌县在河西诸州中陷蕃最晚的原因》，《大陆杂志》第41卷第9期，1970年。

[224]苏莹辉《再论唐时敦煌陷蕃的年代》，《敦煌论集》，台北：台湾学

生书局，1983年。

[225]孙宏武、寇克红《张掖甘州区、高台县两博物馆藏敦煌藏文〈大乘无量寿经〉简介》，《敦煌研究》2006年第3期。

[226]孙林《敦煌写本S. 375（5）号残卷所涉及的吐蕃史的几个问题》，《西藏民族学院学报》（社会科学版）2001年第1期。

[227]孙林《唐九宫算、藏族九宫历以及纳西族巴格图的比较研究》，《中国藏学》2007年第2期。

[228]孙修身《敦煌遗书吐蕃文书P. T. 1284号等三件书信有关问题》，《敦煌研究》1989年第2期。

[229]邰惠莉、范军澍《兰山范氏藏敦煌写经目录》，《敦煌研究》2006年第3期。

[230]唐耕耦《吐蕃时期敦煌课麦粟文书介绍》，《中国社会经济史研究》1986年第3期。

[231]唐耕耦《吐蕃时期敦煌课麦粟文书补》，《中国社会经济史研究》1987年第4期。

[232]唐耕耦《关于敦煌寺院水硙研究中的几个问题》，《文献》1988年第1期。

[233]唐耕耦《8至10世纪敦煌的物价》，《纪念陈寅恪教授国际学术讨论会文集》，广州：中山大学出版社，1989年。

[234]万学汇《吐蕃统治时期敦煌石窟艺术的时代特性》，《中国藏学》2007年第1期。

[235]王东《“投毒”与唐代吐蕃政治——以敦煌文献为中心的考察》，《中国藏学》2013年第1期。

[236]王继光、郑炳林《敦煌汉文吐蕃史料综述——兼论吐蕃控制河西时期的职官与统治政策》，《中国藏学》1994年第3期。

[237]王进玉《敦煌壁画中的粮食脱粒及扬场工具》，《农业考古》1994年第1期。

[238]王进玉、王喆《敦煌石窟吐蕃时期壁画“农作图”及其有关的问题》，《敦煌吐蕃统治时期石窟与藏传佛教艺术研究》，兰州：甘肃教育出版社，2012年。

[239]王力平《八至十世纪的敦煌杜氏家族研究——兼及藏经洞文书的“偏向性”》，《敦煌学辑刊》2017年第2期。

[240]王南南、黄维忠《甘肃省博物馆所藏敦煌藏文文献叙录（上）》，《中国藏学》2003年第4期。

[241]王献军《唐代吐蕃统治河陇地区汉族琐谈》，《西藏研究》1989年第2期。

[242]王祥伟《吐蕃对敦煌寺院属民的管理考论》，《西藏研究》2012年第3期。

[243]王祥伟《试论吐蕃政权对敦煌寺院经济的管制——敦煌世俗政权对佛教教团经济管理之一》，《敦煌学辑刊》2010年第3期。

[244]王祥伟《吐蕃归义军时期敦煌寺院的“司”名机构谈论》，《敦煌研究》2014年第1期。

[245]王尧《藏族翻译家管法成对民族文化交流的贡献》，《文物》1980年第7期。

[246]王尧《关于敦煌古藏文历史文书》，《中国史研究》1980年第3期。

[247]王尧《吐蕃佛教述略》，《世界宗教研究》1981年第2期。

[248]王尧、陈践《敦煌古藏文〈罗摩衍那〉译本介绍》，《西藏研究》1983年第1期。

[249]王尧、陈践《吐蕃占有敦煌时期的民族关系探索——敦煌藏文写卷P.T.1083、1085号研究》，《历史研究》1984年第5期。

[250]王尧、陈践《从一张借契看宗教的社会作用——P.T.1297（1）号敦煌吐蕃文书译解》，《世界宗教研究》1986年第4期。

[251]王尧、陈践《吐蕃兵制考略——军事部落联盟剖析》，《中国史研究》1986年第1期。

[252]王尧《敦煌本吐蕃法制文献译释》，《1983年全国敦煌学术讨论会文集（文史·遗书编）》（上），兰州：甘肃人民出版社，1987年。

[253]王尧《吐蕃时期的占卜研究——敦煌藏文写卷译解》，香港：香港中文大学出版社，1987年。

[254]王尧《蕃占期间的敦煌佛教事业探微》，《世界宗教研究》1988年第2期。

[255]王尧、陈践《吐蕃职官考信录》，《中国藏学》1989年第1期。

[256]王尧《敦煌吐蕃官号“节儿”考》，《民族语文》1989年第4期。

[257]王尧《敦煌本藏文〈贤愚经〉及译者考述》，《九州学刊》1992年第4卷第4期。

[258]王尧《吐蕃译师管·法成身世事迹考》，《西藏文史考信集》，北京：中国藏学出版社，1994年。

[259]王尧《敦煌吐蕃文书P. T. 1297号再释——兼谈敦煌地区佛教寺院在缓和社会矛盾中的作用》，《中国藏学》1998年第1期。

[260]王尧《敦煌石窟里的吐蕃文书——纪念敦煌学研究100周年》，《中国西藏》2000年第5期。

[261]王尧《从敦煌文献看吐蕃文化》，《西藏文史探微集》，北京：中国藏学出版社，2005年。

[262]王永兴《敦煌唐代差科簿考释》，《历史研究》1957年第12期。

[263]王永兴《敦煌吐鲁番文书中有关唐代勾检制资料试析——兼整理伯

二七六三背、伯二六五四背、伯三四四六背文书》，《敦煌吐鲁番文献研究论集》第4辑，北京：北京大学出版社，1987年。

[264]汪永臻《从人口变化看唐代河陇地区农业经济的发展》，《西北人口》2009年第1期。

[265] 魏迎春、郑炳林《唐河西节度使西迁和吐蕃对敦煌西域的占领》，《敦煌学辑刊》2020年第1期。

[266]汶江《吐蕃统治下的汉人》，《西藏研究》1982年第3期。

[267]汶江《吐蕃官制考——敦煌藏文卷子P.T.1089号研究》，《西藏研究》1987年第3期。

[268]吴均《论安木多藏区的政教合一制统治》，《西藏封建农奴制研究论文选》，北京：中国藏学出版社，1991年。

[269]肖超宇《唐代吐蕃东道节度使研究四题——读金滢坤、林冠群等先生文后》，《中央民族大学学报》（哲学社会科学版）2015年第S1期。

[270] 谢重光《吐蕃占领时期与归义军时期的敦煌僧官制度》，《敦煌研究》1991年第3期。

[271]谢继胜《关于敦煌第465窟断代的几个问题》，《中国藏学》2000年第3期。

[272]谢继胜《关于敦煌第465窟断代的几个问题》(续)，《中国藏学》2000年第4期。

[273]谢全发，段晓彦《吐蕃〈都督为女奴事诉状〉的理法分析》，《西北民族大学学报》(哲学社会科学版）2006年第4期。

[274]熊文彬《两唐书〈吐蕃传〉吐蕃制度补证》，《中国藏学》1989年3月。

[275]熊文彬《吐蕃本部地方行政机构和职官考——tshan-bcu、mi-sde、yul-sde、yul-gru、yul-dpon》，《中国藏学》1994年第2期。

[276]徐晓卉《唐五代宋初敦煌地区麻的种植品种试析》，《敦煌研究》2004年第2期。

[277]薛宗正《乞黎苏笼猎赞在位前期的吐蕃盛世与唐朝陇右、河西领疆的陷没》，《甘肃民族研究》1992年第1期。

[278]薛宗正《乞黎苏笼猎赞后期吐蕃的鼎盛国势及其对唐关系》，《甘肃民族研究》1992年第2—3期合刊。

[279]杨富学《敦煌吐鲁番文献所见吐蕃回鹘之文化关系》，《首都师范大学学报》（社会科学版）2001年第1期。

[280]杨富学《20世纪国内敦煌吐蕃历史文化研究述要》，《中国藏学》2002年第3期。

[281]杨计国《宋代植物油的生产、贸易与在饮食中的应用》，《中国农史》2012年第2期。

[282]杨际平《吐蕃时期敦煌计口授田考》，《社会科学》（甘肃）1983年第2期。

[283]杨际平《吐蕃子年左二将户状与所谓“擘三部落”》，《敦煌学辑刊》1986年第2期。

[284]杨际平《吐蕃时期沙州社会经济研究》，《敦煌吐鲁番出土经济文书研究》，厦门：厦门大学出版社，1986年。

[285]杨际平《现存我国四柱结算法的最早实例——吐蕃时期沙州仓曹状上勾覆所牒研究》，《敦煌吐鲁番出土经济文书研究》，厦门：厦门大学出版社，1986年。

[286]杨际平《关于唐天宝敦煌差科簿的几个问题》，《敦煌吐鲁番出土经济文书研究》，厦门：厦门大学出版社，1986年。

[287]杨铭《通颊考》，《敦煌学辑刊》1987年第1期。

[288]杨铭《吐蕃时期敦煌部落设置考——兼及部落的内部组织》，《西北史地》1987年第2期。

[289]杨铭《试论吐蕃统治下汉人的地位》，《民族研究》1988年第4期。

[290]杨铭《唐代西北吐蕃部落述略》，陈庆英主编《中国藏族部落》，北京：中国藏学出版社，1991年。

[291]杨铭《关于敦煌藏文文书〈吐蕃官吏呈请状〉的研究》，《马长寿纪念文集》，西安：西北大学出版社，1993年。

[292]杨铭《敦煌文书中的Lho bal与南波——吐蕃统治时期的南山部族》，《敦煌研究》1993年第3期。

[293]杨铭《吐蕃在敦煌计口授田的几个问题》，《西北师大学报》（哲学社会科学版）1993年第5期。

[294]杨铭《一件有关敦煌陷蕃时间的藏文文书》，《敦煌研究》1994年第3期。

[295]杨铭《吐蕃时期河陇军政机构设置考》，《中亚学刊》第4辑，北京：北京大学出版社，1995年。

[296]杨铭、何宁生《曹（Tshar）——吐蕃统治敦煌及西域的一层兵制》，《西域研究》1995年第4期。

[297]杨铭《吐蕃“十将”制补正》，《中国藏学》1996年第2期。

[298]杨铭《吐蕃经略西北的历史作用》，《民族研究》1997年第1期。

[299]杨铭《英藏敦煌藏文文书选介》(一)，《敦煌学辑刊》1997年第1期。

[300]杨铭《英藏敦煌藏文文书选介》(二)，《敦煌学辑刊》1998年第2期。

[301]杨铭《〈大事纪年〉所载吐蕃与突厥关系考》，《中亚学刊》第5辑，

北京：北京大学出版社，2000年。

[302]杨铭《四件英藏敦煌藏文文书考释》，《2000年敦煌国际学术讨论会论文集·历史文化卷》（上），兰州：甘肃民族出版社，2003年。

[303]杨铭《英藏新疆麻札塔格、米兰出土藏文写本选介（一）——托马斯〈有关西域的藏文文献和文书〉部分》，《敦煌学辑刊》2002年第1期；《英藏新疆麻札塔格、米兰出土藏文写本选介（二）——武内绍人〈英国图书馆藏斯坦因收集品中的新疆出土古藏文写本〉部分》，《敦煌学辑刊》2003年第1期；《英藏新疆麻札塔格、米兰出土藏文写本选介（三）——武内绍人〈英国图书馆藏斯坦因收集品中的新疆出土古藏文写本〉部分》，《敦煌学辑刊》2005年第3期；胡静、杨铭《英藏新疆麻札塔格、米兰出土藏文写本选介（四）——武内绍人〈英国图书馆藏斯坦因收集品中的新疆出土古藏文写本〉部分》，《敦煌学辑刊》2008年第2期；《英藏新疆麻札塔格、米兰出土藏文写本选介（五）——武内绍人〈英国图书馆藏斯坦因收集品中的新疆出土古藏文写本〉部分》，《敦煌学辑刊》2009年第1期。

[304]杨铭《吐蕃与突厥、回纥关系考述》，《西南民族大学学报》（人文社会科学版）2005年第6期。

[305]杨铭《新刊西域古藏文写本所见的吐蕃官吏》，《中国藏学》2006年第3期。

[306]杨铭《论吐蕃治下的吐谷浑》，《青海民族研究》2010年第2期。

[307]杨铭《英藏敦煌西域古藏文非佛教文献的刊布与研究》，《西域研究》2016年第3期。

[308]杨铭、贡保扎西《两件敦煌古藏文寺院帐簿研究》，《敦煌学辑刊》2019年第1期。

[309]杨铭《rkya: 吐蕃统治敦煌西域时期的编户制度》，《西域研究》2021年第4期。

[310]杨铭、贡保扎西《法藏1078bis〈悉董萨部落土地纠纷诉状〉考释——兼论吐蕃在敦煌分配“籍田”（rkyazhing）的时间》，《敦煌研究》2021年第4期。

[311]杨铭《再论吐蕃统治敦煌时期的驮、硕、斗、升》，《敦煌学辑刊》2021年第3期。

[312]姚士宏《关于新疆龟兹石窟的吐蕃洞问题》，《文物》1999年第9期。

[313]叶拉太《敦煌古藏文吐蕃地名所反映的古代民族情况》，《青海师范大学学报》（哲学社会科学版），2015年第2期。

[314]殷晴《古代于阗和吐蕃的交通及其友邻关系》，《民族研究》1994年第5期。

[315]曾雪梅、张延清《甘肃省图书馆藏敦煌梵夹装藏文写经考录》，《中国藏学》2008年第3—4期。

[316]扎洛《吐蕃求〈五台山图〉史事杂考》，《民族研究》1998年第1期。

[317]扎西卓玛《吐蕃统治敦煌时期汉藏佛教文化交流及意义》，《中央民族大学学报》（哲学社会科学版）2009年第2期。

[318]张广达《吐蕃飞鸟使与吐蕃驿传制度——兼论敦煌行人部落》，《敦煌吐鲁番文献研究论集》第1辑，北京：中华书局，1982年。

[319]张广达《九世纪初吐蕃的〈敕颁翻译名义集三种〉》，《周一良先生八十生日纪念论文集》，北京：中国社会科学出版社，1993年。

[320]张广达《唐代禅宗的传入吐蕃及有关的敦煌文书》，《西域史地丛稿初编》，上海：上海古籍出版社，1995年。

[321]张俊《西藏文化丰富了敦煌宝库》，《西藏研究》1982年第2期。

[322]张延清、梁旭澍、勘措吉、郭俊叶《敦煌研究院藏敦煌古藏文写经叙录》，《敦煌研究》2006年第3期。

[323]张延清《敦煌古藏文佛经中的报废经页》，《西藏研究》2009年第1期。

[324]张延清、李晓红《麦积山石窟艺术研究所藏古藏文经卷考录》，《敦煌研究》2009年第5期。

[325]张延清《甘藏吐蕃钵阐布敦煌校经题记》，《敦煌学辑刊》2010年第1期。

[326]张延清《敦煌抄经制度中的惩治措施》，《敦煌研究》2010年第3期。

[327]张延清《吐蕃和平占领沙州城的宗教因素》，《西南民族大学学报》（人文社会科学版）2010年第4期。

[328]张延清《吐蕃时期的抄经纸张探析》，《中国藏学》2012年第3期。

[329]张耀忠《酒泉博物馆古藏文〈大乘无量寿经〉叙录》，《敦煌研究》2006年第3期。

[330]张月芬《试论敦煌吐蕃历史文献的文献学和历史学价值》，《西藏研究》2000年第2期。

[331]张云《“节儿”考略》，《民族研究》1992年第6期。

[332]赵莉《〈贤愚经〉与克孜尔本缘故事壁画》，《西域研究》1993年第2期。

[333]赵晓星《吐蕃统治敦煌时期的落蕃官初探》，《中国藏学》2003年第2期。

[334]赵晓星《敦煌陷蕃、“归化”、“蕃和”和“丙寅年”时间考——有关敦煌陷蕃前后时间的几个问题》，《江西社会科学》2004年第12期。

[335]赵世瑜《明清史与近代史：一个社会史视角的反思》，《学术月刊》2005年第12期。

[336]赵心愚《吐蕃告身制度的两个问题》，《西藏研究》2002年第1期。

[337]赵心愚《南诏告身制度试探》，《民族研究》2002年第4期。

[338]赵心愚《格子藏文碑与吐蕃告身制度的几个问题》，《民族研究》2004年第3期。

[339]赵心愚《敦煌古藏文写卷中的“vjang”》，《中国藏学》2006年第3期。

[340]赵青山《吐蕃统治敦煌时期的写经制度》，《西藏研究》2009年第3期。

[341]赵青山《5件文书所反映的敦煌吐蕃时期写经活动》，《中国藏学》2013年第4期。

[342]郑炳林《唐五代敦煌酿酒业研究》，《敦煌吐鲁番文献研究》，兰州：兰州大学出版社，1995年。

[343]郑炳林《唐五代敦煌手工业研究》，《敦煌学辑刊》1996年第1期。

[344]郑炳林、王尚达《吐蕃统治下的敦煌粟特人》，《中国藏学》1996年第4期。

[345]郑炳林、杨富学《晚唐五代金银在敦煌的使用与流通》，《甘肃金融》1997年第8期。

[346]郑炳林《〈康秀华写经施入疏〉与〈炫和尚货卖胡粉历〉研究》，《敦煌归义军史专题研究续编》，兰州：兰州大学出版社，1997年。

[347]郑炳林《晚唐五代敦煌园囿经济研究》，《敦煌学辑刊》1997年第1期。

[348]郑炳林《晚唐五代敦煌地区的吐蕃居民初探》，《中国藏学》2005年第2期。

[349]郑炳林《晚唐五代敦煌地区人口变化研究》，《敦煌归义军专题研究三编》，兰州：兰州大学出版社，2005年。

[350]郑炳林、魏迎春《敦煌写本〈大蕃沙州敦煌郡摄节度功德颂〉研究》，《敦煌学辑刊》2019年第4期。

[351]郑学檬《七世纪后期至八世纪后期敦煌县人口结构试析》，《敦煌学辑刊》1984年第1期。

[352]周伟洲《吐蕃对河西的统治及归义军前期的河西诸族》，《甘肃民族研究》1990年第2期。

[353]周伟洲、杨铭《关于敦煌藏文写本〈吐谷浑（阿柴）纪年〉残卷的研究》，《中亚学刊》第4辑，北京：中华书局，1990年。

[354]朱笛《敦煌写本“鋜鑑”初探》，《中国国家博物馆馆刊》2015年第4期。

[355]朱悦梅《吐蕃中节度考》，《民族研究》2010年第3期。

[356]朱悦梅《吐蕃占领西域期间的军事建制及其特征》，《西域研究》2011年第4期。

[357]朱悦梅《吐蕃东境（鄙）五道节度使研究》，《中国边疆史地研究》2014年第1期。

[358]卓玛才让《浅谈吐蕃统治敦煌时期藏语文的使用和藏汉翻译活动——

以敦煌本古藏文文献为例》，《西藏研究》2008年第4期。

[359]宗喀益西丹佛《试论吐蕃治下河陇、西域地区的制度选择及其渊源》，《青海民族大学学报》（社会科学版）2013年第3期。

[360]（英）贝克威斯著、关学君译《西藏与欧亚早期中世纪繁荣》，《西藏民族学院学报》1983年第4期。

[361]（匈）乌瑞撰、王青山译《〈贤者喜宴〉关于法规和组织的纪事》，《藏族研究译文集》第1集，北京：中央民族学院藏族研究所，1983年。

[362]（日）山口瑞凤著、朴宽哲译《吐蕃在敦煌统治形态的变迁》，《甘肃民族研究》1985年第1期。

[363]（匈）乌瑞撰、耿昇译《吐蕃统治结束后甘州和于阗官府中使用藏语的情况》，《敦煌译丛》第1辑，兰州：甘肃人民出版社，1985年。

[364]（匈）乌瑞撰、荣新江译《KHROM（军镇）：公元八至九世纪吐蕃帝国的行政单位》，《西北史地》1986年第4期。

[365]（匈）葛萨·乌瑞著，王冀青、李超编译《有关怛罗斯战役前中亚史地的古藏文文书和文献资料》，《敦煌学辑刊》1986年第1期。

[366]（匈）乌瑞撰、吴玉贵译《公元九世纪前半叶吐蕃王朝之“千户”考释》，《国外藏学研究译文集》第2辑，拉萨：西藏人民出版社，1987年。

[367]（匈）乌瑞撰、肖更译《吐蕃编年史辨析》，《国外藏学研究译文集》第2辑，拉萨：西藏人民出版社，1987年。

[368]（匈）乌瑞撰、赵晓意译《关于敦煌的一份军事文书的注释》，《国外藏学动态》1987年第2期。

[369]（英）F. W. 托马斯著、杨铭译、方玲校《有关于阗地区的藏文文书》，《新疆文物》1992年第3期。

[370]（法）拉露撰、岳岩译《〈八世纪吐蕃官员呈状〉解析》，《国外敦煌吐蕃文书研究译文集》，兰州：甘肃人民出版社，1992年。

[371]（日）山口瑞凤著、刘韶军译《松赞干布王十六条法的虚构性和吐蕃的刑法》，《日本学者研究中国史论著选译》第9卷，北京：中华书局，1993年。

[372]（英）F. W. 托马斯著，刘忠、杨铭编译、董越校《有关沙州地区的藏文文书》，《敦煌研究》1997年第3期。

[373]（日）堀敏一撰、张宇译《中唐以后敦煌地区的税制》，《敦煌研究》2000年第3期。

[374]（法）安·克丽斯蒂娜·谢勒·肖布著，王启龙译《敦煌与塔波古藏文写本研究的方法论问题》，《法国汉学》（北京版）2000年第5期。

[375]（德）海尔伽·于伯赫著、张云译《〈第吾教法史〉法律和政府部分

注释》，《国外藏学研究译文集》第15辑，拉萨：西藏人民出版社，2001年。

［376］（俄）亚历山大·卓林著，赵大莹、萨仁高娃译《俄罗斯科学院东方学研究所藏藏文古籍》，《文津流觞》2009年第2期。

五、外文论著

［1］（法）Clauson Gerard, "Manuscrit Pelliot Tibetain 1283", *Journal Asiatique*, vol. 245, 1957.

［2］（法）Jacques Bacot, F. W. Thomas, Toussaint, *Documents de Touen-Houangelatifsa l' histoire du Tibet*, Paris, Librarie Orientaliste Paul Geuthner 12, Rue Vavin, Ⅵe-1940-1946.

［3］（法）Jacques Bacot, "Reconnaissance en Haute Asie septentrionale par cinq envoyesouigours au Ⅷe", *Journal Asiatique*, 1956, vol. 244, pp. 137-153.

［4］（法）M. Lalou, *Inventaire des manuscrits tibétains de Tun-huang conserves a la Bibliothéque Nationale*, 3tomes, Paris, 1939, 1950, 1961.

［5］（法）M. Lalou, "Revendications des Fonctionnaires du Grend Tibet au Ⅷe Siècle", *Journal Asiatique*, Vol.242, II, Paris, 1955.

［6］（法）A.Macdonald-Spanien, "Une lecture des Pelliot Tibétan 1286, 1287,1038,1047, et 1290: Essai sur la formation et L'emploi des mythes politiques dan la religion royale de Sron-bcan sgam-po", A.Macdonald ed., *Etudes Tibétains dédiées à la Mémoire de Marcelle Lalou*, Paris, 1971.

［7］（法）A.Macdonald-Spanien et Yoshiro Imaeda, *Choix de documents tibétains conserves à la Bibliothéque Nationale complété par guelques Manuscrits de l' India Office et du British Museum*, Tome, Ⅰ, Ⅱ, paris, 1978,1979.

［8］（英）Beckwith, Christopher Ⅰ, "Tibet and the Early Medieval Florissance in Eurasia: A Preliminary Note on the Economic History of the Tibetan Empire", *Central Asiatic Journal*, vol. 21, 1977.

［9］（英）Beckwith, Christopher Ⅰ, *A Study of the Early Medieval Chinese, Latin, and Tibetan Historical Sources on Pre-Imperial Tibet*, Ph. D Dissertation, Bloomington, Indiana University, 1977.

［10］（英）Beckwith, Christopher Ⅰ, "The Tibetan Empire in the West", M. Aris and Aung San Sua Kyi, ed., *Tibetan Studies in Honour of Hugh Richardson*, Warminster, 1980.

［11］（英）Beckwith, Christopher Ⅰ, *The Tibetan Empire in Central Asia: A History of the Struggle for Great Power among Tibetans, Turk, Arabs, and Chinese during the Early Middle Ages*, Princeton, Princeton University Press, 1987.

[12] (英) Brandon Dotson, *The Old Tibetan Annals: An Annotated Translation of Tibet's First History*.Wein. 2009.

[13] (英) F. W. Thomas & S. Konow, "Two Medieval Documents from Tun-huang", *Oslo Etnografiske Museums Skrifter*, vol.3.3,1929.

[14] (英) F. W. Thomas, *Tibetan Literary Texts and Documents concerning Chinese Turkestan*, volume Ⅰ,Ⅱ, Ⅲ, London, 1935, 1951, 1955.

[15] (英) F. W. Thomas, *Nam, An Ancient Language of the Sino-Tibetan Borderland*, London, 1948.

[16] (英) F. W. Thomas, "Ancient Folk Literature from North-Eastern Tibet", *Abhandlungen des deutsche Akademie der Wissenschaftenzu Berlin*, 1957.

[17] (英) Hugh Richardson, *A Corpus of Early Tibetan Inscriptions*, Royal Asiatic Society, London, 1985.

[18] (英) Hugh Richardson, "A fragment from Tun-huang", *Bulletin of Tibetology*, vol.2, no.3, 1965. Repr. In Richardson 1998.

[19] (英) Hugh Richardson, "Hunting accidents in early Tibet", *Tibet Journal*, vol.15-4,1990.Repr. in Richardson 1998.

[20] (英) R. E. Emmerick, *Tibetan Texts concerning Khotan*, London, Oxford University Press, 1967.

[21] (英) Van Schaik, Sam and Kazushi Iwao, "Fragments of the Testment of Ba from Dunhuang", *Journal of the American Oriental Society*, 128.3, 2008.

[22] (匈) G. Uray, "Notes on a Tibet an Military Document from Tun-huang", *Acta Orient*. Huung. TomusⅫ, Fasc.1-3,1961,pp. 223-230.赵晓意译文《关于敦煌的一份军事文书的注释》, 《国外藏学动态》第2期, 成都: 《国外藏学动态》编辑部, 1987年。

[23] (匈) G. Uray, "The Narrative of Legislation and Organization of the Mkhas-pai-dga-ston", *Acta Orient*, Hung, Tomus XXVI, 1972.

[24] (匈) G. Uray, "The Annals of the 'A-ZA' Principality: The Problems of Chronology and Genre of the Stein Document, Tun-huang", vol. 69, fol. 84, *Proceedings of the Csoma de Koros Memorial Symposium*, Edited by Louis Ligeti, Budapest, 1978.

[25] (匈) G. Uray, "KHROM: Administrative Units of the Tibetan Empire in the 7th-9th Centuries", *Tibetan Studies in Honour of Hugh Richardson* ed. by Michael Aris and Aung San Sua Kyi, Aris and Pillips LTD. Warminster England,

1979.沈卫荣译文《释khrom：七—九世纪吐蕃帝国的行政单位》，《国外藏学研究译文集》第1辑，第131—138页。荣新江译文《KHROM（军镇）：公元七至九世纪吐蕃帝国的行政单位》，《西北史地》1986年第4期。

[26]（匈）G. Uray, "The old Tibetan Sources of the History of Central Asia up to 751A.D. : A survey", *Prolegomena to the Sources on the History of Pro-Islamic Central Asia* by J. Harmatta (ed.), Budapest, 1979, pp.275-304.

[27]（匈）G. Uray, "L' Emploi du Tibetain Dans les Chaancelleries des etats du Kan-sou et Khotan Poste-rieurs a la Domination Tibetaine", *Journal Asiatique*, Tome 269, 1981.

[28]（匈）G. Uray, "Notes on the Thousand-districts of the Tibetan Empire in the First Half of the Ninth Century", *Acta Orient*. Hung. Tomus XXXVI, Fasc. 1-3, 1982.吴玉贵译《公元九世纪前半叶吐蕃王朝之"千户"考释》，《国外藏学研究译文集》第2辑，拉萨：西藏人民出版社，1987年。

[29]（匈）G. Uray, "Tibets Connections with Nestorianism and Manicheism in the 8th-10th Centuries", *Contributions on Tibetan Language, History and Culture* ed. by Ernst Steinkellner and Helmut Tanscher, Wien: Arbeitskreis fur Tibetische und Buddhisstische Studien, Universitat Wien, 1983 [1984].

[30]（日）北原熏《晚唐五代の敦煌の寺院経済》，《講座敦煌》3《敦煌の社会》，东京：大东出版社，1980年。

[31]（日）池田温《8世纪中叶における敦煌のソゲド人聚落》，《ユーラツア文化研究》1,1965年。

[32]（日）池田温《丑年十二月僧龍藏牒——九世纪初敦煌の家産分割をめぐる訴訟文书の紹介》，《山本博士还历纪念東洋史論叢》，东京：山川出版社，1972年。

[33]（日）池田温《沙州图经略考》，《榎博士还历纪念東洋史论丛》，东京：明和印刷株式会社，1975年。

[34]（日）池田温《中国古代籍帐研究》，东京：東京大学出版会，1979年。

[35]（日）池田温《敦煌の流通経済》，《講座敦煌》3《敦煌の社会》，东京：大东出版社，1980年。

[36]（日）池田温《敦煌にわける土地税役制をめぐつ》，日本唐代史研究会编《東アジア古文書の史の研究》，东京：刀水书房，1990年。

[37]（日）池田温《中国古代寫本識語集錄》，东京，《东京大学東洋文化研究所報告》，1990年。

[38]（日）古贺登《敦煌户籍の一男十女について》，《史学杂志》第71

编第12号，1962年。

[39]（日）Imaeda Yoshiro, “A propos du manuscrit Pelliot Tibetain 999”, P. Harrison and G. Schopen (eds), *SURYACANDRAYA: Essays in Honour of Aki ra Yuyama on the Occasion of his 65th Birthday*, Indica et Tibetica Verlag, Swisttal-Odendorf, 1998.

[40]（日）堀敏一《均田制の研究》，东京：岩波书店，1975年。

[41]（日）铃木俊《唐代の户籍と税制と关系について》，《东亚》第7卷第9号、第8卷第4号。

[42]（日）那波利贞《唐代行人考》，《東亚人文學報》第3卷第4期，1944年。

[43]（日）那波利贞《中晚唐时代における敦煌地方佛教寺院の碾硙经营に就きて》，《东亚经济论丛》第1卷第3、4号，第2卷第2号，1941—1942年。

[44]（日）前田正名著、陈俊谋译《河西历史地理学研究》，北京：中国藏学出版社，1993年。

[45]（日）前田正明《河西の历史地理学研究》，东京：吉川弘文馆，1964年。

[46]（日）高田时雄《敦煌莫高窟第17窟发见写本から见た敦煌における多言语使用的概观》，《石窟寺院の成立と变容》，平成10年度科学研究费补助金基盘研究（B），2001年。

[47]（日）仁井田升《敦煌等发现唐宋の户籍研究》，《国家学会杂志》第48卷第7号，1934年。

[48]（日）森安孝夫《ウィグルの西迁について》，《東洋學報》第59卷，1977年。

[49]（日）森安孝夫《チベット语史料中に西安われる北方民族Druguと Hor》，《アジア、アフリカ言语文化研究》14，1979年。

[50]（日）森安孝夫《吐蕃の中央アジア进出》，《金泽大学文学部论集·史学科篇》4，1984年。

[51]（日）山口瑞凤《苏毗の领界——rTsang yul と Yan Lag gsum pavi ru》，《東洋學報》第50卷第4号，1968年。

[52]（日）山口瑞凤《吐蕃の国号と羊同の位置——〈附国传〉と大小羊同の研究》，《東洋學報》第58卷第3、4号，1977年。

[53]（日）山口瑞凤《吐蕃支配の时代》，《講座敦煌》2《敦煌の歴史》，东京：大东出版社，1980年。

[54]（日）山口瑞凤《沙州漢人による吐蕃二軍団の成立とmKhar-stan軍団の位置》，《東京大学文学部文化交流施設研究纪要》第4号，1980年。

[55]（日）山口瑞凤《漢人及び通頰人による沙州吐蕃軍团編成の時期》，《東京大学文学部文化交流施設研究纪要》第5号，1981年。

[56]（日）山口瑞凤《吐蕃王国成立史研究》，东京：岩波书店，1983年。

[57]（日）山口瑞凤主编《講座敦煌6：敦煌胡語文献》，东京：大东出版社，1985年。

[58]（日）藤枝晃《沙州歸義軍節度使始末》，《東方學報》第12册第3、4分册，第13册第1、2分册，京都：1942—1943年。

[59]（日）藤枝晃《敦煌の僧尼籍》，《東方學報》第29册，京都：京都大学人文科学研究所，1959年。

[60]（日）藤枝晃《吐蕃支配期の敦煌》，《東方學報》第31册，京都：京都大学人文科学研究所，1961年。刘豫川、杨铭译《吐蕃统治时期的敦煌》，《长江文明》第7、10、11辑。

[61]（日）Tsuguhito Takeuchi, "TSHAN: Subordinate Administertive Units of the Thousand-Districts in the Tibetan Empire", *Tibetan Studies Proceedings of the 6th Seminar of the International Association for Tibetan Studies FAGERNES 1992*, Volume 2, edited by Per KVAERNE, Oslo, 1994.石应平译文《"占"（Tshan）：吐蕃王朝千户部落下属的行政单位》，《西藏考古》，成都：四川大学出版社，1994年。

[62]（日）T. Takeuchi, *Old Tibetan Contracts from Central Asia*, Tokyo: Daizo Shuppan, 1995.

[63]（日）武内绍人《スタイン收集トルキスタン出土古チベット语文书一概要とカタログ作成プロジェクト—》，《内陸アジア言语の研究》XI，1996年。

[64]（日）T. Takeuchi, *Old Tibetan Manuscripts from East Turkestan in the Stein Collection of the British Library*, volume Ⅰ, Ⅱ, Ⅲ, The Center for East Asian Cultural Studies for Unesco, The Toyo Bunko-The British Library, 1997-1998.

[65]（日）武内绍人《归义军期から西夏时代のチベット语文书とチベット语使用》，《東方學》第104辑，2002年。

[66]（日）武内绍人《中央アジア出土チベット语木简の综合的研究》，平成12年度—14年度科学研究费补助金基盘研究（C），2003年。

[67]（日）T. Takeuchi, Kazushi Iwao, Sam van Schaik, *Old Tibentan Texts in the Stein Collection Or*.8210, Toyo: The Toyo Bunko, 2012.

[68]（日）岩尾一史《吐蕃のルと千戸》，《東洋史研究》第59卷第3号，2000 年。

[69]（日）岩尾一史《吐蕃支配下敦煌の漢人部落—行人部落中心に—》，《史林》2003年第4期。

[70]（日）岩尾一史《吐蕃の万户について》，《日本西藏学会会报》第50号，2004年5月。

[71]（日）岩尾一史《最近10年間の日本における古チベット語文献研究》，《通訊》2004第2期。

[72]（日）岩尾一史《古代チベットと敦煌——チベット史と敦煌史における古チベット語文書の利用》，《アジア研究情報ゲートウェイ》，2005年。

[73]（日）岩尾一史《On To-dog in Tibetan-ruled Dunhuang（吐蕃统治敦煌时期的都督)》，2006年10月台北中国历代边臣疆吏国际学术讨论会论文。

[74]（日）岩尾一史《Pelliot Tibetan 1078bisよりみた吐蕃の土地區畫》，《日本敦煌学論叢》，Vol. Ⅰ，2007年。

[75]（日）岩尾一史《キャ制（rkya）の研究序説-古代チベット帝国の社会制度》，《東方學》113，2007年。

[76]（日）岩尾一史《チベット支配下敦煌の納入寄進用リスト-IOL Tib J 575、1357 (A) (B)の紹介》，《敦煌寫本研究年報》1，2007年。

[77]（日）岩尾一史《On Old Tibetan Khri-sde》，《西域歷史語言研究輯刊》1，2007年。

[78]（日）岩尾一史，“An Analysis of the Term Rkya in the Context of the Social System of the Old Tibetan Empire”，*Memoirs of the Research Department of the Toyo Bunko* 67, 2009.

[79]（日）岩尾一史《古代チベットの長さの単位: mdaとsormo》，《敦煌寫本研究年報》4，2010年。

[80]（日）岩尾一史《古代チベットの会計と支出処理: IOL Tib J 897の事例より》，《西域歷史語言研究輯刊》3，2010年。

[81]（日）岩尾一史《チベット語文献『バシェ』研究の最前線》，《史林》第94卷第1号，2011年。

[82]（日）岩尾一史，“A Newly Identified Fragment of the Tibetan Royal Annals in St.Petersburg”，*Old Tibetan Documents Online Monograph Series* vol.3: *New Studies of the Old Tibetan Documents: Philology, History and Religion*，2011.

[83]（日）岩尾一史《チベット支配初期の敦煌史に关する新史料——I-OL Tib J915とIOL Tib 292（B)》，京都大学人文科学研究所西陲发现中国中世寫本研究班《敦煌寫本研究年报》第五号，2011年。

[84]（日）岩尾一史《再论〈吐蕃论董勃藏修伽蓝功德记〉——羽689の

分析を中心に》，《敦煌寫本研究年报》第八号，京都，2014年。

[85]（日）竺沙雅章《敦煌の僧官制度》，《東方学報》第31册，1961年。

[86]（日）竺沙雅章《敦煌吐蕃期の僧官制度》，载《第二届敦煌学国际讨论会论文集》，台北：汉学研究中心，1991年。

[87]（日）佐藤长《古代チベット史研究》，京都：同朋舍，1977年。

[88]（日）佐藤长《チベット历史地理研究》，东京：岩波书店，1978年。

[89]（Chang Kun（张琨），"An Analysis of the Tun-huang Tibetan Annals", *Journal of Oriental Studies* Ⅴ.5 (1959—1960).

[90]（美）Li Fangkuei and Coblin, W. South, "A Study of the Old Tibetan Inscriptions", Institute of History and Philology, *Academia Sinica Special Publications* No. 91, Taipei,1987.

[91]（意）Le Petech. Luciano, "Glosse agli Annali di Tun-huang", *Rivista degli Studi Orientali*, 42, 1967.

[92]（德）Uebach Helga, "Dbyar-mo thang and Gong-bu ma-ru, Tibetan historiographical tradition on the treaty of 821/823", in E. Steinkellner (ed.), *Tibetan History and Language: studies dedicated to Uray Geza on his seventieth birthday*, Arbeitskreis fur Tibetische und Buddhistische Studien, Wien: Universitat Wien, 1991.

[93]（德）Gertraud Taenzer, *The Dunhuang Region during Tibetan Rule (787-848)*, *A Study of the Secular Manuscripts Discovered in the Mogao Caves*, Harrassowitz Verlag, Wiesbaden, 2012.

[94]（比）Louisde la Vallée Poussin,*Catalogue of the Tibetan Manuscripts from Tun-huang in the India Office Library with An Appendix on the Chinese Manuscripts*, Oxford University Press, London, 1962.